人文素养提升

主　编　万中国　洪弋力
编　者　（以姓氏拼音为序）
　　　　何　谯　黄文虹　林　静
　　　　刘　镭　刘　青　谢庆红
　　　　薛晓佳　杨　雯

北京理工大学出版社
BEIJING INSTITUTE OF TECHNOLOGY PRESS

版权专有 侵权必究

图书在版编目（CIP）数据

人文素养提升 / 万中国，洪弋力主编 . —北京：北京理工大学出版社，2018.8（2023.8 重印）

ISBN 978-7-5682-5846-3

Ⅰ.①人… Ⅱ.①万… ②洪… Ⅲ.①人文素质教育–高等职业教育–教材 Ⅳ.①G40-012

中国版本图书馆 CIP 数据核字（2018）第 150481 号

出版发行 / 北京理工大学出版社有限责任公司
社　　址 / 北京市海淀区中关村南大街 5 号
邮　　编 / 100081
电　　话 /（010）68914775（总编室）
　　　　　（010）82562903（教材售后服务热线）
　　　　　（010）68944723（其他图书服务热线）
网　　址 / http：//www.bitpress.com.cn
经　　销 / 全国各地新华书店
印　　刷 / 三河市华骏印务包装有限公司
开　　本 / 787 毫米 × 1092 毫米　1/16
印　　张 / 16.5　　　　　　　　　　　　　　　　责任编辑 / 李慧智
字　　数 / 395 千字　　　　　　　　　　　　　　文案编辑 / 李慧智
版　　次 / 2018 年 8 月第 1 版　2023 年 8 月第 3 次印刷　　责任校对 / 周瑞红
定　　价 / 45.00 元　　　　　　　　　　　　　　责任印制 / 施胜娟

图书出现印装质量问题，请拨打售后服务热线，本社负责调换

序 言

"大学之道,在明明德,在亲民,在止于至善"。自古以来,人们对于"德"的追求始终孜孜不倦。2016年12月,习近平总书记在全国高校思想政治工作会议上的讲话中提到:"高校思想政治工作关系高校培养什么样的人、如何培养人以及为谁培养人这个根本问题。要坚持把立德树人作为中心环节,把思想政治工作贯穿教育全过程,实现全程育人、全方位育人,努力开创我国高等教育事业发展新局面。"

2017年1月,中办、国办印发的《关于实施中华优秀传统文化传承发展工程的意见》明确提出高等学校须开设中华优秀传统文化必修课。《意见》提出,"要围绕立德树人根本任务,把中华优秀传统文化全方位融入思想道德教育、文化知识教育、艺术体育教育、社会实践教育各环节,贯穿于启蒙教育、基础教育、职业教育、高等教育、继续教育各领域","推动高校开设中华优秀传统文化必修课,在哲学社会科学及相关学科专业和课程中增加中华优秀传统文化的内容"。这从国家层面上指出了祖国优秀传统文化对学生成长的重要性和必要性。

作为培养高素质技术技能人才的高职院校,一直以来,我院以"办一流高职,育大国工匠"为发展目标,秉承"以人为本,铸造未来"的办学理念,遵循"以德润身,技臻至善"的校训准则,逐渐形成"锲而不舍,精益求精"的学风、"学为人师,行为世范"的教风和"勿以善小而不为,勿以恶小而为之"的校风。可以说,无论是学生思想道德的培养、理想信念的树立、价值观的养成,还是优秀传统文化的传承、谋生技能的掌握,无不与人文素养的潜移默化相关联。《人文素养提升》正是我院以人为本、立德树人教育理念的产物。

本教材由我院艺术与人文社科学院牵头编著,旨在"提升人文素养,创建美好生活"。本书编排新颖,内容全面,有极强的实用性和针对性。分为"中外名篇选读"与"常用应用文"两编。

上编为"中外名篇选读",共九个部分。主要甄选前人先贤传之后世的经典名篇和完善身心事迹的文本。每一部分的前面有编者的"写在前面的话",概说整部分;每篇选文前加有"导读";根据不同的文本,部分篇目有作者或相关人物介绍与注释;一个部分结束后有"拓展与演练"。

第一部分"留取丹心照汗青",涉及理想信念与家国情怀;第二部分"淡泊明志,宁静致远",涉及道德修养与灵魂栖居;第三部分"韶华不为少年留",涉及生命敬畏与人生挫折;第四部分"至念道臻,寂感真诚",涉及诚信与友善;第五部分"天下兴亡,匹夫有责",涉及责任与规则意识;第六部分"投之以桃,报之以李",涉及付出与感恩;第七部分"风烟俱净,天山共色",涉及自然环境与人类生存;第八部分"腹有诗书气自华",涉及文化之美；第九部分"蓦然回首，那人却在，灯火阑珊处"，涉及人生况味。

下编为"常用应用文"，分为"日常应用文""商务应用文""科技应用文"三个部分。编者精选学习、工作、生活中常见的应用文文种作为题材，旨在通过课堂讲解、例文分析和课下写作训练，提高学生应用文写作技能。

《人文素养提升》编辑体例体现了编者把写作能力与人文素质水平融为一体的思路，既重视知识的传授，又注重能力的培养，既可服务于专业课程的学习，又能体现其他课程的综合学习成果。该课程的顺利实施和不断完善，有利于推进我院文化育人、技能成才方案的贯彻、实施，对于提高学院的整体办学水平和学生的综合竞争实力，提高人才的综合培养质量起着重要基础性作用。

《人文素养提升》一书既适合高职高专的学生使用，也可以作为了解我国优秀传统文化的有益书籍。愿该教材的使用能切实提升我院大学生人文素养，并成为陪伴学生终身的经典美文读物。

成都工业职业技术学院党委书记　姚　凯

2018 年 5 月

前　言

　　生活的世界多彩，栖身的社会浮繁，人们的价值判断多变，这让许许多多的人困惑与无所适从，甚或失去了言行的准绳。如何直面这样的现实？人们该有怎样的言行才算是坚守了我们的本真之心，或者说保住了我们的正直与自尊？这是我们的焦虑所在，同时也是我们编写此教材的初衷。希冀它能对学生的养成教育有所帮助。

　　"人文化成"是一切的基础，自然涵盖注重专业技术技能的当下的所有人群。

　　人文，《辞海》中是这样定义的："人文指人类社会的各种文化现象。"而文化是人类或者一个民族、一个人群共同具有的符号、价值观及其规范。这里的"人文"是指人类文化中先进的价值观和规范，其核心是对人的重视、尊重、关心及爱护。因此，提升人文素养就是提升做人做事的基本能力。人文素养的教育是生活的教育、生命的教育。

　　我们所处的这个价值多元的21世纪的新时期，诚如狄更斯在《双城记》中所言："这是个极好的时代，这是个极坏的时代。"正因为各种新思想、新思潮层出不穷，使社会上的普通人群形成了一套自己的价值评判的标准：以物质财富的多少而非精神财富的多少来衡量一个人的成功与否。这是一种狭隘、短视的，影响人类社会向更高层级发展的掣肘标准。"笑贫不笑娼""一夜暴富""有钱任性"等现象有必要从人们的思想观念中彻底清除。清人的《弟子规》中也曾说："德有伤，贻亲羞。""唯德学，唯才艺，不如人，当自砺。"

　　许多人都了解儒家所倡导的"仁义礼智信"，也经由自身努力参加培训和学习而拥有了一定的生活、艺术技能，但由于错误的意识导引，做出了不符合家庭、国家、社会等对人的要求和规范的事情来，损害了他人利益，破坏了社会风气，树立了缺乏价值引领的伪示范。我们说这些人仅仅有人文"知识"，他们还没有将此"知识"融入自己的身体、血液，没有灌注到自己日常的行动中来。我们说，这不能算是有人文素养！只有将符合社会共同价值观的人文知识、人文思想落实到一个人的具体言行中，才能叫作是具备了人文素养。人文知识学习的终极目的是人文关怀。

　　我们亟须建立正确的意识形态，让社会大众有行为的圭臬。

　　我们始终认为，个人的人文素养除了可以通过教化获取外，更容易让人接受的是阅读、理解、感悟等方式。前人先贤传之后世的经典名文和完善身心的事迹是重要的人文载体，人们从中可以得到许多的启迪和帮助。我们教材中"中外名篇选读"甄选的范围涵盖如下方面：道德修养的砥砺和提高，人生目标的校正与确立，信念的坚守和践行；灵魂栖居地的寻找，怎样获取诗意的人生；对经典文化与文学的接引与传承；该对祖国、故乡、亲人、朋友有怎样的情感，如何面对困境、挫折，如何认识自我、生命、工作、规则、责任，如何对待世界、自然、科学；等等。为了提高职业院校学生的语言应用能力，以方便其今后的学习、工作、生活，我们还加入了部分常用应用文的写作知识与训练。

一个正常的社会、一个向着未来迸发的文明国度应该有完整的、系统的、正确的、充满正能量的社会导向。个人人文素养得到提升，并按此规范自己的言行，个人的幸福感才能增强，家庭关系才能和睦，社会秩序才能安定，国家才能稳定繁荣。

愿聚集千千万万细微的人文溪流，汇合成浩瀚的温暖人间的人文海洋。如此，天地幸甚，中国幸甚，学子幸甚！

在本教材的编写过程中，得到了学院各方的大力支持。学院党委姚凯书记亲自作序，分院段美英书记、沈慧院长、杨智斌副院长、闫实副院长等都提出了许多宝贵而中肯的建议，在此一并致以诚挚的谢意！

编写时的讨论、磋商与脸红还历历在目，本教材经四易其稿，终成雏形。现列所有内容的编写者如下：上编之第一部分，下编之第三部分，万中国；上编之第二部分，刘青；上编之第三部分，下编之第二部分，黄文虹；上编之第四部分，杨雯；上编之第五部分，洪弋力；上编之第六部分，下编之第一部分，何谯；上编之第七部分，刘镭；上编之第八部分，林静；上编之第九部分，薛晓佳、谢庆红。对各位老师的辛勤付出，表示由衷的感谢！

囿于学识与视野所限，所选内容难免遗珠之憾，也可能与立意相差甚远。还望方家不吝赐教。

万中国
2018 年 5 月

目 录

上编　中外名篇选读

第一部分　留取丹心照汗青 ………………………………………… 3
　　报任安书 ……………………………………………………… 4
　　非攻 …………………………………………………………… 10
　　钱伟长：一片丹心为报国 …………………………………… 18
　　国殇 …………………………………………………………… 22
　　听听那冷雨 …………………………………………………… 24

第二部分　淡泊明志，宁静致远 …………………………………… 28
　　我生活的地方，我为何生活 ………………………………… 29
　　我为什么而活着 ……………………………………………… 32
　　政治人的人文素养（节选） ………………………………… 33
　　我们错过了什么 ……………………………………………… 39
　　泰戈尔文选 …………………………………………………… 40

第三部分　韶华不为少年留 ………………………………………… 44
　　我与地坛 ……………………………………………………… 44
　　勾践灭吴 ……………………………………………………… 55
　　不完满才是人生 ……………………………………………… 58
　　每个人都要从自己开始 ……………………………………… 59

第四部分　至念道臻，寂感真诚 …………………………………… 65
　　论语·里仁 …………………………………………………… 65
　　范式践二年之约 ……………………………………………… 68
　　小精灵 ………………………………………………………… 68
　　半支蜡烛的温暖 ……………………………………………… 71
　　一堂特殊的课 ………………………………………………… 73

第五部分　天下兴亡，匹夫有责 …………………………………… 76
　　孟子·离娄上 ………………………………………………… 76
　　正始（节选） ………………………………………………… 77
　　最苦与最乐 …………………………………………………… 79

马卡尔·丘德拉的故事（节选） 80
　　不死鸟 81

第六部分　投之以桃，报之以李 84
　　诗经·小雅·蓼莪 84
　　我的老师董秋芳先生 85
　　赵氏孤儿 87
　　一碗清汤荞麦面 89
　　炉中煤 93

第七部分　风烟俱净，天山共色 95
　　智者乐水，仁者乐山 96
　　张衡传 97
　　归去来兮辞 99
　　苦雨 101
　　百年孤独（节选） 103

第八部分　腹有诗书气自华 113
　　道德经·第九章 114
　　齐物论（节选） 114
　　楚辞·山鬼 118
　　诗经·周南·桃夭 119
　　春江花月夜 120
　　人间词话（节选） 121

第九部分　蓦然回首，那人却在，灯火阑珊处 123
　　晨趣 124
　　人生的意义及人生中的境界 125
　　"慢慢走，欣赏啊！"
　　　　——人生的艺术化 127
　　论父母与子女 130
　　有丰富的心灵才有悠闲的生活 138

下编　常用应用文

第一部分　日常应用文 145
　　一、便条　单据 145
　　二、启事 148
　　三、申请书 150
　　四、计划 152
　　五、总结 155
　　六、简报 159
　　七、求职信、应聘信 165

八、竞聘词……………………………………………………………… 168
九、述职报告…………………………………………………………… 172
十、实习报告…………………………………………………………… 174
十一、毕业论文………………………………………………………… 178

第二部分　商务应用文……………………………………………… 189
一、市场调查报告……………………………………………………… 189
二、可行性研究报告…………………………………………………… 196
三、意向书……………………………………………………………… 211
四、经济合同…………………………………………………………… 214
五、招标书、投标书…………………………………………………… 224
六、广告文案…………………………………………………………… 231

第三部分　科技应用文……………………………………………… 238
一、产品说明书………………………………………………………… 238
二、科技实验报告……………………………………………………… 242
三、毕业设计报告……………………………………………………… 246

参考文献………………………………………………………………… 251

上 编

中外名篇选读

第一部分
留取丹心照汗青

写在前面的话

对于行进在天地间作为"三才"之一的人来说，最大的痛苦莫过于失却前进的方向了。人生的理想成就理想的人生。

爱因斯坦说："我从来不把安逸和享乐看作是生活的目的本身，这种伦理基础，我叫它猪栏的理想。"（1921年爱因斯坦获得诺贝尔奖时的演讲《我的信仰》）

流沙河说："理想是火，点燃熄灭的灯；理想是灯，照亮夜行的路；理想是路，引你走到黎明。"

理想不是不切实际天马行空般的胡思乱想，它是建立在对自身所处的境遇和具备的条件进行充分考量的基础之上，且经过自己的深入思索和判断才确立起来的。理想，可以是宏大的如为了祖国、民族、社会、全球乃至宇宙，也可以是具细的如为了家乡、生活、工作、家庭或者个人。

一个人一旦确立了明确的理想，并且毫不动摇地追随理想的导引，坚持自己的信念，不畏艰险脚踏实地地努力实践，而且随着时事的发展变化，对方向与方式适时做出相应的调整和转变，那么，理想就有了可能实现的那一天。人生价值的体现，就在于一个人的大小理想的实现与否，以及是否为自己理想的实现不懈追求。一个人即使不能将人生目标全部达成，但付出的过程也是一段宝贵的经历。

实际上，对祖国与故乡的情怀也是人生旅程中的一盏导航的明灯。"修身齐家治国"是儒家追求的目标。作为普通人，祖国的兴衰与个人的命运息息相关，祖国的富强是人人追求的目标，每一个人只有树立了正确的价值观并将自己的理想实现了，祖国也就可能强盛了。故乡是自己出生、成长与家所在的地方，家是父母亲所在的地方，每个人都割舍不下对故乡和家人的眷恋和牵挂，这种情感自然导引着人的脚步。无论离家多远，家与故乡是始终萦系心头难以忘怀的。

（万中国）

导读

司马迁忍受奇耻大辱，最终成就了自己的宏愿："究天人之际，通古今之变，成一家之言。"其所著《史记》被鲁迅先生誉为"史家之绝唱，无韵之离骚"。在人生的旅途中，你的理想是什么？在遇到困难和挫折时，你会以怎样的行为对待自己的理想？

报任安书

司马迁

太史公、牛马走司马迁再拜言[1]少卿足下：

曩者辱赐书[2]，教以慎于接物，推贤进士为务。意气勤勤恳恳，若望仆不相师[3]，而用流俗人之言[4]，仆非敢如此也。仆虽罢驽[5]，亦尝侧闻长者之遗风矣[6]。顾自以为身残处秽[7]，动而见尤，欲益反损，是以独抑郁而谁与语。谚曰："谁为为之？孰令听之？"盖钟子期死，伯牙终身不复鼓琴[8]。何则？士为知己者用，女为说己者容[9]。若仆大质已亏缺矣，虽才怀随、和[10]，行若由、夷[11]，终不可以为荣，适足以见笑而自点耳[12]。书辞宜答，会东从上来[13]，又迫贱事，相见日浅，卒卒无须臾之间，得竭志意[14]。今少卿抱不测之罪，涉旬月，迫季冬[15]，仆又薄从上雍[16]，恐卒然不可为讳[17]，是仆终已不得舒愤懑以晓左右，则长逝者魂魄，私恨无穷。请略陈固陋。阙然久不报，幸勿为过。

仆闻之：修身者，智之府也；爱施者，仁之端也；取予者，义之表也；耻辱者，勇之决也；立名者，行之极也。士有此五者，然后可以托于世，列于君子之林矣。故祸莫憯于欲利[18]，悲莫痛于伤心，行莫丑于辱先，而诟莫大于宫刑[19]。刑余之人，无所比数，非一世也，所从来远矣。昔卫灵公与雍渠同载，孔子适陈[20]；商鞅因景监见，赵良寒心[21]；同子参乘，袁丝变色[22]；自古而耻之。夫中材之人，事有关于宦竖[23]，莫不伤气，况忼慨之士乎[24]！如今朝廷虽乏人，奈何令刀锯之余，荐天下之豪俊哉？

仆赖先人绪业，得待罪辇毂下[25]，二十余年矣。所以自惟[26]：上之，不能纳忠效信，有奇策材力之誉，自结明主；次之，又不能拾遗补阙，招贤进能，显岩穴之士；外之，不能备行伍，攻城野战，有斩将搴旗之功[27]；下之，不能积日累劳，取尊官厚禄，以为宗族交游光宠。四者无一遂，苟合取容，无所短长之效，可见于此矣。乡者，仆亦尝厕下大夫之列[28]，陪奉外廷末议[29]，不以此时引纲维[30]，尽思虑，今已亏形为扫除之隶[31]，在阘茸之中[32]，乃欲卬首信眉[33]，论列是非，不亦轻朝廷、羞当世之士邪！嗟乎！嗟乎！如仆尚何言哉！尚何言哉！

且事本末未易明也。仆少负不羁之才，长无乡曲之誉[34]。主上幸以先人之故，使得奏薄技，出入周卫之中[35]。仆以为戴盆何以望天[36]，故绝宾客之知，亡室家之业，日夜思竭其不肖之才力，务一心营职，以求亲媚于主上。而事乃有大谬不然者！

夫仆与李陵俱居门下[37]，素非能相善也。趋舍异路[38]，未尝衔杯酒，接殷勤之余欢[39]。然仆观其为人，自守奇士。事亲孝，与士信，临财廉，取与义[40]，分别有让，恭俭下人，常思奋不顾身，以徇国家之急。其素所畜积也，仆以为有国士之风。夫人臣出万死不顾一生之计，赴公家之难，斯已奇矣。今举事一不当，而全躯保妻子之臣，随而媒蘖其短[41]，仆诚私心痛之！且李陵提步卒不满五千，深践戎马之地，足历王庭[42]，垂饵虎口，横挑彊胡[43]，卬亿万之师[44]，与单于连战十有余日，所杀过当。虏救死扶伤不给，旃裘之君长咸震怖[45]，乃悉徵左、右贤王[46]，举引弓之人，一国共攻而围之。转斗千里，矢尽道穷，救兵不至，士卒死伤如积。然李陵一呼劳军，士无不起，躬自流涕，沬血饮泣[47]，更张空弮[48]，冒白刃，北向争死敌者。陵未没时，使有来报，汉公卿王侯皆奉觞上寿(49)。后数日，陵败书闻，主上为之食不甘味，听朝不怡，大臣忧惧，不知所出。仆窃不自料其卑贱，见主上惨怆怛悼，诚欲效其款款之愚(50)。以为李陵素与士大夫绝甘分少(51)，能得人之死力，虽古名将不过也。身虽陷败，彼观其意，且欲得其当而报汉。事已无可奈何，其所摧败，功亦足以暴于天下矣。仆怀欲陈之而未有路，适会召问，即以此指推言陵之功(52)，欲以广主上之意，塞睚眦之辞(53)。未能尽明，明主不深晓，以为仆沮贰师(54)，而为李陵游说，遂下于理(55)。拳拳之忠，终不能自列，因为诬上，卒从吏议。家贫，财赂不足以自赎，交游莫救视，左右亲近，不为一言。身非木石，独与法吏为伍，深幽囹圄之中(56)，谁可告愬者(57)！此真少卿所亲见，仆行事岂不然乎？李陵既生降，颓其家声(58)，而仆又佴之蚕室(59)，重为天下观笑。悲夫！悲夫！事未易一二为俗人言也。

仆之先，非有剖符丹书之功(60)，文史星历(61)，近乎卜祝之间，固主上所戏弄，倡优所畜(62)，流俗之所轻也。假令仆伏法受诛，若九牛亡一毛，与蝼蚁何以异(63)！而世俗又不与能与死节者次比，特以为智穷罪极，不能自免，卒就死耳。何也？素所自树立使然也。人固有一死，死或重于泰山，或轻于鸿毛，用之所趋异也。太上不辱先，其次不辱身，其次不辱理色，其次不辱辞令；其次诎体受辱(64)，其次易服受辱(65)，其次关木索、被箠楚受辱(66)，其次剔毛发、婴金铁受辱(67)，其次毁肌肤、断肢体受辱，最下腐刑(68)，极矣。传曰："刑不上大夫。"(69)此言士节不可不勉励也。猛虎在深山，百兽震恐，及其在穽槛之中(70)，摇尾而求食，积威约之渐也。故士有画地为牢，势不可入；削木为吏，议不可对，定计于鲜也(71)。今交手足，受木索，暴肌肤，受榜箠(72)，幽于圜墙之中。当此之时，见狱吏则头枪地(73)，视徒隶则心惕息(74)。何者？积威约之势也。及已至是，言不辱者，所谓强颜耳，曷足贵乎！且西伯，伯也(75)，拘于羑里(76)；李斯(77)，相也，具于五刑(78)；淮阴(79)，王也，受械于陈(80)；彭越(81)、张敖南面称孤(82)，系狱具罪；绛侯诛诸吕(83)，权倾五伯(84)，囚于请室(85)；魏其，大将也，衣赭衣，关三木(86)；季布为朱家钳奴(87)；灌夫受辱于居室(88)。此人皆身至王侯将相，声闻邻国，及罪至罔加(89)，不能引决自财(90)，在尘埃之中。古今一体，安在其不辱也！由此言之，勇怯，势也；强弱，形也。审矣，曷足怪乎！夫人不能蚤自裁绳墨之外(91)，以稍陵迟，至于鞭箠之间，乃欲引节，斯不亦远乎！古人所以重施刑于大夫者，殆为此也。

夫人情莫不贪生恶死，念父母，顾妻子。至激于义理者不然，乃有所不得已也。今仆不幸，早失父母，无兄弟之亲，独身孤立，少卿视仆于妻子何如哉？且勇者不必死节，怯夫慕义，何处不勉焉！仆虽怯耎欲苟活(92)，亦颇识去就之分矣，何至自沉溺累绁之辱哉(93)！且夫臧获(94)婢妾，犹能引决，况仆之不得已乎！所以隐忍苟活，幽于粪土之中而不辞者，恨私心有所不尽，鄙陋没世而文采不表于世也。

古者富贵而名摩灭，不可胜记，唯倜傥非常之人称焉(95)。盖文王拘而演《周易》(96)；仲尼厄而作《春秋》(97)；屈原放逐，乃赋《离骚》(98)；左丘失明，厥有《国语》(99)；孙子膑脚，《兵法》修列(100)；不韦迁蜀，世传《吕览》(101)；韩非囚秦，《说难》《孤愤》(102)；《诗》三百篇(103)，大底圣贤发愤之所为作也。此人皆意有所郁结，不得通其道也，故述往事，思来者。乃如左丘无目，孙子断足，终不可用，退而论书策，以舒其愤，思垂空文以自见。

仆窃不逊，近自托于无能之辞，网罗天下放失旧闻(104)，略考其事，综其终始，稽其成败兴坏之纪，上计轩辕，下至于兹，为十表，本纪十二，书八章，世家三十，列传七十，凡百三十篇。亦欲以究天人之际，通古今之变，成一家之言。草创未就，会遭此祸，惜其不成，是以就极刑而无愠色[105]。仆诚已著此书，藏之名山，传之其人，通邑大都，则仆偿前辱之责，虽万被戮，岂有悔哉！然此可为智者道，难为俗人言也。

且负下未易居，下流多谤议，仆以口语遇遭此祸，重为乡党戮笑[106]，以污辱先人，亦何面目复上父母之丘墓乎！虽累百世，垢弥甚耳！是以肠一日而九回[107]，居则忽忽若有所亡，出则不知其所往。每念斯耻，汗未尝不发背沾衣也。身直为闺阁之臣[108]，宁得自引深藏于岩穴邪？故且从俗浮沉，与时俯仰，以通其狂惑。今少卿乃教以推贤进士，无乃与仆私心刺谬乎？今虽欲自雕琢[109]，曼辞以自饰，无益，于俗不信，适足取辱耳。要之，死日然后是非乃定。书不能尽意，故略陈固陋。谨再拜。

【注释】

本文选自《古文观止》，安徽人民出版社，2002年9月版。

注释部分编者有增减与补充。

（1）太史公：即司马迁所担任的官职太史令。牛马走：谦词，意为像牛马一样以供奔走。走，义同"仆"。此十二字《汉书·司马迁传》无，据《文选》补。

（2）曩（nǎng）：从前。

（3）望：怨。

（4）流：流转、迁移的意思。

（5）罢（pí）：同"疲"。驽（nú）：劣马。

（6）侧闻：从旁听说。犹言"伏闻"，自谦之词。

（7）身残处秽：指因受宫刑而身体残缺，兼与宦官贱役杂处。

（8）钟子期、伯牙：春秋时楚人。伯牙善鼓琴，钟子期知音。钟子期死后，伯牙破琴绝弦，终身不复鼓琴。事见《吕氏春秋·本味篇》。

（9）说：同"悦"。

（10）随、和：随侯之珠与和氏之璧，是战国时的珍贵宝物。

（11）由、夷：许由和伯夷，两人都是古代被推为品德高尚的人。

（12）点：玷污。

（13）会东从上来：太始四年（前93）三月，汉武帝东巡泰山，四月，又到海边的不其山，五月间返回长安。司马迁从驾而行。

（14）卒卒（cù）：同"猝猝"，匆匆忙忙的样子。

（15）季冬：冬季的第三个月，即十二月。汉律，每年十二月处决囚犯。

（16）薄：同"迫"。雍：地名，在今陕西凤翔县南，设有祭祀五帝的神坛五畤。据《汉书·武帝纪》："太始四年冬十二月，行幸雍，祠五畤。"本文当即作于是年，司马迁五十三岁。

（17）不可讳：死的委婉说法。任安这次下狱，后被汉武帝赦免。但两年之后，任安又因戾太子事件被处腰斩。

（18）憯（cǎn）：同"惨"。

（19）宫刑：一种破坏男性生殖器的刑罚，也称"腐刑"。

（20）"卫灵公"二句：春秋时，卫灵公和夫人乘车出游，让宦官雍渠同车，而让孔子坐后面一辆车。孔子深以为耻辱，就离开了卫国。事见《孔子家语》。这里说"适陈"，未详。

（21）"商鞅"二句：商鞅得到秦孝公的支持变法革新。景监是秦孝公宠信的宦官，曾向秦孝公推荐商鞅。赵良是秦孝公的臣子，与商鞅政见不同。事见《史记·商君列传》："赵良谓商君曰：……今君之相秦也，因嬖人景监以为主，非所以为名也。"

（22）"同子"二句：同子指汉文帝的宦官赵谈，因为与司马迁的父亲司马谈同名，避讳而称"同子"。袁丝，亦即袁盎，汉文帝时任郎中。有一天，文帝坐车去看他的母亲，宦官陪乘，袁盎伏在车前说："臣闻天子所与共六尺舆者，皆天下豪英，今汉虽乏人，奈何与刀锯之余共载？"于是文帝只得依言令赵谈下车。事见《汉书·爰盎传》。

（23）竖：供役使的小臣。后泛指卑贱者。

（24）忼慨：即"慷慨"。

（25）待罪：做官的谦词。辇毂下：皇帝的车驾之下，代指京城长安。

（26）惟：思考。

（27）搴（qiān）：拔取。

（28）厕：置身于。下大夫：太史令官位较低，属下大夫。

（29）外廷：汉制，凡遇疑难不决之事，则令群臣在外廷讨论。末议：微不足道的意见。"陪外廷末议"是谦词。

（30）纲维：国家的法令。

（31）埽：通"扫"。

（32）阘茸（tà róng）：下贱，低劣。

（33）卬：即"仰"。信：通"伸"。

（34）乡曲：乡里。汉文帝为了询访自己治理天下的得失，诏令各地"举贤良方正能直言切谏者"，亦即有乡曲之誉者，选以授官。二句言司马迁未能由此途径入仕。

（35）周卫：周密的护卫，即宫禁。

（36）戴盆何以望天：当时谚语。形容忙于职守，识见浅陋，无暇他顾。

（37）李陵：字少卿，西汉名将李广孙，善骑射。武帝时，为骑都尉，率兵出击匈奴贵族，战败投降，封右校王。后病死匈奴。俱居门下：司马迁曾与李陵同在"侍中曹"（官署名）内任侍中。

（38）趋舍：向往和废弃。

（39）衔杯酒：在一起喝酒。指私人交往。

（40）与：同"予"。

（41）媒糵（niè）：糵，也作"蘖"，酿酒的酵母。这里用作动词，夸大的意思。

（42）王庭：匈奴单于的居处。

（43）彊：同"强"。胡：指匈奴。

（44）卬：即"仰"，仰攻。当时李陵军被围困谷地。

（45）旃（zhān）：毛织品。《史记·匈奴传》："自君王以下，咸食肉，衣其皮革，披旃裘。"

（46）左右贤王：左贤王和右贤王，匈奴封号最高的贵族。

（47）沬（huì）：以手掬水洗脸。

（48）桊（quān）：强硬的弓弩。

（49）上寿：这里指祝捷。

（50）怛（dá）：悲痛。款款：忠诚的样子。

（51）士大夫：此指李陵的部下将士。绝甘：舍弃甘美的食品。分少：即使所得甚少也平分给众人。

（52）指：同"旨"。

（53）睚眦（yá zì）：怒目相视。

（54）沮：毁坏。贰师：贰师将军李广利，汉武帝宠妃李夫人之兄。李陵被围时，李广利并未率主力救援，致使李陵兵败。其后司马迁为李陵辩解，武帝以为他有意诋毁李广利。

（55）理：掌司法之官。

（56）囹圄（líng yǔ）：监狱。

（57）愬：同"诉"。

（58）陨：坠毁。李陵是名将之后，据《史记·李广传》记载："单于既得陵，素闻其家声，以女妻陵而贵之。……自是之后，李氏名败。"

（59）佴（ér）：耻。蚕室：温暖密封的房子。言其像养蚕的房子。初受腐刑的人怕风，故须住此。

（60）剖符：把竹做的契约一剖为二，皇帝与大臣各执一块，上面写着同样的誓词，说永远不改变立功大臣的爵位。丹书：把誓词用丹砂写在铁制的契券上。凡持有剖符、丹书的大臣，其子孙犯罪可获赦免。

（61）文史星历：史籍和天文历法，都属太史令掌管。

（62）畜：同"蓄"。

（63）蝼蚁：蝼蚁。蚁，同"蚁"。

（64）诎：同"屈"。

（65）易服：换上罪犯的服装。古代罪犯穿赭（深红）色的衣服。

（66）木索：木枷和绳索。

（67）髡（tì）：同"剃"，把头发剃光，即髡（kūn）刑。婴：环绕。颈上带着铁链服苦役，即钳刑。

（68）腐刑：即宫刑。见注（19）。

（69）刑不上大夫：《礼记·曲礼》中语。

（70）阱（jǐng）：捕兽的陷坑。槛：关兽的笼子。

（71）鲜：态度鲜明。即自杀，以示不受辱。

（72）榜：鞭打。箠：竹棒。此处用作动词。

（73）枪：同"抢"。

（74）惕息：胆战心惊。

（75）西伯：即周文王，为西方诸侯之长。伯也：伯通"霸"。

（76）羑（yǒu）里：一作"牖里"，在今河南汤阴县。文王曾被殷纣王囚禁于此。

（77）李斯：秦始皇时任为丞相，后因秦二世听信赵高谗言，被腰斩（五刑之一）于咸阳。

（78）五刑：秦汉时五种刑罚，见《汉书·刑法志》："当三族者，皆先黥劓，斩左右趾，笞杀之，枭其首，菹其骨肉于市。"

（79）淮阴：指淮阴侯韩信。

（80）受械于陈：汉立，淮阴侯韩信被刘邦封为楚王，都下邳（今江苏邳县）。后高祖疑其谋反，用陈平之计，在陈（楚地）逮捕了他。械，拘禁手足的木制刑具。

(81) 彭越：汉高祖的功臣。

(82) 张敖：汉高祖功臣张耳的儿子，袭父爵为赵王。彭越和张敖都因被人诬告称孤谋反，下狱定罪。

(83) 绛侯：汉初功臣周勃，封绛侯。惠帝和吕后死后，吕后家族中吕产、吕禄等人谋夺汉室，周勃和陈平一起定计诛诸吕，迎立刘邦中子刘恒为文帝。

(84) 五伯：即"五霸"。

(85) 请室：大臣犯罪等待判决的地方。周勃后被人诬告谋反，囚于狱中。

(86) 魏其：大将军窦婴，汉景帝时被封为魏其侯。武帝时，营救灌夫，被人诬告，下狱判处死罪。三木：头枷、手铐、脚镣。

(87) 季布：楚霸王项羽的大将，曾多次打击刘邦。项羽败死，刘邦出重金缉捕季布。季布改名换姓，受髡刑和钳刑，卖身给鲁人朱家为奴。

(88) 灌夫：汉景帝时为中郎将，武帝时官太仆。因得罪了丞相田蚡，被囚于居室，后受诛。居室：少府所属的官署。

(89) 罔：同"网"，法网。

(90) 财：通"裁"。

(91) 蚤：通"早"。

(92) 耎："软"的古字。

(93) 累绁（xiè）：捆绑犯人的绳子，引申为捆绑、牢狱。

(94) 臧获：奴曰臧，婢曰获。

(95) 倜傥：豪迈不受拘束。

(96) 文王拘而演《周易》：传说周文王被殷纣王拘禁在羑里时，把古代的八卦推演为六十四卦，成为《周易》的骨干。

(97) 仲尼厄而作春秋：孔丘，字仲尼，周游列国宣传儒道，在陈地和蔡地受到围攻和绝粮之苦，返回鲁国作《春秋》一书。

(98) 屈原：曾两次被楚王放逐，幽愤而作《离骚》。

(99) 左丘：春秋时鲁国史官左丘明。《国语》：史书，相传为左丘明撰著。

(100) 孙子：春秋战国时著名军事家孙膑。膑脚：孙膑曾与庞涓一起从鬼谷子习兵法。后庞涓为魏惠王将军，骗膑入魏，割去了他的髌骨（膝盖骨）。孙膑有《孙膑兵法》传世。

(101) 不韦：吕不韦，战国末年大商人，秦初为相国，曾命门客著《吕氏春秋》（一名《吕览》）。始皇十年，令吕不韦举家迁蜀，吕不韦自杀。

(102) 韩非：战国后期韩国公子，曾从荀卿学，入秦被李斯所谗，下狱死。著有《韩非子》，《说难》《孤愤》是其中的两篇。

(103) 《诗》三百篇：今本《诗经》共有305篇，此举其成数。

(104) 失：读为"佚"（yì）。

(105) 愠（yùn）：怒。

(106) 戮笑：辱笑。

(107) 九回：九转。形容痛苦之极。

(108) 闺阁之臣：指宦官。闺、阁都是宫中小门，指皇帝深密的内廷。

(109) 彫琢：指雕刻。彫，即"雕"。这里指自我妆饰。

人文素养提升

《报任安书》也叫《报任少卿书》，是司马迁写给其友人任安的一封回信。在文中，司马迁以极其激愤的心情，申述了自己的不幸遭遇，抒发了内心的无限痛苦，大胆揭露了汉武帝的喜怒无常，刚愎自用，提出了"人固有一死，或重于泰山，或轻于鸿毛"的生死观，并表现出了他为实现可贵的理想而甘受凌辱、坚韧不屈的战斗精神。书信感情真挚，语言流畅，夹叙夹议，迴环反复，作者的心曲表现得淋漓尽致，具有强烈的艺术感染力。

任安，字少卿，荥阳人，曾任益州刺史、北军使者护军。任安是司马迁的朋友，曾写信给司马迁，希望他利用担任中书令的机会，"推贤进士"。隔了很长时间，司马迁写了这封信答复他，但这时任安已经因事下狱。

导 读

主张"兼爱""非攻"的墨家心怀苍生，谋求和平，在战国时期是与儒家一样影响最大的两大"显学"之一。他们以"兴天下大利，除天下之害"为毕生追求目标，苦身利他甚至不惜赴汤蹈火。墨子之流深入民间，堪称职业技术从业者的楷模。

非 攻 [1]

鲁迅

一

子夏[2]的徒弟公孙高[3]来找墨子[4]，已经好几回了，总是不在家，见不着。大约是第四或者第五回罢，这才恰巧在门口遇见，因为公孙高刚一到，墨子也适值回家来。他们一同走进屋子里。

公孙高辞让了一通之后，眼睛看着席子[5]的破洞，和气的问道：

"先生是主张非战的？"

"不错！"墨子说。

"那么，君子就不斗么？"

"是的！"墨子说。

"猪狗尚且要斗，何况人……"

"唉唉，你们儒者，说话称着尧舜，做事却要学猪狗，可怜，可怜！"[6]墨子说着，站了起来，匆匆的跑到厨下去了，一面说："你不懂我的意思……"

他穿过厨下，到得后门外的井边，绞着辘轳，汲起半瓶井水来，捧着吸了十多口，于是放下瓦瓶，抹一抹嘴，忽然望着园角上叫了起来道：

"阿廉[7]！你怎么回来了？"

阿廉也已经看见，正在跑过来，一到面前，就规规矩矩的站定，垂着手，叫一声"先生"，于是略有些气愤似的接着说：

"我不干了。他们言行不一致。说定给我一千盆粟米的，却只给了我五百盆。我只得走了。"

"如果给你一千多盆，你走么？"

"不。"阿廉答。

"那么,就并非因为他们言行不一致,倒是因为少了呀!"

墨子一面说,一面又跑进厨房里,叫道:

"耕柱子(8)!给我和起玉米粉来!"

耕柱子恰恰从堂屋里走到,是一个很精神的青年。

"先生,是做十多天的干粮罢?"他问。

"对咧。"墨子说。"公孙高走了罢?"

"走了,"耕柱子笑道。"他很生气,说我们兼爱无父,像禽兽一样。"(9)

墨子也笑了一笑。

"先生到楚国去?"

"是的。你也知道了?"墨子让耕柱子用水和着玉米粉,自己却取火石和艾绒打了火,点起枯枝来沸水,眼睛看火焰,慢慢的说道:"我们的老乡公输般(10),他总是倚恃着自己的一点小聪明,兴风作浪的。造了钩拒(11),教楚王和越人打仗还不够,这回是又想出了什么云梯,要耸恿楚王攻宋去了。宋是小国,怎禁得这么一攻?我去按他一下罢。"

他看得耕柱子已经把窝窝头上了蒸笼,便回到自己的房里,在壁橱里摸出一把盐渍藜菜干,一柄破铜刀,另外找了一张破包袱,等耕柱子端进蒸熟的窝窝头来,就一起打成一个包裹。衣服却不打点,也不带洗脸的手巾,只把皮带紧了一紧,走到堂下,穿好草鞋,背上包裹,头也不回的走了。从包裹里,还一阵一阵的冒着热蒸气。

"先生什么时候回来呢?"耕柱子在后面叫喊道。

"总得二十来天罢。"墨子答着,只是走。

二

墨子走进宋国的国界的时候,草鞋带已经断了三四回,觉得脚底上很发热,停下来一看,鞋底也磨成了大窟窿,脚上有些地方起茧,有些地方起泡了。(12)他毫不在意,仍然走;沿路看看情形,人口倒很不少,然而历来的水灾和兵灾的痕迹,却到处存留,没有人民的变换得飞快。走了三天,看不见一所大屋,看不见一棵大树,看不见一个活泼的人,看不见一片肥沃的田地,就这样的到了都城(13)。

城墙也很破旧,但有几处添了新石头;护城沟边看见烂泥堆,像是有人淘掘过,但只见有几个闲人坐在沟沿上似乎钓着鱼。

"他们大约也听到消息了,"墨子想。细看那些钓鱼人,却没有自己的学生在里面。

他决计穿城而过,于是走近北关,顺着中央的一条街,一径向南走。城里面也很萧条,但也很平静;店铺都贴着减价的条子,然而并不见买主,可是店里也并无怎样的货色;街道上满积着又细又黏的黄尘。

"这模样了,还要来攻它!"墨子想。

他在大街上前行,除看见了贫弱而外,也没有什么异样。楚国要来进攻的消息,是也许已经听到了的,然而大家被攻得习惯了,自认是活该受攻的了,竟并不觉得特别,况且谁都只剩了一条性命,无衣无食,所以也没有什么人想搬家。待到望见南关的城楼了,这才看见街角上聚着十多个人,好像在听一个人讲故事。

当墨子走得临近时,只见那人的手在空中一挥,大叫道:

"我们给他们看看宋国的民气！我们都去死！"(14)

墨子知道，这是自己的学生曹公子的声音。

然而他并不挤进去招呼他，匆匆的出了南关，只赶自己的路。又走了一天和大半夜，歇下来，在一个农家的檐下睡到黎明，起来仍复走。草鞋已经碎成一片一片，穿不住了，包袱里还有窝窝头，不能用，便只好撕下一块布裳来，包了脚。不过布片薄，不平的村路梗着他的脚底，走起来就更艰难。到得下午，他坐在一株小小的槐树下，打开包裹来吃午餐，也算是歇歇脚。远远的望见一个大汉，推着很重的小车，向这边走过来了。到得临近，那人就歇下车子，走到墨子面前，叫了一声"先生"，一面撩起衣角来揩脸上的汗，喘着气。

"这是沙么？"墨子认识他是自己的学生管黔敖，便问。

"是的，防云梯的。"

"别的准备怎么样？"

"也已经募集了一些麻，灰，铁。不过难得很：有的不肯，肯的没有。还是讲空话的多……"

"昨天在城里听见曹公子在讲演，又在玩一股什么'气'，嚷什么'死'了。你去告诉他：不要弄玄虚；死并不坏，也很难，但要死得于民有利！"

"和他很难说，"管黔敖怅怅的答道。"他在这里做了两年官，不大愿意和我们说话了……"

"禽滑厘呢？"

"他可是很忙。刚刚试验过连弩(15)；现在恐怕在西关外看地势，所以遇不着先生。先生是到楚国去找公输般的罢？"

"不错，"墨子说，"不过他听不听我，还是料不定的。你们仍然准备着，不要只望着口舌的成功。"

管黔敖点点头，看墨子上了路，目送了一会，便推着小车，吱吱嘎嘎的进城去了。

三

楚国的郢城(16)可是不比宋国：街道宽阔，房屋也整齐，大店铺里陈列着许多好东西，雪白的麻布，通红的辣椒，斑斓的鹿皮，肥大的莲子。走路的人，虽然身体比北方短小些，却都活泼精悍，衣服也很干净，墨子在这里一比，旧衣破裳，布包着两只脚，真好像一个老牌的乞丐了。

再向中央走是一大块广场，摆着许多摊子，拥挤着许多人，这是闹市，也是十字路交叉之处。墨子便找着一个好像士人的老头子，打听公输般的寓所，可惜言语不通，缠不明白，正在手心上写字给他看，只听得轰的一声，大家都唱了起来，原来是有名的赛湘灵已经开始在唱她的《下里巴人》(17)，所以引得全国中许多人，同声应和了。不一会，连那老士人也在嘴里发出哼哼声，墨子知道他决不会再来看他手心上的字，便只写了半个"公"字，拔步再往远处跑。然而到处都在唱，无隙可乘，许多工夫，大约是那边已经唱完了，这才逐渐显得安静。他找到一家木匠店，去探问公输般的住址。

"那位山东老，造钩拒的公输先生么？"店主是一个黄脸黑须的胖子，果然很知道。"并不远。你回转去，走过十字街，从右手第二条小道上朝东向南，再往北转角，第三家就是他。"

墨子在手心上写着字,请他看了有无听错之后,这才牢牢的记在心里,谢过主人,迈开大步,径奔他所指点的处所。果然也不错的:第三家的大门上,钉着一块雕镂极工的楠木牌,上刻六个大篆道:"鲁国公输般寓"。

墨子拍着红铜的兽环⁽¹⁸⁾,当当的敲了几下,不料开门出来的却是一个横眉怒目的门丁。他一看见,便大声的喝道:

"先生不见客!你们同乡来告帮⁽¹⁹⁾的太多了!"

墨子刚看了他一眼,他已经关了门,再敲时,就什么声息也没有。然而这目光的一射,却使那门丁安静不下来,他总觉得有些不舒服,只得进去禀他的主人。公输般正捏着曲尺,在量云梯的模型。

"先生,又有一个你的同乡来告帮了……这人可是有些古怪……"门丁轻轻的说。

"他姓什么?"

"那可还没有问……"门丁惶恐着。

"什么样子的?"

"像一个乞丐。三十来岁。高个子,乌黑的脸……"

"阿呀!那一定是墨翟了!"

公输般吃了一惊,大叫起来,放下云梯的模型和曲尺,跑到阶下去。门丁也吃了一惊,赶紧跑在他前面,开了门。墨子和公输般,便在院子里见了面。

"果然是你。"公输般高兴的说,一面让他进到堂屋去。

"你一向好么?还是忙?"

"是的。总是这样……"

"可是先生这么远来,有什么见教呢?"

"北方有人侮辱了我,"墨子很沉静的说。"想托你去杀掉他……"

公输般不高兴了。

"我送你十块钱!"墨子又接着说。

这一句话,主人可真是忍不住发怒了;他沉了脸,冷冷的回答道:

"我是义不杀人的!"

"那好极了!"墨子很感动的直起身来,拜了两拜,又很沉静的说道:"可是我有几句话。我在北方,听说你造了云梯,要去攻宋。宋有什么罪过呢?楚国有余的是地,缺少的是民。杀缺少的来争有余的,不能说是智;宋没有罪,却要攻他,不能说是仁;知道着,却不争,不能说是忠;争了,而不得,不能说是强;义不杀少,然而杀多,不能说是知类。先生以为怎样?……"

"那是……"公输般想着,"先生说得很对的。"

"那么,不可以歇手了么?"

"这可不成,"公输般怅怅的说。"我已经对王说过了。"

"那么,带我见王去就是。"

"好的。不过时候不早了,还是吃了饭去罢。"

然而墨子不肯听,欠着身子,总想站起来,他是向来坐不住的⁽²⁰⁾。公输般知道拗不过,便答应立刻引他去见王;一面到自己的房里,拿出一套衣裳和鞋子来,诚恳的说道:

"不过这要请先生换一下。因为这里是和俺家乡不同,什么都讲阔绰的。还是换一换便当……"

"可以可以，"墨子也诚恳的说。"我其实也并非爱穿破衣服的……只因为实在没有工夫换……"

四

楚王早知道墨翟是北方的圣贤，一经公输般介绍，立刻接见了，用不着费力。

墨子穿着太短的衣裳，高脚鹭鸶似的，跟公输般走到便殿里，向楚王行过礼，从从容容的开口道：

"现在有一个人，不要轿车，却想偷邻家的破车子；不要锦绣，却想偷邻家的短毡袄；不要米肉，却想偷邻家的糠屑饭：这是怎样的人呢？"

"那一定是生了偷摸病了。"楚王率直的说。

"楚的地面，"墨子道，"方五千里，宋的却只方五百里，这就像轿车的和破车子；楚有云梦，满是犀兕麋鹿，江汉里的鱼鳖鼋鼍之多，那里都赛不过，宋却是所谓连雉兔鲫鱼也没有的，这就像米肉的和糠屑饭；楚有长松文梓楩木豫章，宋却没有大树，这就像锦绣的和短毡袄。所以据臣看来，王吏的攻宋，和这是同类的。"

"确也不错！"楚王点头说。"不过公输般已经给我在造云梯，总得去攻的了。"

"不过成败也还是说不定的。"墨子道。"只要有木片，现在就可以试一试。"

楚王是一位爱好新奇的王，非常高兴，便教侍臣赶快去拿木片来。墨子却解下自己的皮带，弯作弧形，向着公输子，算是城；把几十片木片分作两份，一份留下，一份交与公输子，便是攻和守的器具。

于是他们俩各各拿着木片，像下棋一般，开始斗起来了，攻的木片一进，守的就一架，这边一退，那边就一招。不过楚王和侍臣，却一点也看不懂。

只见这样的一进一退，一共有九回，大约是攻守各换了九种的花样。这之后，公输般歇手了。墨子就把皮带的弧形改向了自己，好像这回是由他来进攻。也还是一进一退的支架着，然而到第三回，墨子的木片就进了皮带的弧线里面了。

楚王和侍臣虽然莫明其妙，但看见公输般首先放下木片，脸上露出扫兴的神色，就知道他攻守两面，全都失败了。

楚王也觉得有些扫兴。

"我知道怎么赢你的，"停了一会，公输般讪讪的说。"但是我不说。"

"我也知道你怎么赢我的，"墨子却镇静的说。"但是我不说。"

"你们说的是些什么呀？"楚王惊讶着问道。

"公输子的意思，"墨子旋转身去，回答道，"不过想杀掉我，以为杀掉我，宋就没有人守，可以攻了。然而我的学生禽滑厘等三百人，已经拿了我的守御的器械，在宋城上，等候着楚国来的敌人。就是杀掉我，也还是攻不下的！"

"真好法子！"楚王感动的说。"那么，我也就不去攻宋罢。"

五

墨子说停了攻宋之后，原想即刻回往鲁国的，但因为应该换还公输般借他的衣裳，就只好再到他的寓里去。时候已是下午，主客都很觉得肚子饿，主人自然坚留他吃午饭——或者已经是夜饭，还劝他宿一宵。

"走是总得今天就走的，"墨子说。"明年再来，拿我的书来请楚王看一看。"(21)

"你还不是讲些行义么？"公输般道。"劳形苦心，扶危济急，是贱人的东西，大人们不取的。他可是君王呀，老乡！"

"那倒也不。丝麻米谷，都是贱人做出来的东西，大人们就都要。何况行义呢。"(22)

"那可也是的，"公输般高兴的说。"我没有见你的时候，想取宋；一见你，即使白送我宋国，如果不义，我也不要了……"

"那可是我真送了你宋国了。"墨子也高兴的说。"你如果一味行义，我还要送你天下哩！"(23)

当主客谈笑之间，午餐也摆好了，有鱼，有肉，有酒。墨子不喝酒，也不吃鱼，只吃了一点肉。公输般独自喝着酒，看见客人不大动刀匕，过意不去，只好劝他吃辣椒："请呀请呀！"他指着辣椒酱和大饼，恳切的说，"你尝尝，这还不坏。大葱可不及我们那里的肥……"

公输般喝过几杯酒，更加高兴了起来。

"我舟战有钩拒，你的义也有钩拒么？"他问道。

"我这义的钩拒，比你那舟战的钩拒好。"墨子坚决的回答说。"我用爱来钩，用恭来拒。不用爱钩，是不相亲的，不用恭拒，是要油滑的，不相亲而又油滑，马上就离散。所以互相爱，互相恭，就等于互相利。现在你用钩去钩人，人也用钩来钩你，你用拒去拒人，人也用拒来拒你，互相钩，互相拒，也就等于互相害了。所以我这义的钩拒，比你那舟战的钩拒好。"(24)

"但是，老乡，你一行义，可真几乎把我的饭碗敲碎了！"公输般碰了一个钉子之后，改口说，但也大约很有了一些酒意：他其实是不会喝酒的。

"但也比敲碎宋国的所有饭碗好。"

"可是我以后只好做玩具了。老乡，你等一等，我请你看一点玩意儿。"

他说着就跳起来，跑进后房去，好像是在翻箱子。不一会，又出来了，手里拿着一只木头和竹片做成的喜鹊，交给墨子，口里说道：

"只要一开，可以飞三天。这倒还可以说是极巧的。"

"可是还不及木匠的做车轮，"墨子看了一看，就放在席子上，说。"他削三寸的木头，就可以载重五十石。有利于人的，就是巧，就是好，不利于人的，就是拙，也就是坏的。"(25)

"哦，我忘记了，"公输般又碰了一个钉子，这才醒过来。"早该知道这正是你的话。"

"所以你还是一味的行义，"墨子看着他的眼睛，诚恳的说，"不但巧，连天下也是你的了。真是打扰了你大半天。我们明年再见罢。"

墨子说着，便取了小包裹，向主人告辞；公输般知道他是留不住的，只得放他走。送他出了大门之后，回进屋里来，想了一想，便将云梯的模型和木鹊都塞在后房的箱子里。

墨子在归途上，是走得较慢了，一则力乏，二则脚痛，三则干粮已经吃完，难免觉得肚子饿，四则事情已经办妥，不像来时的匆忙。然而比来时更晦气：一进宋国界，就被搜检了两回；走近都城，又遇到募捐救国队(26)，募去了破包袱；到得南关外，又遭着大雨，到城门下想避避雨,被两个执戈的巡兵赶开了,淋得一身湿,从此鼻子塞了十多天。

一九三四年八月

【注释】

(1) 选自《故事新编》(《鲁迅全集》第2卷),人民文学出版社,1981年版。

(2) 子夏:姓卜名商,春秋时卫国人,孔丘的弟子中的佼佼者。

(3) 公孙高:古书中无可查考,当是作者虚拟的人名。

(4) 墨子(约前468—前376):名翟,春秋战国之际鲁国人,曾为宋国大夫,我国古代思想家,墨家学派的创始者。他主张"兼爱",反对战争,具有"摩顶放踵,利天下,为之"(孟轲语)的精神。他的著作有流传至今的《墨子》共五十三篇,其中大半是他的弟子所记述的。《非攻》这篇小说主要即取材于《墨子·公输》,原文如下:"公输盘为楚造云梯之械,成,将以攻宋。子墨子闻之,起于齐(按齐应作鲁),行十日十夜而至于郢。见公输盘,公输盘曰:'夫子何命焉为?'子墨子曰:'北方有侮臣,愿借子杀之。'公输盘不说(悦)。子墨子曰:'请献十金。'公输盘曰:'吾义固不杀人。'子墨子起,再拜曰:'请说之。吾从北方,闻子为梯,将以攻宋,宋何罪之有?荆国(按即楚国)有余于地,而不足于民,杀所不足,而争所有余,不可谓智;宋无罪而攻之;不可谓仁;知而不争,不可谓忠;争而不得,不可谓强;义不杀少而杀众,不可谓知类。'公输盘服。子墨子曰:'然乎,不已乎?'公输盘曰:'不可,吾既已言之王矣。'子墨子曰:'胡不见我于王?'公输盘曰:'诺。'子墨子见王,曰:'今有人于此,舍其文轩,邻有敝舆而欲窃之;舍其锦绣,邻有短褐而欲窃之;舍其粱肉,邻有糠糟而欲窃之;此为何若人?'王曰:'必为窃疾矣。'子墨子曰:'荆之地,方五千里,宋之地,方五百里,此犹文轩之与敝舆也;荆有云梦,犀、兕、麋、鹿满之、江汉之鱼、鳖、鼋、鼍,为天下富,宋所谓无雉、兔、鲋鱼者也,此犹粱肉之与糠糟也;荆有长松、文梓、楩楠、豫章,宋无长木,此犹锦绣之与短褐也。臣以三事之攻宋也,为与此同类。臣见大王之必伤义而不得。'王曰:'善哉!虽然,公输盘为我为云梯,必取宋。'于是见公输盘。子墨子解带为城,以牒为械,公输盘九设攻城之机变,子墨子九距之,公输盘之攻械尽,子墨子之守围有余。公输盘诎,而曰:'吾知所以距子矣,吾不言。'子墨子亦曰:'吾知之所以距我,吾不言。'楚王问其故。子墨子曰:'公输子之意,不过欲杀臣;杀臣,宋莫能守,可攻也。然臣之弟子禽滑厘等三百人,已持臣守围之器,在宋城上,而待楚寇矣。虽杀臣,不能绝也。'楚王曰:'善哉!吾请无攻宋矣。'子墨子归,过宋,天雨,庇其闾中,守闾者不内(纳)也。"按原文"臣以三事之攻宋也","三事"两字,前人解释不一;《战国策·宋策》作"臣以王吏之攻宋",较为明白易解。在小说中作者写作"王吏",当系根据《战国策》。又,《公输》叙墨翟只守不攻;《吕氏春秋·慎大览》高诱注则说:"公输般九攻之,墨子九却之;又令公输般守备,墨子九下之。"小说中写墨翟与公输般迭为攻守,大概根据高注。

(5) 席子:我国古人席地而坐,这里是指铺在地上的座席。按墨翟主张节用,反对奢侈。在《墨子》一书的《辞过》《节用》等篇中,都详载着他对于宫室、衣服、饮食、舟车等项的节约的意见。

(6) 墨翟和子夏之徒的对话,见《墨子·耕柱》:"子夏之徒问于子墨子曰:'君子有斗乎?'子墨子曰:'君子无斗。'子夏之徒曰:'狗豨犹有斗,恶有士而无斗矣!'子墨子曰:'伤矣哉!言则称于汤文,行则譬于狗豨,伤矣哉!'"

(7) 阿廉：作者虚拟的人名。在《墨子·贵义》中有如下的一段记载："子墨子仕人于卫，所仕者至而反。子墨子曰：'何故反？'对曰：'与我言而不当。曰待女（汝）以千盆；授我五百盆，故去之也。'子墨子曰：'授子过千盆，则子去之乎？'对曰：'不去。'子墨子曰：'然则非为其不审也，为其寡也。'"

(8) 耕柱子和下文的曹公子、管黔敖、禽滑厘，都是墨翟的弟子。分见《墨子》中的《耕柱》《鲁问》《公输》等篇。

(9) 兼爱无父：这是儒家孟轲攻击墨家的话，见《孟子·滕文公》："杨氏（杨朱）为我，是无君也；墨氏兼爱，是无父也。无父无君，是禽兽也。"

(10) 公输般：般或作班，《墨子》中作盘，春秋时鲁国人。曾发明创造若干奇巧的器械，古书中多称他为"巧人"。

(11) 钩拒：参看本篇注（24）。

(12) 关于墨翟赶路的情况，《战国策·宋策》有如下记载："公输般为楚设机，将以攻宋。墨子闻之，百舍重茧，往见公输般。"又《淮南子·修务训》也说："昔者楚欲攻宋，墨子闻而悼之，自鲁趋而往，十日十夜，足重茧而不休息，裂裳裹足，至于郢。"

(13) 都城：指宋国的国都商丘（今属河南省）。

(14) 这里曹公子的演说，作者寓有讽刺当时国民党政府的意思。一九三一年日本帝国主义侵占我国东北后，国民党政府采取不抵抗主义，而表面上却故意发一些慷慨激昂的空论，以欺骗人民。

(15) 连弩：指利用机械力量一发多箭的连弩车。见《墨子·备高临》。

(16) 郢：楚国的都城，在今湖北江陵县境。

(17) 赛湘灵：作者根据传说中湘水的女神湘灵而虚拟的人名。传说湘灵善鼓瑟，如《楚辞·远游》中说："使湘灵鼓瑟兮，令海若舞冯夷。"《下里巴人》，是楚国一种歌曲的名称。《文选》宋玉《对楚王问》中说："客有歌于郢中者，其始曰'下里巴人'，国中属而和者数千人。"

(18) 兽环：大门上的铜环。因为铜环衔在铜制兽头的嘴里，所以叫作兽环。

(19) 告帮：在旧社会，向有关系的人乞求钱物帮助，叫告帮。

(20) 关于墨翟坐不住的事，在《文子·自然》和《淮南子·修务训》中都有"墨子无暖席"的话，意思是说坐席还没有温暖，他又要上路了（《文子》旧传为老聃弟子所作）。

(21) 关于墨翟献书给楚王的事，清代孙诒让《墨子间诂》（《贵义》篇）引唐代余知古《渚宫旧事》说："墨子至郢，献书惠王，王受而读之，曰：'良书也。'"据《渚宫旧事》所载，此事系在墨翟止楚攻宋之后（参看孙诒让《墨子传略》）。

(22) 墨翟与公输般关于行义的对话，见《墨子·贵义》："子墨子南游于楚，见楚献惠王，献惠王以老辞，使穆贺见子墨子。子墨子说穆贺，穆贺大说（悦），谓子墨子曰：'子之言则成（诚）善矣，而君王天下之大王也，毋乃曰贱人之所为而不用乎？'子墨子曰：'唯其可行。譬若药然，草之本，天子食之，以顺其疾。岂曰一草之本而不食哉？今农夫入其税于大人，大人为酒醴粢盛，以祭上帝鬼神。岂曰贱人之所为而不享哉？'"小说采取墨翟答穆贺这几句话的意思，改为与公输般的对话。

(23) 关于送你天下的对话，见《墨子·鲁问》："公输子谓子墨子曰：'吾未得见之时，我欲得宋；自我得见之后，予我宋而不义，我不为。'子墨子曰：'翟之未得见之时也，子欲得宋；自翟得见子之后，予子宋而不义，子弗为，是我予子宋也。子务为义，翟又将予子天下！'"

（24）公输般与墨翟关于钩拒的对话，见《墨子·鲁问》："公输子自鲁南游楚，焉（于是）始为舟战之器，作为钩强之备：退者钩之，进者强之，量其钩强之长，而制为之兵。楚之兵节，越之兵不节，楚人因此若势，亟败越人。公输子善其巧，以语子墨子曰：'我舟战有钩强，不知子之义亦有钩强乎？'子墨子曰：'我义之钩强，贤于子舟战之钩强。我钩强：我钩之以爱，揣之以恭。弗钩以爱则不亲，非揣以恭则速狎，狎而不亲则速离。故交相爱，交相恭，犹若相利也。今子钩而止人，人亦钩而止子；子强而距人，人亦强而距子。交相钩，交相强，犹若相害也。故我义之钩强，贤于子舟战之钩强。'"据孙诒让《墨子间诂》，"钩强"应作"钩拒"，"揣"也应作"拒"。钩拒是武器，用"钩"可以钩住敌人后退的船只；用"拒"可以挡住敌人前进的船只。

（25）关于木鹊，见《墨子·鲁问》："公输子削竹木以为鹊，成而飞之，三日不下。公输子自以为至巧。子墨子谓公输子曰：'子之为鹊也，不如匠之为车辖，须臾斫三寸之木，而任五十石之重。故所为功，利于人谓之巧，不利于人谓之拙。'"

（26）募捐救国队：影射当时国民党政府的欺骗行为。在日本帝国主义的侵略面前，国民党政府实行卖国投降政策；同时却用"救国"的名义，策动各地它所控制的所谓"民众团体"强行募捐，欺骗人民，进行搜括。

鲁迅（1881年9月25日—1936年10月19日），浙江绍兴人，原名周樟寿，后改名周树人，字豫才、豫亭，浙江绍兴人，出身于封建官僚家庭。伟大的无产阶级文学家、思想家、革命家。1918年5月，首次用"鲁迅"的笔名，发表中国现代文学史上第一篇白话小说《狂人日记》，奠定了新文学的基石，推进了现代文学的发展。其著作以小说、杂文为主，许多作品堪称中国现代文学史上的不朽杰作。

《非攻》选自鲁迅的历史小说集《故事新编》。《故事新编》里的八篇小说分别是：《补天》《奔月》《理水》《采薇》《铸剑》《出关》《非攻》《起死》，鲁迅说它"是神话、传说及史实的演义"，于1936年出版。《故事新编》以荒诞的手法表现严肃的主题，创立了一种新型的历史小说的写法。

导 读

"宋末三杰"之一的文天祥写出了"人生自古谁无死，留取丹心照汗青"，当今的钱伟长用60年如一日的报国征途诠释了自己的爱国心：祖国的需要就是自己的理想。你作为国家的一员，面对国家的兴衰，会树立怎样的理想呢？

钱伟长：一片丹心为报国

唐 瑜 蓝 英

他被誉为我国"力学之父"，与钱学森、钱三强并称科学界的"三钱"；他是一名社会活动家，曾任全国政协副主席，身体力行推动国家社会发展；他是一名教育家，是我国目前在位的最年长的大学校长。他，就是受中西文化熏陶的著名科学家钱伟长。

为了国家的发展

一切从国家的需要出发,这一理念贯穿了钱伟长的一生。

毛主席曾夸钱伟长课讲得好;周总理曾亲切地关怀他,还让他穿着自己的鞋子出访;邓小平在谈到他时曾说:"这个人的任命,可以不受年龄的限制。"有人戏称他是"万能科学家",而他自己却说:"国家的需要就是我的专业。"

当年,周总理把他和钱学森、钱三强统称为"三钱"。在1978年的全国科学大会上,"三钱"又一次不期而遇,虽然他们这时才有了第一次也是唯一的一次合影,但在22年前的1956年,"三钱"这个科学界的称呼就早已广为人知了。

1956年,国家开始搞科学规划,请了很多教师来进行论证。钱伟长时任清华大学教务长,在他的论证计划中有5项是关于学科方面的,这就是原子能、航天导弹、自动化、计算机和自动控制。到会的人当时大都不同意,都说数学和物理这些学科哪里去了?由此支持方和反对方展开了一场大讨论,当时反对钱伟长观点的有400多人,而支持者只有钱学森和钱三强两人。"三钱"的称号就是在这场争论中产生的。最后,周总理说,"三钱"的观点是对的,我们国家需要这个。虽然争论的结果是3对400,"三钱"势单力薄,况且这400人都是各学科的带头人。当时钱伟长确实感到压力很大,但是他说:"请我来,我就要说真话,因为这是国家发展的需要。"

爱国学者赤子心

1912年10月9日,钱伟长出生于江苏省无锡县鸿声乡七房桥村一个诗书家庭。在18岁那年的高考中,他以中文和历史两个100分的成绩走进了清华大学。

钱伟长属于严重的"偏科生",但正是这样一个在文史上极具天赋、数理上极度"瘸腿"的学生,却在一夜之间做出了一个大胆的决定:弃文从理。这个决定缘于他进入历史系的第二天。这一天正是1931年的9月18日,日本发动了震惊中外的"9·18事变",侵占了我国的东北三省,而蒋介石却奉行不抵抗政策,说中国战则必败,因为日本人有飞机大炮。

从收音机里听到了这个消息后,钱伟长拍案而起,他说:"我不读历史系了,我要学飞机大炮。"

起初,物理系主任根本不收他。经他软磨硬泡一周后,才同意收下他,但只能试学一段时间。为了能尽早赶上去,他早起晚归,来往于宿舍、教室和图书馆之间,废寝忘食,极度用功。毕业时,他成为物理系中成绩最好的学生之一。

如果说,弃文从理是钱伟长在人生中的第一次爱国抉择的话,那么,由于护照上有侵略者国家的签证而放弃了第一次公费留学,以及放弃在美国年薪8万美元回到清华大学做一名清贫的普通教授——这一系列重大选择,则处处体现出一个爱国学者的赤子之心。

1935年,钱伟长考取了清华大学研究院,在导师吴有训的指导下做光谱分析。为呼吁抗日救国,他参加了"一二·九"学生运动和民族解放先锋队。1937年北平沦陷,他到天津耀华中学任教近一年。1939年年初经香港、河内到昆明,在西南联合大学讲授热力学。那一年,他考取了庚子赔款的留英公费生,因第二次世界大战突发,船运中断,改派至加拿大。去加拿大留学,是英国人安排的行程,先让他们在上海等着。当得知所乘船只要经过日本，要让他们在横滨逗留3天后再起程时，钱伟长和其他公费生一致认为，在抗日战争期间，经留日本有损国格。于是，他们全体愤然离船，大家一齐把有日本签证的护照扔到了黄浦江里。后来，英国人道歉说："不知道你们会有如此强烈的爱国心。"1940年8月，钱伟长终于赶赴加拿大多伦多大学学习，主攻弹性力学，不久他就和老师联合发表了一篇论文，与爱因斯坦等著名学者的文章刊登在一本文集里。那时，钱伟长到加拿大学习才刚刚一年。

1942年，钱伟长获得了博士学位。在此后的4年里，他在美国加州理工学院和喷射推进研究所与钱学森一起从事航空航天领域的研究工作，在固体力学和流体力学领域成果卓著。然而，正当钱伟长在美国的事业如日中天的时候，他却选择了回国，在母校清华大学当了一名普通教授。

一名"万能科学家"

1957年6月，"反右"运动在全国范围内迅猛展开，钱伟长因5个月前在《人民日报》上发表的文章——《高等工业学校的培养目标问题》，对当时清华大学照搬苏联模式的教学思想提出了不同意见，与清华园内外的时潮相背，引发了一场历时3个月的大辩论，而成了备受打击的对象。一时间，清华报刊上连篇累牍地刊登批判钱伟长的文章，并把他打成了"右派"。当时被打成"右派"的共有6个人，只有钱伟长没有去北大荒劳动改造，原因是毛主席保了他。毛主席说，钱伟长是个好教师，要保留教授职位。所以钱伟长就成了一名保留教授资格的右派，继续待在清华园里，但他那时已经没有上课的机会了。这期间，钱伟长常常自言"做了很多奇怪的事情"。

在科研上，钱伟长什么领域都去研究，在什么领域研究都有收获，于是有人戏称他为"万能科学家"。从被打成"右派"到1966的9年间，这位被困在清华园里的科学家先后为各方提供咨询、解决技术难题100多个。

1968年，这位56岁的科学家又被分配到北京首都特钢厂做了一名炉前工。在那里，他同样做出了贡献。炉前工很苦，用的铁棒足有52公斤重，一般人是拿不起来的。钱伟长同样也拿不起来，但他发挥了自己懂力学的优势，把铁棒的一头放在一个和炉子一样高度的铁架子上，再去另一头把铁棒按下去，这样就拿起来了。工人们试了后都说好，于是就在10个炉子前都做了铁架子，钱伟长一时成了发明家。

珍宝岛战斗时，我们的部队缴获了一辆苏联坦克，后来陈列出来，钱伟长看后发现这种坦克的设计有很大的缺陷，它侧面的防护板比较薄，反坦克武器如果从前面打可能不行，但如果等坦克过去时从侧面打就很容易把它摧毁。不久，部队又拖来了两辆被击毁的坦克，就是按钱伟长建议的从侧面打进去的。

当时，我军的坦克只能走上几十公里，因为坦克车上的电瓶用的是铅酸电瓶，车辆启动的时候，需要消耗很大的电力，四个电瓶只能启动15次，所以坦克车走走停停是经常的事情。钱伟长了解到这一情况后，决心要改造我军坦克上的电瓶，自制高能量电瓶。但是研究电池不是他的专业，于是他就找来了化学系的老师帮助，后来他们研究出了能让坦克发动上千次的高能量电瓶。

1972年尼克松访华之后，美国开始邀请中国派专家到美国考察学习。周总理想到了钱伟长。派车去首钢接他时，他穿的还是工作服，鞋子也破旧不堪。周总理看到后说这样怎么能去呢？于是叫来了几个秘书，让钱伟长试穿他们的衣服，看哪件合适就穿哪件。周总理又说：你的鞋这样破旧怎么行，我看咱俩的脚差不多，就穿我的鞋吧。结果穿上正合适。

1980年12月10日至14日，作为中美联合编审委员会中方委员，钱伟长参加了《简明不列颠百科全书》合作谈判，就合作出版的具体事宜进行协商，并与合作者经过5年的艰苦努力，推出了10册《简明不列颠百科全书》（中文本）。这是一个时代的文化盛事，为那个文化饥渴年代的一代人提供了丰富的知识"大餐"。

沐浴春光更奋蹄

"文化大革命"结束后，中国的科教事业迎来了第二个春天。钱伟长和所有的科学工作者一样，沐浴着春天的阳光。1982年年底，正在一家研究所讲学的钱伟长突然接到清华大学党委组织部的通知：中央任命他为上海工业大学校长。

钱伟长十分珍视中央对他的信任，以独特的眼光和魄力对上海工业大学进行了大刀阔斧的改革。他首先提出了破"四道墙"的口号，这就是"破学校与社会之间的墙，破师生之间的墙，破科系之间的墙，破教学与科研之间的墙"。为了提高学生的自学能力和适应能力，减轻学习负担，他提出推行短学期制，精简教学大纲。并针对上海经济社会发展的实际需要，增设了许多新的科系。1994年，上海工业大学和上海科技大学、上海大学和上海科技高等专科学校合并，组成了新的上海大学，钱伟长又被任命为校长。

1985年6月18日，时任民盟中央副主席的钱伟长在第六届全国人大常委会第十次会议上，被任命为香港特别行政区基本法起草委员会委员兼文教宗教小组组长及区旗区徽评审委员会主席。在后来的1700多个日日夜夜里，他积极奔走，统筹协调，深入调查，广泛征集民意，为基本法的起草倾注了大量的心血，并带领评委会对征集来的7000余份设计图案进行讨论评选，最终圈定了区旗区徽图案，为各界人士包括香港居民所接受，得到了邓小平同志的赞赏……

钱伟长

到如今，钱老已经走过了96岁的人生旅途。

他现在最关心的是三件事：一是如何弘扬中华民族文化；二是高等教育的发展，尤其是人才的培养；三是科学研究的发展，特别是自主创新。钱老说："自主创新，就是自己国家的问题自己解决。"

经常有人对他说："您这么大年纪了还坚持工作，真让人钦佩。"而钱老总是满脸真诚地回答："国家需要我工作到什么时候，我就工作到什么时候！"

（选自《中国监察》2008年第21期）

钱伟长（1912年10月9日—2010年7月30日），江苏无锡人，中国力学家、应用数学家、教育家，世界著名的科学家、教育家，杰出的社会活动家。加拿大多伦多大学应用数学系毕业，中国科学院院士，上海大学校长，南京航空航天大学名誉校长，耀华中学名誉校长。中国近代力学、应用数学的奠基人之一。中国人民政治协商会议第六届至第九届全国委员会副主席，民盟中央副主席、名誉主席。

人文素养提升

导 读

卫国的战役中，将士们奋勇杀敌，没有任何人退缩，即使牺牲后也要成为鬼中豪杰。这样的爱国情怀怎不令人动容。

国 殇

屈原

操吴戈兮被犀甲(1)，车错毂兮短兵接(2)。
旌蔽日兮敌若云(3)，矢交坠兮士争先(4)。
凌余阵兮躐余行(5)，左骖殪兮右刃伤(6)。
霾两轮兮絷四马(7)，援玉枹兮击鸣鼓(8)。
天时坠兮威灵怒(9)，严杀尽兮弃原野(10)。
出不入兮往不反(11)，平原忽兮路超远(12)。
带长剑兮挟秦弓(13)，首身离兮心不惩(14)。
诚既勇兮又以武(15)，终(16)刚强兮不可凌。
身既死兮神以灵(17)，魂魄毅兮为鬼雄(18)！

【注释】

选自《中国历代文学作品选》（上编第一册），朱东润主编，上海古籍出版社，1979年版，以下注释，编者有所改动。

《楚辞·九歌》是战国时期楚人屈原据民间祭神乐歌改作或加工而成。共十一篇：《东皇太一》《云中君》《湘君》《湘夫人》《大司命》《少司命》《东君》《河伯》《山鬼》《国殇》《礼魂》。这里的"九"并非实数，古人常以"九"表示数目之多。

(1) 吴戈：战国吴地所制的戈（因制作精良锋利而著名）。操：拿着。被：通"披"。犀甲犀牛皮制作的铠甲。

(2) 错毂（gǔ）：毂，车的轮轴。指两国双方激烈交战，兵士来往交错。毂是车轮中心插轴的地方。短兵：指刀剑一类的短兵器。

(3) 旌（jīng）蔽日兮敌若云：旌旗遮蔽了太阳，敌兵好像云一样聚集在一起。旌，用羽毛装饰的旗子。

(4) 矢交坠兮士争先，是说双方激战，流箭交错，纷纷坠落，战士却奋勇争先杀敌。矢，箭。

(5) 凌：侵犯。躐（liè）：践踏。行（háng）：行列。

(6) 左骖（cān）：古代战车用四匹马拉，中间的两匹马叫"服"，左右两边的叫"骖"。殪（yì）：被杀死。右：指右骖。刃伤：为兵刃所伤。

(7) 霾两轮兮絷四马：意思是把（战车）两轮埋在土中，马头上的缰绳也不解开，要同敌人血战到底。霾（mái），通"埋"。絷（zhí），绊住。

(8) 援玉枹（fú）兮击鸣鼓：主帅鸣击战鼓以振作士气。援，拿着。枹，用玉装饰的鼓槌。

(9) 天时：天意。坠：通"怼"(duì)，恨。威灵怒：神明震怒。
(10) 严杀：酣战痛杀。弃原野：指骸骨弃在战场上。
(11) 出不入兮往不反：战士抱着义无反顾的必死决心。
(12) 忽：迅速貌。这句写战士出击，在平原上奋迅前进，一下子就离家甚远。
(13) 挟(xié)：携，拿。秦弓：战国秦地所造的弓（因射程较远而著名）。
(14) 首身离：头和身体分离，指战死。惩：恐惧，悔恨。
(15) 诚：果然是，诚然。武：力量强大。
(16) 终：始终。
(17) 神以灵：指精神永存。
(18) 魂魄毅兮为鬼雄：一作"子魂魄兮为鬼雄"。鬼雄，鬼中雄杰。

【通假字】

"被"通"披"　　"霾"通"埋"　　"反"通"返"

【译文】

　　手拿干戈啊身穿犀皮甲，战车交错啊刀剑相砍杀。
　　旗帜蔽日啊敌人如乌云，飞箭交坠啊士卒勇争先。
　　犯我阵地啊践踏我队伍，左骖死去啊右骖被刀伤。
　　埋住两轮啊绊住四匹马，手拿玉槌啊敲打响战鼓。
　　天昏地暗啊威严神灵怒，残酷杀尽啊尸首弃原野。
　　出征不回啊往前不复返，平原迷漫啊路途很遥远。
　　佩带长剑啊挟着强弓弩，首身分离啊壮心不改变。
　　实在勇敢啊富有战斗力，始终刚强啊没人能侵犯。
　　身已死亡啊精神永不死，您的魂魄啊为鬼中英雄！

【赏析】

　　《九歌》中的《国殇》，是一首追悼为国牺牲的将士的挽歌。据说，诗人是为楚怀王十七年（前312），秦大败楚军于丹阳、蓝田一役而写（当然，不同的说法也很多）。

　　全诗生动地描绘了一次战役的经过：将士们身披犀甲，手持吴戈，人人奋勇争先，与敌人展开了短兵相接的战斗。只见战旗遮盖住太阳，战鼓震天动地。流矢在阵地上纷纷坠落，双方战车交替，车轮深深地陷入泥土中，四匹马挣扎着，还是拉不起来。由于敌军众多，我军伤亡惨重，左侧的边马倒下了，右侧的边马也被兵刃杀伤。壮士们身佩长剑，腋夹秦弓，捐躯于寥廓遥远的疆场。

　　诗人热烈地礼赞道：英雄们真是意志刚强、武力强大，身虽死而志不可夺！他们死而有知，英灵不泯，在鬼中也是出类拔萃的英雄！

【背景】

　　此诗是屈原在民族危亡年代所作，爱国主义精神在诗中得到充分体现。全诗极写卫国壮士在战斗中勇武不屈、视死如归的英雄气概，讴歌他们为维护祖国尊严、解除人民灾难而献身的精神。慷慨悲壮的歌唱，不仅寄托了对阵亡士卒的哀思，而且表达了诗人与祖国同休戚、共命运的深挚的爱国主义激情，有力地说明诗人和人民大众的爱憎态度是完全一致的。

导 读

飘零在外的游子,对故乡的那种情感无时无刻不萦绕在心间,拂拭不去。一草一木,一山一水……都烙上了那么深刻的印痕。你对家乡的风物还记得哪些?

听听那冷雨

余光中

惊蛰一过,春寒加剧。先是料料峭峭,继而雨季开始,时而淋淋漓漓,时而淅淅沥沥,天潮潮地湿湿,即连在梦里,也似乎有把伞撑着。而就凭一把伞,躲过一阵潇潇的冷雨,也躲不过整个雨季。连思想也都是潮润润的。每天回家,曲折穿过金门街到厦门街迷宫式的长巷短巷,雨里风里,走入霏霏令人更想入非非。想这样子的台北凄凄切切完全是黑白片的味道,想整个中国整部中国的历史无非是一张黑白片子,片头到片尾,一直是这样下着雨的。这种感觉,不知道是不是从安东尼奥尼那里来的。不过那一块土地是久违了,二十五年,四分之一的世纪,即使有雨,也隔着千山万山,千伞万伞。十五年,一切都断了,只有气候,只有气象报告还牵连在一起,大寒流从那块土地上弥天卷来,这种酷冷吾与古大陆分担。不能扑进她怀里,被她的裙边扫一扫也算是安慰孺慕之情吧。

这样想时,严寒里竟有一点温暖的感觉了。这样想时,他希望这些狭长的巷子永远延伸下去,他的思路也可以延伸下去,不是金门街到厦门街,而是金门到厦门。他是厦门人,至少是广义的厦门人,二十年来,不住在厦门,住在厦门街,算是嘲弄吧,也算是安慰。不过说到广义,他同样也是广义的江南人,常州人,南京人,川娃儿,五陵少年。杏花春雨江南,那是他的少年时代了。再过半个月就是清明。安东尼奥尼的镜头摇过去,摇过去又摇过来。残山剩水犹如是,皇天后土犹如是,纭纭黔首、纷纷黎民从北到南犹如是。那里面是中国吗?那里面当然还是中国永远是中国。只是杏花春雨已不再,牧童遥指已不再,剑门细雨渭城轻尘也都已不再。然则他日思夜梦的那片土地,究竟在哪里呢?

在报纸的头条标题里吗?还是香港的谣言里?还是傅聪的黑键白键马思聪的跳弓拨弦?还是安东尼奥尼的镜底勒马洲的望中?还是呢,故宫博物院的壁头和玻璃柜内,京戏的锣鼓声中太白和东坡的韵里?

杏花,春雨,江南。六个方块字,或许那片土就在那里面。而无论赤县也好神州也好中国也好,变来变去,只要仓颉的灵感不灭,美丽的中文不老,那形象那磁石一般的向心力当必然长在。因为一个方块字是一个天地。太初有字,于是汉族的心灵他祖先的回忆和希望便有了寄托。譬如凭空写一个"雨"字,点点滴滴,滂滂沱沱,淅淅沥沥,一切云情雨意,就宛然其中了。视觉上的这种美感,岂是什么 rain 也好 pluie 也好所能满足?翻开一部《辞源》或《辞海》,金木水火土,各成世界,而一入"雨"部,古神州的天颜千变万化,便悉在望中,美丽的霜雪云霞,骇人的雷电霹雹,展露的无非是神的好脾气与坏脾气,气象台百读不厌门外汉百思不解的百科全书。

听听,那冷雨。看看,那冷雨。嗅嗅闻闻,那冷雨,舔舔吧,那冷雨。雨在他的伞上这城市百万人的伞上雨衣上屋上天线上,雨下在基隆港在防波堤海峡的船上,清明这季雨。雨是女性,应该最富于感性。雨气空而迷幻,细细嗅嗅,清清爽爽新新,有一点点薄荷的香味，浓的时候，竟发出草和树林之后特有的淡淡土腥气，也许那竟是蚯蚓的蜗牛的腥气吧，毕竟是惊蛰了啊。也许地上的地下的生命也许古中国层层叠叠的记忆皆蠢蠢而蠕，也许是植物的潜意识和梦境，那腥气。

第三次去美国，在高高的丹佛他山居住了两年。美国的西部，多山多沙漠，千里干旱，天，蓝似安格罗－萨克逊人的眼睛，地，红如印第安人的肌肤，云，却是罕见的白鸟，落基山簇簇耀目的雪峰上，很少飘云牵雾。一来高，二来干，三来森林线以上，杉柏也止步，中国诗词里"荡胸生层云"或是"商略黄昏雨"的意趣，是落基山上难睹的景象。落基山岭之胜，在石，在雪。那些奇岩怪石，相叠互倚，砌一场惊心动魄的雕塑展览，给太阳和千里的风看。那雪，白得虚虚幻幻，冷得清清醒醒，那股皑皑不绝一仰难尽的气势，压得人呼吸困难，心寒眸酸。不过要领略"白云回望合，青霭入看无"的境界，仍须来中国。台湾湿度很高，最饶云气氛氤雨意迷离的情调。两度夜宿溪头，树香沁鼻，宵寒袭肘，枕着润碧湿翠苍苍交叠的山影和万籁都歇的俱寂，仙人一样睡去。山中一夜饱雨，次晨醒来，在旭日未升的原始幽静中，冲着隔夜的寒气，踏着满地的断柯折枝和仍在流泻的细股雨水，一径探入森林的秘密，曲曲弯弯，步上山去。溪头的山，树密雾浓，蓊郁的水汽从谷底冉冉升起，时稠时稀，蒸腾多姿，幻化无定，只能从雾破云开的空处，窥见乍现即隐的一峰半堅，要纵览全貌，几乎是不可能的。至少上山两次，只能在白茫茫里和溪头诸峰玩捉迷藏的游戏。回到台北，世人问起，除了笑而不答心自闲，故作神秘之外，实际的印象，也无非山在虚无之间罢了。云萦烟绕，山隐水迢的中国风景，由来予人宋画的韵味。那天下也许是赵家的天下，那山水却是米家的山水。而究竟，是米氏父子下笔像中国的山水，还是中国的山水上纸像宋画，恐怕是谁也说不清楚了吧？

雨不但可嗅，可亲，更可以听。听听那冷雨。听雨，只要不是石破天惊的台风暴雨，在听觉上总是一种美感。大陆上的秋天，无论是疏雨滴梧桐，或是骤雨打荷叶，听去总有一点凄凉，凄清，凄楚，于今在岛上回味，则在凄楚之外，再笼上一层凄迷了，饶你多少豪情侠气，怕也经不起三番五次的风吹雨打。一打少年听雨，红烛昏沉。再打中年听雨，客舟中江阔云低。三打白头听雨的僧庐下，这更是亡宋之痛，一颗敏感心灵的一生：楼上，江上，庙里，用冷冷的雨珠子串成。十年前，他曾在一场摧心折骨的鬼雨中迷失了自己。雨，该是一滴湿漓漓的灵魂，窗外在喊谁。

雨打在树上和瓦上，韵律都清脆可听。尤其是铿铿敲在屋瓦上，那古老的音乐，属于中国。王禹偁在黄冈，破如橡的大竹为屋瓦。据说住在竹楼上面，急雨声如瀑布，密雪声比碎玉，而无论鼓琴，咏诗，下棋，投壶，共鸣的效果都特别好。这样岂不像是住在竹筒里，任何细脆的声响，怕都会加倍夸大，反而令人耳朵过敏吧。

雨天的屋瓦，浮漾湿湿的流光，灰而温柔，迎光则微明，背光则幽黯，对于视觉，是一种低沉的安慰。至于雨敲在鳞鳞千瓣的瓦上，由远而近，轻轻重重轻轻，夹着一股股的细流沿瓦槽与屋檐潺潺泻下，各种敲击音与滑音密织成网，谁的千指百指在按摩耳轮。"下雨了"，温柔的灰美人来了，她冰冰的纤手在屋顶拂弄着无数的黑键啊灰键，把响午一下子奏成了黄昏。

在古老的大陆上，千屋万户是如此。二十多年前，初来这岛上，日式的瓦屋亦是如此。先是天黯了下来，城市像罩在一块巨幅的毛玻璃里，阴影在户内延长复加深。然后凉凉的水意弥漫在空间，风自每一个角落里旋起，感觉得到，每一个屋顶上呼吸沉重都覆着灰云。雨来了，最轻的敲打乐敲打这城市。苍茫的屋顶，远远近近，一张张敲过去，古老的琴，那细细密密的节奏，单调里自有一种柔婉与亲切，滴滴点点滴滴，似幻似真，若孩时在摇篮里，一曲耳熟的童谣摇摇欲睡，母亲吟哦鼻音与喉音。或是在江南的泽国水乡，一大筐绿油油的桑叶被啮于千百头蚕，细细琐琐屑屑，口器与口器咀咀嚼嚼。雨来了，雨来的时候瓦这么说，一片瓦说千亿片瓦说，说轻轻地奏吧沉沉地弹，徐徐地叩吧挞挞地打，间间歇歇敲一个雨季，即兴演奏从惊蛰到清明，在零落的坟上冷冷奏挽歌，一片瓦吟千亿片瓦吟。

在旧式的古屋里听雨，听四月，霏霏不绝的黄梅雨，朝夕不断，旬月绵延，湿黏黏的苔藓从石阶下一直侵到舌底，心底。到七月，听台风台雨在古屋顶上一夜盲奏，千层海底的热浪沸沸被狂风挟挟，掀翻整个太平洋只为向他的矮屋檐重重压下，整个海在他的蜗壳上哗哗泻过。不然便是雷雨夜，白烟一般的纱帐里听羯鼓一通又一通，滔天的暴雨滂滂沛沛扑来，强劲的电琵琶忐忐忑忑忐忐忑忑，弹动屋瓦的惊悸腾腾欲掀起。不然便是斜斜的西北雨斜斜刷在窗玻璃上，鞭在墙上打在阔大的芭蕉叶上，一阵寒潮泻过，秋意便弥湿旧式的庭院了。

在旧式的古屋里听雨，春雨绵绵听到秋雨潇潇，从少年听到中年，听听那冷雨。雨是一种单调而耐听的音乐是室内乐是室外乐，户内听听，户外听听，冷冷，那音乐。雨是一种回忆的音乐，听听那冷雨，回忆江南的雨下得满地是江湖，下在桥上和船上，也下在四川在秧田和蛙塘，下肥了嘉陵江下湿布谷咕咕的啼声，雨是潮潮润润的音乐，下在渴望的唇上，舔舔那冷雨。

因为雨是最最原始的敲打乐从记忆的彼端敲起。瓦是最最低沉的乐器灰蒙蒙的温柔覆盖着听雨的人，瓦是音乐的雨伞撑起。但不久公寓的时代来临，台北你怎么一下子长高了，瓦的音乐竟成了绝响。千片万片的瓦翩翩，美丽的灰蝴蝶纷纷飞走，飞入历史的记忆。现在雨下来下在水泥的屋顶和墙上，没有音韵的雨季。树也砍光了，那月桂，那枫树，柳树和擎天的巨椰，雨来的时候不再有丛叶嘈嘈切切，闪动湿湿的绿光迎接。鸟声减了啾啾，蛙声沉了咯咯，秋天的虫吟也减了唧唧。七十年代的台北不需要这些，一个乐队接一个乐队便遣散尽了。要听鸡叫，只有去《诗经》的韵里找。现在只剩下一张黑白片，黑白的默片。

正如马车的时代去后，三轮车的时代也去了。曾经在雨夜，三轮车的油布篷挂起，送她回家的途中，篷里的世界小得多可爱，而且躲在警察的辖区以外，雨衣的口袋越大越好，盛得下他的一只手里握一只纤纤的手。台湾的雨季这么长，该有人发明一种宽宽的双人雨衣，一人分穿一只袖子此外的部分就不必分得太苛。而无论工业如何发达，一时似乎还废不了雨伞。只要雨不倾盆，风不横吹，撑一把伞在雨中仍不失古典的韵味。任雨点敲在黑布伞或是透明的塑胶伞上，将骨柄一旋，雨珠向四方喷溅，伞缘便旋成了一圈飞檐。跟女友共一把雨伞，该是一种美丽的合作吧。最好是初恋，有点兴奋，更有点不好意思，若即若离之间，雨不妨下大一点。真正初恋，恐怕是兴奋得不需要伞的，手牵手在雨中狂奔而去，把年轻的长发和肌肤交给漫天的淋淋漓漓，然后向对方的唇上颊上尝凉凉甜甜的雨水。不过那要非常年轻且激情，同时，也只能发生在法国的新潮片里吧。

大多数的雨伞想不会为约会张开。上班下班，上学放学，菜市来回的途中。现实的伞，灰色的星期三。握着雨伞。他听那冷雨打在伞上。索性更冷一些就好了，他想。索性把湿湿的灰雨冻成干干爽爽的白雨，六角形的结晶体在无风的空中回回旋旋地降下来。等须眉和肩头白尽时，伸手一拂就落了。二十五年，没有受故乡白雨的祝福，或许发上下一点白霜是一种变相的自我补偿吧。一位英雄，经得起多少次雨季？他的额头是水成岩削成还是火成岩？

他的心底究竟有多厚的苔藓？厦门街的雨巷走了二十年与记忆等长，一座无瓦的公寓在巷底等他，一盏灯在楼上的雨窗子里，等他回去，向晚餐后的沉思冥想去整理青苔深深的记忆。

前尘隔海。古屋不再。听听那冷雨。

（选自余光中《听听那冷雨》，山东文艺出版社，1994年版）

余光中（1928年10月21日—2017年12月14日），当代台湾著名诗人、散文家、批评家、翻译家。祖籍福建永春，1928年出生于南京，母亲原籍江苏武进，故也自称"江南人"。1948年进入厦门大学外文系时开始发表新诗，1949年5月到达台湾入台大外文系，毕业后进入军界。退役后进修硕士学位，并从事编辑与教学工作。其人"右手为诗，左手为文"，著有诗集《舟子的悲歌》（1952）、《白玉苦瓜》（1974）等二十余部，散文集《左手的缪思》（1963）等十余部，另外还有评论集《分水岭上：余光中评论文集》（1981）等五部，翻译集《英美现代诗选》等十余部。

余先生礼赞中国为"最美最母亲的国度"。他说："蓝墨水的上游是汨罗江"，"要做屈原和李白的传人"，"我的血系中有一条黄河的支流"。他是中国文坛杰出的诗人与散文家，他的名字已经醒目地镌刻在中国新文学的史册上。

拓展与演练

1. 你对理想有怎样的认识？
2. 讨论：你的理想是什么？
3. 你的家乡在哪里？有什么让你难忘的？
4. 课外阅读法国作家罗曼·罗兰《约翰·克利斯朵夫》。
5. 课外阅读美国黑人作家亚历克斯·哈利的家史小说《根》。
6. 观看电影《门巴将军》。

第二部分
淡泊明志，宁静致远

写在前面的话

  现代科技的空前发展，给人类带来了巨大的物质享受和便利，与此同时，高度发达的物质却将人类的精神不停地挤压，社会上充斥着各种急功近利和对物质的过度追求。"当上CEO，迎娶白富美，走上人生巅峰"竟然成为无数人的共识。人们越来越深地被物欲捆绑，在追名逐利的浮华与喧嚣中，淡忘了初心，失去了方向，最终让生活"掉进自己设置的陷阱，给奢侈和挥霍毁坏完了"（梭罗语）。

  然而生活不只有对物质的追逐，更要有精神的满足。正如雨果所说："人，有了物质才能生存；人，有了理想才谈得上生活。脚步不能到达的地方，眼光可以到达；眼光不能到达的地方，精神可以到达。"

  所以，德国哲学家海德格尔主张，人要"诗意地栖居在大地上"。

  所以，"生活不止眼前的苟且，还有诗与远方"引发了广泛的共鸣。

  那么，如何才能诗意地栖居？怎样才能到达远方？

  诸葛亮说："非淡泊无以明志，非宁静无以致远。"淡泊与宁静，是一种极高的境界。唯淡泊，能让人淡看世俗名利而心底澄澈，从而让志向明晰坚定；唯宁静能让人远离市井喧嚣而灵魂自由，从而使精神到达远方。陶渊明因淡泊宁静，故能"结庐在人境，而无车马喧"。王维因淡泊宁静，故能"行到水穷处，坐看云起时"。洪应明因淡泊宁静，故能"宠辱不惊，闲看庭前花开花落；去留无意，漫随天外云卷云舒"。

  淡泊宁静，让我们不被贪欲侵蚀，不被虚荣蒙蔽，不被生活逼迫，不被人事困扰，让我们能于滚滚红尘寻得一个角落，安静地阅读和思考。帕斯卡说，人"是一根能思想的芦苇"，"由于空间，宇宙囊括了我并吞没了我；由于思想，我却囊括了宇宙"。所以，通过阅读和思考，我们得以诗意地栖居，得以到达远方。

  著名学者、北大教授钱理群说："我们每个人，在营造自己的物质世界的同时，还应该营造一个书籍的世界，沉湎于其间，进行精神的修养，享受人的生命的快乐。阅读应该成为我们不可或缺的生活方式，生命存在方式。"

  泰戈尔说："如果我小时候没有听过童话故事，没有读过《一千零一夜》和《鲁宾孙漂流记》，远处河岸和河对岸辽阔的田野景色就不会使我如此感动，世界对我就不会这样富有魅力。"

  所以我们要去读唐诗、宋词、元曲，读李白、杜甫、李商隐；读苏轼、柳永、周邦彦；读莎士比亚、泰戈尔、巴尔扎克、柏拉图，读《哈姆莱特》《失乐园》《理想国》《罪与罚》

《战争与和平》……这些书籍，也许与考试和就业无关，却对养成人生经验、文化品位和精神境界有着非凡的意义，它们往往决定了我们一辈子的心胸和视野。

当我们因了阅读，有一天看见夕阳余晖和飞鸟，脱口而出的是"落霞与孤鹜齐飞，秋水共长天一色"而不是"好多鸟，好好看"；当我们因了阅读，心情低落时心中默念的是"终是谁使弦断，花落肩头，恍惚迷离"而不是"蓝瘦香菇"（网络流行语）；当我们因了阅读，离别之际是"挥手自兹去，萧萧班马鸣"而不是"皮皮虾，我们走"（网络流行语）……这时，我们就获得了诗，到达了远方。

那么，让我们淡泊宁静地做"一根会思想的芦苇"，在阅读和思考中追寻生命的意义、人生的价值，发现生活的美好，诗意地栖居在大地上。

（刘青）

导读

美国作家梭罗的《瓦尔登湖》被认为是自然文学的先驱和最有影响力的作品。《我生活的地方，我为何生活》是该书的第二篇，描绘作者在瓦尔登湖的生活和思考。

梭罗是自然的歌唱者，也是文明社会的批判者。他批判文明人的生活"在琐碎之中耗掉了""掉进自己设置的陷阱，给奢侈和挥霍毁坏完了"，于是他摒弃浮躁的现代物质生活，走进瓦尔登湖边的森林，去追求心灵的安静，并在安静中思考。在湖边的森林里，梭罗全身心地体味自然的声色、光影与味道，森林、湖泊、鸟叫、虫鸣、晨雾、晚风……大自然的一切都让他欣喜。在最简单的生活方式中，他丰富着自己的精神世界，思考着生命的最高原则，也回答了自己的人生大问题：我要在什么地方生活？我为何生活？——到"远离嚣闹和骚扰"的自然里"过谨慎的生活，只面对生活的基本事实……我不希望过非生活的生活"。"我们如大自然一般自然地过一天吧"，"简单化，简单化"！只有这样，我们才能"深深地把生命的精髓都吸到"，才能"生活得诗意而神圣"。

生命，总需要一些更高的原则。梭罗说："人类无疑是有能力有意识来提高他自己的生命的。"让我们静下心来，和梭罗一起，思考一下自己，思考一下"生命更高的原则"吧！

我生活的地方，我为何生活

[美] 梭 罗

我坐在一个小湖的湖岸上，离开康科德村子南面约一英里半，较康科德高出些，就在市镇与林肯乡之间那片浩瀚的森林中央，也在我们的唯一著名地区，康科德战场之南的两英里地；但因为我是低伏在森林下面的，而其余的一切地区，都给森林掩盖了，所以半英里之外的湖的对岸便成了我最遥远的地平线。在第一个星期内，无论什么时候我凝望着湖水，湖给我的印象都好像山里的一泓龙潭，高悬在山的一边，它的底还比别的湖沼的水平面高了不少，以至日出的时候，我看到它脱去了夜晚的雾衣，它轻柔的鄹波，或它波平如镜的湖面，都渐渐地在这里那里呈现了。这时的雾，像幽灵偷偷地从每一个方向，退隐入森林中，又好像是一个夜间的秘密宗教集会散会了一样。露水后来要悬挂在林梢，悬挂在山侧，到第二天还一直不肯消失。

八月里，在轻柔的斜风细雨暂停的时候，这小小的湖做我的邻居，最为珍贵，那时水和空气都完全平静了，天空中却密布着乌云，下午才过了一半却已具备了一切黄昏的肃穆，而画眉在四周唱歌，隔岸相闻。这样的湖，再没有比这时候更平静的了；湖上的明净的空气自然很稀薄，而且给乌云映得很黯淡了，湖水却充满了光明和倒影，成为一个下界的天空，更加值得珍视。从最近被伐木的附近一个峰顶上向南看，穿过小山间的巨大凹处，看得见隔湖的一幅愉快的图景，那凹处正好形成湖岸，那儿两座小山坡相倾斜而下，使人感觉到似有一条溪涧从山林谷中流下，但是，却没有溪涧。

我是这样地从近处的绿色山峰之间和之上，远望一些蔚蓝的地平线上的远山或更高的山峰的。真的，踮起了足尖来，我可以望见西北角上更远、更蓝的山脉，这种蓝颜色是天空的染料制造厂中最真实的出品，我还可以望见村镇的一角。但是要换一个方向看的话，虽然我站得如此高，却给郁茂的树木围住，什么也看不透，看不到了。在邻近，有一些流水真好，水有浮力，地就浮在上面了。便是最小的井也有这一点值得推荐，当你窥望井底的时候，你发现大地并不是连绵的大陆，而是隔绝的孤岛。这是很重要的，正如井水之能冷藏牛油。

当我的目光从这一个山顶越过湖向萨德伯里草原望过去的时候，在发大水的季节里，我觉得草原升高了，大约是蒸腾的山谷中显示出海市蜃楼的效果，它好像沉在水盆底下的一个天然铸成的铜币，湖之外的大地都好像薄薄的表皮，成了孤岛，给小小一片横亘的水波浮载着，我才被提醒，我居住的地方只不过是干燥的土地。

虽然从我的门口望出去，风景范围更狭隘，我却一点不觉得它拥挤，更无被囚禁的感觉。尽够我的想象力在那里游牧的了。矮橡树丛生的高原升起在对岸，一直向西去的大平原和鞑靼式的草原伸展开去，给所有的流浪人家一个广阔的天地。当达摩达拉的牛羊群需要更大的新牧场时，他说过："再没有比自由地欣赏广阔的地平线的人更快活的人了。"

时间和地点都已变换，我生活在更靠近了宇宙中的这些部分，更挨紧了历史中最吸引我的那些时代。我生活的地方遥远得跟天文家每晚观察的太空一样。我们惯于幻想，在天体的更远更僻的一角，有着更稀罕、更愉快的地方，在仙后星座的椅子形状的后面，远远地离了嚣闹和骚扰。我发现我的房屋位置正是这样一个遁隐之处，它是终古常新的没有受到污染的宇宙一部分。如果说，居住在这些部分，更靠近昂星团或毕星团，牵牛星座或天鹰星座，更加值得的话，那么，我真正是住在那些地方的，至少是，就跟那些星座一样远离我抛在后面的人世，那些闪闪的小光，那些柔美的光线，传给我最近的邻居，只有在没有月亮的夜间才能够看得到。我所居住的便是创造物中那部分——

曾有个牧羊人活在世上，
他的思想有高山那样崇高，
在那里他的羊群，
每小时都给予他营养。

如果牧羊人的羊群老是走到比他的思想还要高的牧场上，我们会觉得他的生活是怎样的呢？

每一个早晨都是一个愉快的邀请，使得我的生活跟大自然自己同样的简单，也许我可以说，同样地纯洁无瑕。我向曙光顶礼，忠诚如同希腊人。我起身很早，在湖中洗澡；这是个宗教意味的运动，是我所做到的最好的一件事。据说在成汤王的浴盆上就刻着这样的字："苟日新，日日新，又日新。"我懂得这个道理。黎明带回来了英雄时代。

在最早的黎明中，我坐着，门窗大开，一只看不到也想象不到的蚊虫在我的房中飞，它那微弱的吟声都能感动我，就像我听到了宣扬美名的金属喇叭声一样。这是荷马的一首安魂曲，空中的《伊利亚特》和《奥德赛》歌唱着它的愤怒与漂泊。此中大有宇宙本体之感；宣告着世界的无穷精力与生生不息，直到它被禁。黎明啊，一天之中最值得纪念的时节，是觉醒的时辰。那时候，我们的昏沉欲睡的感觉是最少的了，至少可有一小时之久，整日整夜昏昏沉沉的官能大都要清醒起来。

但是，如果我们并不是给我们自己的禀赋所唤醒，而是给什么仆人机械地用肘子推醒的；如果并不是由我们内心的新生力量和内心的要求来唤醒我们，既没有那空中的芬香，也没有回荡的天籁的音乐，而是工厂的汽笛唤醒了我们的；如果我们醒时，并没有比睡前有了更崇高的生命，那么这样的白天，即便能称之为白天，也不会有什么希望可言。要知道，黑暗可以产生这样的好果子，黑暗是可以证明它自己的功能并不下于白昼的。

一个人如果不能相信每一天都有一个比他亵渎过的更早、更神圣的曙光时辰，他一定是已经对于生命失望的了，正在摸索着一条降入黑暗去的道路。感官的生活在休息了一夜之后，人的灵魂，或者就说是人的官能吧，每天都重新精力弥漫一次，而他的禀赋又可以去试探他能完成何等崇高的生活了。

可以纪念的一切事，我敢说，都在黎明时间的氛围中发生。《吠陀经》说："一切知，俱于黎明中醒。"诗歌与艺术，人类行为中最美丽最值得纪念的事都出发于这一个时刻。所有的诗人和英雄都像曼侬，那曙光之神的儿子，在日出时他播送竖琴音乐。以富于弹性的和精力充沛的思想追随着太阳步伐的人，白昼对于他便是一个永恒的黎明。这和时钟的鸣声不相干，也不用管人们是什么态度，在从事什么劳动。

早晨是我醒来时内心有黎明感觉的一个时候。改良德性就是为了把昏沉的睡眠抛弃。人们如果不是在浑浑噩噩地睡觉，那为什么他们回顾每一天的时候要说得这么可怜呢？他们都是精明人嘛。如果他们没有给昏睡所征服，他们是可以干成一些事的。几百万人清醒得足以从事体力劳动；但是一百万人中，只有一个人才清醒得足以有效地服役于智慧；一亿人中，才能有一个人，生活得诗意而神圣。清醒就是生活。我还没有遇到过一个非常清醒的人。

要是见到了他，我怎敢凝视他呢？

我们必须学会再苏醒，更须学会保持清醒而不再昏睡，但不能用机械的方法，而应寄托无穷的期望于黎明，就在最沉的沉睡中，黎明也不会抛弃我们的。我没有看到过更使人振奋的事实了，人类无疑是有能力来有意识地提高他自己的生命的。能画出某一张画，雕塑出某一个肖像，美化某几个对象，是很了不起的；但更加荣耀的事是能够塑造或画出那种氛围与媒介来，从中能使我们发现，而且能使我们正当地有所为。能影响当代的本质的，是最高的艺术。每人都应该把最崇高的和紧急时刻内他所考虑到的做到，使他的生命配得上他所想的，甚至小节上也配得上。如果我们拒绝了，或者说虚耗了我们得到的这一点微不足道的思想，神示自会清清楚楚地把如何做到这一点告诉我们的。

我到林中去，因为我希望谨慎地生活，只面对生活的基本事实，看看我是否学得到生活要教育我的东西，免得到了临死的时候，才发现我根本就没有生活过。我不希望度过非生活的生活，生活是这样的可爱；我却也不愿意去修行过隐逸的生活，除非是万不得已。我要生活得深深地把生命的精髓都吸到，要生活得稳稳当当，生活得斯巴达似的，以便根除一切非生活的东西，划出一块刈割的面积来，细细地刈割或修剪，把生活压缩到一个角隅里去，把它缩小到最低的条件中，如果它被证明是卑微的，那末就把那真正的卑微全部认识到，并把它的卑微之处公布于世界；或者，如果它是崇高的，就用切身的经历来体会它，在我下一次远游时，也可以做出一个真实的报道。

（选自《瓦尔登湖》（梭罗），上海译文出版社，1982年版）

导 读

"我为什么而活着？"这是人类对自己永恒的追问。作为一个伟大的思想家、哲学家，罗素用文学的笔法，对这个永恒的命题做出了响亮的回答——对爱情与知识的执着追求，对人类苦难的深切同情，为我们彰显了一个思想家的博大情怀和崇高人格。

这篇文章，可以启发我们更好地认识自己，树立崇高的理想，走上自强之路，实现自我价值。

读完文章，我们是否也应该叩问自己：我为什么而活着？

我为什么而活着

［英］伯特兰·罗素

对爱情的渴望，对知识的追求，对人类苦难不可遏制的同情心，这三种纯洁但无比强烈的激情支配着我的一生。这三种激情，就像飓风一样，在深深的苦海上，肆意地把我吹来吹去，吹到濒临绝望的边缘。

我寻求爱情，首先因为爱情给我带来狂喜，它如此强烈以致我经常愿意为了几小时的欢愉而牺牲生命中的其他一切。我寻求爱情，其次是因为爱情可以解除孤寂——那是一颗震颤的心，在世界的边缘，俯瞰那冰冷死寂、深不可测的深渊。我寻求爱情，最后是因为在爱情的结合中，我看到圣徒和诗人们所想象的天堂景象的神秘缩影。这就是我所寻求的，虽然它对人生来说似乎过于美好，然而我最终还是得到了它。

我以同样的热情寻求知识，我希望了解人的心灵。我希望知道星星为什么闪闪发光，我试图理解毕达哥拉斯的思想威力，即数字支配着万物流转。这方面我获得一些成就，然而并不多。

爱情和知识，尽其可能地把我引上天堂，但是同情心总把我带回尘世。痛苦的呼号的回声在我心中回荡，饥饿的儿童，被压迫者折磨的受害者，被儿女视为可厌负担的无助的老人，以及充满孤寂、贫穷和痛苦的整个世界，都是对人类应有生活的嘲讽。我渴望减轻这些不幸，但是我无能为力，而且我自己也深受其害。

这就是我的一生，我觉得它值得活。如果有机会的话，我还乐意再活一次。

（选自《罗素自传》序言，商务印书馆，2002年版）

导读

人文是什么？它有什么作用？知识和素养有什么差别？

龙应台告诉我们，人文是文学，是哲学，是历史。文学使我们看见水里白杨树的倒影，使我们看见现实背面更贴近生活本质的另一种现实；哲学使我们能借着星光的照亮，摸索着走出迷宫；而历史就是让你知道，沙漠玫瑰有它特定的起点，过去、现在和未来，没有一个现象是独立存在的。

知识是外在于人的东西，是材料，是工具，是可以量化的知道；必须让知识进入人的认知本体，渗透人的生活与行为，才能称之为素养。人文素养，是在涉猎了文学、史学、哲学之后，更进一步认识到，这些人文学科都有一个终极的关怀——对"人"的关怀。

政治人的人文素养（节选）

——龙应台在台湾大学法学院的演讲

今天的题目不是"政治人物"——而是"政治人"——要有什么样的人文素养。

人文是什么呢？我们可以暂时接受一个非常粗略的分法，就是"文""史""哲"，三个大方向。先谈谈文学。我说的文学，指的是最广义的文学，包括文学、艺术、美学，广义的美学。

文学——白杨树的湖中倒影

为什么需要文学？了解文学、接近文学对我们形成价值判断有什么关系？如果说，文学有一百种所谓"功能"而我必须选择一种最重要的，我的答案是：德文有一个很精确的说法 machtsichtbar，意思是"使看不见的东西被看见"。在我自己的体认中，这就是文学跟艺术最重要、最实质、最核心的一个作用。我不知道你们这一代人熟不熟悉鲁迅的小说？他的作品对我们这一代人是禁书。没有读过鲁迅的请举一下手？（约有一半人举手）鲁迅的短篇《药》，讲的是一户人家的孩子生了痨病，民间的迷信是，馒头蘸了鲜血给孩子吃，他的病就会好。或者说《祝福》里的祥林嫂；祥林嫂是一个唠唠叨叨近乎疯狂的女人，因为她的孩子给狼叼走了。

让我们假想。如果你我是生活在鲁迅所描写的那个村子里头的人，那么我们看见的、理解的，会是什么呢？祥林嫂，不过就是一个让我们视而不见或者绕道而行的疯子。而在《药》里，我们本身可能就是那一大早去买馒头、等着人砍头的父亲或母亲，就等着要把那个馒头泡在血里，来养自己的孩子。再不然，我们就是那小村子里头最大的知识分子，一个口齿不清的秀才，大不了对农民的迷信表达一点不满。

但是透过作家的眼光，我们和村子里的人生就有了艺术的距离。在《药》里头，你不仅只看见愚昧，你同时也看见愚昧后面人的生存状态，看见人的生存状态中不可动摇的无可奈何与悲伤。在《祝福》里头，你不仅只看见贫穷粗鄙，你同时看见贫穷粗鄙下面"人"作为一种原型最值得尊敬的痛苦。文学，使你"看见"。

我想作家也分成三种吧！坏的作家暴露自己的愚昧，好的作家使你看见愚昧，伟大的作家使你看见愚昧的同时认出自己的原型而涌出最深刻的悲悯。这是三个不同的层次。

文学与艺术使我们看见现实背面更贴近生活本质的一种现实，在这种现实里，除了理性的深刻以外，还有直觉的对"美"的顿悟。美，也是更贴近生存本质的一种现实。

谁能够完整地背出一阕词？讲我最喜欢的词人苏东坡好了。谁今天晚上愿意为我们朗诵《江城子》？（骚动、犹豫，一男生腼腆地站起来，开始背诵）

十年生死两茫茫，不思量，自难忘。千里孤坟，无处话凄凉。纵使相逢应不识，尘满面，鬓如霜。 夜来幽梦忽还乡，小轩窗，正梳妆。相顾无言，唯有泪千行。料得年年肠断处……

（学生忘词，支吾片刻，一位白发老先生朗声接下："明月夜，短松岗。"热烈掌声）

你说这短短七十个字，它带给我们什么？它对我们的价值判断有什么作用？你说没有，也不过就是在夜深人静的时候，那欲言又止的文字，文字里幽渺的意象，意象所激起的朦胧的感觉，使你停下来叹一口气，使你突然看向窗外倏然灭掉的路灯，使你久久地坐在黑暗里，让孤独笼罩，与隐藏最深的自己素面相对。

但是它的作用是什么呢？如果鲁迅的小说使你看了现实背后的纵深，那么，一首动人、深刻的诗，我想，它提供了一种"空"的可能，"空"相对于"实"。空，是另一种现实，我们平常看不见的、更贴近存在本质的现实。

假想有一个湖，湖里当然有水，湖岸上有一排白杨树，这一排白杨树当然是实体的世界，你可以用手去摸，感觉到它树干的凹凸的质地。这就是我们平常理性的现实的世界，但事实上另外一个世界，我们不称它为"实"，甚至不注意到它的存在。水边的白杨树，不可能没有倒影，只要白杨树长在水边就有倒影。而这个倒影，你摸不到它的树干，而且它那么虚幻无常；风吹起的时候，或者今天有云，下小雨，或者满月的月光浮动，或者水波如镜面，而使得白杨树的倒影永远以不同的形状，不同的深浅，不同的质感出现，它是破碎的，它是回旋的，它是若有若无的。但是你说，到底岸上的白杨树才是唯一的现实，还是水里的白杨树，才是唯一的现实？事实上没有一个是完全的现实，两者必须相互映照、同时存在，没有一个孤立的现实。然而在生活里，我们通常只活在一个现实里头，就是岸上的白杨树那个层面，手可以摸到、眼睛可以看到的层面，而往往忽略了水里头那个"空"的、那个随时千变万化的、那个与我们的心灵直接观照的倒影的层面。

文学，只不过就是提醒我们：除了岸上的白杨树外，有另外一个世界可能更真实存在，就是湖水里头那白杨树的倒影。

我们如果只知道有岸上的白杨，而不知道有水里的白杨树，那么做出来的价值判断很可能是一个片面的、单层次的、简单化了的价值判断。

哲学——迷宫中望见星空

哲学是什么？我们为什么需要哲学？

欧洲有一种迷宫，是用树篱围成的、非常复杂的。你进去了就走不出来。不久前，我还带着我的两个孩子在巴黎迪士尼乐园里走那么一个迷宫；进去之后，足足有半小时出不来，但是两个孩子倒是有一种奇怪的动物的本能，不知怎么地就出去了，站在高处看着妈妈在里头转,就是转不出去。

我们每个人的人生处境,当然是一个迷宫,充满了迷惘和彷徨,没有人可以告诉你出路何在。我们所处的社会,尤其是近些年来的台湾,价值颠倒混乱,何尝不是处在一个历史的迷宫里,每一条路都不知最后通向哪里。

就我个人体认而言,哲学就是,我在绿色的迷宫里找不到出路的时候,晚上降临,星星出来了,我从迷宫里抬头往上看,可以看到满天的星斗;哲学,就是对于星斗的认识。如果你认识星座,你就有可能走出迷宫,不为眼前障碍所惑,哲学就是你望着星空所发出来的天问。今天晚上,我们就来读几行"天问"吧。(投影打出)

  天何所沓?十二焉分?日月安属?列星安陈?……何阖而晦?何开而明?角宿未旦,曜灵安藏?

两千多年以前,屈原站在他绿色的迷宫里,仰望满天星斗,脱口而出这样的问题。他问的是,天为什么和地上下相合,十二个时辰怎样历志?日月附着在什么地方,二十八个星宿根据什么排列,为什么天门关闭,为夜吗?为什么天门张开,为昼吗?角宿值夜,天还没有亮,太阳在什么地方隐藏?

基本上,这是一个三岁的孩子,眼睛张开第一次发现这个世界上有天上这些闪亮的碎石子的时候所发出来的疑问,非常原始;因为原始,所以深刻而巨大,所以人,对这样的问题,无可回避。

掌有权力的人,和我们一样在迷宫里头行走。但是权力很容易使他以为自己有能力选择自己的路,而且还要带领群众往前走,而事实上,他可能既不知道他站在什么方位,也不知道这个方位在大格局里有什么意义;他既不清楚来时走的是哪条路,也搞不明白前面的路往哪里去;他既未发觉自己深处迷宫中,更没发觉,头上就有纵横的星图。这样的人,要来领导我们的社会,实在令人害怕。其实,所谓走出思想的迷宫,走出历史的迷宫,在西方的历史发展里头,已经有特定的名词,譬如说,"启蒙",十八世纪的启蒙。所谓启蒙,不过就是在绿色的迷宫里头,发觉星空的存在,发出天问,思索出路,走出去。对于我,这就是启蒙。

所以,如果说文学使我们看见水里白杨树的倒影,那么哲学,使我们能借着星光的照亮,摸索着走出迷宫。

史学——沙漠玫瑰的开放

我把史学放在最后。历史对于价值判断的影响,好像非常清楚。鉴往知来,认识过去才能预测未来,这话已经说烂了。我不太爱用陈语,所以试试另外一个说法。

一个朋友从以色列来,给我带了一朵沙漠玫瑰。沙漠里没有玫瑰,但是这个植物的名字叫作"沙漠玫瑰"。拿在手里,是一蓬干草,真正枯萎、干的、死掉的草,这样一把,很难看。但是他要我看说明书;说明书告诉我,这个沙漠玫瑰其实是一种地衣,针叶型,有点像松枝的形状。你把它整个泡在水里,第八天它会完全复活;把水拿掉的话,它又会渐渐干掉,枯干如沙。把它藏个一年两年,然后哪一天再泡在水里,它又会复活。这就是沙漠玫瑰。

好,我就把这一团枯干的草,用一个大碗盛着,注满了清水,放在那儿。从那一天开始,我跟我两个宝贝儿子,就每天去探看沙漠玫瑰怎么样了。第一天去看它,没有动静,还是一把枯草浸在水里头，第二天去看的时候发现，它有一个中心，这个中心已经从里头往外头，稍稍舒展松了，而且有一点绿的感觉，还不是颜色。松枝的绿色，散发出潮湿青苔的气味，虽然边缘还是干死的。它把自己张开，已经让我们看出了它真有玫瑰形的图案。每一天，它核心的绿意就往外扩展一寸，我们每天给它加清水，到了有一天，那个绿已经渐渐延伸到它所有的手指，层层舒展开来。

第八天，当我们去看沙漠玫瑰的时候，刚好我们一个邻居也在，他就跟着我们一起到厨房里去看。这一天，展现在我们眼前的是完整的、丰润饱满、复活了的沙漠玫瑰！我们疯狂地大叫出声，因为太快乐了，我们看到一朵尽情开放的浓绿的沙漠玫瑰。

这个邻居在旁边很奇怪地说，这一把杂草，你们干嘛呀？

我愣住了。

是啊，在他的眼中，它不是玫瑰，它是地衣啊！你说，地衣美，美到哪里去呢？他看到的是一把挺难看、气味潮湿的低等植物，搁在一个大碗里；也就是说，他看到的是现象的本身定在那一个时刻，是孤立的，而我们所看到的是现象和现象背后一点一滴的线索，辗转曲折、千丝万缕的来历。

于是，这个东西在我们的价值判断里，它的美是惊天动地的，它的复活过程就是宇宙洪荒初始的惊骇演出。我们能够对它欣赏，只有一个原因：我们知道它的起点在哪里。知不知道这个起点，就形成我们和邻居之间价值判断的南辕北辙。

不必说鉴往知来，我只想告诉你沙漠玫瑰的故事罢了。对于任何东西，现象，问题，人，事件，如果不认识它的过去，你如何理解它的现在到底代表什么意义？不理解它的现在，又何从判断它的未来？不认识过去，不理解现在，不能判断未来，一个政治人，你又有什么资格来领导我们？

对于历史我是一个非常愚笨的、非常晚熟的学生。四十岁之后，才发觉自己的不足。写"野火"的时候我只看孤立的现象，就是说，沙漠玫瑰放在这里，很丑，我要改变你，因为我要一朵真正的芬芳的玫瑰。四十岁之后，发现了历史，知道了沙漠玫瑰一路是怎么过来的，我的兴趣不再是直接的批判，而在于：你给我一个东西、一个事件、一个现象，我希望知道这个事情在更大的坐标里头，横的跟纵的，它到底是在哪一个位置上？在我不知道这个横的跟纵的坐标之前，对不起，我不敢对这个事情批判。

了解这一点之后，对于这个社会的教育系统和传播媒体所给你的许许多多所谓的知识，你发现，恐怕有百分之六十都是半真半假的东西。比如说，我们从小就认为所谓西方文化就是开放的、民主的、讲究个人价值反抗权威的文化，都说西方是自由主义的文化。用自己的脑子去研究一下欧洲史以后，你就大吃一惊：哪有这回事啊？西方文艺复兴之前是一回事，文艺复兴之后是一回事；启蒙主义之前是一回事，启蒙主义之后又是另一回事。然后你也相信过，什么叫中国，什么叫中国国情，就是专制，两千年的专制。你用自己的脑子研究一下中国历史就发现，咦，这也是一个半真半假的陈述。中国是专制的吗？朱元璋之前的中国跟朱元璋之后的中国不是一回事的；雍正乾隆之前的中国，跟雍正乾隆之后的中国又不是一回事的，那么你说"中国两千年专制"指的是哪一段呢？这样的一个斩钉截铁的陈述有什么意义呢？自己进入历史之后，你纳闷：为什么这个社会给了你那么多半真半假的"真理"，而且不告诉你他们是半真半假的东西？

对历史的探索势必要迫使你回头去重读原典，用你现在比较成熟的、参考系比较广阔的眼光。重读原典使我对自己变得苛刻起来。有一个大陆作家在欧洲哪一个国家的餐厅里吃饭,一群朋友高高兴兴地吃饭,喝了酒,拍拍屁股就走了。离开餐馆很远了,服务生追出来说:"对不起,你们忘了付账。"作家就写了一篇文章大大地赞美欧洲人民族性多么的淳厚,没有人怀疑他们是故意白吃的。要是在咱们中国的话,吃饭忘了付钱人家可能要拿着菜刀出来追你的。(笑)

我写了篇文章带点反驳的意思,就是说,对不起,这可不是民族性、道德水平或文化差异的问题。这恐怕根本还是一个经济问题。比如说如果作家去的欧洲正好是"二战"后粮食严重不足的德国,德国侍者恐怕也要拿着菜刀追出来的。这不是一个道德的问题,而是一个发展阶段的问题,或者说,是一个体制结构的问题。

写了那篇文章之后,我洋洋得意觉得自己很有见解。好好,有一天重读原典的时候,翻到一个畅销作家在两千多年前写的文章,让我差点从椅子上一跤摔下来。我发现,我的了不起的见解,人家两千年前就写过了,而且写得比我还好。这个人是谁呢?(投影打出《五蠹篇》)

韩非子要解释的是:我们中国人老是赞美尧舜禅让是多么道德高尚的一个事情,但是尧舜"王天下"的时候,他们住的是茅屋,他们穿的是粗布衣服,他们吃的东西也很差,也就是说,他们的享受跟最低级的人的享受是差不多的。然后禹当国王的时候他的劳苦跟"臣虏之劳"也差不多。所以尧舜禹做政治领导人的时候,他们的待遇享受和最底层的老百姓差别不大,"以是言之",那个时候他们很容易禅让,只不过是因为他们能享受的东西很少,放弃了也没有什么了不起。(笑声)但是"今之县令",在今天的体制里,仅仅是一个县令,跟老百姓比起来,他享受的权利非常大。用二十世纪的语言来说,他有种种"官本位"所赋予的特权,他有终身俸、住房优惠、出国考察金、医疗保险……因为权力带来的利益太大了,而且整个家族都要享受这个好处,谁肯让呢?"轻辞古之天子,难去今之县令者也",原因,不是道德,不是文化,不是民族性,是什么呢?"薄厚之实异也",实际利益,经济问题,体制结构,造成今天完全不一样的行为。

看了韩非子的《五蠹篇》之后,我在想,算了,两千年之后你还在写一样的东西,而且自以为见解独到。你,太可笑,太不懂自己的位置了。

这种衡量自己的"苛刻",我认为其实应该是一个基本条件。我们不可能知道所有前人走过的路,但是对于过去的路有所认识,至少是一个追求。讲到这里我想起艾略特很有名的一篇文学评论,谈个人才气与传统,强调的也是:每一个个人创作成就必须放在文学谱系里去评断才有意义。谱系,就是历史。然而这个标准对二十世纪的中国人毋宁是困难的,因为长期政治动荡与分裂造成文化的严重断层,我们离我们的原典,我们的谱系,我们的历史,非常、非常遥远。

文学、哲学跟史学,文学让你看见水里白杨树的倒影,哲学使你在思想的迷宫里认识星座,从而有了走出迷宫的可能;那么历史就是让你知道,沙漠玫瑰有它特定的起点,没有一个现象是独立存在的。

会弹钢琴的刽子手

素养跟知识有没有差别?当然有,而且有着极其关键的差别。我们不要忘记,纳粹头子很多会弹钢琴、有哲学博士学位。这些政治人物难道不是很有人文素养吗?我认为,他们所拥有的是人文知识，不是人文素养。知识是外在于你的东西，是材料、是工具、是可以量化的知道；必须让知识进入人的认知本体，渗透他的生活与行为，才能称之为素养。人文素养，是在涉猎了文、史、哲学之后，更进一步认识到，这些人文"学"到最后都有一个终极的关怀，对"人"的关怀。脱离了对"人"的关怀，你只能有人文知识，不能有人文素养。

素养和知识的差别，容许我窃取王阳明的语言来解释。学生问他为什么许多人知道孝悌的道理，却做出邪恶的事情，那么"知"与"行"是不是两回事呢？王阳明说："此已被私欲隔断，不是知行的本体了，未有知而不行者；知而不行，只是未知。"在我个人的解读里，王阳明所指知而不知的"未知"就是"知识"的层次，而素养，就是"知行的本体"。王阳明用来解释"知行的本体"的四个字很能表达我对人文素养的认识：真诚恻怛。

对人文素养最可怕的讽刺莫过于：在集中营里，纳粹要犹太音乐家们拉着小提琴送他们的同胞进入毒气房。一个会写诗、懂古典音乐、有哲学博士学位的人，不见得不会妄自尊大、草菅人命。但是一个真正认识人文价值而"真诚恻怛"的人，也就是一个真正有人文素养的人，我相信，他不会违背以人为本的终极关怀。

在我们的历史里，不论是过去还是眼前，不以人为本的政治人物可太多了啊。

一切价值的重估

我们今天所碰到的好像是一个"什么都可以"的时代。从一元价值的时代，进入一个价值多元的时代。但是，事实上，什么都可以，很可能也就意味着什么都不可以：你有知道的权利我就失去了隐秘的权利；你有掠夺的自由我就失去了不被掠夺的自由。解放不一定意味着真正的自由，而是一种变相的捆绑。而价值的多元是不是代表因此不需要固守价值？我想当然不是的。我们所面临的绝对不是一个价值放弃的问题，而是一个"一切价值都必须重估"的巨大的考验；一切价值的重估，正好是尼采的一个书名，表示在他的时代有他的困惑。重估价值是多么艰难的任务，必须是一个成熟的社会，或者说，社会里头的人有能力思考、有能力做成熟的价值判断，才有可能担负这个任务。

我想我们这个社会，需要的是"真诚恻怛"的政治家，但是它却充满了利欲熏心和粗暴恶俗的政客。政治家跟政客之间有一个非常非常重大的差别，这个差别，我个人认为，就是人文素养的有与无。

这是一场非常"前现代"的谈话，但是我想，在我们还没有属于自己的"现代"之前，暂时还不必赶凑别人的热闹谈"后现代"吧！自己的道路，自己走，一步一个脚印。

（文章选自《南方周末》1999年6月18日）

导 读

当世界上最好的音乐家，用世上最美的乐器来演奏世上最优秀的音乐时，如果我们连停留一会儿倾听都做不到的话，那么，在我们匆匆而过的人生中，我们又错过了多少其他东西呢？

我们总是在不断赶路，不断前行，以至于我们没有留意沿途美丽的风景，以至于我们几乎忘却了最年少时的梦想。我们不再聆听清晨如洗的鸟声，不再注目夕阳下如画的剪影，不再留意春天的花开、夏天的风以及冬天的落阳……

生存容易，生活很难，活出精彩、活出品位、活出境界更难。

停下你匆匆的脚步吧，别再错过人生的美丽风景。

我们错过了什么

这是在美国地铁里的一个发人深思的实验。

2007年一个寒冷的上午，在华盛顿特区的一个地铁站里，一位男子用一把小提琴演奏了6首巴赫的作品，共演奏了45分钟左右。

他前面的地上，放着一顶口子朝上的帽子。显然，这是一位街头卖艺人。

没有人知道，这位在地铁里卖艺的小提琴手，是约夏·贝尔，世界上最伟大的音乐家之一。他演奏的是一首世上最复杂的作品，用的是一把价值350万美元的小提琴。

在约夏·贝尔演奏的45分钟里，大约有2 000人从这个地铁站经过。

大约3分钟之后，一位显然是有音乐修养的中年男子，他知道演奏者是一位音乐家，放慢了脚步，甚至停了几秒钟听了一下，然后急匆匆地继续赶路了。

大约4分钟之后，约夏·贝尔收到了他的第一块美元。一位女士把这块钱丢到帽子里，她没有停留，继续往前走。

6分钟时，一位小伙子倚靠在墙上倾听他演奏，然后看看手表，就又开始往前走。

10分钟时，一位3岁的小男孩停了下来，但他妈妈使劲拉扯着他匆匆忙忙地离去。小男孩停下来，又看了一眼小提琴手，但他妈妈使劲地推他，小男孩只好继续往前走，但不停地回头看。其他几个小孩子也是这样，但他们的父母全都硬拉着自己的孩子快速离开。

到了45分钟时，只有6个人停下来听了一会儿。大约有20人给了钱就继续以平常的步伐离开。

约夏·贝尔总共收到了32美元。

要知道，两天前，约夏·贝尔在波士顿一家剧院演出，所有门票售罄，而要坐在剧院里聆听他演奏同样的那些乐曲，平均得花200美元。

其实，约夏·贝尔在地铁里的演奏，是《华盛顿邮报》主办的关于感知、品位和人的优先选择的社会实验的一部分。

实验结束后，《华盛顿邮报》提出了几个问题：

一、在一个普通的环境下，在一个不适当的时间内，我们能够感知到美吗？

二、如果能够感知到的话，我们会停下来欣赏吗？

三、我们会在意想不到的情况下认可天才吗？

最后，实验者得出的结论是：当世界上最好的音乐家，用世上最美的乐器来演奏世上最优秀的音乐时，如果我们连停留一会儿倾听都做不到的话，那么，在我们匆匆而过的人生中，我们又错过了多少其他东西呢？

我们总是在不断地赶路，不断地前行，以至于我们没有留意沿途美丽的风景，以至于我们几乎忘却了最年少时的梦想。

我们像个陀螺一样旋转，我们是否得到了自己想要的东西？或者这样的生活是否是我们想要的？

生存很简单，生活很难。

我们忘记了为何而出发，活在自己的设计的未来中，忘记了生活中除了工作和财富，还有家庭、健康、快乐、朋友等，如果我们把工作和财富当成了生活的全部，那我们就错过了太多太多……

我们总是在不断追赶，却不知遗漏了什么。

（选自"百度"http://tieba.baidu.com/p/3118044482）

导读

拉宾德拉纳特·泰戈尔是印度的诗人、作家、艺术家、社会活动家。一生除创作了50多部诗集外，还有20余种剧本，12部中长篇小说，百余篇短篇小说，2 000多首歌曲，1 500多幅画，以及散文、哲学、政治论文、回忆录、游记等多种。其中抒情诗集《吉檀迦利》于1913年获诺贝尔文学奖。

泰戈尔是"人类的儿童"，他的心从没老过。泰戈尔的世界，是"充满生命力的、洋溢着欢乐的、点燃着光明的、倾心于爱恋的大千世界"，他的诗歌清新自然毫无雕琢，却能说出生命、自然乃至宇宙本身。看着他就"能知道一切事物的意义"，就能回归生命本真。

《飞鸟集》是由105段诗歌组成。每段诗歌都只有简短的两三句话，却洋溢着诗人对自然、对生活的热爱以及对爱的思索。在泰戈尔眼中，世界需要爱，人生需要爱：纯真的爱情、永恒的母爱、对大自然的爱……他让天空和大海对话，让鸟儿和云对话，让花儿和蝴蝶对话……在泰戈尔的诗里，万物都有它们自己的生长与思考，而他只是为它们整理思想的碎片而已。这就是《飞鸟集》名字的由来："思想掠过我的心头，如一群野鸭飞过天空，我听到它们鼓翼之声了。"

泰戈尔于1910年发表的宗教抒情诗集《吉檀迦利》是一部献给神的颂歌。在印度的古哲学中，"梵"是宇宙万物的统一体，是人类和谐的最高象征。泰戈尔的生命里浸透了这种哲学的意念。但是，泰戈尔不是宗教者，他歌颂的不是高高在上、有着无上权威，主宰一切的神，而是万物化成一体的泛神，神并不在那幽暗的神殿里，"他是在锄着枯地的农夫那里/在敲石的造路工人那里/太阳下，阴雨里/他和他们同在/衣袍上蒙着尘土"。所以，诗中的"你"，也许是诸天之王，也许是他爱恋的女人，也许是他的挚友，也许就是"你"！"那是一种象征，一种真善美的象征，是泰戈尔世界中最高爱情的象征。"

《新月集》则是诗人历经人世沧桑之后，从睿智洁净的心灵里唱出的天真的儿歌，诗人借助儿童的目光，营造了一个璀璨晶莹的童话世界。而深刻的哲理，又时时从童稚的话语和天真的情感中流露出来。可以说，智者的心灵与纯真的童心在《新月集》里达到了最好的融合。

泰戈尔文选

飞鸟集

1

夏天的飞鸟，飞到我窗前唱歌，又飞去了。

秋天的黄叶，它们没有什么可唱，只叹息一声，飞落在那里。

3

世界对着它的爱人，把它浩瀚的面具揭下了。

它变小了，小如一首歌，小如一回永恒的接吻。

6

如果错过了太阳时你流了泪，那么你也要错过群星了。

13

静静地听，我的心呀，听那"世界"的低语，这是他对你的爱的表示呀。

35

鸟儿愿为一朵云。

云儿愿为一只鸟。

36

瀑布歌道："我得到自由时便有歌声了。"

75

我们把世界看错了，反说他欺骗我们。

82

使生如夏花之绚烂，死如秋叶之静美。

102

只管走过去，不必逗留着去采了花朵来保存，因为一路上，花朵自会继续开放的。

149

世界已在早晨敞开了它的光明之心。

出来吧，我的心，带了你的爱去与他相会。

160

雨点与大地接吻，微语道："我们是你的思家的孩子，母亲，现在从天上回到你这里来了。"

165

思想掠过我的心上，如一群野鸭飞过天空。

我听见它们鼓翼之声了。

237

雨点向茉莉花微语道:"把我永久地留在你的心里吧。"
茉莉花叹息了一声,落在地上了。

277

当我死时,世界呀,请在你的沉默中,替我留着"我已经爱过了"这句话吧。

278

我们在热爱世界时便生活在这世界上。

279

让死者有不朽的名,但让生者有那不朽的爱。

吉檀迦利

18

云霾堆积,黑暗渐深。呵,爱,你为什么让我独在门外等候?
在中午工作最忙的时候,我和大家在一起,但在这黑暗寂寞的日子,我只企望着你。
若是你不容我见面,若是你完全把我抛弃,真不知将如何度过这悠长的雨天。
我不住地凝望遥远的阴空,我的心和不宁的风一同彷徨悲叹。

19

若是你不说话,我就含忍着,以你的沉默来填满我的心。我要沉静地等候,像黑夜在星光中无眠,忍耐地低首。
清晨一定会来,黑暗也要消隐,你的声音将划破天空从金泉中下注。
那时你的话语,要在我的每一鸟巢中生翼发声,你的音乐,要在我树丛繁花中盛开怒放。

20

莲花开放的那天,唉,我不自觉地心魂飘荡。我的花篮空着,花儿我也没有去理睬。
不时地有一段幽愁来袭击我,我从梦中惊起,觉得南风里有一阵奇香的芳踪。
这迷茫的温馨,使我想望得心痛,我觉得这仿佛是夏天渴望的气息,寻求圆满。
我那时不晓得它离我是那么近,而且是我的,这完美的温馨,还是在我自己心灵的深处开放。

21

我必须撑出我的船去。时光都在岸边捱延消磨了——不堪的我呵!
春天把花开过就告别了。如今落红遍地,我却等待而又流连。

潮声渐喧，河岸的荫滩上黄叶飘落。

你凝望着的是何等的空虚！你不觉得有一阵惊喜和对岸遥远的歌声从天空中一同飘来吗？

新月集

孩子的世界

我愿我能在我孩子的自己的世界中心，占一角清净之地。

我知道有星星同他说话，天空也在他面前垂下，用它傻傻的云朵和彩虹来娱悦他。

那些大家以为他是哑的人，那些看去像是永不会走动的人，都带了他们的故事，捧了满装着五颜六色的玩具的盘子，匍匐地来到他的窗前。

我愿我能在横过孩子心中的道路上游行，解脱了一切的束缚；

在那儿，使者奉了无所谓的使命奔走于无史的诸王的王国间；

在那儿，理智以她的法律造为纸鸢而飞放，真理也使事实从桎梏中自由了。

花的学校

当雷云在天上轰响，六月的阵雨落下的时候，

润湿的东风走过荒野，在竹林中吹着口笛。

于是一群一群的花从无人知道的地方突然跑出来，在绿草上狂欢地跳着舞。

妈妈，我真的觉得那群花朵是在地下的学校里上学。

他们关了门做功课，如果他们想在散学以前出来游戏，他们的老师是要罚他们站壁角的。

雨一来，他们便放假了。

树枝在林中互相触碰着，绿叶在狂风里萧萧地响着，雷云拍着大手，花孩子们便在那时候穿了紫的、黄的、白的衣裳，冲了出来。

你可知道，妈妈，他们的家是在天上，在星星所住的地方。

你没有看见他们怎样地急着要到那儿去么？你不知道他们为什么那样急急忙忙么？

我自然能够猜得出他们是对谁扬起双臂来：他们也有他们的妈妈，就像我有我自己的妈妈一样。

(选自《泰戈尔文集》第一卷，安徽文艺出版社，1995年版)

拓展与演练

1. 读一本书：《叩响命运的门》（马小平编著）。

2. 欣赏艺术佳作（或听一场音乐会，或看一次艺术展，或参观一个博物馆）提升审美情趣。

第三部分
韶华不为少年留

写在前面的话

　　人的一生会有顺境和逆境，幸福和苦难，成功和失败。那么，面对人生中的逆境，年少的我们应该如何应对呢？史铁生的《我与地坛》启发我们如何在挫折面前找到一条自我救赎的道路；《勾践灭吴》的故事告诉我们在逆境中不能沉沦，要卧薪尝胆、坚韧不拔，最后厚积薄发；季羡林的《不完满才是人生》列举了自古至今，海内海外没有一个人拥有完满人生的例子，告诉我们应正视生活中的不完美，做到不烦不躁；艾青的《每个人都要从自己开始》告诉我们纵然生活会遭遇坎坷，只要我们掌握自己的命运，珍惜生命，就能从自己开始，发出最大的能量。

　　所以，生命是一场修行，境界高低在乎个人的悟性和缘分，从无知无畏的少年，到缤纷繁华的盛年，最后安稳静默的老年。修行到家的老者已经没有欲望，就像远航的小船回到出发的港湾，所有的风浪经历了，所有的风景装在心里，所有的纷扰都不再打扰到他。

　　佛曰：坐亦禅，行亦禅，一花一世界，一叶一如来，春来花自青，秋至叶飘零，无穷般若心自在，语默动静体自然。

　　笑对挫折，笑对上天的"遗漏"和"不公平"，表达了一种乐观、自信的心态。在坎坷面前能够保持和取得胜利时同样的心情，保持一个恬淡平和的心境，是大智若愚，是彻悟世情和愉悦人生的自然流露，是读懂了人生的旅程中有雨天也有晴天的大度。一个人能经常保持一种健康的心态，就需要提升灵魂，修炼道德，聚集能量，就需要留住风趣和乐观。马克思说过："一种美好的心情，比十副良药更能解除生理上的疲惫和痛楚。"

（黄文虹）

导读

　　史铁生被文学评论界认为是最具有"哲学素养"的当代作家，他的作品不仅具有很深的哲理性，同时还带有一种极强的宗教意识，以力透纸背的神性抒写，带给人独特的内心感受。

我与地坛

史铁生

一

　　我在好几篇小说中都提到过一座废弃的古园，实际就是地坛。许多年前旅游业还没有开展,园子荒芜冷落得如同一片野地,很少被人记起。

地坛离我家很近。或者说我家离地坛很近。总之,只好认为这是缘分。地坛在我出生前四百多年就坐落在那儿了,而自从我的祖母年轻时带着我父亲来到北京,就一直住在离它不远的地方——五十多年间搬过几次家,可搬来搬去总是在它周围,而且是越搬离它越近了。我常觉得这中间有着宿命的味道:仿佛这古园就是为了等我,而历尽沧桑在那儿等待了四百多年。

它等待我出生,然后又等待我活到最狂妄的年龄上忽地残废了双腿。四百多年里,它一面剥蚀了古殿檐头浮夸的琉璃,淡褪了门壁上炫耀的朱红,坍圮了一段段高墙又散落了玉砌雕栏,祭坛四周的老柏树愈见苍幽,到处的野草荒藤也都茂盛得自在坦荡。

这时候想必我是该来了。十五年前的一个下午,我摇着轮椅进入园中,它为一个失魂落魄的人把一切都准备好了。那时,太阳循着亘古不变的路途正越来越大,也越红。在满园弥漫的沉静光芒中,一个人更容易看到时间,并看见自己的身影。

自从那个下午我无意中进了这园子,就再没长久地离开过它。

我一下子就理解了它的意图。正如我在一篇小说中所说的:"在人口密聚的城市里,有这样一个宁静的去处,像是上帝的苦心安排。"

两条腿残废后的最初几年,我找不到工作,找不到去路,忽然间几乎什么都找不到了,我就摇了轮椅总是到它那儿去,仅为着那儿是可以逃避一个世界的另一个世界。我在那篇小说中写道:"没处可去我便一天到晚耗在这园子里。跟上班下班一样,别人去上班我就摇了轮椅到这儿来。园子无人看管,上下班时间有些抄近路的人们从园中穿过,园子里活跃一阵,过后便沉寂下来。"

"园墙在金晃晃的空气中斜切下一溜荫凉,我把轮椅开进去,把椅背放倒,坐着或是躺着,看书或者想事,撅一权树枝左右拍打,驱赶那些和我一样不明白为什么要来这世上的小昆虫。""蜂儿如一朵小雾稳稳地停在半空;蚂蚁摇头晃脑捋着触须,猛然间想透了什么,转身疾行而去;瓢虫爬得不耐烦了,累了祈祷一回便支开翅膀,忽悠一下升空了;树干上留着一只蝉蜕,寂寞如一间空屋;露水在草叶上滚动,聚集,压弯了草叶轰然坠地摔开万道金光。"

"满园子都是草木竞相生长弄出的响动,窸窸窣窣片刻不息。"这都是真实的记录,园子荒芜但并不衰败。

除去几座殿堂我无法进去,除去那座祭坛我不能上去而只能从各个角度张望它,地坛的每一棵树下我都去过,差不多它的每一米草地上都有过我的车轮印。无论是什么季节,什么天气,什么时间,我都在这园子里呆过。有时候呆一会儿就回家,有时候就呆到满地上都亮起月光。记不清都是在它的哪些角落里了。我一连几小时专心致志地想关于死的事,也以同样的耐心和方式想过我为什么要出生。这样想了好几年,最后事情终于弄明白了:一个人,出生了,这就不再是一个可以辩论的问题,而只是上帝交给他的一个事实;上帝在交给我们这件事实的时候,已经顺便保证了它的结果,所以死是一件不必急于求成的事,死是一个必然会降临的节日。这样想过之后我安心多了,眼前的一切不再那么可怕。比如你起早熬夜准备考试的时候,忽然想起有一个长长的假期在前面等待你,你会不会觉得轻松一点?并且庆幸并且感激这样的安排?剩下的就是怎样活的问题了,这却不是在某一个瞬间就能完全想透的、不是一次性能够解决的事,怕是活多久就要想它多久了,就像是伴你终生的魔鬼或恋人。所以，十五年了，我还是总得到那古园里去、去它的老树下或荒草边或颓墙旁，去默坐，去呆想、去推开耳边的嘈杂理一理纷乱的思绪，去窥看自己的心魂。

　　十五年中，这古园的形体被不能理解它的人肆意雕琢，幸好有些东西是任谁也不能改变它的。譬如祭坛石门中的落日，寂静的光辉平铺的一刻，地上的每一个坎坷都被映照得灿烂；譬如在园中最为落寞的时间，一群雨燕便出来高歌，把天地都叫喊得苍凉；譬如冬天雪地上孩子的脚印，总让人猜想他们是谁，曾在哪儿做过些什么、然后又都到哪儿去了；譬如那些苍黑的古柏，你忧郁的时候它们镇静地站在那儿，你欣喜的时候它们依然镇静地站在那儿，它们没日没夜地站在那儿从你没有出生一直站到这个世界上又没了你的时候；譬如暴雨骤临园中，激起一阵阵灼烈而清纯的草木和泥土的气味，让人想起无数个夏天的事件；譬如秋风忽至，再有一场早霜，落叶或飘摇歌舞或坦然安卧，满园中播散着熨帖而微苦的味道。味道是最说不清楚的。味道不能写只能闻，要你身临其境去闻才能明了。味道甚至是难于记忆的，只有你又闻到它你才能记起它的全部情感和意蕴。所以我常常要到那园子里去。

二

　　现在我才想到，当年我总是独自跑到地坛去，曾经给母亲出了一个怎样的难题。

　　她不是那种光会疼爱儿子而不懂得理解儿子的母亲。她知道我心里的苦闷，知道不该阻止我出去走走，知道我要是老呆在家里结果会更糟，但她又担心我一个人在那荒僻的园子里整天都想些什么。我那时脾气坏到极点，经常是发了疯一样地离开家，从那园子里回来又中了魔似的什么话都不说。母亲知道有些事不宜问，便犹犹豫豫地想问而终于不敢问，因为她自己心里也没有答案。她料想我不会愿意她跟我一同去，所以她从未这样要求过，她知道得给我一点独处的时间，得有这样一段过程。她只是不知道这过程得要多久，和这过程的尽头究竟是什么。每次我要动身时，她便无言地帮我准备，帮助我上了轮椅车，看着我摇车拐出小院；这以后她会怎样，当年我不曾想过。

　　有一回我摇车出了小院；想起一件什么事又返身回来，看见母亲仍站在原地，还是送我走时的姿势，望着我拐出小院去的那处墙角，对我的回来竟一时没有反应。待她再次送我出门的时候，她说："出去活动活动，去地坛看看书，我说这挺好。"许多年以后我才渐渐听出，母亲这话实际上是自我安慰，是暗自的祷告，是给我的提示，是恳求与嘱咐。只是在她猝然去世之后，我才有余暇设想。当我不在家里的那些漫长的时间，她是怎样心神不定坐卧难宁，兼着痛苦与惊恐与一个母亲最低限度的祈求。现在我可以断定，以她的聪慧和坚忍，在那些空落的白天后的黑夜，在那不眠的黑夜后的白天，她思来想去最后准是对自己说："反正我不能不让他出去，未来的日子是他自己的，如果他真的要在那园子里出了什么事，这苦难也只好我来承担。"在那段日子里——那是好几年长的一段日子，我想我一定使母亲做过了最坏的准备了，但她从来没有对我说过："你为我想想"。事实上我也真的没为她想过。那时她的儿子，还太年轻，还来不及为母亲想，他被命运击昏了头，一心以为自己是世上最不幸的一个，不知道儿子的不幸在母亲那儿总是要加倍的。她有一个长到二十岁上忽然截瘫了的儿子，这是她唯一的儿子；她情愿截瘫的是自己而不是儿子，可这事无法代替；她想，只要儿子能活下去哪怕自己去死呢也行，可她又确信一个人不能仅仅是活着，儿子得有一条路走向自己的幸福；而这条路呢，没有谁能保证她的儿子终于能找到。——这样一个母亲，注定是活得最苦的母亲。

有一次与一个作家朋友聊天，我问他学写作的最初动机是什么？他想了一会说："为我母亲。为了让她骄傲。"我心里一惊，良久无言。回想自己最初写小说的动机，虽不似这位朋友的那般单纯，但如他一样的愿望我也有，且一经细想，发现这愿望也在全部动机中占了很大比重。这位朋友说："我的动机太低俗了吧？"我光是摇头，心想低俗并不见得低俗，只怕是这愿望过于天真了。他又说："我那时真就是想出名，出了名让别人羡慕我母亲。"我想，他比我坦率。我想，他又比我幸福，因为他的母亲还活着。而且我想，他的母亲也比我的母亲运气好，他的母亲没有一个双腿残废的儿子，否则事情就不这么简单。

在我的头一篇小说发表的时候，在我的小说第一次获奖的那些日子里，我真是多么希望我的母亲还活着。我便又不能在家里呆了，又整天整天独自跑到地坛去，心里是没头没尾的沉郁和哀怨，走遍整个园子却怎么也想不通：母亲为什么就不能再多活两年？为什么在她儿子就快要碰撞开一条路的时候，她却忽然熬不住了？莫非她来此世上只是为了替儿子担忧，却不该分享我的一点点快乐？她匆匆离我去时才只有四十九岁呀！有那么一会，我甚至对世界对上帝充满了仇恨和厌恶。后来我在一篇题为《合欢树》的文章中写道："我坐在小公园安静的树林里，闭上眼睛，想，上帝为什么早早地召母亲回去呢？很久很久，迷迷糊糊的我听见了回答：'她心里太苦了，上帝看她受不住了，就召她回去。'我似乎得了一点安慰，睁开眼睛，看见风正从树林里穿过。"小公园，指的也是地坛。

只是到了这时候，纷纭的往事才在我眼前幻现得清晰，母亲的苦难与伟大才在我心中渗透得深彻。上帝的考虑，也许是对的。

摇着轮椅在园中慢慢走，又是雾罩的清晨，又是骄阳高悬的白昼，我只想着一件事：母亲已经不在了。在老柏树旁停下，在草地上在颓墙边停下，又是处处虫鸣的午后，又是鸟儿归巢的傍晚，我心里只默念着一句话：可是母亲已经不在了。把椅背放倒，躺下，似睡非睡挨到日没，坐起来，心神恍惚，呆呆地直坐到古祭坛上落满黑暗然后再渐渐浮起月光，心里才有点明白，母亲不能再来这园中找我了。

曾有过好多回，我在这园子里呆得太久了，母亲就来找我。她来找我又不想让我发觉，只要见我还好好地在这园子里，她就悄悄转身回去，我看见过几次她的背影。我也看见过几回她四处张望的情景，她视力不好，端着眼镜像在寻找海上的一条船，她没看见我时我已经看见她了，待我看见她也看见我了我就不去看她，过一会我再抬头看她就又看见她缓缓离去的背影。我单是无法知道有多少回她没有找到我。有一回我坐在矮树丛中，树丛很密，我看见她没有找到我；她一个人在园子里走，走过我的身旁，走过我经常呆的一些地方，步履茫然又急迫。我不知道她已经找了多久还要找多久，我不知道为什么我决意不喊她——但这绝不是小时候的捉迷藏，这也许是出于长大了的男孩子的倔强或羞涩？但这倔只留给我痛悔，丝毫也没有骄傲。我真想告诫所有长大了的男孩子，千万不要跟母亲来这套倔强，羞涩就更不必，我已经懂了可我已经来不及了。

儿子想使母亲骄傲，这心情毕竟是太真实了，以致使"想出名"这一声名狼藉的念头也多少改变了一点形象。这是个复杂的问题，且不去管它了罢。随着小说获奖的激动逐日暗淡，我开始相信，至少有一点我是想错了：我用纸笔在报刊上碰撞开的一条路，并不就是母亲盼望我找到的那条路。年年月月我都到这园子里来，年年月月我都要想，母亲盼望我找到的那条路到底是什么。

母亲生前没给我留下过什么隽永的哲言，或要我恪守的教诲，只是在她去世之后，她艰难的命运，坚忍的意志和毫不张扬的爱，随光阴流转，在我的印象中愈加鲜明深刻。

有一年，十月的风又翻动起安详的落叶，我在园中读书，听见两个散步的老人说："没想到这园子有这么大。"我放下书，想，这么大一座园子，要在其中找到她的儿子，母亲走过了多少焦灼的路。多年来我头一次意识到，这园中不单是处处都有过我的车辙，有过我的车辙的地方也都有过母亲的脚印。

三

如果以一天中的时间来对应四季，当然春天是早晨，夏天是中午，秋天是黄昏，冬天是夜晚。如果以乐器来对应四季，我想春天应该是小号，夏天是定音鼓，秋天是大提琴，冬天是圆号和长笛。要是以这园子里的声响来对应四季呢？那么，春天是祭坛上空飘浮着的鸽子的哨音，夏天是冗长的蝉歌和杨树叶子哗啦啦地对蝉歌的取笑，秋天是古殿檐头的风铃响，冬天是啄木鸟随意而空旷的啄木声。以园中的景物对应四季，春天是一径时而苍白时而黑润的小路，时而明朗时而阴晦的天上摇荡着串串杨花；夏天是一条条耀眼而灼人的石凳，或阴凉而爬满了青苔的石阶，阶下有果皮，阶上有半张被坐皱的报纸；秋天是一座青铜的大钟，在园子的西北角上曾丢弃一座很大的铜钟，铜钟与这园子一般年纪，浑身挂满绿锈，文字已不清晰；冬天，是林中空地上几只羽毛蓬松的老麻雀。以心绪对应四季呢？春天是卧病的季节，否则人们不易发觉春天的残忍与渴望；夏天，情人们应该在这个季节里失恋，不然就似乎对不起爱情；秋天是从外面买一棵盆花回家的时候，把花搁在阔别了的家中，并且打开窗户把阳光也放进屋里，慢慢回忆慢慢整理一些发过霉的东西；冬天伴着火炉和书，一遍遍坚定不死的决心，写一些并不发出的信。还可以用艺术形式对应四季，这样春天就是一幅画，夏天是一部长篇小说，秋天是一首短歌或诗，冬天是一群雕塑。以梦呢？以梦对应四季呢？春天是树尖上的呼喊，夏天是呼喊中的细雨，秋天是细雨中的土地，冬天是干净的土地上的一只孤零的烟斗。

因为这园子，我常感恩于自己的命运。

我甚至现在就能清楚地看见，一旦有一天我不得不长久地离开它，我会怎样想念它，我会怎样想念它并且梦见它，我会怎样因为不敢想念它而梦也梦不到它。

四

现在让我想想，十五年中坚持到这园子来的人都是谁呢？好像只剩了我和一对老人。

十五年前，这对老人还只能算是中年夫妇，我则货真价实还是个青年。他们总是在薄暮时分来园中散步，我不大弄得清他们是从哪边的园门进来，一般来说他们是逆时针绕这园子走。男人个子很高，肩宽腿长，走起路来目不斜视，胯以上直至脖颈挺直不动；他的妻子攀了他一条胳膊走，也不能使他的上身稍有松懈。

女人个子却矮，也不算漂亮，我无端地相信她必出身于家道中衰的名门富族；她攀在丈夫胳膊上像个娇弱的孩子，她向四周观望似总含着恐惧，她轻声与丈夫谈话，见有人走近就立刻怯怯地收住话头。我有时因为他们而想起冉阿让与柯赛特，但这想法并不巩固，他们一望即知是老夫老妻。两个人的穿着都算得上考究，但由于时代的演进，他们的服饰又可以称为古朴了。他们和我一样，到这园子里来几乎是风雨无阻，不过他们比我守时。我什么时间都可能来，他们则一定是在暮色初临的时候。刮风时他们穿了米色风衣，下雨时他们打了黑色的雨伞，夏天他们的衬衫是白色的裤子是黑色的或米色的，冬天他们的呢子大衣又都是黑色的，想必他们只喜欢这三种颜色。他们逆时针绕这园子一周，然后离去。

他们走过我身旁时只有男人的脚步响，女人像是贴在高大的丈夫身上跟着飘移。我相信他们一定对我有印象，但是我们没有说过话，我们互相都没有想要接近的表示。十五年中，他们或许注意到一个小伙子进入了中年，我则看着一对令人羡慕的中年情侣不觉中成了两个老人。

曾有过一个热爱唱歌的小伙子，他也是每天都到这园中来，来唱歌，唱了好多年，后来不见了。他的年纪与我相仿，他多半是早晨来，唱半小时或整整唱一个上午，估计在另外的时间里他还得上班。我们经常在祭坛东侧的小路上相遇，我知道他是到东南角的高墙下去唱歌，他一定猜想我去东北角的树林里做什么。我找到我的地方，抽几口烟，便听见他谨慎地整理歌喉了。他反反复复唱那么几首歌。"文化大革命"没过去的时候，他唱"蓝蓝的天上白云飘，白云下面马儿跑……"我老也记不住这歌的名字。"文革"后，他唱《货郎与小姐》中那首最为流传的咏叹调。"卖布——卖布嘞，卖布——卖布嘞！"我记得这开头的一句他唱得很有声势，在早晨清澈的空气中，货郎跑遍园中的每一个角落去恭维小姐。

"我交了好运气，我交了好运气，我为幸福唱歌曲……"然后他就一遍一遍地唱，不让货郎的激情稍减。依我听来，他的技术不算精到，在关键的地方常出差错，但他的嗓子是相当不坏的，而且唱一个上午也听不出一点疲惫。太阳也不疲惫，把大树的影子缩小成一团，把疏忽大意的蚯蚓晒干在小路上，将近中午，我们又在祭坛东侧相遇，他看一看我，我看一看他，他往北去，我往南去。日子久了，我感到我们都有结识的愿望，但似乎都不知如何开口，于是互相注视一下终又都移开目光擦身而过；这样的次数一多，便更不知如何开口了。终于有一天——一个丝毫没有特点的日子，我们互相点了一下头。他说："你好。"我说："你好。"他说："回去啦？"我说："是，你呢？"他说："我也该回去了。"我们都放慢脚步（其实我是放慢车速），想再多说几句，但仍然是不知从何说起，这样我们就都走过了对方，又都扭转身子面向对方。

他说："那就再见吧。"我说："好，再见。"便互相笑笑各走各的路了。但是我们没有再见，那以后，园中再没了他的歌声，我才想到，那天他或许是有意与我道别的，也许他考上了哪家专业文工团或歌舞团了吧？真希望他如他歌里所唱的那样，交了好运气。

还有一些人，我还能想起一些常到这园子里来的人。有一个老头，算得一个真正的饮者；他在腰间挂一个扁瓷瓶，瓶里当然装满了酒，常来这园中消磨午后的时光。他在园中四处游逛，如果你不注意你会以为园中有好几个这样的老头，等你看过了他卓尔不群的饮酒情状，你就会相信这是个独一无二的老头。他的衣着过分随便，走路的姿态也不慎重，走上五六十米路便选定一处地方，一只脚踏在石凳上或土埂上或树墩上，解下腰间的酒瓶，解酒瓶的当儿迷起眼睛把一百八十度视角内的景物细细看一遭，然后以迅雷不及掩耳之势倒一大口酒入肚，把酒瓶摇一摇再挂向腰间，平心静气地想一会什么，便走下一个五六十米去。还有一个捕鸟的汉子，那岁月园中人少，鸟却多，他在西北角的树丛中拉一张网，鸟撞在上面，羽毛饯在网眼里便不能自拔。他单等一种过去很多而现在非常罕见的鸟，其他的鸟撞在网上他就把它们摘下来放掉，他说已经有好多年没等到那种罕见的鸟，他说他再等一年看看到底还有没有那种鸟，结果他又等了好多年。早晨和傍晚，在这园子里可以看见一个中年女工程师；早晨她从北向南穿过这园子去上班，傍晚她从南向北穿过这园子回家。事实上我并不了解她的职业或者学历，但我以为她必是学理工的知识分子，别样的人很难有她那般的素朴并优雅。当她在园子穿行的时刻，四周的树林也仿佛更加幽静，清淡的日光中竟似有悠远的琴声，比如说是那曲《献给艾丽丝》才好。我没有见过她的丈夫，没有见过那个幸运的男人是什么样子，我想象过却想象不出，后来忽然懂了想象不出才好，那个男人最好不要出现。她走出北门回家去。

  我竟有点担心，担心她会落入厨房，不过，也许她在厨房里劳作的情景更有另外的美吧，当然不能再是《献给艾丽丝》，是个什么曲子呢？还有一个人，是我的朋友，他是个最有天赋的长跑家，但他被埋没了。他因为在"文革"中出言不慎而坐了几年牢，出来后好不容易找了个拉板车的工作，样样待遇都不能与别人平等，苦闷极了便练习长跑。那时他总来这园子里跑，我用手表为他计时。他每跑一圈向我招下手，我就记下一个时间。每次他要环绕这园子跑二十圈，大约两万米。他盼望以他的长跑成绩来获得政治上真正的解放，他以为记者的镜头和文字可以帮他做到这一点。第一年他在春节环城赛上跑了第十五名，他看见前十名的照片都挂在了长安街的新闻橱窗里，于是有了信心。第二年他跑了第四名，可是新闻橱窗里只挂了前三名的照片，他没灰心。第三年他跑了第七名、橱窗里挂前六名的照片，他有点怨自己。第四年他跑了第三名，橱窗里却只挂了第一名的照片。第五年他跑了第一名——他几乎绝望了，橱窗里只有一幅环城赛群众场面的照片。那些年我们俩常一起在这园子里呆到天黑，开怀痛骂，骂完沉默着回家，分手时再互相叮嘱：先别去死，再试着活一活看。现在他已经不跑了，年岁太大了，跑不了那么快了。最后一次参加环城赛，他以三十八岁之龄又得了第一名并破了纪录，有一位专业队的教练对他说："我要是十年前发现你就好了。"他苦笑一下什么也没说，只在傍晚又来园中找到我，把这事平静地向我叙说一遍。不见他已有好几年了，现在他和妻子和儿子住在很远的地方。

  这些人现在都不到园子里来了，园子里差不多完全换了一批新人。十五年前的旧人，现在就剩我和那对老夫老妻了。有那么一段时间，这老夫老妻中的一个也忽然不来，薄暮时分唯男人独自来散步，步态也明显迟缓了许多，我悬心了很久，怕是那女人出了什么事。幸好过了一个冬天那女人又来了，两个人仍是逆时针绕着园子走，一长一短两个身影恰似钟表的两支指针；女人的头发白了许多，但依旧攀着丈夫的胳膊走得像个孩子。"攀"这个字用得不恰当了，或许可以用"搀"吧，不知有没有兼具这两个意思的字。

五

  我也没有忘记一个孩子——一个漂亮而不幸的小姑娘。十五年前的那个下午，我第一次到这园子里来就看见了她，那时她大约三岁，蹲在斋宫西边的小路上捡树上掉落的"小灯笼"。那儿有几棵大栾树，春天开一簇簇细小而稠密的黄花，花落了便结出无数如同三片叶子合抱的小灯笼，小灯笼先是绿色，继尔转白，再变黄，成熟了掉落得满地都是。小灯笼精巧得令人爱惜，成年人也不免捡了一个还要捡一个。小姑娘咿咿呀呀地跟自己说着话，一边捡小灯笼；她的嗓音很好，不是她那个年龄所常有的那般尖细，而是很圆润甚或是厚重，也许是因为那个下午园子里太安静了。我奇怪这么小的孩子怎么一个人跑来这园子里？我问她住在哪儿？她随便指一下，就喊她的哥哥，沿墙根一带的茂草之中便站起一个七八岁的男孩，朝我望望，看我不像坏人便对他的妹妹说："我在这儿呢"，又伏下身去，他在捉什么虫子。他捉到螳螂，蚂蚱，知了和蜻蜓，来取悦他的妹妹。有那么两三年，我经常在那几棵大栾树下见到他们，兄妹俩总是在一起玩，玩得和睦融洽，都渐渐长大了些。之后有很多年没见到他们。我想他们都在学校里吧，小姑娘也到了上学的年龄，必是告别了孩提时光，没有很多机会来这儿玩了。这事很正常，没理由太搁在心上，若不是有一年我又在园中见到他们，肯定就会慢慢把他们忘记。

那是个礼拜日的上午。那是个晴朗而令人心碎的上午，时隔多年，我竟发现那个漂亮的小姑娘原来是个弱智的孩子。我摇着车到那几棵大栾树下去，恰又是遍地落满了小灯笼的季节；当时我正为一篇小说的结尾所苦，既不知为什么要给它那样一个结尾，又不知何以忽然不想让它有那样一个结尾，于是从家里跑出来，想依靠着园中的镇静，看看是否应该把那篇小说放弃。我刚刚把车停下，就见前面不远处有几个人在戏耍一个少女，做出怪样子来吓她，又喊又笑地追逐她拦截她，少女在几棵大树间惊惶地东跑西躲，却不松手揪卷在怀里的裙裾，两条腿袒露着也似毫无察觉。

我看出少女的智力是有些缺陷，却还没看出她是谁。我正要驱车上前为少女解围，就见远处飞快地骑车来了个小伙子，于是那几个戏耍少女的家伙望风而逃。小伙子把自行车支在少女近旁，怒目望着那几个四散逃窜的家伙，一声不吭喘着粗气。脸色如暴雨前的天空一样一会比一会苍白。这时我认出了他们，小伙子和少女就是当年那对小兄妹。我几乎是在心里惊叫了一声，或者是哀号。世上的事常常使上帝的居心变得可疑。小伙子向他的妹妹走去。少女松开了手，裙裾随之垂落了下来，很多很多她捡的小灯笼便洒落了一地，铺散在她脚下。她仍然算得漂亮，但双眸迟滞没有光彩。她呆呆地望那群跑散的家伙，望着极目之处的空寂，凭她的智力绝不可能把这个世界想明白吧？大树下，破碎的阳光星星点点，风把遍地的小灯笼吹得滚动，仿佛喑哑地响着无数小铃铛。哥哥把妹妹扶上自行车后座，带着她无言地回家去了。

无言是对的。要是上帝把漂亮和弱智这两样东西都给了这个小姑娘，就只有无言和回家去是对的。

谁又能把这世界想个明白呢？世上的很多事是不堪说的。你可以抱怨上帝何以要将诸多苦难给这人间，你也可以为消灭种种苦难而奋斗，并为此享有崇高与骄傲，但只要你再多想一步你就会坠入深深的迷茫了：假如世界上没有了苦难，世界还能够存在么？要是没有愚钝，机智还有什么光荣呢？要是没了丑陋，漂亮又怎么维系自己的幸运？要是没有了恶劣和卑下，善良与高尚又将如何界定自己又如何成为美德呢？要是没有了残疾，健全会否因其司空见惯而变得腻烦和乏味呢？

我常梦想着在人间彻底消灭残疾，但可以相信，那时将由患病者代替残疾人去承担同样的苦难。如果能够把疾病也全数消灭，那么这份苦难又将由（比如说）相貌丑陋的人去承担了。就算我们连丑陋，连愚昧和卑鄙和一切我们所不喜欢的事物和行为，也都可以统统消灭掉，所有的人都一样健康、漂亮、聪慧、高尚，结果会怎样呢？怕是人间的剧目就全要收场了，一个失去差别的世界将是一潭死水，是一块没有感觉没有肥力的沙漠。

看来差别永远是要有的。看来就只好接受苦难——人类的全部剧目需要它，存在的本身需要它。看来上帝又一次对了。

于是就有一个最令人绝望的结论等在这里：由谁去充任那些苦难的角色？又有谁去体现这世间的幸福，骄傲和快乐？只好听凭偶然，是没有道理好讲的。

就命运而言，休论公道。

那么，一切不幸命运的救赎之路在哪里呢？设若智慧的悟性可以引领我们去找到救赎之路，难道所有的人都能够获得这样的智慧和悟性吗？

我常以为是丑女造就了美人。我常以为是愚氓举出了智者。我常以为是懦夫衬照了英雄。我常以为是众生度化了佛祖。

六

设若有一位园神，他一定早已注意到了，这么多年我在这园里坐着，有时候是轻松快乐的，有时候是沉郁苦闷的，有时候优哉游哉，有时候栖惶落寞，有时候平静而且自信，有时候又软弱，又迷茫。其实总共只有三个问题交替着来骚扰我，来陪伴我。第一个是要不要去死？第二个是为什么活？第三个，我干嘛要写作？现在让我看看，它们迄今都是怎样编织在一起的吧。

你说，你看穿了死是一件无须着急去做的事，是一件无论怎样耽搁也不会错过的事，便决定活下去试试？是的，至少这是很关键的因素。为什么要活下去试试呢？好像仅仅是因为不甘心，机会难得，不试白不试，腿反正是完了，一切仿佛都要完了，但死神很守信用，试一试不会额外再有什么损失。说不定倒有额外的好处呢是不是？我说过，这一来我轻松多了，自由多了。为什么要写作呢？作家是两个被人看重的字，这谁都知道。为了让那个躲在园子深处坐轮椅的人，有朝一日在别人眼里也稍微有点光彩，在众人眼里也能有个位置，哪怕那时再去死呢也就多少说得过去了，开始的时候就是这样想，这不用保密，这些现在不用保密了。

我带着本子和笔，到园中找一个最不为人打扰的角落，偷偷地写。那个爱唱歌的小伙子在不远的地方一直唱。要是有人走过来，我就把本子合上把笔叼在嘴里。我怕写不成反落得尴尬。我很要面子。可是你写成了，而且发表了。人家说我写得还不坏，他们甚至说：真没想到你写得这么好。我心说你们没想到的事还多着呢。我确实有整整一宿高兴得没合眼。我很想让那个唱歌的小伙子知道，因为他的歌也毕竟是唱得不错。我告诉我的长跑家朋友的时候，那个中年女工程师正优雅地在园中穿行；长跑家很激动，他说好吧，我玩命跑，你玩命写。这一来你中了魔了，整天都在想哪一件事可以写，哪一个人可以让你写成小说。是中了魔了，我走到哪儿想到哪儿，在人山人海里只寻找小说，要是有一种小说试剂就好了，见人就滴两滴看他是不是一篇小说，要是有一种小说显影液就好了，把它泼满全世界看看都是哪儿有小说，中了魔了，那时我完全是为了写作活着。结果你又发表了几篇，并且出了一点小名，可这时你越来越感到恐慌。我忽然觉得自己活得像个人质，刚刚有点像个人了却又过了头，像个人质，被一个什么阴谋抓了来当人质，不定哪天被处决，不定哪天就完蛋。你担心要不了多久你就会文思枯竭，那样你就又完了。凭什么我总能写出小说来呢？凭什么那些适合作小说的生活素材就总能送到一个截瘫者跟前来呢？人家满世界跑都有枯竭的危险，而我坐在这园子里凭什么可以一篇接一篇地写呢？你又想到死了。我想见好就收吧。当一名人质实在是太累了太紧张了，太朝不保夕了。我为写作而活下来，要是写作到底不是我应该干的事，我想我再活下去是不是太冒傻气了？你这么想着你却还在绞尽脑汁地想写。我好歹又拧出点水来，从一条快要晒干的毛巾上。恐慌日甚一日，随时可能完蛋的感觉比完蛋本身可怕多了，所谓不怕贼偷就怕贼惦记，我想人不如死了好，不如不出生的好，不如压根儿没有这个世界的好。可你并没有去死。我又想到那是一件不必着急的事。可是不必着急的事并不证明是一件必要拖延的事呀？你总是决定活下来，这说明什么？是的，我还是想活。人为什么活着？因为人想活着，说到底是这么回事，人真正的名字叫作：欲望。可我不怕死，有时候我真的不怕死。有时候，——说对了。不怕死和想去死是两回事，有时候不怕死的人是有的，一生下来就不怕死的人是没有的。我有时候倒是怕活。可是怕活不等于不想活呀可我为什么还想活呢？因为你还想得到点什么、你觉得你还是可以得到点什么的，比如说爱情，比如说，价值感之类，人真正的名字叫欲望。这不对吗？我不该得到点什么吗？没说不该。可我为什么活得恐慌，就像个人质？后来你明白了，你明白你错了，活着不是为了写作，而写作是为了活着。你明白了这一点是在一个挺滑稽的时刻。那天你又说你不如死了好，你的一个朋友劝你：你不能死，你还得写呢，还有好多好作品等着你去写呢。这时候你忽然明白了，你说：只是因为我活着，我才不得不写作。或者说只是因为你还想活下去，你才不得不写作。是的，这样说过之后我竟然不那么恐慌了。就像你看穿了死之后所得的那份轻松？一个人质报复一场阴谋的最有效的办法是把自己杀死。我看出我得先把我杀死在市场上，那样我就不用参加抢购题材的风潮了。你还写吗？还写。你真的不得不写吗？人都忍不住要为生存找一些牢靠的理由。你不担心你会枯竭了？我不知道，不过我想，活着的问题在死前是完不了的。

这下好了，您不再恐慌了不再是个人质了，您自由了。算了吧你，我怎么可能自由呢？别忘了人真正的名字是：欲望。所以你得知道，消灭恐慌的最有效的办法就是消灭欲望。可是我还知道，消灭人性的最有效的办法也是消灭欲望。那么，是消灭欲望同时也消灭恐慌呢？还是保留欲望同时也保留人生？我在这园子里坐着，我听见园神告诉我，每一个有激情的演员都难免是一个人质。每一个懂得欣赏的观众都巧妙地粉碎了一场阴谋。每一个乏味的演员都是因为他老以为这戏剧与自己无关。

每一个倒霉的观众都是因为他总是坐得离舞台太近了。

我在这园子里坐着，园神成年累月地对我说：孩子，这不是别的，这是你的罪孽和福祉。

七

要是有些事我没说，地坛，你别以为是我忘了，我什么也没忘，但是有些事只适合收藏。不能说，也不能想，却又不能忘。它们不能变成语言，它们无法变成语言，一旦变成语言就不再是它们了。它们是一片朦胧的温馨与寂寥，是一片成熟的希望与绝望，它们的领地只有两处：心与坟墓。比如说邮票，有些是用于寄信的，有些仅仅是为了收藏。

如今我摇着车在这园子里慢慢走，常常有一种感觉，觉得我一个人跑出来已经玩得太久了。有一天我整理我的旧相册，一张十几年前我在这圈子里照的照片——那个年轻人坐在轮椅上，背后是一棵老柏树，再远处就是那座古祭坛。我便到园子里去找那棵树。我按着照片上的背景找很快就找到了它，按着照片上它枝干的形状找，肯定那就是它。但是它已经死了，而且在它身上缠绕着一条碗口粗的藤萝。有一天我在这园子碰见一个老太太，她说："哟，你还在这儿哪？"她问我："你母亲还好吗？"

"您是谁？""你不记得我，我可记得你。有一回你母亲来这儿找你，她问我您看没看见一个摇轮椅的孩子……"我忽然觉得，我一个人跑到这世界上来真是玩得太久了。有一天夜晚，我独自坐在祭坛边的路灯下看书，忽然从那漆黑的祭坛里传出一阵阵唢呐声；四周都是参天古树，方形祭坛占地几百平米空旷坦荡独对苍天，我看不见那个吹唢呐的人，唯唢呐声在星光寥寥的夜空里低吟高唱，时而悲怆时而欢快，时而缠绵时而苍凉，或许这几个词都不足以形容它，我清清醒醒地听出它响在过去，响在现在，响在未来，回旋飘转亘古不散。

必有一天，我会听见喊我回去。

那时您可以想象一个孩子，他玩累了可他还没玩够呢。心里好些新奇的念头甚至等不及到明天。也可以想象是一个老人，无可置疑地走向他的安息地，走得任劳任怨。还可以想象一对热恋中的情人，互相一次次说"我一刻也不想离开你"，又互相一次次说"时间已经不早了"，时间不早了可我一刻也不想离开你，一刻也不想离开你可时间毕竟是不早了。

我说不好我想不想回去。我说不好是想还是不想，还是无所谓。我说不好我是像那个孩子，还是像那个老人，还是像一个热恋中的情人。很可能是这样：我同时是他们三个。我来的时候是个孩子，他有那么多孩子气的念头所以才哭着喊着闹着要来，他一来一见到这个世界便立刻成了不要命的情人，而对一个情人来说，不管多么漫长的时光也是稍纵即逝，那时他便明白，每一步每一步，其实一步步都是走在回去的路上。当牵牛花初开的时节，葬礼的号角就已吹响。

但是太阳，他每时每刻都是夕阳也都是旭日。当他熄灭着走下山去收尽苍凉残照之际，正是他在另一面燃烧着爬上山巅布散烈烈朝辉之时。那一天，我也将沉静着走下山去，扶着我的拐杖。

有一天，在某一处山洼里，势必会跑上来一个欢蹦的孩子，抱着他的玩具。

当然，那不是我。

但是，那不是我吗？

宇宙以其不息的欲望将一个歌舞炼为永恒。这欲望有怎样一个人间的姓名，大可忽略不计。

（选自《中国现当代文学作品选》1999年12月第1版）

史铁生（1951—2010），中国作家、散文家。出生于北京，1967年毕业于清华大学附属中学，1969年去延安一带插队。因双腿瘫痪于1972年回到北京。后来又患肾病并发展到尿毒症，靠着每周3次透析维持生命。后历任中国作家协会全国委员会委员，北京作家协会副主席，中国残疾人联合会副主席。2010年12月31日凌晨3时46分因突发脑溢血逝世，享年59岁。

导 读

本文选自《国语·越语》。吴、越两国，是春秋后期我国东南部（长江下游）的两个大国。吴在江苏南部，越在浙江北部。两国土地相邻，但世代结怨，互相攻伐。公元前496年，吴王阖闾攻越，兵败，负伤而死，死前叮嘱他儿子夫差复仇。吴王夫差练兵三年，在公元前494年，大败越兵，越几乎到了亡国的境地。越王勾践率领五千残兵退守会稽山后，一面派大夫文种向吴国求和，一面采取十年生聚、十年教训的策略，富国强兵，终于灭掉了吴国。

勾践灭吴

《国语》

越王勾践栖于会稽之上[1]，乃号令于三军曰："凡我父兄昆弟及国子姓[2]，有能助寡人谋而退吴者，吾与之共知越国之政[3]。"大夫种进对曰[4]："臣闻之：贾人夏则资皮，冬则资絺[5]，旱则资舟，水则资车，以待乏也。夫虽无四方之忧[6]，然谋臣与爪牙之士，不可不养而择也[7]。譬如蓑笠，时雨既至，必求之。今君王既栖于会稽之上，然后乃求谋臣，无乃后乎[8]？"勾践曰："苟得闻子大夫之言，何后之有[9]？"执其手而与之谋。

遂使之行成于吴[10]，曰："寡君勾践乏无所使[11]，使其下臣种，不敢彻声闻于大王[12]，私于下执事[13]曰：寡君之师徒不足以辱君矣[14]；愿以金玉、子女赂君之辱[15]。请勾践女女于王[16]，大夫女女于大夫，士女女于士；越国之宝器毕从[17]！寡君帅越国之众以从君之师徒。唯君左右之[18]，若以越国之罪为不可赦也，将焚宗庙，系妻孥[19]，沉金玉于江；有带甲五千人，将以致死，乃必有偶[20]，是以带甲万人事君也，无乃即伤君王之所爱乎[21]？与其杀是人也，宁其得此国也，其孰利乎？"

夫差将欲听，与之成。子胥谏曰[22]："不可！夫吴之与越也，仇雠敌战之国也；三江环之[23]，民无所移。有吴则无越，有越则无吴。将不可改于是矣！员闻之：陆人居陆，水人居水，夫上党之国[24]，我攻而胜之，吾不能居其地，不能乘其车；夫越国，吾攻而胜之，吾能居其地，吾能乘其舟。此其利也，不可失也已。君必灭之！失此利也，虽悔之，必无及已。"

越人饰美女八人，纳之太宰嚭[25]，曰："子苟赦越国之罪，又有美于此者将进之。"太宰嚭谏曰："嚭闻古之伐国者，服之而已[26]；今已服矣，又何求焉？"夫差与之成而去之。

勾践说于国人曰："寡人不知其力之不足也，而又与大国执仇，以暴露百姓之骨于中原[27]，此则寡人之罪也。寡人请更！"于是葬死者，问伤者，养生者；吊有忧，贺有喜；送行者，迎来者；去民之所恶，补民之不足。然后卑事夫差，宦士三百人于吴，其身亲为夫差前马[28]。

勾践之地，南至于句无[29]，北至于御儿[30]，东至于鄞[31]，西至于姑蔑[32]，广运百里[33]，乃致其父兄、昆弟而誓之：寡人闻古之贤君，四方之民归之，若水归下也。今寡人不能，将帅二三子夫妇以蕃[34]。令壮者无取老妇[35]，令老者无取壮妻；女子十七不嫁，其父母有罪；丈夫二十不取，其父母有罪。将免者以告[36]，公令医守之。生丈夫，二壶酒，一犬；生女子，二壶酒，一豚[37]；生三人，公与之母[38]；生二子，公与之饩[39]。当室者死[40]，三年释其政[41]；支子死，三月释其政；必哭泣葬埋之如其子。令孤子、寡妇、疾疹、贫病者，纳官其子[42]；其达士，絜其居，美其服，饱其食，而摩厉之于义[43]。四方之士来者，必庙礼之[44]。勾践载稻与脂于舟以行。国之孺子之游者，无不餔也，无不歠也[45]，必问其名。非其身之所种则不食，非其夫人之所织不衣。十年不收于国，民俱有三年之食。

国之父兄请曰："昔者夫差耻吾君于诸侯之国，今越国亦节矣，请报之！"勾践辞曰："昔者之战也，非二三子之罪也，寡人之罪也。如寡人者，安与知耻？请姑无庸战！"父兄又请曰："越四封之内⁽⁴⁶⁾，亲吾君也，犹父母也。子而思报父母之仇，臣而思报君之仇，其有敢不尽力者乎？请复战！"勾践既许之，乃致其众而誓之，曰："寡人闻古之贤君，不患其众之不足也，而患其志行之少耻也。今夫差衣水犀之甲者亿有三千⁽⁴⁷⁾，不患其志行之少耻也，而患其众之不足也。今寡人将助天灭之。吾不欲匹夫之勇也，欲其旅进旅退也⁽⁴⁸⁾。进则思赏，退则思刑；如此，则有常赏⁽⁴⁹⁾。进不用命，退则无耻；如此，则有常刑。"

果行，国人皆劝⁽⁵⁰⁾。父勉其子，兄勉其弟，妇勉其夫，曰："孰是君也，而可无死乎？"是故败吴于囿⁽⁵¹⁾，又败之没⁽⁵²⁾，又郊败之。

夫差行成，曰："寡人之师徒不足以辱君矣！请以金玉子女，赂君之辱！"勾践对曰："昔天以越予吴，而吴不受命；今天以吴予越，越可以无听天命而听君之令乎？吾请达王甬、句东⁽⁵³⁾，吾与君为二君乎！"夫差对曰："寡人礼先壹饭矣⁽⁵⁴⁾。君若不忘周室而为弊邑寰宇⁽⁵⁵⁾，亦寡人之愿也。君若曰：'吾将残汝社稷，灭汝宗庙'，寡人请死！余何面目以视于天下乎⁽⁵⁶⁾？越君其次也⁽⁵⁷⁾！"遂灭吴。

【注释】

(1) 勾践：越王允常之子。允常初曾与吴王阖闾互相攻伐，允常死，吴乃乘越之丧伐越，竟为勾践所败，阖闾伤指而死。栖：本指居住，此指退守。会稽：山名，在今浙江绍兴市东南。

(2) 昆弟：即兄弟。国子姓：国君的同姓，即百姓。

(3) 知：主持、过问、参与。

(4) 种：即文种，字子禽，楚国郢人，入越后，与范蠡同助勾践，终灭吴。功成，种为勾践所忌，赐剑自杀。

(5) 缔（chī）：细葛布。

(6) 四方之忧：指外患。

(7) 爪牙之士：指武士，勇猛的将士。

(8) 无乃：恐怕。后：迟。

(9) 子大夫：对大夫（文种）的尊称。

(10) 行成：求和并达成协议。

(11) 乏：此指缺乏人才。

(12) 彻：通、达。大王：指吴王，特别尊重的称呼。

(13) 下执事：下级办事官员。

(14) 师徒：指军队士兵。辱君：屈尊您（亲自来讨伐）。辱，表示谦卑的说法。

(15) 赂君之辱：慰劳您的辱临。

(16) 请勾践女女于王：第一个"女"作名词，指勾践的女儿，第二个"女"作动词，指做婢妾。下两句同。

(17) 从：带来。

(18) 左右：作动词，处置、调遣的意思。

(19) 孥（nú）：子女。

(20) 偶：一个抵两个。

(21) 伤君王之所爱：谓吴王推恩于越，越民与越器皆为吴王所钟爱。如越人拼死决战，则越民与越器都不免遭到损失，岂不影响到吴王加爱于越的仁慈恻隐之心了么？

（22）子胥（xū）：即伍子胥，名员，吴大臣。

（23）三江：指钱塘江、吴江、浦阳江（浙江省中部）。

（24）上党之国：此指中原各国。

（25）太宰嚭（pǐ）：太宰，官名。嚭，人名，夫差的亲信。

（26）服之：使之降服，屈服。

（27）中原：此指原野。

（28）前马：仪仗队中乘马开道的人。

（29）句无：地名，在今浙江省诸暨县南。

（30）御儿：地名，在今浙江省嘉兴县境。

（31）鄞（yín）：地名，在今浙江省宁波市。

（32）姑蔑：地名，在今浙江省衢县东北。

（33）广运百里：方圆百里。东西为广，南北为运。

（34）二三子：你们，指百姓。蕃：繁殖人口。

（35）取：同"娶"。

（36）免：同"娩"，指生育。

（37）豚（tún）：小猪，也泛指猪。

（38）母：乳母。

（39）饩（xì）：口粮。

（40）当室者：负担家务的长子。

（41）政：征，赋役。

（42）疹：疾病。纳：收容。

（43）絜（jié）：同"洁"。摩厉：同"磨砺"，这里有激励的意思。

（44）庙礼之：在宗庙里接见，以示尊重。

（45）歠（chuò）：给水饮。

（46）封：疆界。

（47）衣：动词，穿。水犀之甲：用水犀皮做的铠甲。亿有三千：言吴兵有十万三千人。亿：这里指十万。

（48）旅：俱。指军队有纪律地同进退。

（49）常赏：合于常规的赏赐，下文"常刑"指合于常规的刑罚。

（50）劝：勉励。

（51）囿（yòu）：即笠泽，吴地名，今太湖一带。

（52）没：吴地名。

（53）达：遣送。甬、句东：甬江和勾章以东。指今浙江省舟山县。句，同勾。

（54）壹饭：指小小的恩惠。这里指吴曾有恩于越（指曾同意与越议和）。

（55）不忘周室：吴是周的同姓，故曰。寰宇：指屋檐下，也泛指房屋住处。

（56）视：视息，犹言生存。

（57）次：驻扎。

导读

什么是人生？不完满才是人生！先生谈人生，深入浅出中显现出真知灼见，饱含着朴素和真诚。慢慢读来，恰似在品味一壶幽幽的香茗，在宁静和思考中获得对人生的感悟，感到"眼睛立即明亮，心头涣然冰释"。

不完满才是人生

季羡林

每个人都争取一个完满的人生。然而，自古及今，海内海外，一个百分之百完满的人生是没有的。所以我说，不完满才是人生。

关于这一点，古今的民间谚语，文人诗句，说到的很多很多。最常见的比如苏东坡的词："人有悲欢离合，月有阴晴圆缺，此事古难全。"南宋方岳（根据吴小如先生考证）诗句："不如意事常八九，可与人言无二三。"这都是我们时常引用的，脍炙人口的。类似的例子还能够举出成百上千来。

这种说法适用于一切人，旧社会的皇帝老爷子也包括在里面。他们君临天下，"率土之滨，莫非王土"，可以为所欲为，杀人灭族，小事一端，按理说，他们不应该有什么不如意的事。然而，实际上，王位继承，宫廷斗争，比民间残酷万倍。他们威仪俨然地坐在宝座上，如坐针毡。虽然捏造了"龙御上宾"这种神话，他们自己也并不相信。他们想方设法以求得长生不老，他们最怕"一旦魂断，宫车晚出"。连英主如汉武帝、唐太宗之辈也不能"免俗"。汉武帝造承露金盘，妄想饮仙露以长生；唐太宗服印度婆罗门的灵药，期望借此以不死。结果，事与愿违，仍然是"龙御上宾"，呜呼哀哉了。

在这些皇帝手下的大臣们，"一人之下，万人之上"，权力极大，骄纵恣肆，贪赃枉法，无所不至。在这一类人中，好的大概极少，否则包公和海瑞等决不会流芳千古，久垂宇宙了。可这些人到了皇帝跟前，只是一个奴才，常言道：伴君如伴虎，可见他们的日子并不好过。据说明朝的大臣上朝时在笏板上夹带一点鹤顶红，一旦皇恩浩荡，钦赐极刑，连忙用舌尖舔一点鹤顶红，立即涅槃，落得一个全尸。可见这一批人的日子也并不好过，谈不到什么完满的人生。

至于我辈平头老百姓，日子就更难过了。建国前后，不能说没有区别，可是一直到今天仍然是"不如意事常八九"。早晨在早市上被小贩"宰"了一刀；在公共汽车上被扒手割了包，踩了人一下，或者被人踩了一下，根本不会说"对不起"了，代之以对骂，或者甚至演出全武行；到了商店，难免买到假冒伪劣的商品，又得生一肚子气……谁能说，我们的人生多是完满的呢？

再说到我们这一批手无缚鸡之力的知识分子，在历史上一生中就难得过上几天好日子。只一个"考"字，就能让你谈"考"色变。"考"者，考试也。在旧社会科举时代，"千军万马挤独木桥"，要上进，只有科举一途，你只需读一读吴敬梓的《儒林外史》，就能淋漓尽致地了解到科举的情况。以周进和范进为代表的那一批举人进士，其窘态难道还不能让你胆战心惊，啼笑皆非吗？

现在我们运气好，得生于新社会中。然而那一个"考"字，宛如如来佛的手掌，你别想逃脱得了。幼儿园升小学，考；小学升初中，考；初中升高中，考；高中升大学，考；大学毕业想当硕士，考；硕士想当博士，考。考，考，考，变成烤，烤，烤；一直到知命之年，厄运仍然难免，现代知识分子落到这一张密而不漏的天网中，无所逃于天地之间，我们的人生还谈什么完满呢？

灾难并不限于知识分子，"人人有一本难念的经"。所以我说"不完满才是人生"。这是一个"平凡的真理"，但是真能了解其中的意义，对己对人都有好处。对己，可以不烦不躁；对人，可以互相谅解。这会大大地有利于整个社会的安定团结。

1998 年 8 月 20 日

（选自《季羡林谈人生》，华东师范大学出版社，2016 年版）

季羡林（1911—2009），山东聊城人，字希逋，又字齐奘。国际著名的东方学大师、语言学家、文学家、国学家、佛学家、史学家、翻译家。在梵文、巴利文、吐火罗文上有极高的造诣，是该领域的权威。被誉为国学大师、学界泰斗、国宝。

季羡林 1935 年留学德国，1946 年回国后受聘为北京大学教授兼东方语言文学系主任，1956 年任中国科学院哲学社会科学部委员，1978 年任北京大学副校长。著有《牛棚杂忆》《留德十年》《季羡林谈人生》等，有深远的影响。

导 读

人生是一场战斗，生命只有一次，青春只有一次，我们要掌握自己的命运，勉力前行，从自己开始，发出最大的能量。

每个人都要从自己开始

艾青

一

想起遥远的家乡
在那黑暗的岁月
邻居的孩子病了
母亲提了灯笼到村边
向荒野发出呼唤：
"孩子呀，快回来！
妈在这儿等你……"
那声音激荡着母爱
谁听了也不免心酸……

二

而今天，在我们面前

是整整的一代青年
是离散了之后
从荆丛中挣扎出来的一代青年

历史的纤绳断了
帆船搁浅在险滩
狂风撕烂了布帆
暴风折断了桅杆
好像是一场地震
人人都在劫难逃
听见的是裂心的嘶叫
看见的是不可思议的大混乱
活着的下临深渊
像走钢丝绳似的过来了
面对茫茫大地
仰头问苍天："前途在哪里？"

听，那边迷失了的一群
唱起了《拉兹之歌》
声音多么凄婉
每个音符都满含哀怨

谁忍心抛弃他们？
谁有权利对他们责难？
他们所需要的是
百倍的宽容与慰安

三

人间没有永恒的夜晚
世界没有永恒的冬天
不是靠地球的转动
我们也有了自己的春天

不曾被压死的种子
从瓦砾堆里挺出了新芽
居然迎着一片骄阳
露出天真的笑脸……

四

何必隐瞒呢？

生活是艰辛的
道路是泥泞的
贫穷是可怜的
饥饿是可怕的
落后是可笑的
绝望是可悲的
懒惰是可耻的
每个生命只存在一次
每个人只有一次青春
千万不要变成无效分蘖
纵然早春也会有寒冷
没有不斗争的胜利
没有不劳动的幸福
道路只能在前进中延伸
跋涉才有豪迈的歌声

五

人民在召唤："赶上来！"
祖国在召唤："赶上来！"
时代在召唤："赶上来！"
世界在召唤："赶上来"

天不会下黄金雨
地不会结金苹果
谎话填不饱肚子
吹牛皮代替不了粮食

我们用推土机推走了每个黄昏
我们又用起重机升起了每个黎明
谁在工地上袖手旁观
谁就埋进了滚滚烟尘

在时代的风云中
掌握自己的命运
珍惜每一个日子
和人民一同前进

没有理想
等于死亡

人文素养提升

再大的风浪
折不断海燕的翅膀

要像煤块一样冷静
却有火热的心肠
每个人都要从自己开始
发出最大的能量

一九七九年十一月　北京
（选自《归来的歌》，四川人民出版社，1980年版）

艾青（1910—1996），原名蒋海澄，号海澄，曾用笔名莪加、克阿、林壁等，浙江省金华人。成名作《大堰河——我的保姆》发表于1933年，这首诗奠定了他诗歌的基本艺术特征和他在现代文学史上的重要地位，被认为是中国现代诗的代表诗人之一。其作品被译成几十种文字，著有《大堰河》《北方》《向太阳》《黎明的通知》《湛江，夹竹桃》等诗集。在中国新诗发展史上，艾青是继郭沫若、闻一多等人之后又一位推动一代诗风并产生过重要影响的诗人，在世界上也享有盛誉。

拓展与演练

1. 阅读史铁生的《我与地坛》，谈谈自己对"我常以为是丑女造就了美人。我常以为是愚氓举出了智者。我常以为是懦夫衬照了英雄。我常以为是众生度化了佛祖"这几句话的理解，并说说面对人生的不幸，作者是如何找到一条人生的救赎之路的。

2. 阅读于丹的《〈论语〉心得之二——心灵之道》，谈谈你的人生有什么遗憾或不如意，我们应该用什么样的心态来面对这些遗憾和不如意？

3. 阅读《大学》第一章（即从"大学之道"至"此谓知之至也"）的内容，谈谈人应该如何认识自我，找到一条人生的自我实现之路。

4. 阅读奥斯特洛夫斯基的《钢铁是怎样炼成的》，摘录一些经典语录，并谈谈自己对这部作品的理解。

5. 阅读《山上有头驴的故事》，根据这个故事，写一篇启示，阐述人应该如何正确认识自己。

山上的寺院里有一头驴，每天都在磨房里辛苦拉磨，天长日久，驴渐渐厌倦了这种平淡的生活。它每天都在寻思，要是能出去见见外面的世界，不用拉磨，那该有多好啊！

不久，机会终于来了，有个僧人带着驴下山去驮东西，他兴奋不已。

来到山下，僧人把东西放在驴背上，然后返回寺院。没想到，路上行人看到驴时，都虔诚地跪在两旁，对它顶礼膜拜。

一开始，驴大惑不解，不知道人们为何要对自己叩头跪拜，慌忙躲闪。可一路上都是如此，驴不禁飘飘然起来，原来人们如此崇拜我。当它再看见有人路过时，就会趾高气扬地停在马路中间，心安理得地接受人们的跪拜。

回到寺院里，驴认为自己身份高贵，死活也不肯拉磨了。僧人无奈，只好放它下山。

驴刚下山，就远远看见一伙人敲锣打鼓迎面而来，心想，一定是人们前来欢迎我，于是大摇大摆地站在马路中间。那是一队迎亲的队伍，却被一头驴拦住了去路，人们愤怒不已，对驴棍棒交加……驴仓皇逃回到寺里，已经奄奄一息，临死前，它愤愤地告诉僧人："原来人心险恶啊，第一次下山时，人们对我顶礼膜拜，可是今天他们竟对我狠下毒手。"

僧人叹息一声："果真是一头蠢驴！那天，人们跪拜的，是你背上驮的佛像啊。"

6. 阅读下面一则新闻，讨论当代青少年应如何保持健康的心态，珍爱生命，提高自己承受挫折的能力。

据新华社报道，2014年11月4日，郧县城关镇第一初级中学八年级男生金某某在早自习时看小说，上物理课时又在课堂下象棋。10点50分左右，班主任把他和另一名学生叫到办公室批评并要求请家长到学校。过了5分钟左右，金某某从办公室出来后，从4楼教室跳楼自杀身亡。据郧县宣传部门介绍，班主任陈某某并未对学生说任何过激话语。触动金某某的很有可能是那一句"请家长到学校"。

7. 心理测试：你承受挫折的能力如何？

请在3分钟内完成测试题，根据个人实际情况作答。

1. 如果有令人焦虑的事发生，你会：

    A. 完全无法继续做事

    B. 没有影响

    C. 介于两种情况之间

2. 当令你烦心的对手出现时，你会：

    A. 只凭冲动做事，不控制情绪

    B. 能克制自己，冷静面对

    C. 介于两种情况之间

3. 当失意时，你会：

    A. 想干脆放弃

    B. 吸取教训，重新开始

    C. 介于两种情况之间

4. 当事业出现阻碍时，你会：

    A. 一直担心，不能集中精力

    B. 仔细考察，解决问题

    C. 介于两种情况之间

5. 做得太多感到很累时，你会：

    A. 无法思考下去

    B. 坚持工作

    C. 介于两种情况之间

6. 所处的条件很差时，你会：

    A. 因为条件太差没法干

    B. 克服一切，积极改善现状

    C. 介于两种情况之间

7. 当人生陷入低谷时，你会：

A. 听之任之，不做反抗

B. 积极奋斗

C. 介于两种情况之间

8. 有难以解决的问题时，你会：

A. 灰心丧气

B. 想办法做好

C. 介于两种情况之间

9. 面临一个大难题或自己不想做的事时，你会：

A. 拒绝它

B. 想办法做好

C. 介于两种情况之间

10. 受到很大的挫折时，你会：

A. 彻底绝望

B. 吸取教训再接再厉

C. 介于两种情况之间

心理测试参考答案：

1~10题，选A不加分，选B加2分，选C加1分。

0~9分，不能承受挫折打击。

10~16分，对某些挫折打击有一定的承受力。

17分以上，对于挫折打击有很强的承受力。

第四部分
至念道臻，寂感真诚

写在前面的话

19世纪，法国浪漫主义文学作家雨果曾说过："世界上最宽广的东西是海洋，比海洋更宽广的是天空，比天空更宽广的是人的胸怀。"中国战国时期的思想家墨翟则有"志不强者智不达，言不信者行不果"的警句留于后人。即使是进入了现代社会，宽容与诚信仍是人性中的美德，仍能闪耀出夺目的人性光辉。

宽容是一门学问。它涵盖伦理、社会、人文等领域的诸多思想。它潜存于人性、人格、人际的各个方面。它浅显又深奥，单纯又复杂。宽容是一种智慧。它能摒除烦恼，化解危机，抑制抱怨，制止纷争。它高于一切手段与技巧，它立足于一切知识与才能之上。有的人天生自备，而有的人一生也无法获求。宽容是一种能力。它能够海纳百川，壁立千刃。能够平息雷鸣闪电的狂虐，能够牵制惊涛骇浪的不羁。宽容的能力能够折射出一个人的修养与品质，宽容的能力能够品鉴一个人的道德与良知。

与宽容相同，诚信则同样是学问、是智慧、是能力。它是与人相处最大的学问，是建功立业、赢天下最大的智慧，是"言必信，行必果"的能力。

我们要学会原谅、包容。对朋友要忠诚，讲信义，才能赢得一辈子的友谊。善待他人，诚信对人，不仅体现了一个人的人品，更体现了一个人的修养和境界。

对于世人来讲，宽容与诚信更易让我们平静、自省、升华。任何时刻，宽容都可以化解怨愤与仇恨；诚信则可以抵御急躁与浮华。在这个竞争残酷、比拼激烈的社会里，我们更应该学会宽容与诚信。那么，让我们读古今名篇、传世佳作，来感受博大的胸怀给这个世界增加的友善吧！来体会宽容的心境给这个世界创设的和谐吧！来享受崇高的诚信给这个世界营造的幸福吧！

（杨雯）

导 读

本篇是《论语》的第四篇，包括26章，主要内容涉及义与利的关系问题、个人的道德修养问题、孝敬父母的问题以及君子与小人的区别。这一篇包括了儒家的若干重要范畴、原则和理论，对后世都产生过较大影响。

论语·里仁

子曰："里仁为美[1]，择不处仁[2]，焉得知[3]？"

【注释】

(1) 里仁为美：里，住处，借作动词用。住在有仁者的地方才好。

(2) 处：居住。

(3) 知（zhì）：同"智"。

子曰："不仁者不可以久处约⁽¹⁾，不可以长处乐。仁者安仁，知者利仁⁽²⁾。"

【注释】

(1) 约：穷困、困窘。

(2) 安仁、利仁：安仁，安于仁道；利仁，认为仁有利自己才去行仁。

子曰："唯仁者能好⁽¹⁾人，能恶⁽²⁾人。"

【注释】

(1) 好（hào）：喜爱的意思。作动词。

(2) 恶（wù）：憎恶、讨厌。作动词。

子曰："苟志于仁矣，无恶也。"

子曰："富与贵，是人之所欲也，不以其道得之，不处也；贫与贱，是人之所恶也，不以其道得之，不去也。君子去仁，恶乎成名？君子无终食之间违仁，造次必于是，颠沛必于是。"

子曰："我未见好仁者，恶不仁者。好仁者，无以尚之；恶不仁者，其为仁矣，不使不仁者加乎其身。有能一日用其力于仁矣乎？我未见力不足者。盖有之矣，我未之见也。"

子曰："人之过也，各于其党。观过，斯知仁矣。"

子曰："朝闻道，夕死可矣。"

子曰："士志于道，而耻恶衣恶食者，未足与议也。"

子曰："君子之于天下也，无适⁽¹⁾也，无莫⁽²⁾也，义之与比⁽³⁾。"

【注释】

(1) 适（dí）：意为亲近、厚待。

(2) 莫：疏远、冷淡。

(3) 比：亲近、相近、靠近。

子曰："君子怀⁽¹⁾德，小人怀土⁽²⁾；君子怀刑⁽³⁾，小人怀惠。"

【注释】

(1) 怀：思念。

(2) 土：乡土。

(3) 刑：法制惩罚。

子曰："放⁽¹⁾于利而行，多怨⁽²⁾。"

【注释】

(1) 放：同"仿"，效法，引申为追求。

(2) 怨：别人的怨恨。

子曰："能以礼让为国乎，何有⁽¹⁾？不能以礼让为国，如礼何⁽²⁾？"

【注释】

(1) 何有：全意为"何难之有"，即不难的意思。

(2) 如礼何：把礼怎么办？

子曰："不患无位，患所以立；不患莫己知，求为可知也。"

子曰："参乎！吾道一以贯之。"曾子曰："唯。"子出，门人问曰："何谓也？"曾子曰："夫子之道，忠恕而已矣。"

子曰："君子喻于义，小人喻于利。"

子曰："见贤思齐焉，见不贤而内自省也。"

子曰："事父母几⁽¹⁾谏，见志不从，又敬不违，劳⁽²⁾而不怨。"

【注释】

(1) 几（jī）：轻微、婉转的意思。

(2) 劳：忧愁、烦劳的意思。

子曰："父母在，不远游⁽¹⁾，游必有方⁽²⁾。"

【注释】

(1) 游：指游学、游官、经商等外出活动。

(2) 方：一定的地方。

子曰："三年无改于父之道，可谓孝矣。"

子曰："父母之年，不可不知也。一则以喜，一则以惧。"

子曰："古者言之不出，耻躬之不逮也。"

子曰："以约⁽¹⁾，失之者鲜⁽²⁾矣。"

【注释】

(1) 约：约束。这里指"约之以礼"。

(2) 鲜：少的意思。

子曰："君子欲讷⁽¹⁾于言而敏⁽²⁾于行。"

【注释】

(1) 讷：迟钝。这里指说话要谨慎。

(2) 敏：敏捷、快速的意思。

子曰:"德不孤,必有邻。"

子游曰:"事君数⁽¹⁾,斯⁽²⁾辱矣;朋友数,斯疏矣。"

【注释】

(1) 数(shuò):屡次、多次,引申为烦琐的意思。
(2) 斯:就。

导 读

诚信的关键,就是要实事求是。只有实事求是,才能做到最后的忠诚、守信。一个信士应该是一个能士,无疑也应是一个谨慎之士。不但如此,一位高尚的人士,还应具有一定的恕信品德。

范式践二年之约

范式字巨卿,山阳金乡人也,一名汜。少游太学,为诸生⁽¹⁾,与汝南张劭为友。劭字元伯。二人并告归乡里。式谓元伯曰:"后二年当还,将过拜尊亲,见孺子⁽²⁾焉。"乃共刻期日⁽³⁾。后期方至,元伯具以白母,请设馔以候之。母曰:"二年之别,千里结言,尔何相信之审邪?"对曰:"巨卿信士,必不乖违。"母曰:"若然,当为尔酝酒⁽⁴⁾。"至其日,巨卿果到,升堂拜饮,尽欢而别。

【注释】

(1) 诸生:即众儒生。
(2) 孺子:幼儿、儿童。
(3) 刻(kè):严格限定,多用于时日。
(4) 酝(yùn)酒:酿酒。

本文选自范晔《后汉书·独行列传》。范晔(398—445),字蔚宗,顺阳(今河南南阳淅川)人,南朝宋史学家、文学家。

导 读

忘却是一种包容。忘记昨日的是非,忘记别人对自己的指责与谩骂,时间是良好的止痛剂。学会忘却,生活才有阳光,才有欢乐。

小精灵

[美] 劳伦斯·威廉斯

即使在这么明显的麻烦中,让警察紧紧地抓住他的手腕,强尼·达金的眼神依旧是那么自然、坚持而又一副不在乎的样子。卡斯楚先生以前曾经在那一对黑溜溜的眼睛里看到这种眼神。他明白它们意味的是什么,因此他立刻就做了一个决定。

"你大概搞错了吧!卡尔,"卡斯楚微笑着对警察说,"这个男孩并没有拿我的锁。"

卡尔不耐烦地摇着他的大头，"别耍我，卡斯楚先生，"他说，"我明明看见他从你的架子上拿的！"

　　"当然啦，他是从架子上拿的。但，是我叫他去拿的。"

　　卡斯楚轻松地编造了一个谎话，他一向精于此道。卡尔警官并没有放开男孩的手。

　　"你正在造成大错，你知道吗？卡斯楚，"他大声地说，"这已经不是他的第一次了。如果你现在不提出控告，只会使他更变本加厉罢了。你应该比其他人更明白的。好了，你愿意挺身而出了吧！还有其他的事吗？"卡斯楚先生回想起过去自己的纪录——那些曾经被列入档案的，他瘦削的脸上露出一种宽容的微笑。

　　"但是，我不想提出任何控告，卡尔。"他说。

　　"你看！"警官突然地打断他的话，"你以为这么做是在给小孩子一个机会吗？因为他只有十四五岁吗？我告诉你，大错特错！你只是让他再回到法兰克·佛森的手下，让那个恶棍再教他更多犯罪的伎俩罢了！我们这一带的情况你是知道的，卡斯楚。小孩们把佛森奉为英雄，而他正把他们聚结成一群不良少年来供他驱使。总归一句话，还是你自己决定。如果是佛森本人，难道你也要袒护他吗？"卡斯楚脸上的笑容顿时失去了大半，他透过玻璃橱窗望着外面的街道。

　　"不，"他轻轻地说，"不，我绝不会袒护法兰克·佛森。"

　　"但我们现在讨论的并不是佛森，对吗？我们说的是关于强尼·达金，当我叫他去取锁匙却被你误认为小偷的那个男孩，对吗？"卡尔不想再做任何争辩。他冷峻地瞪着卡斯楚那张固执的脸孔，过了几秒后便放开强尼·达金的手腕，转过他那肥胖的身子走出店门。他们两人——一个是六十岁的老人，一个是十四岁的小鬼，仿佛有了无言的默契，一直等到沉重的脚步声踏出门外。此时卡斯楚摊开手掌。

　　"现在，"他用认真的语气说，"你可以把锁还给我了吧？！"强尼·达金一语不发地松开手腕，把锁挂回架子上。他闪烁的眼光移动在架子和卡斯楚先生之间。

　　"这只是一个普通的锁头，"卡斯楚把它拿起来，继续说，"把你的鞋带借我。"

　　一种类似命令的语调使强尼·达金不得不弯下腰，解开那双又破又脏的鞋子左边的鞋带。卡斯楚先生拎起鞋带，检查了一下带有金属片的一端，把它夹在手指中间，像夹铅笔那样。然后他把鞋带的那一端穿进钥匙孔里。他那看起来似乎毫无用处的手指轻轻挑动了三四下，锁头"啪"的一声就开了。强尼·达金惊讶地探过头来。

　　"嘿，你怎么弄的？"他说。

　　"别忘了！我是一个锁匠。"

　　小男孩的表情立刻改变了。

　　"嘿，你不只会这样吧！"他马上接口说，"我记得法兰克·佛森提起过你。我本来以为他是哄我的。他说你以前曾是保险箱大盗——最伟大的保险箱大盗！"

　　"以前的兄弟是这么称呼我的。"

　　卡斯楚先生顺手把东西整理了一下，"强尼，我们来谈个交易如何？刚刚我已经对你略施小惠了。我需要一个孩子来替我看店，一天三小时，放学以后来；星期六则是全天。我每小时付七角五分，你想不想做？"原先在强尼·达金脸上好奇、惊异的表情这时变成不屑一顾的神色。

　　"留着吧！"他说，"把机会留给那些呆小子吧！"

"你太聪明了,是吗?"

"如果我要钱的话,我知道该怎么去弄。才不要整个礼拜为了工作而操劳呢!"

"而且,如果你找不到门路,"卡斯楚先生接着说,"你的朋友佛森也一定能帮你。对吗?"那种骄矜、自恃的神色又出现在强尼的脸上。

"没错!"他说,"他很厉害的。"

卡斯楚露出轻蔑的笑容。

"厉害?那种偷银行的小把戏也算本事?我说,不出一年,他就要锒铛入狱了。"

强尼仰着头说:"不可能!""当然,他在一年之内也还能做一些案子。"

卡斯楚先生坚持地说。

"好吧,"他的口气变得粗暴了,"我不再给你建议了,让我给你看一样东西吧!"卡斯楚先生从柜子底下搜出一本泛黄的报纸剪贴簿,他把它摊开在小孩面前。

"保险柜大盗之王。"他指给小孩看。卡斯楚先生,现在的表情显得缓和多了,微微地笑着。

"强尼,我不会傻到把其中的奥秘告诉你的。连佛森都一无所知。曾经有专家用了二十年的时间请我传授,我都还不答应呢!"

"我已经把它们写在回忆录里,"卡斯楚继续说,"我把那本活页笔记簿放在房间的一个上了锁的抽屉里。我所知道的各种技巧都写在里面,等我死了就会出版。那时,一夜之间,每一个人——包括小偷、大盗、锁匠等每一个人都会知道。当然,只要每个人都知道,里面的秘密就没有用了。"

强尼若有所思地摇摇头,"唉——"他说,"你本来可以大捞一票的,为什么不……"

"大捞一票?"卡斯楚先生插嘴说道,"没错,别人口袋里的二十五万美元。可是,那得花二十年的功夫才偷得到。其中还要扣掉一半的开销,至少一半,到最后,我每年只能存下二千美元。按照正常的情况,这家五金店的收入比那个好多了。去年我赚了超过三倍的钱。"

"等一下!我还有话说,"达金说,"你本来可以赚更多的。"

"是吗?"卡斯楚先生向他笑了一下,"也许我忘了告诉你,我当中被关了二十三年,使我的平均收入大大降低了。"

"二十三……你怎么会被捉呢?"

"人算不如天算啊!迟早会有出错的一天。越早犯错就越容易回头。没有人是绝顶聪明的,强尼——你不是,你的好朋友佛森也不是。"

强尼·达金渐渐又露出自恃、固执的神色。

"那是你认为的,"他说,"你不知道世上还有许多聪明的人,因为他们根本不会被抓。"

卡斯楚先生叹了一口气。

"再见了,强尼。"

他失望地说,"我要工作了。"

第二天晚上,大约深夜一点钟左右,卡尔警官已经在卡斯楚先生的房里埋伏了两个晚上了。他手握着左轮枪,轻轻地走上前,在佛森还来不及拿到那本笔记簿之前,将他逮捕了。隔天下午,卡斯楚先生正在看一本活页笔记簿。强尼·达金放学经过他的店前。

"进来吧!强尼,"他说,"已经没什么事做了。"

男孩慢慢地走近柜台。

"我听说法兰克·佛森搬走了,"卡斯楚先生继续说,"搬进市立监狱去了。现在,终于逮到这个大傻瓜了。他破门而入就是想偷这本笔记簿。"

"他大概以为这本小簿子里有什么大秘密吧!"卡斯楚先生接着说,"记得我好像跟你说过一个有关回忆录的笑话。其实啊!现在谁不晓得,像我这样的人怎么可能写回忆录呢?!如果写了,便会引起人们邪恶的念头,不是吗?强尼,那是不可思议的。偏偏有佛森那种傻瓜相信。有一天,我会找时间告诉他,我这本笔记簿里面全是账单。"

强尼·达金自始便一语不发。他敏锐的眼睛盯着卡斯楚先生的脸,在他的眼中流露一种与过去完全不同的眼神———一种崇拜、尊敬的眼神。

"也许,大部分的人并非想象中的那么聪明吧!"他轻声地说。

(选自王永年编译的《外国短篇小说经典100篇》,人民文学出版社,2003年版)

导 读

半支蜡烛拯救了两个灵魂。面对仇恨,我们也可以像故事中的莫妮卡一样,选择宽容和慈悲,就像那半根蜡烛一样,燃烧了自己,却照亮了别人黑暗的世界。

半支蜡烛的温暖

[美] 米杰尔

皇后区位于美国纽约市东部,这里环境恶劣,居民生活贫困,犯罪率高,堪称城市中的地狱。但是,2006年7月,这里的人们在一场惊心动魄的停电事故中演绎了一曲催人泪下的爱的颂歌。

布朗一家生活在皇后区49街。他是一个8岁男孩的父亲和一家超市的老板。

2006年7月7日晚上,布朗像往常一样准备打烊。突然间灯熄了,是大面积的城市停电。

电一直没有来。妻子莫妮卡几次建议把冰柜中即将融化的冰淇淋和一些食品拿给贫困的邻居分享,都遭到了布朗严厉的斥责,他可不想有一丁点儿的损失。

当不远处的百货商场遭到洗劫后,布朗开始思考对策,设法保护保险柜、货架上的红酒、海产干货和营养品等值钱的东西。他费尽心思地在店里布投机关和陷阱。

第三天晚上,布朗再也支撑不住了,在后半夜沉沉睡去。忽然,他被一阵异常的声音惊醒,仔细辨别,声音来自放保险柜的地方。他壮了壮胆,悄悄摸过去。借着窗外微弱的星光,他发现保险柜前面倚着一个人。布朗顿时喜出望外。原来,布朗在保险柜上放了一瓶饮料,里面注射了含碱的干燥剂,这种化学制剂一旦进入人体,会在短时间内引起剧烈腹痛和四肢麻木。在高温天气,盗贼终于抵挡不住水的诱惑而上当了。

布朗以威胁的口吻说:"你喝的是剧毒药品,只有我才有解药,想活命就必须听我的,现在把电筒举起来,照自己的脸!"没想到黑影却毫无畏惧地反讥:"布朗,别太得意,如果天亮前我没出去,明天你的店铺就会毁于一场大火!"令布朗震惊的是,黑暗中的声音很熟悉。

现在这时,听到声音的莫妮卡摸到了布朗身边,布朗叫道:"莫妮卡,快去找警察!"那个黑影怪笑着说:"莫妮卡,他根本没资格支使你,他养了一个情妇,就在你家对面的楼里。你还是想想保全孩子和你自己吧！"

布朗听了不禁恼羞成怒，莫妮卡却出人意料地大声问道："你到底给他喝了什么，怎样才能救他？"布朗惊诧地回头："救他？你疯了！"

莫妮卡在黑暗里一字一句地对布朗说："我一年前就知道你和那个女模特的事了，我认为你只是一时糊涂。可是这几天，我却对你失望透顶，看着你想尽办法去保护那些快要变质的奶酪和黄油，我就觉得你可笑、可怜又可憎。现在，你居然想要用毒药毒死人！一个人的生命不能由你随意处置，如果你还有一点人性，就赶快救人！"

莫妮卡的话就像一把利剑刺向布朗。天哪，这个女人一年前就知道自己有了外遇，却不动声色？布朗冷汗直冒，口气立即软了下来，说："我给他喝的是毒碱，解药在我的抽屉里，但是他必须喝水，加快排泄。"

去医院已经来不及了，莫妮卡果断地对黑影说："先生，请将电筒递过来！"黑影没有了刚才的强硬："很抱歉，打开保险柜后，我第一个毁掉的就是电筒。"

黑影因为痛苦，一声声地呻吟起来。布朗的儿子杰克被吵醒了，莫妮卡柔声解释说，有人生病了，需要光明才能就治。杰克起来安慰妈妈："别着急，我有办法！"

杰克摸出一个盒子，然后塞给莫妮卡半根红蜡烛和一盒火柴，说："妈妈，这是去年圣诞节过后我放到这里的。"

莫妮卡激动地拥抱了一下儿子，就在这时，黑影突然挣扎着："请将你的丝袜借我用一下，可以吗？"莫妮卡爽快地把丝袜递给了黑影。

点亮蜡烛，在摇曳的烛光中，莫妮卡看到一个非常熟悉的身形，但一时无法判断他是谁。她将解药给黑影吃下，并拿来饮用水，开始帮他灌肠。黑影喝下水后，腹中立即翻江倒海。由于他手脚已经麻木，不能自如地解手，莫妮卡便让儿子不厌其烦地护理他，并轻声安慰。

黑影看来舒服多了，语气越来越温和，言谈中对莫妮卡充满了感激。布朗再一次紧张起来，不知道黑影和妻子接下来会如何对待他。他靠近妻子，试图请求她的原谅。刚才还在对话的莫妮卡和黑影忽然像雕塑一样沉默了，布朗在他们的沉默里勇气减退，准备转身离去。这时，黑影突然开口了："布朗，玩个游戏如何，我们说出做坏事的动机，如果能得到莫妮卡的原谅，我们就放弃彼此的仇恨！"

布朗和莫妮卡错愕地盯着黑影，黑影说："我父亲是被黑帮打死的，当警察对此毫无作为时，我对这个社会彻底绝望了。于是我试图用自己的方式整治那些虚伪而冷心肠的人。我痛恨你们这些商人，情愿让食品腐烂也不分送给居民。今晚，所有皇后区关门歇业的商店都将遭到我和同伙的洗劫。可是我没想到，莫妮卡会救我这个坏人！我刚才一直在想，原来面对仇恨还有另一种方式，像莫妮卡，用宽容和忍耐的心对待一个背叛她的男人，用慈悲的心来对待我这样一个盗贼，就像这半根蜡烛，燃烧了自己，却照亮了别人黑暗的世界。"

黑影说完后不再做声，大家都沉默了，在橘色的烛光中，一切紧张的气氛都消失了。布朗也忍不住讲出了自己压抑多年的心声："我一直都很仇视自己的人生，父母把我生在低人一等的49街。九年前我娶了美丽善良的莫妮卡，但我怀疑来自墨西哥的她只是为了绿卡和钱才嫁给我。我认为自己活在一个虚伪而凑合的婚姻里，想寻找一种方式来补偿自己；于是去包养情人。可是，我不知道莫妮卡这么隐忍，难道我真的错了吗？"

听完布朗的话，莫妮卡以她一贯轻柔的声音说："布朗，请相信我，当初嫁给你唯一的原因就是我爱你，而不是什么绿卡！如果是为了绿卡，我可以傍上更有钱的人。发现你有外遇后，我曾经想离开你，但我想给你机会，因为我们拥有共同的孩子！至于您，先生，我非常感谢您对我的信任，天亮以后，您就会安然无恙的。我们都往好的方面去想好吗？"

就这样，完全敌对的三个人，在这半根蜡烛的照耀下，渐渐消除了彼此的敌意，将心里的话和盘托出。当第一缕阳光透过玻璃窗射进来时，桌上的蜡烛终于化成一缕青烟熄灭了，黑影扯下罩在头上的丝袜，布朗夫妇惊奇地发现，他竟是49街有名的"好人汤姆"。

（选自《青春男女生：妙语》，长江出版集团，2009年）

导 读

如果我们用愤怒来面对谎言，那谎言就永远是谎言。如果我们转换思维，用包容与智慧来面对谎言，那谎言就有可能变成可爱的模样。

一堂特殊的课

[美] 弗兰克·麦克柯特

我在纽约的拉尔夫·麦克基职业学校负责教授写作课程。一天，我收到了学生麦基的母亲写来的假条，解释了麦基前天没来上课的原因：

> 亲爱的麦克柯特先生，麦基80岁的奶奶，因为喝了太多的咖啡，不小心从楼梯上摔了下来，而我又要到渡口总站上班，不得已，只好让麦基呆在家里，以便照顾奶奶和他年幼的妹妹。请原谅麦基的缺席，今后他一定更加努力学习。附言：他的奶奶已经没有事了。

我微微一笑，收下了，什么也没有说。其实，我是看着麦基偷偷写这张所谓的"母亲的请假条"的，当时，他还用左手挡着，生怕别人看见。在教书的这3年里，我所收到的大多数"家长写来的请假条"，其实都出自学生之手。我猜，从他们学会写作的那一天起，就开始模仿父母写"请假条"，如果我一个一个地进行调查，那我一整天都得忙这事了。

我把麦基的"假条"丢进抽屉里，里面已经有厚厚一沓的类似作品。这时，一个奇怪的念头冒了出来：为什么不以此为上课的内容呢？我可以把这些"假条"读出来，让学生们评价评价。

如果是平时，无论让他们写什么题目的作文，他们总是叫苦连天，生搬硬凑才能凑齐那区区200字。但是如果让他们写张请假条，这些"假条"甚至可以编成一部《全美借口文选》。这些从他们头脑里蹦出的千奇百怪的想法，大多数是我从来没有见过的。下面这些就是美国高中生充满想象力的作品：

> 炉子着火了，沿着墙纸烧了起来，消防队员把我们拦在屋外，我们家整整一个晚上不能进去。

> 阿诺德下火车的时候，车门把他的书包夹住了，虽然他不断朝列车长叫喊，列车长

却无动于衷，还口出恶言，就这样，他只能眼睁睁地看着列车开走了。

姐姐的小狗把他的作业本给咬了个粉碎。

我们被房东赶了出来，当我的儿子拼命地朝房东嚷嚷"把作业本还给我"时，房东竟然恶狠狠地警告我们，要叫警察把我们都抓起来。

由此可见，孩子们在编造借口的时候，忽略了一个重要的事实，真正的请假条通常是最枯燥的，大部分就是这样："彼得之所以迟到，是因为闹钟没有响。"

我决定在课堂上让他们学习编写请假条。

课堂上，我把打印出来的"假条"分发给孩子们。他们专心致志地读了起来，这个教室静悄悄的。突然，有人举手，"麦克柯特老师，这些是谁写的？"一个男孩问。

"你们啊！"我说，"我只是把名字去掉了而已。这些假条原本应该是由家长写的，可事实却不是这样。不过，我倒是知道这些大作家的真正身份哦，对吧，麦基？"

"那我们现在该做些什么呢？""这节课我们来学习写假条，编造请假的理由，记住，这是第一堂课，你们需要学习怎么写假条。怎么样，感到很幸运吧？你们竟然有一个像我这样开明的老师，把练习写假条作为一门有用的课程。"

每个孩子都笑了起来，而我则继续我的话题："你们可不能满足于那种闹钟失灵之类的故事，那已经过时了，你们要充分发挥自己的想象力。总有一天，你们的孩子也会缺课或干些恶作剧，这时，你们总要为他们写张假条，给老师一个像样点的理由。现在我们就来预演一下，假设你有一个15岁的孩子，这次英语考试考砸了，你要为他想个借口。好的，开始吧！"

就这样，学生们开始了他们的"借口狂想曲"，编造各式各样的借口，从"卡车撞进了房子"到"在学校吃了变质的食物"等，每个孩子都跃跃欲试，气氛一下子活跃了，他们大声喊着："还有，还有，我又想到了一个！"

为了控制局面，我只能说："我要你们拿起笔，写下来——"我顿了顿，"题目是《亚当给上帝的借口》和《夏娃给上帝的借口》。"孩子们纷纷低下头，用笔在纸上哗哗哗地写起来。

不久，下课铃响起，却没有一个人冲出教室。这是我第一次看到他们这么专心于写作文，要是平时，他们早就迫不及待地冲到食堂里和朋友吃午饭了。"哟，好了，莱尼，你们可以明天再交。"

校长突然来访证明了一点。

第二天，所有人都准时交上作业。孩子们的借口不仅仅是为亚当和夏娃写的，有的还是为上帝和撒旦。之后，孩子们开始热烈讨论起亚当和夏娃的罪恶。没有人会责备上帝，虽然有人会有这个想法。"他应该对他们更宽容，毕竟，亚当和夏娃是人类的始祖。"一个孩子说道。

我开始问他们，历史上有谁曾经制造出漂亮的借口。我在黑板上写下了些提示：希特勒的女朋友爱娃·布劳恩、朱丽叶斯和埃塞尔·罗森伯格（他们犯了叛国罪）、犹大（出卖耶稣的叛徒）、匈奴帝国国王阿提拉（最成功入侵罗马帝国的野蛮入侵者）、李·哈维·奥斯瓦尔德（刺杀了肯尼迪总统）。

"嘿，麦克柯特老师，你会把老师们的名字也写上去吗？"一个学生大声说。

这时我突然听见有人悄悄说："老师，校长在门口。"

校长和学校理事们走进教室时，我的心脏差点蹦了出来——没有人通知我校长会来视察。他们一直走到孩子们的身边，看着那些试卷，一位理事拿起来一页一页地翻，还递给校长看。

理事皱起了眉头，校长噘起嘴唇。在把他们送出教室时，校长低声对我说，理事明天要见我。

"我的天啊，我完蛋了！"我心里想，他们一定是要找我算账的。我走进校长办公室，他端正地坐在座位上，"请进！"一位理事礼貌地对我说，"我只是想和您谈谈那堂课，你究竟做了什么？他们表现得实在是棒极了，学生们的写作水平可以和大学生们媲美了。"

他转身对校长说："孩子们为犹大辩护，这实在是一个极其高明的点子。我真想和你握握手。"那位理事转向我，"你的教学档案里将会有一份表扬信，以证明你那极富激情和充满想象力的教学能力。谢谢你。"

天啊！这是从一个地位无比重要的人的嘴里说的最高评价。我激动极了，走在学校的走廊时，我心里想，我是不是该舞一曲，或者是飞起来？在第二天的课堂上，我竟然高兴地唱起歌来。

孩子们都笑了，他们说，"嘿，老师，学校本来就该这样，而不是充满各种各样的借口。"

（选自《海外星云》2006年第10期）

拓展与演练

1. 请同学们认真思考：在日常生活中，善待他人可以从哪些方面做起？尽可能多地列举出来。

2. 请同学们选取一篇文章写一篇读后感，谈谈你对善待他人、宽容待人的看法。

3. 请同学们认真思考，想一想你在生活中曾经遇到的被他人善待的事，撰写一篇小文章，谈谈这件事对你产生了哪些影响。

第五部分
天下兴亡，匹夫有责

写在前面的话

在校园，偶尔会看到一些景象：地上有散落的垃圾，多人路过，却无人躬身去捡拾。路过的学生说："这是扫地工人的事。我是来读书的，不是扫地的。"没关的水龙头，哗哗地流了满池子水，少有人伸手关掉。他们会说："反正是国家的水，不是我自己的！""那不是我的事"——这是什么观念？这种"事不关己，高高挂起"的想法是错误的。顾炎武曾说："天下兴亡，匹夫有责。"天下如此，校园的整洁不也该"匹夫有责"吗？试想，偌大的校园，你爱惜，我爱惜，它会脏吗？如果发现哪儿脏了，人人都去弄干净，它会不整洁吗？

唯有树立"天下兴亡，我亦有责"的观念，国家才有希望，民族才有希望。

（洪弋力）

导 读

社会是由人集合而成的。社会活动是人的活动。做任何事情都要有规矩，懂规矩，守规矩。

孟子·离娄上

孟子曰：离娄[1]之明，公输子之巧，不以规矩[2]，不能成方圆；师旷[3]之聪，不以六律，不能正五音[4]；尧舜之道，不以仁政，不能平治天下。今有仁心仁闻[5]，而民不被其泽，不可法于后世者，不行先王之道也。故曰：徒善不足以为政，徒法不能以自行。诗云："不愆不忘[6]，率[7]由旧章。"遵先王之法而过者，未之有也。圣人既竭目力焉，继之以规矩准绳[8]，以为方员平直，不可胜用也；既竭耳力焉，继之以六律，正五音，不可胜用也；既竭心思焉，继之以不忍人之政，而仁覆天下矣。故曰：为高必因丘陵，为下必因川泽。为政不因先王之道，可谓智乎？是以惟仁者宜在高位。不仁而在高位，是播其恶于众也。上无道揆[9]也，下无法守也，朝不信道，工不信度，君子犯义，小人犯刑，国之所存者，幸也。故曰：城郭不完[10]，兵甲不多，非国之灾也；田野不辟，货财不聚，非国之害也；上无礼，下无学，贼民兴，丧无日矣。诗云："天之方蹶[11]，无然泄泄[12]。"泄泄，犹沓沓也。事君无义，进退无礼，言则非先王之道者，犹沓沓也。故曰：责难于君谓之恭，陈善闭[13]

邪谓之敬，吾君不能谓之贼。

【注释】

(1) 离娄：相传是黄帝时目力极强的人。公输子：名班（亦作"般"），鲁国人，故亦称为鲁班，是春秋末年的著名巧匠。

(2) 规矩：规，圆规，是画圆的工具。矩，曲尺，是画方的工具。

(3) 师旷：春秋晋平公（前557—前532年在位）时的著名乐师，生而目盲，善辨音乐。

(4) 六律：我国以律管确定乐音的标准音高，一套完整的律管共十二个，单数的六个管称"阳律"，简称"律"；双数的六个管称"阴吕"，简称"吕"。此处的"六律"是概称定音律管。五音：古代以宫、商、角、徵、羽为音阶。

(5) 闻（wèn）：声誉。

(6) 愆（qiān）：过错。忘：疏漏。

(7) 率：遵循。

(8) 准绳：准是测量水平的仪器，绳是规范直线的工具。

(9) 揆（kuí）：尺度，准则。

(10) 完：坚牢。

(11) 蹶（guì）：动。

(12) 泄泄（yì）：多语的样子。

(13) 闲：通"辟"，意为排斥、抵制。

导 读

"天下兴亡，匹夫有责"，作为学生，也应关注祖国的命运，以为国效力为己任。

正始（节选）

顾炎武

有亡国，有亡天下。亡国与亡天下奚辨，曰：易姓改号谓之亡国，仁义充塞，而至于率兽食人，人将相食，谓之亡天下。魏晋人之清谈何以亡天下？是孟子所谓杨墨之言至於使天下无父无君而入禽兽者也。昔者嵇绍之父康(1)被杀於晋文王，至武帝革命之时，而山涛(2)荐之入仕，绍时屏居私门，欲辞不就。涛谓之曰："为君思之久矣。天地四时犹有消息，而况於人乎？"一时传诵，以为名言，而不知其败义伤教，至于率天下而无父者也。夫绍之于晋，非其君也，忘其父而事其非君。当其未死，三十余年之间，为无父之人亦已久矣，而荡阴之死，何足以赎其罪乎？且其入仕之初，当知必有乘舆败绩之事而可树其忠名以盖于晚也？

自正始(3)以来，而大义之不明遍于天下。如山涛者既为邪说之魁，遂使嵇绍之贤且犯天下之不韪而不顾。夫邪正之说，不容两立，使谓绍为忠，则必谓王裒(4)为不忠而后可也。

何怪其相率臣于刘聪⁽⁵⁾、石勒⁽⁶⁾，观其故主⁽⁷⁾青衣行酒而不以动其心者乎？是故知保天下，然后知保其国。保国者，其君其臣肉食者谋之；保天下者，匹夫之贱与有责焉耳。

(摘自顾炎武《日知录》卷十三《正始》)

【注释】

(1) 嵇绍之父康：嵇绍的父亲嵇康。

(2) 山涛（205—283）：字巨源。河内郡怀县（今河南武陟西）人。三国至西晋时期名士、政治家，"竹林七贤"之一。山涛早年孤贫，喜好老庄学说，与嵇康、阮籍等交游。四十岁时，才任郡主簿。大将军司马师执政时，山涛被举为秀才，累迁尚书吏部郎。西晋建立后，升任大鸿胪。历任侍中、吏部尚书、太子少傅、左仆射等职。他每选用官吏，皆先秉承晋武帝意旨，且亲作评论，时人称之为"山公启事"。山涛前后选举百官都选贤用能。在武帝下诏罢除天下兵役时，认为不应该废除州郡武备，他的论点很精湛，众人都认为"不学孙、吴，而暗与之合"。后来天下混乱，州郡无力镇压，果如他所言。

(3) 正始（240—249）：是三国时期曹魏的君主魏齐王曹芳的第一个年号，共计10年。这也是曹魏政权的第五个年号。

(4) 王裒（bāo）（？—311）：字伟元，城阳营陵（今山东昌乐）人。东汉大司农郎中令王脩之孙，司马王仪之子。西晋学者，因父为司马昭所杀，不臣西晋，三征七辟皆不就，隐居教授，善书。因王裒至孝，其去世后，为纪念王裒及其母，后人将其墓地以北的一座山丘命名为"慈母山"，将流经山下的河流称为"孝水河"，将其陵墓所在之地称为"慈埠"，既今山东省安丘市慈埠镇。其母之墓居左，墓前有石碑一座，王裒之墓居右，两座墓上均植有苍松，四季常青。

(5) 刘聪（？—318）：一名刘载，字玄明，匈奴族，新兴（今山西忻州）人，汉赵（前赵）光文帝刘渊第四子，母张夫人，十六国时期汉赵君主，310年—318年在位。刘聪骁勇超人，博览经史典籍，善于写文章，在位期间，先后派兵攻破洛阳和长安，俘虏并杀害晋怀帝及晋愍帝，覆灭西晋政权并拓展大片疆土。政治上创建了一套胡、汉分治的政治体制。但同时大行杀戮，又宠信宦官和靳准等人，甚至在在位晚期疏于朝政，只顾纵情声色。麟嘉三年（318年），刘聪去世，谥为昭武皇帝，庙号烈宗。

(6) 石勒（274—333）：字世龙，初名匐，小字匋勒，羯族，上党武乡（今山西榆社）人。部落小帅石周曷朱之子，十六国时期后赵建立者，史称后赵明帝。也是中国历史上的唯一一个奴隶皇帝。石勒发轫于第一次反东海王起义时，追随牧帅汲桑投靠公师籓。石勒这个姓名是汲桑替他取的。后投靠汉赵（前赵）刘渊。石勒在汉人张宾辅助之下以襄国为根据地，先后灭了王浚、邵续与段匹磾等西晋在北方的势力，又吞并曹嶷。前赵平阳政变后正式与刘曜决裂，319年十一月称赵王，都襄国。329年吞并关中、取上邽、灭前赵。北征代国，令后赵成为当时北方最强的国家。石勒实行多项措施，推动了文教和经济的发展。

(7) 故主：晋怀帝。

导 读

梁启超从最苦和最乐两方面来谈人生的责任,告诫我们:人生在世,必须要对家庭、社会、国家以及自己尽到应尽的责任,这样才能得到真正的快乐。

最苦与最乐

梁启超

人生什么事最苦呢?贫吗?不是。失意吗?不是。老吗?死吗?都不是。我说人生最苦的事,莫苦于身上背着一种未了的责任。人若能知足,虽贫不苦;若能安分(不多作分外希望),虽然失意不苦;老、死乃人生难免的事,达观的人看得很平常,也不算什么苦。独是凡人生在世间一天,便有一天应该的事。该做的事没有做完,便像是有几千斤重担子压在肩头,再苦是没有的了。为什么呢?因为受那良心责备不过,要逃躲也没处逃躲呀!

答应人办一件事没有办,欠了人的钱没有还,受了人的恩惠没有报答,得罪了人没有赔礼,这就连这个人的面也几乎不敢见他;纵然不见他的面,睡里梦里,都像有他的影子来缠着我。为什么呢?因为觉得对不住他呀!因为自己对他的责任,还没有解除呀!不独是对于一个人如此,就是对于家庭、对于社会、对于国家,乃至对于自己,都是如此。凡属我受过他好处的人,我对于他便有了责任。凡属我应该做的事,而且力量能够做得到的,我对于这件事便有了责任。凡属我自己打主意要做一件事,便是现在的自己和将来的自己立了一种契约,便是自己对于自己加一层责任。有了这责任,那良心便时时刻刻监督在后头,一日应尽的责任没有尽,到夜里头便是过的苦痛日子;一生应尽的责任没有尽,便死也带着苦痛往坟墓里去。这种苦痛却比不得普通的贫困老死,可以达观排解得来。所以我说人生没有苦痛便罢,若有苦痛,当然没有比这个加重的了。

翻过来看,什么事最快乐呢?自然责任完了,算是人生第一件乐事。古语说得好,"如释重负";俗语亦说得是,"心上一块石头落了地"。人到这个时候,那种轻松愉快,直是不可以言语形容。责任越重大,负责的日子越久长,到责任完了时,海阔天空,心安理得,那快乐还要加几倍哩!大抵天下事从苦中得来的乐才算真乐。人生须知道有负责任的苦处,才能知道有尽责任的乐处。这种苦乐循环,便是这有活力的人间一种趣味。却是不尽责任,受良心责备,这些苦都是自己找来的。一翻过来,处处尽责任,便处处快乐;时时尽责任,便时时快乐。快乐之权,操之在己。孔子所以说"无入而不自得",正是这种作用。

然则为什么孟子又说"君子有终身之忧"呢?因为越是圣贤豪杰,他负的责任越是重大;而且他常要把这种种责任来揽在身上,肩头的担子从没有放下的时节。曾子还说哩:"任重而道远","死而后已,不亦远乎?"那仁人志士的忧民忧国,那诸圣诸佛的悲天悯人,虽说他是一辈子感受苦痛,也都可以。但是他日日在那里尽责任,便日日在那里得苦中真乐,所以他到底还是乐,不是苦呀!

有人说:"既然这苦是从负责任而生的,我若是将责任卸却,岂不是就永远没有苦了吗?"这却不然,责任是要解除了才没有,并不是卸了就没有。人生若能永远像两三岁小孩,本来没有责任,那就本来没有苦。到了长成,责任自然压在你的肩头上,如何能躲?不过有大小的分别罢了。尽得大的责任，就得大快乐；尽得小的责任，就得小快乐。你若是要躲，倒是自投苦海，永远不能解除了。

一九二二年八月十二日

（选自《梁启超全集》）

导 读

《马卡尔·丘德拉的故事》最初发表在1892年9月12日至24日的《高加索报》，以深邃的哲理、形象的语言阐释了"责任与梦想"的关系。

马卡尔·丘德拉的故事（节选）

高尔基

从大海上吹过来一股潮湿的寒冷的风，把冲撞着海岸的波涛的拍击声和沿岸灌木丛的簌簌的响声混合而成的沉思般的旋律，散布在草原上。有时一阵阵的劲风，卷来了一些枯黄的落叶，并把它们投进篝火。火焰扇旺了，包围着我们的秋夜的黑暗在颤抖着，并且像害怕似的向后退缩着。而在我们左边展开来的——是一望无际的草原，在右边——则是无边无际的大海和正对着我坐的老茨冈人马卡尔·丘德拉的身影——他在看守着距离我们有50步光景远的他那群流浪者的营地的马匹。

他全没有注意到那寒风无情地吹打着他，吹开了他的高加索的上衣，露出了他毛茸茸的胸脯。他用一种优美的强健的姿势在斜躺着。他的面孔正对着我，悠闲地吸着他那支大烟斗，从嘴里和鼻孔里吐出浓密的烟圈，他那双眼睛一动也不动地，穿过我的头顶直凝视着草原的死寂的黑暗中的某个方向。他同我说着话，既没有片刻的停息，也没有做任何一个动作，更没有防御锐利寒风的侵袭。

"那么你就这样到我们这儿来了吗？这很好！雄鹰啊，你为自己选择了一个很好的命运。就应该是这样：到处走走，见见世面，等到看够了的时候，就躺下来死掉——就这么一回事！"

"生活呢？其他的人呢？"当他带着怀疑的神情听完了我对于他的"就应该是这样"一句话的反驳时，他继续讲道，"哎嗨！这和你有什么关系？难道你自己本身——这不就是生活吗？其他的人嘛，他们没有你也正在生活着，他们没有你还会继续生活下去。难道你以为有人需要你吗？你既不是面包，又不是手杖，什么人都不需要你。

"你说，去学习和去教人？而你能够学会能使人幸福的方法吗？不，你不能。你首先得等到头发白了，那时候你再说应该去教别人。你教什么呢？每一个人都知道他所要的是什么。那些聪明点的人，有什么就拿什么；那些蠢点的人呢——他们什么都没有拿到。而每个人自己都会学习的。

"你们的那些人啊，他们真是可笑。他们挤成一堆，并且还互相挤压着，而世界上有着这么多的土地。"他用手指着那广阔的草原，"他们老是在工作，为了什么？为了谁？谁也不知道。你看见一个人在耕地，你就会想着：这个人把他的精力随着一滴滴汗水都消耗在田地上，后来就躺进地里去，在那儿腐烂掉。什么东西也没有在上面留下来，他从他自己的田地里什么东西也没有看到就死掉了。这和他生下来的时候一样——真是一个傻瓜。

"那么,他生下来难道就是为了去挖田地,甚至连为自己准备的坟墓都来不及掘好就这样死掉了吗?他知道自由吗?他晓得草原的广阔吗?大海的浪涛所倾诉的话语使他的心愉快过吗?他是一个奴隶,生下来就是奴隶,他一辈子都是奴隶,仅此而已!他能把自己变成怎样的一个人呢?即使他稍为聪明一点,也不过是把自己吊死而已。而我呢,你瞧,58年来我看见过多少事情,假如要把这一切都写在纸上,那么就是一千个像你那样的旅行袋也装不下。哎,你说吧,什么地方我没有去过?你说不出来的。其实你也不知道我所到过的那些地方。应该这样生活:走啊,走啊——总是在走。不要久呆在一个地方——那有什么意思?你瞧,白天和黑夜怎样围绕着地球奔跑着,彼此追逐着。那么你也应该逃避开关于生活的思虑,为了不会讨厌它。如果你愈想着生活——你就会愈加讨厌生活,事实常是这样的。我也有过这样的情形。哎嗨!有过的,雄鹰啊。"

(选自《高尔基短篇小说选》,湖南文艺出版社,2001年版)

导 读

《不死鸟》记录了三毛对于生命的领悟,让我们感受到了三毛的责任与敏感。同时,也展现了荷西去世后,三毛渐渐走出人生低谷,再次坚强面对生命的心路历程。

不死鸟

三毛

一年多前,有份刊物嘱我写稿,题目已经指定了出来:
"如果你只有三个月的寿命,你将会去做些什么事?"
我想了很久,一直没有去答这份考卷。
荷西听说了这件事情,也曾好奇地问过我——"你会去做些什么呢?"
当时,我正在厨房揉面,我举起了沾满白粉的手,轻轻地摸了摸他的头发,慢慢地说:"傻子,我不会死的,因为还得给你做饺子呢!"
讲完这句话,荷西的眼睛突然朦胧起来,他的手臂从我身后绕上来抱着我,直到饺子上桌了才放开。
"你神经啦?"我笑问他,他眼睛又突然一红,也笑了笑,这才一声不响地在我的对面坐下来。
以后我又想到过这份欠稿,我的答案仍是那么的简单而固执:"我要守住我的家,护住我丈夫,一个有责任的人,是没有死亡的权利的。"
虽然预知死期是我喜欢的一种生命结束的方式,可是我仍然拒绝死亡。在这世上有三个与我个人死亡牢牢相连的生命,那便是父亲、母亲,还有荷西,如果他们其中的任何一个在世上还活着一日,我便不可以死,连神也不能将我拿去,因为我不肯,而神也明白。
前一阵在深夜里与父母谈话,我突然说:"如果选择了自己结束生命的这条路,你们也要想得明白,因为在我,那将是一个更幸福的归宿。"
母亲听了这话,眼泪迸了出来,她不敢说一句刺激我的话,只是一遍又一遍喃喃地说:"你再试试,再试试活下去,不是不给你选择,可是请求你再试一次。"

父亲便不同了，他坐在黯淡的灯光下，语气几乎已经失去了控制，他说："你讲这样无情的话，便是叫爸爸生活在地狱里，因为你今天既然已经说了出来，使我，这个做父亲的人，日日要活在恐惧里，不晓得哪一天，我会突然失去我的女儿。如果你敢做出这样毁灭自己的生命的事情，那么你便是我的仇人，我不但今生要与你为仇，我世世代代都要与你为仇，因为是——你，杀死了我最最心爱的女儿——"

这时，我的泪水瀑布也似的流了出来，我坐在床上，不能回答父亲一个字，房间里一片死寂，然后父亲站了起来慢慢地走出去。母亲的脸，在我的泪光中看过去，好似静静地在抽筋。

苍天在上，我必是疯狂了才会对父母说出那样的话来。

我又一次明白了，我的生命在爱我的人心中是那么的重要，我的念头，使得经过了那么多沧桑和人生的父母几乎崩溃。在女儿的面前，他们是不肯设防地让我一次又一次的刺伤，而我，好似只有在丈夫的面前才会那个样子。

许多个夜晚，许多次午夜梦回的时候，我躲在黑暗里，思念荷西几成疯狂，相思，像虫一样地慢慢啃着我的身体，直到我成为一个空空茫茫的大洞。夜是那样的长，那么的黑，窗外的雨，是我心里的泪，永远没有滴完的一天。

我总是在想荷西，总是又在心头里自言自语："感谢上天，今日活着的是我，痛着的也是我，如果叫荷西来忍受这一分钟又一分钟的长夜，那我是万万不肯的。幸好这些都没有轮到他，要是他像我这样地活下去，那么我拼了命也要跟上帝争了回来换他。"

失去荷西我尚且如此，如果今天是我先走了一步，那么我的父亲、母亲及荷西又会是什么情况？我从来没有怀疑过他们对我的爱，让我的父母在辛劳了半生之后，付出了他们全部之后，再叫他们失去爱女，那么他们的慰藉和幸福也将完全丧失了，这样尖锐的打击不可以由他们来承受，那是太残酷也太不公平了。

要荷西半途折翼，强迫他失去相依为命的爱妻，即使他日后活了下去，在他的心灵上会有怎么样的伤痕，会有什么样的烙印？如果因为我的消失而使得荷西的余生再也没有一丝笑容，那么我便更是不能死。

这些，又一些，因为我的死亡将带给我父母及丈夫的大痛苦，大劫难，每想起来，便是不忍，不忍，不忍又不忍。

毕竟，先走的是比较幸福的，留下来的，也并不是强者，可是，在这彻心的苦，切肤的疼痛里，我仍是要说——"为了爱的缘故，这永别的苦杯，还是让我来喝下吧！"

我愿意在父亲、母亲、丈夫的生命圆环里做最后离世的一个，如果我先去了，而将这份我已尝过的苦杯留给世上的父母，那么我是死不瞑目的，因为我明白了爱，而我的爱有多深，我的牵挂和不舍便有多长。

所以，我是没有选择地做了暂时的不死鸟，虽然我的翅膀断了，我的羽毛脱了，我已没有另一半可以比翼，可是那颗碎成片片的心，仍是父母的珍宝，再痛，再伤，只有他们不肯我死去，我便也不再有放弃他们的念头。

总有那么一天，在超越我们时空的地方，会有六张手臂，温柔平和地将我迎入永恒，那时候，我会又哭又笑地喊着他们——爸爸、妈妈、荷西，然后没有回顾地狂奔过去。

这份文字原来是为另一个题目而写的，可是我拒绝了只有三个月寿命的假想，生的艰难，心的空虚，死别时的碎心又碎心，都由我一个人来承当吧！

父亲、母亲、荷西，我爱你们胜于自己的生命，请求上苍看见我的诚心，给我在世上的时日长久，护住我父母的幸福和年岁，那么我，在这份责任之下，便不再轻言消失和死亡了。

荷西，你答应过的，你要在那边等我，有你这一句承诺，我便还有一个盼望了。

(选自《梦里花落知多少》，北京十月文艺出版社，2011年版)

拓展与演练

1. "国家兴亡，匹夫有责"，捍卫国家利益，你我有责。请谈谈我们中华儿女应承担起何种对国家和社会的责任？

2. 以"无规矩，不成方圆"和"无规矩，也能成方圆"为题开展小组辩论。

第六部分
投之以桃，报之以李

写在前面的话

"滴水之恩，涌泉相报；衔环结草，以报恩德。"

伴着第一声啼哭，我们来到了这个美丽的世界。从磕磕碰碰到健步如飞，从懵懂无知到成熟懂事，在这个过程中，我们不断接受着别人的关心与帮助。我们应饮水思源不忘本，常怀感恩之心，常行感恩之事。

"谁言寸草心，报得三春晖。"感恩父母，赋予我们生命，哺育我们成长，给予我们无私的关怀和爱护。

"一日为师，终身为父。"感恩老师如沐春风的教导，用爱心启迪智慧，为我们指明人生的方向。

"世有伯乐，然后有千里马。"感谢领导、前辈的知遇之恩，正是他们的赏识和重用，我们才能施展抱负、大展宏图。

"赠人玫瑰，手留余香。"感恩路人真诚的微笑，感谢陌生人萍水相逢却热心的帮助，感谢社会为我们创造条件、提供便利。

"天下兴亡，匹夫有责。"感恩祖国，强大的祖国是我们昂首挺胸的脊梁，没有祖国的繁荣昌盛，就不会有和平安宁的幸福生活。

感恩是一种传统美德，一种人格品质，一种人生态度，一种道德修养，一种知恩图报的情愫。一个懂得感恩的人，内心是真诚的，品质是善良的，道德是高尚的。感恩的世界是一个五彩缤纷的世界，感恩激发我们的爱与责任，感恩丰盈我们的内心，感恩让家庭洋溢温馨，感恩使社会充满温暖，感恩让世界变得美好。

(何谯)

导 读

《蓼莪》悼念父母恩德，抒发失去父母的孤苦和未能终养父母的遗憾，沉痛悲怆，凄恻动人，被清人方玉润称为"千古孝思绝作"。

诗经·小雅·蓼莪

蓼蓼者莪，匪莪伊蒿⁽¹⁾。哀哀父母，生我劬劳⁽²⁾。

蓼蓼者莪，匪莪伊蔚(3)。哀哀父母，生我劳瘁(4)。

瓶之罄矣，维罍之耻(5)。鲜民之生(6)，不如死之久矣。无父何怙(7)？无母何恃？出则衔恤(8)，入则靡至。

父兮生我，母兮鞠我(9)。拊我畜我(10)，长我育我，顾我复我，出入腹我(11)。欲报之德，昊天罔极(12)！

南山烈烈，飘风发发(13)。民莫不穀(14)，我独何害！

南山律律，飘风弗弗(15)。民莫不穀，我独不卒(16)！

（选自《诗经》，万卷出版社，2014年版）

【注释】

(1) 蓼（lù）蓼：长又大的样子。莪（é）：一种草，即莪蒿。李时珍《本草纲目》："莪抱根丛生，俗谓之抱娘蒿。"匪：同"非"。伊：是。

(2) 劬（qú）劳：与下章"劳瘁"皆劳累之意。

(3) 蔚（wèi）：一种草，即牡蒿。

(4) 劳瘁：因辛劳过度而致身体衰弱。

(5) 瓶：汲水器具。罄（qìng）：尽。罍（léi）：盛水器具。

(6) 鲜（xiǎn）：指寡、孤。民：人。

(7) 怙（hù）：依靠。

(8) 衔恤：含忧。

(9) 鞠：养。

(10) 拊：通"抚"。畜：通"慉"，喜爱。

(11) 顾：顾念。复：返回，指不忍离去。腹：指怀抱。

(12) 昊（hào）天：广大的天。罔：无。极：准则。

(13) 烈烈：通"颲颲"，山风大的样子。飘风：同"飙风"。发发：读如"拨拨"，风声。

(14) 穀：同"谷"，善。

(15) 律律：同"烈烈"。弗弗：同"发发"。

(16) 卒：终，指养老送终。

导读

人生中我们会遇到无数位老师，那些谆谆教导、诲人不倦的良师，是否让你至今难以忘怀？品味这些平凡却真实的故事，相信每一个瞬间都会让我们感动，让我们沉思，让我们内心充满力量……

我的老师董秋芳先生

季羡林

难道人到了晚年就只剩下回忆了吗？我不甘心承认这个事实，但又不能不承认。我现在就是回忆多于前瞻，过去六七十年不大容易想到的师友，现在却频来入梦。

其中我想得最多的是董秋芳先生。

董先生是我在济南高中时的国文教员，笔名冬芬。在课堂上，他出作文题目很特别，往往只在黑板上大书"随便写来"四个字，意思自然是，我们愿意写什么，就写什么；愿意怎样写，就怎样写，丝毫不受约束，有绝对的写作自由。

我就利用这个自由写了一些自己愿意写的东西。我从小学经过初中到高中前半，写的都是文言文，现在一旦改变，并没有感到有什么不适应。原因是我看了大量的白话旧小说，对"五四"以来的新文学作品，鲁迅、胡适、周作人、郭沫若、郁达夫、茅盾、巴金等人的小说和散文几乎读遍了，自己动手写白话文，颇为得心应手，仿佛从来就写白话文似的。

在阅读的过程中，潜移默化，在无意识中形成了自己对写文章的一套看法。这套看法的最初根源似乎是来自旧文学，从《庄子》《孟子》《史记》，中间经过唐宋八大家，一直到明末的公安派和竟陵派，清代的桐城派，都给了我不同程度、不同方式的灵感。这些大家时代不同，风格迥异，但是却有不少共同之处。根据我的归纳，可以归为三点：第一，感情必须充沛真挚；第二，遣词造句必须简练、优美、生动；第三，整篇布局必须紧凑、浑成。三者缺一，就不是一篇好文章。文章的开头与结尾，更是至关重要。后来读了一些英国名家的散文，我也发现了同样的规律。我有时甚至想到，写文章应当像谱乐曲一样，有一个主旋律，辅之以一些小的旋律，前后照应，左右辅助，要在纷纭变化中有统一，在统一中有错综复杂，关键在于有节奏。总之，写文章必须惨淡经营。自古以来，确有一些文章如行云流水，仿佛是信手拈来，毫无斧凿痕迹。但是那是长期惨淡经营终入化境的结果，如果一开始就行云流水，必然走入魔道。

我这些想法形成于不知不觉之中，自己并没有清醒的意识。它也流露于不知不觉之中，自己也没有清醒的意识。有一次，在董先生的作文课堂上，我在"随便写来"的启迪下，写了一篇记述我回故乡的作文。感情真挚，自不待言。在谋篇布局方面却没有意识到有什么特殊之处。作文本发下来了，却使我大吃一惊，董先生在作文本每一页上面的空白处都写了一些批注，不少地方有这样的话："一处节奏""又一处节奏"，等等。我真是如拨云雾见青天："这真是我写的作文吗？"这真是我的作文，不容否认。"我为什么没有感到有什么节奏呢？"这也是事实，不容否认。我的苦心孤诣连自己都没有意识到的，却为董先生和盘托出。知己之感，油然而生。这决定了我一生的活动。从那以后，六十年来，我从事研究的是一些稀奇古怪的东西，与文章写作风马牛不相及。但是感情一受到剧烈的震动，所谓"心血来潮"，则立即拿起笔来，写点什么。至今已到垂暮之年，仍然是积习难除，锲而不舍。这同董先生的影响是绝对分不开的。我对董先生的知己之感，将伴我终生了。

高中毕业以后，到北京来念了四年大学，又回到母校济南高中教了一年国文，然后在欧洲呆了将近十一年，一九四六年才回到祖国。在这长达二十多年的时间内，我一直没有同董秋芳老师通过信，也完全不知道他的情况。五十年代初，在民盟的一次会议上，完全出乎我意料之外，我竟见到了董先生，看那样子，他已垂垂老矣。我激动得说不出话来，他也非常激动。但是我平生有一个弱点：不善于表露自己的感情。董先生看来也是如此。我们每个人心里都揣着一把火，表面上却颇淡漠，大有君子之交淡如水之概了。

我生平还有一个弱点，我曾多次提到过，这就是，我不喜欢拜访人。这两个弱点加在一起，就产生了致命的后果：我同我平生感激最深、敬意最大的老师的关系，看上去有点若即若离了。

不记得是什么时候了，董先生退休了，离开北京回到了老家绍兴。这时候大概正处在十年浩劫期间，我是泥菩萨过江，自身难保。自顾不暇，没有余裕来想到董先生了。

又过一些时候，听说董先生已经作古。乍听之下，心里震动得非常剧烈。一霎时，心中几十年的回忆、内疚、苦痛，蓦地抖动起来，我深自怨艾，痛悔不已。然而已经发生过的事情是无法挽回的，看来我只能抱恨终天了。

我虽然研究佛教，但是从来不相信什么生死轮回，再世转生。可是我现在真想相信一下。我自己屈指计算了一下，我这一辈子基本上是一个善人，坏事干过一点，但并不影响我的功德。下一生，我不敢，也不奢望转生为天老爷，但我定能托生为人，不至走入畜生道。董先生当然能转生为人，这不在话下。等我们两个隔世相遇的时候，我相信，我的两个弱点经过地狱的磨练已经克服得相当彻底，我一定能向他表露我的感情，一定常去拜访他，做一个程门立雪的好弟子。

然而，这一些都是可能的吗？这不是幻想又是什么呢？"他生未卜此生休"。我怅望青天，眼睛里溢满了泪水。

一九九〇年三月二十四日

（选自季羡林《忆往述怀》，陕西师范大学出版社，2008年版）

导 读

《赵氏孤儿》情节曲折、惊心动魄，人物形象鲜明、栩栩如生。这一故事歌颂了正义，鞭笞了邪恶，弘扬了中华民族的忠义精神。

赵氏孤儿

司马迁

晋景公之三年，大夫屠岸贾欲诛赵氏。初，赵盾在时，梦见叔带持要[1]而哭，甚悲；已而笑，拊手且歌[2]。盾卜之，兆绝而后好[3]。赵史援占之[4]，曰："此梦甚恶，非君之身，乃君之子，然亦君之咎。至孙，赵将世益衰。"屠岸贾者，始有宠于灵公，及至于景公而贾为司寇，将作难[5]，乃治灵公之贼以致赵盾，遍[6]告诸将曰："盾虽不知，犹为贼首。以臣弑君，子孙在朝，何以惩罪？请诛之。"韩厥曰："灵公遇贼，赵盾在外，吾先君以为无罪，故不诛。今诸君将诛其后，是非先君之意而今妄诛。妄诛谓之乱。臣有大事而君不闻，是无君也。"屠岸贾不听。韩厥告赵朔趣亡[7]。朔不肯，曰："子必不绝赵祀，朔死不恨。"韩厥许诺，称疾不出。贾不请而擅与诸将攻赵氏于下宫[8]，杀赵朔、赵同、赵括、赵婴齐，皆灭其族。

赵朔妻成公姊，有遗腹，走公宫匿。赵朔客曰公孙杵臼，杵臼谓朔友人程婴曰："胡不死？"程婴曰："朔之妇有遗腹，若幸而男，吾奉之；即女也，吾徐死耳。"

居无何，而朔妇免身[9]，生男。屠岸贾闻之，索于宫中。夫人置儿绔[10]中，祝曰：

"赵宗灭乎，若号(11)；即不灭，若无声。"及索，儿竟无声。已脱，程婴谓公孙杵臼曰："今一索不得，后必且复索之，奈何？"公孙杵臼曰："立孤与死孰难？"程婴曰："死易，立孤难耳。"公孙杵臼曰："赵氏先君遇子厚，子强为其难者，吾为其易者，请先死。"

二人乃谋取他人婴儿负之，衣以文葆(12)，匿山中。程婴出，谬谓诸将军曰："婴不肖，不能立赵孤。谁能与我千金，吾告赵氏孤处。"诸将皆喜，许之，发师随程婴攻公孙杵臼。杵臼谬曰："小人哉程婴！昔下宫之难不能死，与我谋匿赵氏孤儿，今又卖我。纵不能立，而忍卖之乎！"抱儿呼曰："天乎天乎！赵氏孤儿何罪？请活之，独杀杵臼可也。"诸将不许，遂杀杵臼与孤儿。诸将以为赵氏孤儿良已死(13)，皆喜。然赵氏真孤乃反在，程婴卒与俱匿山中。

居十五年，晋景公疾，卜之，大业之后不遂者为祟(14)。景公问韩厥，厥知赵孤在，乃曰："大业之后在晋绝祀者，其赵氏乎？夫自中衍者皆嬴姓也。中衍人面鸟噣(15)，降佐殷帝大戊，及周天子，皆有明德。下及幽厉无道，而叔带去周适晋，事先君文侯，至于成公，世有立功，未尝绝祀。今吾君独灭赵宗，国人哀之，故见龟策(16)。唯君图之。"景公问："赵尚有后子孙乎？"韩厥具以实告。于是景公乃与韩厥谋立赵孤儿，召而匿之宫中。诸将入问疾，景公因韩厥之觽以胁诸将而见赵孤。赵孤名曰武。诸将不得已，乃曰："昔下宫之难，屠岸贾为之，矫以君命，并命群臣。非然，孰敢作难！微君之疾，群臣固且请立赵后。今君有命，群臣之愿也。"于是召赵武、程婴罾拜诸将，遂反与程婴、赵武攻屠岸贾，灭其族。复与赵武田邑如故。

及赵武冠，为成人，程婴乃辞诸大夫，谓赵武曰："昔下宫之难，皆能死。我非不能死，我思立赵氏之后。今赵武既立，为成人，复故位，我将下报赵宣孟与公孙杵臼。"赵武啼泣顿首固请，曰："武愿苦筋骨以报子至死，而子忍去我死乎！"程婴曰："不可。彼以我为能成事，故先我死；今我不报，是以我事为不成。"遂自杀。赵武服齐衰(17)三年，为之祭邑，春秋祠之，世世勿绝。

(选自司马迁《史记·赵世家》)

【注释】

(1) 要：同"腰"。

(2) 拊（fǔ）：拍。

(3) 兆：古人占卜，先在龟甲或兽骨上钻孔，然后烧灼出裂纹以判断吉凶。这种裂纹称为兆。

(4) 史援：史官名援。

(5) 作难：发难，起事。

(6) 罾（biàn）：同"遍"。

(7) 趣：急促，赶快。同"促"。

(8) 下宫：祖庙，后宫。

(9) 免身：分娩。

(10) 绔：同"袴"，裤子。

(11) 号：指大声哭。

(12) 文葆：绣花的襁褓。文，同"纹"；葆，同"褓"。

（13）良：确实。

（14）大业：赵氏的先祖，大业即皋陶。

（15）噣（zhòu）：鸟嘴。赵氏始祖是以鸟为图腾的部落，所以传说祖先人面鸟嘴。

（16）龟策：龟指占卜用的龟甲，策指另一种占卜所用的蓍（shī）草。

（17）齐衰（cuī）：古丧服的一种，粗麻布缝制，下边缝齐，故称齐衰，等级仅次于最重的丧服斩衰。

导 读

《一碗清汤荞麦面》用朴素的语言描绘了母子三人面对逆境时的勇气与努力，展现了面馆老板夫妇的人性之美，蕴藏着触动灵魂的人格力量和人性光辉。

一碗清汤荞麦面

[日] 栗良平

对于面馆来说，最忙的时候，要算是大年夜了。北海亭面馆的这一天，也是从早就忙得不亦乐乎。

平时直到深夜十二点还很热闹的大街，大年夜晚上一过十点就很宁静了。北海亭面馆的顾客，此时也像是突然都失踪了似的。

就在最后一位顾客出了门，店主要说关门打烊的时候，店门被咯吱咯吱地拉开了。一个女人带着两个孩子走了进来。六岁和十岁左右的两个男孩子，一身崭新的运动服。女人却穿着不合时令的斜格子短大衣。

"欢迎光临！"老板娘迎上前去招呼着。

"……唔……清汤荞麦面……一碗……可以吗？"那女人怯生生地问。

那两个小男孩躲在妈妈的身后，也怯生生地望着老板娘。

"行啊，请，请这边坐。"老板娘说着，领他们母子三人坐到靠近暖气的二号桌，一边向柜台里面喊着，"清汤荞麦面一碗——"

听到喊声的老板，抬头瞥了他们三人一眼，应声道："好——咧！清汤荞麦面一碗——"

案板上早就准备好了面条，一堆堆像小山，一堆是一人份。老板抓起一堆面，继而又加了半堆，一起放进锅里。老板娘立刻领悟到，这是丈夫特意多给这母子三人的。

热腾腾香喷喷的清汤荞麦面一上桌，母子三人立即围着这碗面，头碰头地吃了起来。

"真好吃啊！"哥哥说。

"妈妈也吃呀！"弟弟夹了一筷子面，送到妈妈口中。

不一会儿，面吃完了，付了150日元钱。

"承蒙款待。"母子三人一起点头谢过，出了店门。

"谢谢，祝你们过个好年！"老板和老板娘应声答道。

过了新年的北海亭面馆，每天照样忙忙碌碌。一年很快过去了，转眼又是大年夜了。

和以前的大年夜一样，忙得不亦乐乎的这一天就要结束了。过了晚上十点，正想关门打烊的时候，店门又被拉开了，一个女人带着两个男孩走了进来。

老板娘看到那女人身上那件不合时令的斜格子短大衣，就想起了去年大年夜那三位最后的顾客。

"……唔……一碗清汤荞麦面……可以吗？"

"请，请到里边坐，"老板娘将他们带到去年同样的二号桌，"清汤荞麦面一碗——"

"好咧，清汤荞麦面一碗——"老板应声回答着，并将已经熄灭的炉火重又点燃起来。

"喂，孩子他爹，给他们下三碗，好吗？"老板娘在老板耳边轻声说道。

"不行，如果这样做，他们也许会尴尬的。"老板说着，抓了一份半的面下了锅。

桌上放着一碗清汤荞麦面，母子三人边吃边谈着，柜台里的老板和老板娘能听到他们的声音。

"真好吃……"

"今年又能吃到北海亭的清汤荞麦面了。"

"明年还能来吃就好了……"

吃完后，付了150日元钱。老板娘对着他们的背影说："谢谢，祝你们过个好年！"

这一天，被这句说过几十遍乃至几百遍的祝福送走了。

生意日渐兴隆的北海亭面馆，又迎来了第三个大年夜。

从九点半开始，老板和老板娘虽然谁都没说什么，但都显得有点心神不定。十点刚过，雇工们下班走了，老板和老板娘立刻把墙上挂着的各种面的价格牌一一翻了过来，赶紧写好"清汤荞麦面150日元"。其实，从当年夏天起，随着物价的上涨，清汤荞麦面的价格已经是200日元一碗了。

二号桌上，在三十分钟以前，老板娘就已经摆好了"预约席"的牌子。

到十点半，店里已经没有客人了，但老板和老板娘还在等候着那母子三人的到来。

他们来了。哥哥穿着中学生的制服，弟弟穿着去年哥哥穿的那件略有些大的旧衣服，兄弟二人都长大了，有点认不出来了。母亲还是穿着那件不合时令的有些褪色的短大衣。

"欢迎光临。"老板娘笑着迎上前去。

"……唔……清汤荞麦面两碗……可以吗？"母亲怯生生地问。

"行，请，请里边坐！"

老板娘把他们领到二号桌，顺手将桌上那块"预约席"的牌子藏了起来，对柜台喊道："清汤荞麦面两碗！"

"好——咧，清汤荞麦面两碗——"

老板应声答道，把三碗面的分量放进了锅里。

母子三人吃着两碗清汤荞麦面，说着，笑着。

"大儿，淳儿，今天，妈妈我想要向你们道谢。"

"道谢？向我们？……为什么？"

"你们也知道，你们的父亲死于交通事故，生前欠下了八个人的钱。我把抚恤金全部还了债。还不够的部分，就每月五万日元分期偿还。"

"这些我们都知道呀。"

老板和老板娘在柜台里，一动不动，凝神听着。

"剩下的债，本来到明年三月还清，可实际上，今天就可以全部还清了。"

"啊，真的？妈妈。"

"是真的。大儿每天送报支持我，淳儿每天买菜烧饭帮助我，所以我能够安心工作。因为我努力工作，得到了公司的特别津贴，所以现在能够全部还清债款。"

"好啊！妈妈，哥哥，从现在起，每天烧饭的事还是包给我了！"

"我也继续送报。弟弟，我们一起努力吧！"

"谢谢，真是谢……谢……"

"我和弟弟也有一件事瞒着妈妈，今天可以说了。那是在11月的一个星期天，我到弟弟学校去参加家长会。那时，弟弟已经藏了一封老师给妈妈的信……弟弟写的作文如果被选为北海道的代表，就能参加全国的作文比赛。正因为这样，家长会的那天，老师要弟弟自己朗读这篇作文。老师的信如果给妈妈看了，妈妈一定会向公司请假，去听弟弟朗读作文。于是，弟弟就没有把这封信交给妈妈。这事，我还是从弟弟的朋友那里听来的。所以，家长会那天，是我去了。"

"哦，原来是这样……那后来呢？"

"老师出的作文题目是：'你将来想成为怎样的人'，全体学生都写了。弟弟的题目是《一碗清汤荞麦面》。一听这题目，我就知道写的是北海亭面馆的事。当时我就想，弟弟这家伙，怎么把这种难为情的事都写出来了。

"作文写的是，父亲死于交通事故，留下一大笔债。妈妈每天从早到晚拼命工作，我去送早报和晚报……弟弟全写了出来。接着又写，12月31日的晚上，母子三人吃一碗清汤荞麦面，非常好吃……三个人只买一碗清汤荞麦面，可面馆的叔叔阿姨还是很热情地接待了我们，谢谢我们，还祝我们过个好年。听到这声音，弟弟心中不由得喊着，'不能失败！要努力！要好好活着！'因此，弟弟长大成人后，想开一家日本第一的面馆，也要对顾客说：'努力吧，祝你幸福，谢谢。'弟弟大声地朗读着作文……"

此刻，柜台里竖着耳朵，全神贯注听着母子三人说话的老板和老板娘不见了。在柜台后面，只见他们两人面对面地蹲着，一条毛巾，各执一端，正擦着夺眶而出的眼泪。

"作文读完后，老师说：'今天淳君的哥哥代替他母亲来参加我们的家长会，现在我们请他来说几句话……'"

"这时哥哥都说了些什么？"

"因为突然被叫上去发言，一开始，我什么也说不出……'诸君一直和我弟弟很要好，在此，我谢谢大家。弟弟每天要做晚饭，只能放弃兴趣小组的活动，中途回家。我做哥哥的，感到很难为情。方才，弟弟刚开始朗读《一碗清汤荞麦面》的时候，我感到很丢脸。但是，当我看到弟弟激动地大声朗读的样子，我心里更感到羞愧。这时我想，决不能忘记妈妈买一碗清汤荞麦面的勇气。我们兄弟二人一定要齐心协力，照顾好我们的妈妈！希望大家以后也能够和我弟弟做好朋友。'我就说了这些……"

母子三人，静静地，互相握着手，良久。继而又欢快地笑了起来。和去年相比，像是完全变了个模样。

作为年夜饭的清汤荞麦面吃完了，付了300日元。

"承蒙款待。"母子三人深深地低头道谢,走出了店门。

"谢谢,祝你们过个好年!"

老板和老板娘大声向他们祝福着,目送他们远去……

又是一年的大年夜降临了。北海亭面馆里,晚上九点一过,二号桌上又摆上了"预约席"的牌子,等待着母子三人的到来。可是,没看到那三人的身影。

一年,又是一年,二号桌始终默默地等待着。可母子三人还是没有出现。

北海亭面馆因为生意越来越兴隆,店内重又进行了装修。桌子、椅子也更新了。可二号桌却依然如故。老板夫妇不但没感到不协调,反而把二号桌安放在店堂中央。

"为什么把这张旧桌子放在店堂中央?"有的顾客感到奇怪。

于是,老板夫妇就把"一碗清汤荞麦面"的事告诉他们。并说,看到这张桌子,就是对自己的激励。而且,说不定哪天那母子三人还会来,这个时候,想用这张桌子来迎接他们。

就这样,关于二号桌的故事,使二号桌成了"幸福的桌子"。顾客们到处传诵着。有人特意从远方赶来。有女学生,也有年轻的情侣,都要到二号桌上吃一碗清汤荞麦面。二号桌也因此而名声大振。

时光流逝,年复一年。这一年的大年夜又来到了。

这时,北海亭面馆已经是同一条街的商店会的主要成员。大年夜这天,亲如家人的朋友、近邻、同行,结束了一天的工作后,都来到了北海亭。在北海亭吃了过年面,听着除夕夜的钟声,然后亲朋好友聚集起来,一起到附近的神社去烧香磕头,以求神明保佑在新的一年里万事如意,厄除云开。这种情形,已经有五六年的历史了。

今年的大年夜当然也不例外。九点半一过,以鱼店老板夫妇双手捧着装满生鱼片的大盆子进来为信号,平时亲如家人的朋友们大约三十多人,也都带着酒菜,陆陆续续地会集到北海亭。店里的气氛,一下子热闹起来。

知道二号桌由来的朋友们,嘴里虽然没说什么,可心里都在想着,今年二号桌也许又要空等了吧?那块"预约席"的牌子,早已悄悄地站在二号桌上。

狭窄的坐席之间,客人们一点一点地移动着身子坐下,有人还招呼着迟到的朋友。吃着面,喝着酒,互相夹着菜。有人到柜台里去帮忙,有人随意拉开冰箱拿东西。大家聊着什么廉价出售的生意啦,海水浴的艳闻轶事啦,什么添了孙子的事啦。十点半时,北海亭里的热闹气氛达到了顶点。

就在这时,店门被咯吱咯吱地拉开了。人们都向门口望去,屋子里突然静了下来。

两位西装笔挺,手臂上搭着大衣的青年走了进来。这时,大伙都松了口气,随着轻轻的叹息声,店里又恢复了刚才的热闹。

"真不凑巧,店里已经坐满了。"老板娘面带着歉意说。

就在她拒绝两位青年的时候,一位身穿和服的妇人,深深低着头走了进来,站在两位青年的中间。

店里的人们,一下子都屏住了呼吸,耳朵也竖起来了。

"唔……三碗清汤荞麦面,可以吗?"穿和服的妇人平静地说。

听了这话,老板娘的脸色一下子变了。十几年前留在脑海中的母子三人的印象,和眼前这三人的形象重叠起来了。

老板娘指着三位来客,目光和正在柜台里找韭菜的丈夫的目光撞到一处。

"啊!啊……孩子他爹!"

面对不知所措的老板娘,青年中的一位开口了。

"我们就是十四年前的大年夜,母子三人共吃一碗清汤荞麦面的顾客。那时,就是这一碗面的鼓励,使我们三人同心协力,度过了艰难的岁月。这以后,我们搬到母亲的亲家滋贺县去了。

"我今年通过了医生的国家考试,现在京都的大学医院里当实习医生。明年四月,我将到札幌的综合医院工作。还没有开面馆的弟弟,现在京都银行里工作。我和弟弟商谈,计划了这生平第一次的奢侈的行动。就这样,今天我们母子三人,特意来拜访,想要麻烦你们烧三碗清汤荞麦面。"

边听边点头的老板夫妇,泪珠一串串地掉下来。

坐在靠近门口桌上的蔬菜店老板,嘴里含着一口面听着,直到这时,才把面咽下去,站起身来。

"喂喂!老板娘,你呆站着干什么!这十年的每一个大年夜,你都为等待他们的到来而准备着这十年后的预约席,不是吗?快!请他们入座,快!"

被蔬菜店老板用肩一撞,老板娘这才清醒过来。

"欢……欢迎,请,请坐……孩子他爹,二号桌清汤荞麦面三碗——"

"好咧——清汤荞麦面三碗——"可泪流满面的丈夫却应不出声来。

店里,突然爆发出一阵欢呼声和鼓掌声。

店外,刚才还在纷纷扬扬地飘着的雪,此刻也停了。皑皑白雪映着明净的窗子,那写着"北海亭"的布帘子,在正月的清风中,摇曳着,飘着……

(选自(日本)栗良平《一碗清汤荞麦面》,又名《一碗阳春面》)

导 读

《炉中煤》一诗在一系列的比拟中寄托着自己的深情和热望,一层深似一层地表现了作者爱国的衷肠。这首诗风格豪放、明朗,音调和谐流畅。

炉中煤

郭沫若

啊,我年青的女郎!
我不辜负你的殷勤,
你也不要辜负了我的思量。
我为我心爱的人儿
燃到了这般模样!

啊，我年青的女郎！
你该知道了我的前身？
你该不嫌我黑奴卤莽？
要我这黑奴的胸中，
才有火一样的心肠。

啊，我年青的女郎！
我想我的前身
原本是有用的栋梁，
我活埋在地底多年，
到今朝才得重见天光。

啊，我年青的女郎！
我自从重见天光，
我常常思念我的故乡，
我为我心爱的人儿
燃到了这般模样！

（选自1920年2月3日《时事新报·学灯》）

拓展与演练

1. 熟读并背诵《蓼莪》全诗，结合本诗和实际生活，谈谈应该如何孝敬父母。
2. 写一写你心中难以忘怀的老师。
3. 谈谈《赵氏孤儿》这个故事里你最喜欢的人物是谁？为什么？
4. 《一碗清汤荞麦面》中的母子三人为何连续三年在同一时间去同一家面馆吃面？在面馆老板夫妇身上，体现了怎样的一种社会公德？对我们的启示是什么？
5. 《炉中煤》诗中的"炉中煤"和"年青的女郎"分别指什么？有感情地朗读并背诵本诗。
6. 讨论：在新时代，我们应该如何看待个人与国家的关系。

第七部分
风烟俱净，天山共色

写在前面的话

  日月星云，山川河流，飞禽走兽，花草树木，构成了美丽的大自然。大自然，不仅仅给我们以视觉上的享受，更给予我们心灵上的慰藉。感悟自然，就是感悟生活，于一花一叶中窥探世界；感悟自然，就是感悟生灵，于一山一水中感受博大情怀；感悟自然，就是感悟生命，于一风一雨中聆听真谛。让我们走进大自然的怀抱，品读自然，感悟自然，用诗情与智慧去装点人生，定会创造出深沉、别样的美丽。

  自然是吾友，自然是吾师。《道德经》中老子说："人法地，地法天，天法道，道法自然。"庄子则是直接化身为蝶，"栩栩然胡蝶也""不知周之梦为胡蝶与，胡蝶之梦为周与？"孔子在《论语》中说"智者乐水，仁者乐山"，引领着人们对山水的追求。后有陶渊明的"归去来兮，田园将芜胡不归"的大声疾呼。人与自然、自身天性以及自然规律相合的追求，要求人们顺应自然，回归自然，引导人们与自然融为一体。通过阅读文化经典引导学生追求天人合一的境界固然很难，但对于引导学生在以后的人生道路中克制自己容易膨胀的物质欲望，追求宁静淡薄、超然洒脱的风尚无疑会有一定的作用。

  自然滋养了中国文化，丰富了中国文化，让中国古代文化充满了诗意。我们选择的经典文章中有丰富的素材，可以让我们领略古人对自然的深刻认识、感受自然情趣、培养自然精神、濡养自然情怀，从而认识自然、爱护自然、尊重自然。

  用经典塑造思想，用文化滋养人生，愿我们能充分利用经典中的思想，站在更深刻更高远的层面上建立崭新的自然观，从而让人与自然相处更加和谐，让世界因人类对自然的尊重、敬畏和理解、利用、保护而更加美丽多彩。

（刘镭）

导 读

  山水在中国传统文化中，被赋予了人格精神和道德比附的含义。孔子在《论语·雍也》中提出"智者乐水，仁者乐山。智者动，仁者静。智者乐，仁者寿"的观点，这对后世的"山水文化"产生了深远的影响。本文是对这一观点的具体阐述，它可以让我们了解中国古人"乐山乐水"的缘由，进而也可以帮助我们去认识我国传统的"山水文化"。

智者乐水，仁者乐山

刘向⁽¹⁾

子贡⁽²⁾问曰："君子见大水必观焉，何也？"孔子曰："夫水者，君子比德焉。遍予⁽³⁾而无私，似德；所及者生，似仁；其流卑下⁽⁴⁾，句倨皆循其理⁽⁵⁾，似义；浅者流行，深者不测，似智；其赴百仞之谷不疑，似勇；绵弱而微达⁽⁶⁾，似察；受恶不让⁽⁷⁾，似包蒙；不清以入，鲜洁以出，似善化⁽⁸⁾；至量必平，似正；盈不求概⁽⁹⁾，似度；其万折必东⁽¹⁰⁾，似意。是以君子见大水观焉尔也。"

"夫智者何以乐水也？"曰："泉源溃溃⁽¹¹⁾，不释昼夜，其似力者；循理而行，不遗小间⁽¹²⁾，其似持平者；动而之下，其似有礼者；赴千仞之壑而不疑，其似勇者；障防而清⁽¹³⁾，其似知命者；不清以入，鲜洁以出，其似善化者；众人取平品类以正⁽¹⁴⁾，万物得之则生，失之则死，其似有德者；淑淑渊渊⁽¹⁵⁾，深不可测，其似圣者。通润天地之间，国家以成，是知⁽¹⁶⁾之所以乐水也。诗云：'思乐泮水，薄采其茆；鲁侯戾止，在泮饮酒。'⁽¹⁷⁾乐水之谓也。""夫仁者何以乐山也？"曰："夫山巃嵷崔⁽¹⁸⁾，万民之所观仰。草木生焉，众木立焉，飞禽萃焉，走兽休焉，宝藏殖焉，奇夫息焉，育群物而不倦焉，四方并取而不限焉。出云风通气于天地之间，国家以成，是仁者所以乐山也。诗曰：'太山岩岩，鲁侯是瞻。'⁽¹⁹⁾乐山之谓矣。"

【注释】

（1）引自《说苑·杂言》，作者刘向（约前77—前6），原名更生，字子政，西汉经学家、目录学家、文学家，沛县（今属江苏）人。

（2）子贡：孔子的学生，复姓端木，名赐，字子贡，卫国人。

（3）予：给予。

（4）卑下：低下。此指水性向下。

（5）句倨皆循其理：指水的曲直方圆等随物赋形的特性。

（6）绵弱微达：曲细柔弱无微不达。

（7）让：诘责，引申为申辩。

（8）善化：善于教化改造。

（9）概：古代量米时用来刮平斗斛的木板。这里用作动词，引申为刮平、削平。

（10）必东：一定东流入海。

（11）溃溃：浩荡。

（12）小间：小地方。

（13）障防而清：遇到阻碍仍保持清正。

（14）正：绳正。

（15）淑淑渊渊：深。极言很深。

（16）知：通"智"聪明的人。

（17）《诗经·鲁颂》的一篇。思乐泮水，薄采其茆：泮水令人真愉快，来此采摘水茆菜。鲁侯戾止，在泮饮酒：鲁侯莅临有威仪，泮水边上饮美酒。

(18) 崧崒：山高的样子。

(19) 太山岩岩，鲁侯是瞻：意思是把泰山这座鲁国北面的大山当作鲁国的靠山。一方面鲁国因在其旁屡受祸患而担忧，一方面鲁国也因倚此大山而感到荣幸。

导 读

本文是一篇精彩的人物传记。文章以时间为叙事线索，描述了张衡在科学、政治、文学等领域的诸多才能。

张衡传

范晔[1]

张衡字平子，南阳西鄂人[2]也。衡少善属[3]文，游于三辅[4]，因入京师[5]，观太学[6]，遂通五经[7]，贯六艺[8]。虽才高于世，而无骄尚之情。常从容淡静，不好交接俗人。永元中，举孝廉不行，连辟公府不就[9]。时天下承平日久，自王侯以下，莫不逾侈。衡乃拟班固《两都》作《二京赋》[10]，因以讽谏。精思傅会，十年乃成。大将军邓骘奇其才[11]，累召不应。

衡善机巧，尤致思于天文、阴阳、历算。安帝雅闻[12]衡善术学，公车[13]特征拜郎中，再迁为太史令。遂乃研核阴阳[14]，妙尽璇玑[15]之正，作浑天仪，著《灵宪》《算罔论》，言甚详明。

顺帝初，再转，复为太史令。衡不慕当世[16]，所居之官辄积年不徙。自去史职，五载复还。

阳嘉元年，复造候风地动仪[17]。以精铜铸成，员径八尺[18]，合盖隆起，形似酒尊[19]，饰以篆文山龟鸟兽之形。中有都柱[20]，傍行八道，施关发机。外有八龙，首衔铜丸，下有蟾蜍，张口承之。其牙机巧制[21]，皆隐在尊中，覆盖周密无际。如有地动，尊则振龙，机发吐丸，而蟾蜍衔之。振声激扬，伺者因此觉知[22]。虽一龙发机，而七首不动，寻其方面，乃知震之所在。验之以事[23]，合契若神。自书典所记，未之有也。尝一龙机发而地不觉动，京师学者咸怪其无征。后数日驿至，果地震陇西，于是皆服其妙。自此以后，乃令史官记地动所从方起[24]。

时政事渐损，权移于下，衡因上疏陈事。后迁侍中，帝引在帷幄[25]，讽议左右。尝问天下所疾恶者。宦官惧其毁己，皆共目之，衡乃诡对[26]而出。阉竖恐终为其患，遂共谗之。衡常思图身之事，以为吉凶倚仗，幽微难明[27]。乃作《思玄赋》以宣寄情志。

永和初，出为河间相。时国王骄奢，不遵典宪；又多豪右[28]，共为不轨。衡下车，治威严，整法度，阴知[29]奸党名姓，一时收禽，上下肃然，称为政理。视事三年，上书乞骸骨[30]，征拜尚书。年六十二，永和四年卒[31]。

【注释】

(1) 节选自《后汉书·张衡传》（中华书局1965版）。范晔（398—445），字蔚宗，南朝宋顺阳（在今河南浙川东）人，历史学家。

人文素养提升

(2) 南洋西鄂：南阳郡的西鄂县，在今河南南阳。

(3) 属（zhǔ）文：写文章。属，连缀。

(4) 游于三辅：在三辅一带游学。游，游历，游学，指考察、学习。

(5) 京师：指东汉首都洛阳（今河南省洛阳市）。

(6) 太学：古代设在京城的全国最高学府，西汉武帝开始设立。

(7) 五经：汉武帝时将《诗》《书》《礼》《易》《春秋》定名为"五经"。

(8) 六艺：指礼、乐、射、御、书、数六种学问和技艺。

(9) 连辟公府不就：连，屡次。辟，（被）召请（去做官）。公府，三公的官署。东汉以太尉、司徒、司空为三公。不就，不去就职。以上几句的主语"衡"，承前省略。

(10)《两都》：指《两都赋》，分《西都赋》《东都赋》。《二京赋》：指《西京赋》《东京赋》。

(11) 奇其才：认为他的才能出众。奇，认为……奇，形容词的意动用法。奇：奇特，少有的。

(12) 雅闻：常听说。雅，副词，素来，常。术学：关于术数方面的学问，指天文、历算等。

(13) 公车：汉代官署名称，设公车令。

(14) 阴阳：哲学名词，指两种对立的事物，如日月、寒暑等，这里指天象、历算。

(15) 璇玑：玉饰的测天仪器。

(16) 当世，指权臣大官。

(17) 候风地动仪：测验地震的仪器。据竺可桢考证，这是两种仪器，一是测验风向的候风仪，一是测验地震的地动仪。

(18) 员径八尺：员径：圆的直径。员，通"圆"。

(19) 尊：同"樽"，古代盛酒器。

(20) 都柱：大铜柱。都，大。"都柱"就是地动仪中心的震摆，它是一根上大下小的柱子，哪个方向发生地震，柱子便倒向哪边。傍：同"旁"，旁边。

(21) 牙机巧制：互相咬合制作精巧的部件。

(22) 振声激扬，伺者因此觉知：激扬，这里指声音响亮。伺者，守候观察候风地动仪的人。

(23) 验之以事：即以事验之。验，检验，验证。

(24) 所从方起：从哪个方位发生。

(25) 帷幄：指帝王。天子居处必设帷幄，故称。

(26) 诡对：不用实话对答。

(27) 幽微难明：幽深微妙，难以看清。

(28) 豪右：豪族大户，指权势盛大的家族。

(29) 阴知：暗中察知。

(30) 视事三年，上书乞骸（hái）骨：视事，这里指官员到职工作。乞骸骨，古代官吏因年老请求退职的一种说法。

(31) 卒：死。

导 读

陶潜,字元亮,一字渊明,私谥靖节。东晋大诗人,生活在政治混乱、社会动荡的时期。在传统道德理想消失殆尽之际,厌弃仕途,隐遁山林,在自然中寻找精神的慰藉。本文叙述了他辞官归隐后的生活情趣和内心感受,表达了作者洁身自好、不同流合污的精神情操,通过描写具体的景物和活动,创造出一种宁静恬适、乐天自然的意境,寄托了他的生活理想。本文在文体上属于辞赋,但语言浅显,辞意畅达,匠心独运而又通脱自然,感情真挚,意境深远,有很强的感染力。欧阳修甚至说"晋无文章,唯陶渊明《归去来兮辞》而已"。

归去来兮辞

陶潜

余家贫,耕植不足以自给。幼稚盈室(1),瓶无储粟(2),生生所资(3),未见其术(4)。亲故多劝余为长吏(5),脱然有怀(6),求之靡途(7)。会有四方之事(8),诸侯以惠爱为德(9),家叔以余贫苦(10),遂见用于小邑。于时风波未静(11),心惮远役。彭泽去家百里(12),公田之利,足以为酒,故便求之。及少日,眷然有归欤之情(13)。何则?质性自然(14),非矫厉所得;饥冻虽切,违己交病(15)。尝从人事(16),皆口腹自役(17);于是怅然慷慨,深愧平生之志。犹望一稔(18),当敛裳宵逝(19)。寻程氏妹丧于武昌(20),情在骏奔(21),自免去职。仲秋至冬(22),在官八十余日。因事顺心,命篇曰《归去来兮》。乙巳岁十一月也(23)。

归去来兮,田园将芜胡不归(24)!既自以心为形役(25),奚惆怅而独悲?悟已往之不谏,知来者之可追(26)。实迷途其未远,觉今是而昨非。

舟遥遥以轻飏(27),风飘飘而吹衣。问征夫以前路,恨晨光之熹微。乃瞻衡宇(28),载欣载奔(29)。僮仆欢迎,稚子候门。三径就荒(30),松菊犹存。携幼入室,有酒盈樽。引壶觞以自酌,眄庭柯以怡颜(31)。倚南窗以寄傲(32),审容膝之易安(33)。园日涉以成趣,门虽设而常关。策扶老以流憩(34),时矫首而遐观(35)。云无心以出岫(36),鸟倦飞而知还。景翳翳以将入(37),抚孤松而盘桓。

归去来兮,请息交以绝游。世与我而相违,复驾言兮焉求(38)!悦亲戚之情话,乐琴书以消忧。农人告余以春及,将有事于西畴(39)。或命巾车(40),或棹孤舟。既窈窕以寻壑(41),亦崎岖而经丘。木欣欣以向荣,泉涓涓而始流。善万物之得时(42),感吾生之行休(43)。

已矣乎(44)!寓形宇内复几时(45),曷不委心任去留(46)?胡为乎遑遑欲何之(47)?富贵非吾愿,帝乡不可期(48)。怀良辰以孤往,或植杖而耘耔(49)。登东皋以舒啸(50),临清流而赋诗。聊乘化以归尽(51),乐乎天命复奚疑!

(选自《陶渊明集》,中华书局,2009年版)

【注释】

(1) 幼稚:指孩童。

(2) 瓶：指盛米用的陶制容器，如甂、瓮之类。

(3) 生生：犹言维持生计。前一"生"字为动词，后一"生"字为名词。

(4) 术：方法。

(5) 长吏：较高职位的县吏。指小官。

(6) 脱然：犹言豁然。有怀：有做官的念头。

(7) 靡途：没有门路。

(8) 四方之事：指出使外地的事情。

(9) 诸侯：指州郡长官。

(10) 家叔：指陶夔，曾任太常卿。

(11) 风波：指军阀混战。

(12) 彭泽：县名，在今江西省湖口县东。

(13) 眷然：依恋的样子。归欤之情：回去的心情。语本《论语·公冶长》："子在陈曰：'归与，归与！吾党之小人狂简，斐然成章，不知所以裁之。'"

(14) 质性：本性。

(15) 违己：违反自己本心。交病：指思想上遭受痛苦。

(16) 从人事：从事于仕途中的人事交往。指做官。

(17) 口腹自役：为了满足口腹的需要而驱使自己。

(18) 一稔（rěn）：公田收获一次。稔，谷物成熟。

(19) 敛裳：收拾行装。

(20) 寻：不久。程氏妹：嫁给程家的妹妹。武昌：今湖北省鄂城县。

(21) 骏奔：急着前去奔丧。

(22) 仲秋：农历八月。

(23) 乙巳岁：晋安帝义熙元年（405 年）。

(24) 胡：何，为什么。

(25) 以心为形役：让心志被形体所驱使。

(26) "悟已往"二句：语本《论语·微子》："楚狂接舆歌而过孔子曰：'凤兮，凤兮！何德之衰！往者不可谏，来者犹可追。已而，已而，今之从政者殆而！'"谏：止，挽救。来者：指未来的事情。追：来得及弥补。

(27) 遥遥：漂荡。飏（yáng）：飘扬。形容船驶行轻快。

(28) 瞻：望见。衡宇：犹衡门。横木为门，形容房屋简陋。

(29) 载：语助词，有"且""乃"的意思。

(30) 三径：汉代蒋诩隐居后，在屋前竹下开了三条小路，只与隐士求仲、羊仲二人交往。后以三径比喻隐士居处。

(31) 眄（miàn）：斜视。柯：树枝。

(32) 寄傲：寄托傲世的情绪。

(33) 审：明白，深知。容膝：形容居室狭小，仅能容膝。

(34) 策：拄着。扶老：手杖。流：周游。

(35) 矫首：抬头。遐（xiá）观：远望。

(36) 岫（xiù）：山峰。

(37) 景：日光。翳（yì）翳：阴暗的样子。

(38) 言：语助词。焉求：何求。
(39) 畴（chóu）：田地。
(40) 巾车：有篷幕的车子。
(41) 窈窕（yáo tiǎo）：幽深的样子。
(42) 善：羡慕。
(43) 行休：将要终止。指死亡。
(44) 已矣乎：犹言算了吧。
(45) 寓形宇内：寄身于天地之间。
(46) 曷不：何不。委心：随自己的心意。去留：指生死。
(47) 遑遑：心神不定的样子。何之：到哪里去。
(48) 帝乡：天帝之乡。指仙境。
(49) 植杖：把手杖放在旁边。耘（yún）：田地里除草。耔（zǐ）：在苗根培土。
(50) 皋（gāo）：水边高地。舒啸：放声长啸。"啸"是撮口发出长而清越的声音。
(51) 乘化：随顺着大自然的运转变化。归尽：归向死亡。

导 读

这是一篇"借物咏怀"的文章，"苦雨"很能代表当时作者的心境，借着回忆、想象以及叙述，各种各样的"雨"被搬到笔下，写得相当自如，而整篇文章始终笼罩在淡淡的哀愁里。另外，值得注意的是作者使用的是"书信体"，借着这一"私人化"文体，叙述更显得娓娓而谈。本文也很能体现周作人文章的特点，所用材料都是一般情况下不入诗文的，而他都能写出味道来，自有其过人之长。文章写得似有意似无意，似有意思似无意思，所谈的确都是"私事"，又在结尾若有所指若无所指，凡此种种，皆为典型周氏风格。

苦 雨

周作人

伏园兄：

北京近日多雨，你在长安道上不知也遇到否，想必能增你旅行的许多佳趣。雨中旅行不一定是很愉快的，我以前在杭沪车上时常遇雨，每感困难，所以我于火车的雨不能感到什么兴味，但卧在乌篷船里，静听打篷的雨声，加上欸乃的橹声以及"靠塘来，靠下去"的呼声，却是一种梦似的诗境。倘若更大胆一点，仰卧在脚划小船内，冒雨夜行，更显出水乡住民的风趣，虽然较为危险，一不小心，拙劣地转一个身，便要使船底朝天。二十多年前往东浦吊先父的保姆之丧，归途遇暴风雨，一叶扁舟在白鹅似的波浪中间滚过大树港，危险极也愉快极了。我大约还有好些"为鱼"时候——至少也是断发文身时候的脾气，对于水颇感到亲近，不过北京的泥塘似的许多"海"实在不很满意，这样的水没有也并不怎么可惜。你往"陕半天"去似乎要走好两天的准沙漠路，在那时候倘若遇见风雨，大约是很舒服的，遥想你胡坐骡车中，在大漠之上，大雨之下，喝着四打之内的汽水，悠然进行，可以算是"不亦快哉"之一。但这只是我的空想，如诗人的理想一样的靠不住，或者你在骡车中遇雨，很感困难，正在叫苦连天也未可知，这须等你回京后问你再说了。

我住在北京，遇见这几天的雨，却叫我十分难过。北京向来少雨，所以不但雨具不很完全，便是家屋构造，于防雨亦欠周密。除了真正富翁以外，很少用实垛砖墙，大抵只用泥墙抹灰敷衍了事。近来天气转变，南方酷寒而北方淫雨，因此两方面的建筑上都露出缺陷。一星期前的雨把后园的西墙淋坍，第二天就有"梁上君子"来摸索北房的铁丝窗，从次日起赶紧邀了七八位匠人，费两天工夫，从头改筑，已经成功十分八九，总算可以高枕而卧，前夜的雨却又将门口的南墙冲倒二三丈之谱。这回受惊的可不是我了，乃是川岛君"仿们"俩，因为"梁上君子"如再见光顾，一定是去躲在"仿们"的窗下窃听的了。为消除"仿们"的不安起见，一等天气晴正，急须大举地修筑，希望日子不至于很久，这几天只好暂时拜托川岛君的老弟费神代为警护罢了。

前天十足下了一夜的雨，使我夜里不知醒了几遍。北京除了偶然有人高兴放几个爆仗以外，夜里总还安静，那样哗喇哗喇的雨声在我的耳朵已经不很听惯，所以时常被它惊醒，就是睡着也仿佛觉得耳边粘着面条似的东西，睡的很不痛快。还有一层，前天晚间据小孩们报告，前面院子里的积水已经离台阶不及一寸，夜里听着雨声，心里胡里胡涂地总是想水已上了台阶，浸入西边的书房里了。好容易到了早上五点钟，赤脚撑伞，跑到西屋一看，果然不出所料，水浸满了全屋，约有一寸深浅，这才叹了一口气，觉得放心了，倘若这样兴高采烈地跑去，一看却没有水，恐怕那时反觉得失望，没有现在那样的满足也说不定。幸而书籍都没有湿，虽然是没有什么价值的东西，但是湿成一饼一饼的纸糕，也很是不愉快。现今水虽已退，还留一种涨过大水后的普通的臭味，固然不能留客坐谈，就是自己也不能在那里写字，所以这封信是在里边炕桌上写的。

这回的大雨，只有两种人最喜欢。第一是小孩们。他们喜欢水，却极不容易得到，现在看见院子里成了河，便成群结队的去"趟河"去。赤了足伸到水里去，实在很有点冷，但是他们不怕，下到水里还不肯上来。大人们见小孩玩的有趣，也一个两个地加入，但是成绩却不甚佳，那一天里滑倒了三个人，其中两个都是大人——其一为我的兄弟，其一是川岛君。第二种喜欢下雨的则为蛤蟆。从前同小孩住高亮桥去钓鱼钓不着，只捉了好些蛤蟆，有绿的，有花条的，拿回来都放在院子里，平常偶叫几声，在这几天里便整日叫唤，或者是荒年之兆，却极有田村的风味。有许多耳朵皮嫩的人，很恶喧嚣，如麻雀蛤蟆或蝉的叫声，凡足以妨碍他们的甜睡者，无一不痛恶而深绝之，大有欲灭此而午睡之意，我觉得大可以不必如此，随便听听都是很有趣味的，不但是这些久成诗料的东西，一切鸣声其实都可以听。蛤蟆在水田里群叫，深夜静听，往往变成一种金属音，很是特别，又有时仿佛是狗叫，古人常称蛙蟆为吠，大约也是从实验而来。我们院子里的蛤蟆现在只见花条的一种，它的叫声更不漂亮，只是格格格这个叫法，可以说是革音，平常自一声至三声，不会更多，唯在下雨的早晨，听它一口气叫上十二三声，可见它是实在喜欢极了。

这一场大雨恐怕在乡下的穷朋友是很大的一个不幸，但是我不曾亲见，单靠想象是不中用的，所以我不去虚伪地代为悲叹了，倘若有人说这所记的只是个人的事情，于人生无益，我也承认，我本来只想说个人的私事，此外别无意思。今天太阳已经出来，傍晚可以出外去游嬉，这封信也就不再写下去了。

我本等着看你的秦游记，现在却由我先写给你看，这也可以算是"意表之外"的事罢。

十三年七月十七日在京城书

周作人，光绪十年（甲申）腊月初一（1885年1月16日）生于浙江绍兴。鲁迅二弟。现代散文家、诗人、文学翻译家，中国新文化运动的代表人物之一。原名槐寿，又名奎缓，字星杓，自号启孟、启明（又作岂明）、知堂等。笔名仲密、药堂、周遐寿等。常以"雨"与"风"一起构成散文的"基本意象"。

导 读

《百年孤独》是拉丁美洲魔幻现实主义文学的代表作，被誉为"再现拉丁美洲历史社会图景的鸿篇巨制"，作品描写了布恩蒂亚家族七代人的传奇故事，以及加勒比海沿岸小镇马孔多的百年兴衰，反映了拉丁美洲一个世纪以来风云变幻的历史。

百年孤独（节选）

加西亚·马尔克斯

多年以后，奥雷连诺上校站在行刑队面前，准会想起父亲带他去参观冰块的那个遥远的下午。当时，马孔多是个二十户人家的村庄，一座座土房都盖在河岸上，河水清澈，沿着遍布石头的河床流去，河里的石头光滑、洁白，活像史前的巨蛋。这块天地还是新开辟的，许多东西都叫不出名字，不得不用手指指点点。每年三月，衣衫褴褛的吉卜赛人都要在村边搭起帐篷，在笛鼓的喧嚣声中，向马孔多的居民介绍科学家的最新发明。他们首先带来的是磁铁。一个身躯高大的吉卜赛人，自称梅尔加德斯，满脸络腮胡子，手指瘦得像鸟的爪子，向观众出色地表演了他所谓的马其顿炼金术士创造的世界第八奇迹。他手里拿着两大块磁铁，从一座农舍走到另一座农舍，大家都惊异地看见，铁锅、铁盆、铁钳、铁炉都从原地倒下，木板上的钉子和螺丝嘎吱嘎吱地拼命想挣脱出来，甚至那些早就丢失的东西也从找过多次的地方兀然出现，乱七八糟地跟在梅尔加德斯的魔铁后面。"东西也是有生命的，"吉卜赛人用刺耳的声调说，"只消唤起它们的灵性。"霍·阿·布恩蒂亚狂热的想象力经常超过大自然的创造力，甚至越过奇迹和魔力的限度，他认为这种暂时无用的科学发明可以用来开采地下的金子。

梅尔加德斯是个诚实的人，他告诫说："磁铁干这个却不行。"可是霍·阿·布恩蒂亚当时还不相信吉卜赛人的诚实，因此用自己的一匹骡子和两只山羊换下了两块磁铁。这些家畜是他的妻子打算用来振兴破败的家业的，她试图阻止他，但是枉费工夫。"咱们很快就会有足够的金子，用来铺家里的地都有余啦。"——丈夫回答她。在好几个月里，霍·阿·布恩蒂亚都顽强地努力履行自己的诺言。他带着两块磁铁，大声地不断念着梅尔加德斯教他的咒语，勘察了周围整个地区的一寸寸土地，甚至河床。但他掘出的唯一的东西，是十五世纪的一件铠甲，它的各部分都已锈得连在一起，用手一敲，铠甲里面就发出空洞的回声，仿佛一只塞满石子的大葫芦。

三月间，吉卜赛人又来了。现在他们带来的是一架望远镜和一只大小似鼓的放大镜，说是阿姆斯特丹犹太人的最新发明。他们把望远镜安在帐篷门口，而让一个吉卜赛女人站在村子尽头。花五个里亚尔，任何人都可从望远镜里看见那个仿佛近在咫尺的吉卜赛女人。"科学缩短了距离。"梅尔加德斯说。"在短时期内，人们足不出户，就可看到世界上任何地方发生的事儿。"在一个炎热的晌午，吉卜赛人用放大镜作了一次惊人的表演：他们在街道中间放了一堆干草，借太阳光的焦点让干草燃了起来。磁铁的试验失败之后，霍·阿·布恩蒂亚还不甘心，马上又产生了利用这个发明作为作战武器的念头。梅尔加德斯又想劝阻他，但他终于同意用两块磁铁和三枚殖民地时期的金币交换放大镜。乌苏娜伤心得流了泪。这些钱是从一盒金鱼卫拿出来的，那盒金币由她父亲一生节衣缩食积攒下来，她一直把它埋藏在自个儿床下，想在适当的时刻使用。霍·阿·布恩蒂亚无心抚慰妻子，他以科学家的忘我精神，甚至冒着生命危险，一头扎进了作战试验。他想证明用放大镜对付敌军的效力，就把阳光的焦点射到自己身上，因此受到灼伤，伤处溃烂，很久都没痊愈。这种危险的发明把他的妻子吓坏了，但他不顾妻子的反对，有一次甚至准备点燃自己的房子。霍·阿·布恩蒂亚待在自己的房间里总是一连几个小时，计算新式武器的战略威力，甚至编写了一份使用这种武器的《指南》，阐述异常清楚，论据确凿有力。他把这份《指南》连同许多试验说明和几幅图解，请一个信使送给政府；这个信使翻过山岭，涉过茫茫苍苍的沼地，游过汹涌澎湃的河流，冒着死于野兽和疫病的危险，终于到了一条驿道。当时前往首都尽管是不大可能的，霍·阿·布恩蒂亚还是答应，只要政府一声令下，他就去向军事长官们实际表演他的发明，甚至亲自训练他们掌握太阳战的复杂技术。他等待答复等了几年。最后等得厌烦了，他就为这新的失败埋怨梅尔加德斯，于是吉卜赛人令人信服地证明了自己的诚实：他归还了金币，换回了放大镜，并且给了霍·阿·布恩蒂亚几幅葡萄牙航海图和各种航海仪器。梅尔加德斯亲手记下了修道士赫尔曼著作的简要说明，把记录留给霍·阿·布恩蒂亚，让他知道如何使用观象仪、罗盘和六分仪。在雨季的漫长月份里，霍·阿·布恩蒂亚都把自己关在宅子深处的小房间里，不让别人打扰他的试验。他完全抛弃了家务，整夜整夜待在院子里观察星星的运行；为了找到子午线的确定方法，他差点儿中了暑。他完全掌握了自己的仪器以后，就设想出了空间的概念，今后，他不走出自己的房间，就能在陌生的海洋上航行，考察荒无人烟的土地，并且跟珍禽异兽打上交道了。正是从这个时候起，他养成了自言自语的习惯，在屋子里踱来踱去，对谁也不答理，而乌苏娜和孩子们却在菜园里忙得喘不过气来，照料香蕉和海芋、木薯和山药、南瓜和茄子。可是不久，霍·阿·布恩蒂亚紧张的工作突然停辍，他陷入一种神魂颠倒的状态。好几天，他仿佛中了魔，总是低声地嘟囔什么，并为自己反复斟酌的各种假设感到吃惊，自己都不相信。最后，在十二月里的一个星期天、吃午饭的时候，他忽然一下子摆脱了恼人的疑虑。孩子们至死都记得，由于长期熬夜和冥思苦想而变得精疲力竭的父亲，如何洋洋得意地向他们宣布自己的发现：

"地球是圆的，像橙子。"

乌苏娜失去了耐心，"如果你想发癫，你就自个儿发吧！"她嚷叫起来，"别给孩子们的脑瓜里灌输吉卜赛人的胡思乱想。"霍·阿·布恩蒂亚一动不动，妻子气得把观象仪摔到地上，也没有吓倒他。他另做了一个观象仪，并且把村里的一些男人召到自己的小房间里，根据在场的人谁也不明白的理论，向他们证明说，如果一直往东航行，就能回到出发的地点。马孔多的人以为霍·阿·布恩蒂亚疯了，可兄梅尔加德斯回来之后，马上消除了大家的疑虑。他大声地赞扬霍·阿·布恩蒂亚的智慧：光靠观象仪的探测就证实了一种理论，这种理论虽是马孔多的居民至今还不知道的，但实际上早就证实了；梅尔加德斯为了表示钦佩，赠给霍·阿·布恩蒂亚一套东西——炼金试验室设备，这对全村的未来将会产生深远的影响。

这时，梅尔加德斯很快就衰老了。这个吉卜赛人第一次来到村里的时候，仿佛跟霍·阿·布恩蒂亚同样年岁。可他当时仍有非凡的力气，揪住马耳朵就能把马拉倒，现在他却好像被一些顽固的疾病折磨坏了。确实，他衰老的原因是他在世界各地不断流浪时得过各种罕见的疾病，帮助霍·阿·布恩蒂亚装备试验室的时候，他说死神到处都紧紧地跟着他，可是死神仍然没有最终决定要他的命。从人类遇到的各种瘟疫和灾难中，他幸存下来了。他在波斯患过癞病，在马来亚群岛患过坏血病，在亚历山大患过麻疯病，在日本患过脚气病，在马达加斯加患过淋巴腺鼠疫，在西西里碰到过地震，在麦哲伦海峡遇到过牺牲惨重的轮船失事。这个不寻常的人说他知道纳斯特拉马斯的秘诀。此人面貌阴沉，落落寡欢，戴着一顶大帽子，宽宽的黑色帽沿宛如乌鸦张开的翅膀，而他身上的丝绒坎肩却布满了多年的绿霉。然而，尽管他无比聪明和神秘莫测，他终归是有血有肉的人，摆脱不了人间日常生活的烦恼和忧虑。他抱怨年老多病，苦于微不足道的经济困难，早就没有笑容，因为坏血病已使他的牙齿掉光了。霍·阿·布恩蒂亚认为，正是那个闷热的晌午，梅尔加德斯把自己的秘密告诉他的时候，他们的伟大友谊才开了头。吉卜赛人的神奇故事使得孩子们感到惊讶。当时不过五岁的奥雷连诺一辈子都记得，梅尔加德斯坐在明晃晃的窗子跟前，身体的轮廓十分清晰；他那风琴一般低沉的声音透进了最暗的幻想的角落，而他的两鬓却流着汗水，仿佛暑热熔化了的脂肪。奥雷连诺的哥哥霍·阿卡蒂奥，将把这个惊人的形象当作留下的回忆传给他所有的后代。至于乌苏娜，恰恰相反，吉卜赛人的来访给她留下了最不愉快的印象，因为她跨进房间的时候，正巧梅尔加德斯不小心打碎了一瓶升汞。

"这是魔鬼的气味。"她说。

"根本不是，"梅尔加德斯纠正她，"别人证明魔鬼只有硫黄味，这儿不过是一点点升汞。"

接着，他用同样教诲的口吻大谈特谈朱砂的特性。乌苏娜对他的话没有任何兴趣，就带着孩子祈祷去了。后来，这种刺鼻的气味经常使她想起梅尔加德斯。

除了许多铁锅、漏斗、曲颈瓶、筛子和过滤器，简陋的试验室里还有普通熔铁炉、长颈玻璃烧瓶、点金石仿制品以及三臂蒸馏器；此种蒸馏器是犹太女人马利姬曾经用过的，现由吉卜赛人自己按照最新说明制成。此外，梅尔加德斯还留下了七种与六个星球有关的金属样品、摩西和索西莫斯倍金方案、炼金术笔记和图解，谁能识别这些笔记和图解，谁就能够制作点金石。霍·阿·布恩蒂亚认为倍金方案比较简单，就入迷了。他一连几个星期缠住乌苏娜，央求她从密藏的小盒子里掏出旧金币来，让金子成倍地增加，水银能够分成多少份，金子就能增加多少倍。像往常一样，乌苏娜没有拗过丈夫的固执要求。于是，霍·阿·布恩蒂亚把三十枚金币丢到铁锅里，拿它们跟雌黄、铜屑、水银和铅一起熔化。然后又把这一切倒在蓖麻油锅里，在烈火上熬了一阵。直到最后熬成一锅恶臭的浓浆，不像加倍的金子，倒像普通的焦糖。经过多次拼命的、冒险的试验：蒸馏啦，跟七种天体金属一起熔炼啦，加进黑梅斯水银和塞浦路斯硫酸盐啦，在猪油里重新熬煮啦（因为没有萝卜油），乌苏娜的宝贵遗产变成了一大块焦糊的渣滓，粘在锅底了。

吉卜赛人回来的时候，乌苏娜唆使全村的人反对他们，可是好奇战胜了恐惧，因为吉卜赛人奏着各式各样的乐器，闹嚷嚷地经过街头，他们的宣传员说是要展出纳希安兹人最奇的发明。大家都到吉卜赛人的帐篷去，花一分钱，就可看到返老还童的梅尔加德斯——身体康健，没有皱纹，满口漂亮的新牙。有些人还记得他坏血病毁掉的牙床、凹陷的面颊、皱巴巴的嘴唇，一见吉卜赛人神通广大的最新证明，都惊得发抖。接着，梅尔加德斯从嘴里取出一副完好的牙齿，刹那间又变成往日那个老朽的人，并且拿这副牙齿给观众看了一看，然后又把它装上牙床，微微一笑，似乎重新恢复了青春，这时大家的惊愕却变成了狂欢。甚至霍·阿·布恩蒂亚本人也认为，梅尔加德斯的知识到了不大可能达到的极限，可是当吉卜赛人单独向他说明假牙的构造时，他的心也就轻快了，高兴得放声大笑。霍·阿·布恩蒂亚觉得这一切既简单又奇妙，第二天他就完全失去了对炼金术的兴趣，陷入了沮丧状态，不再按时进餐，从早到晚在屋子里踱来踱去。"世界上正在发生不可思议的事，"他向乌苏娜唠叨。"咱们旁边，就在河流对岸，已有许多各式各样神奇的机器，可咱们仍在这儿像蠢驴一样过日子。"马孔多建立时就了解他的人都感到惊讶，在梅尔加德斯的影响下，他的变化多大啊！

　　从前，霍·阿·布恩蒂亚好像一个年轻的族长，经常告诉大家如何播种，如何教养孩子，如何饲养家畜；他跟大伙儿一起劳动，为全村造福。布恩蒂亚家的房子是村里最好的，其他的人都力求像他一样建筑自己的住所。他的房子有一个敞亮的小客厅、摆了一盆盆鲜花的阳台餐室和两间卧室，院子里栽了一棵挺大的栗树，房后是一座细心照料的菜园，还有一个畜栏，猪、鸡和山羊在栏里和睦相处。他家里禁养斗鸡，全村也都禁养斗鸡。

　　乌苏娜像丈夫一样勤劳。她是一个严肃、活跃和矮小的女人，意志坚强，大概一辈子都没唱过歌，每天从黎明到深夜，四处都有她的踪影，到处都能听到她那浆过的荷兰亚麻布裙子轻微的沙沙声。多亏她勤于照料，夯实的泥土地面、未曾粉刷的土墙、粗糙的自制木器，经常都是干干净净的，而保存衣服的旧箱子还散发出紫苏轻淡的芳香。

　　霍·阿·布恩蒂亚是村里最有事业心的人，他指挥建筑的房屋，每家的主人到河边去取水都同样方便；他合理设计的街道，每座住房白天最热的时刻都能得到同样的阳光。建村之后过了几年，马孔多已经成了一个最整洁的村子，这是跟全村三百个居民过去住过的其他一切村庄都不同的。这是一个真正幸福的村子；在这村子里，谁也没有超过三十岁，也还没有死过一个人。

　　建村的时候，霍·阿·布恩蒂亚开始制作套索和鸟笼。很快，他自己和村中其他的人家都养了金驾、金丝雀、蜂虎和知更鸟。许多各式各样的鸟儿不断地叽叽喳喳，乌苏娜生怕自己震得发聋，只好用蜂蜡把耳朵塞上。梅尔加德斯一伙人第一次来到马孔多出售玻璃球头痛药时，村民们根本就不明白这些吉卜赛人如何能够找到这个小小的村子，因为这个村子是隐没在辽阔的沼泽地带的；吉卜赛人说，他们来到这儿是由于听到了鸟的叫声。

　　可是，霍·阿·布恩蒂亚为社会造福的精神很快消失，他迷上了磁铁和天文探索，幻想采到金子和发现世界的奇迹。精力充沛、衣着整洁的霍·阿·布恩蒂亚逐渐变成一个外表疏懒、衣冠不整的人，甚至满脸胡髭，乌苏娜费了大劲才用一把锋利的菜刀把他的胡髭剃掉。村里的许多人都认为，霍·阿·布恩蒂亚中了邪。不过，他把一个袋子搭在肩上，带着铁锹和锄头，要求别人去帮助他开辟一条道路，以便把马孔多和那些伟大发明连接起来的时候，甚至坚信他发了疯的人也扔下自己的家庭与活计，跟随他去冒险。

　　霍·阿·布恩蒂亚压根儿不了解周围地区的地理状况。他只知道，东边耸立着难以攀登的山岭，山岭后面是古城列奥阿察，据他的祖父——奥雷连诺·布恩蒂亚一世说，从前有个弗兰西斯·德拉克爵士，曾在那儿开炮轰击鳄鱼消遣；他叫人在轰死的鳄鱼肚里填进干草，补缀好了就送去献给伊丽莎白女王。年轻的时候，霍·阿·布恩蒂亚和其他的人一起，带着妻子、孩子、家畜和各种生活用具，翻过这个山岭，希望到海边去，可是游荡了两年又两个月，就放弃了自己的打算；为了不走回头路，才建立了马孔多村。因此，往东的路是他不感兴趣的——那只能重复往日的遭遇，南边是一个个永远杂草丛生的泥潭和一大片沼泽地带——据吉卜赛人证明，那是一个无边无涯的世界。西边呢，沼泽变成了辽阔的水域，那儿栖息着鲸鱼状的生物；这类生物，皮肤细嫩，头和躯干都像女子，宽大、迷人的胸脯常常毁掉航海的人。据吉卜赛人说，他们到达驿道经过的陆地之前，航行了几乎半年。霍·阿·布恩蒂亚认为，跟文明世界接触，只能往北前进。于是，他让那些跟他一起建立马孔多村的人带上铁锹、锄头和狩猎武器，把自己的定向仪具和地图放进背囊，就去从事鲁莽的冒险了。

最初几天，他们没有遇到特殊的困难。他们顺着遍布石头的河岸下去，到了几年前发现古代铠甲的地方，并且沿着野橙子树之间的小径进入一片树林。到第一个周末，他们侥幸打死了一只牡鹿，拿它烤熟，可是决定只吃一半，把剩下的储备起来。他们采取这个预防措施，是想延缓以金刚鹦鹉充饥的时间；这种鹦鹉的肉是蓝色的，有强烈的麝香味儿。在随后的十几天中，他们根本没有见到阳光。脚下的土地变得潮湿、松软起来，好像火山灰似的，杂草越来越密，飞禽的啼鸣和猴子的尖叫越来越远——四周仿佛变得惨淡凄凉了。这个潮湿和寂寥的境地犹如"原罪"以前的蛮荒世界；在这儿，他们的鞋子陷进了油气腾腾的深坑，他们的大砍刀乱劈着血红色的百合花和金黄色的蝾螈，远古的回忆使他们受到压抑。整整一个星期，他们几乎没有说话，像梦游人一样在昏暗、悲凉的境地里行进，照明的只有萤火虫闪烁的微光，难闻的血腥气味使他们的肺部感到很不舒服。回头的路是没有的，因为他们开辟的小径一下子就不见了，几乎就在他们眼前长出了新的野草。"不要紧，"霍·阿·布恩蒂亚说，"主要是不迷失方向。"他不断地盯住罗盘的指针，继续领着大伙儿往看不见的北方前进，终于走出了魔区。他们周围是没有星光的黑夜，但是黑暗里充满了新鲜空气，经过长途跋涉，他们已经疲惫不堪，于是悬起吊床，两星期中第一次安静地睡了个大觉。醒来的时候，太阳已经升得很高，他们因此惊得发呆。在宁静的晨光里，就在他们前面，矗立着一艘西班牙大帆船，船体是白色、腐朽的，周围长满了羊齿植物和棕榈。帆船微微往右倾斜，在兰花装饰的索具之间，桅杆还很完整，垂着肮脏的船帆碎片，船身有一层石化贝壳和青苔形成的光滑的外壳，牢牢地陷入了坚实的土壤。看样子，整个船身处于孤寂的地方，被人忘却了，没有遭到时光的侵蚀，也没有受到飞禽的骚扰，探险队员们小心地察看了帆船内部，里面除了一大簇花卉，没有任何东西。

帆船的发现证明大海就在近旁，破坏了霍·阿·布恩蒂亚的战斗精神。他认为这是狡诈的命运在捉弄他：他千辛万苦寻找大海的时候，没有找到它；他不想找它的时候，现在却发现了它——它像一个不可克服的障碍横在他的路上。多年以后，奥雷连诺上校也来到这个地区的时候（那时这儿已经开辟了驿道），他在帆船失事的地方只能看见一片罂粟花中间烧糊的船骨。那时他只相信，这整个故事并不是他父亲虚构的，于是向自己提出个问题：帆船怎会深入陆地这么远呢？可是，再经过四天的路程，在离帆船十二公里的地方，霍·阿·布恩蒂亚看见大海的时候，并没有想到这类问题。在大海面前，他的一切幻想都破灭了；大海翻着泡沫，混浊不堪，灰茫茫一片，值不得他和伙伴们去冒险和牺牲。

"真他妈的！"霍·阿·布恩蒂亚叫道。"马孔多四面八方都给海水围住啦！"

探险回来以后，霍·阿·布恩蒂亚绘了一幅地图：由于这张主观想出的地图，人们长时期里都以为马孔多是在一个半岛上面，他是恼怒地画出这张地图的，故意夸大跟外界往来的困难，仿佛想惩罚自己轻率地选择了这个建村的地点，"咱们再也去不了任何地方啦，"他向乌苏娜叫苦，"咱们会在这儿活活地烂掉，享受不到科学的好处了。"在自己的小试验室里，他把这种想法反刍似的咀嚼了几个月，决定把马孔多迁到更合适的地方去，可是妻子立即警告他，破坏了他那荒唐的计划。村里的男人已经开始准备搬家，乌苏娜却像蚂蚁一样悄悄地活动，一鼓作气唆使村中的妇女反对男人的轻举妄动。霍·阿·布恩蒂亚说不清楚，不知什么时候，由于什么对立的力量，他的计划遭到一大堆借口和托词的阻挠，终于变成没有结果的幻想。有一天早晨乌苏娜发现，他一面低声叨咕搬家的计划，一面把自己的试验用具装进箱子，她只在旁边装傻地观察他，甚至有点儿怜悯他。她让他把事儿干完，在他钉上箱子，拿蘸了墨水的刷子在箱子上写好自己的缩写姓名时，她一句也没责备他，尽管她已明白（凭他含糊的咕噜），他知道村里的男人并不支持他的想法。只当霍·阿·布恩蒂亚开始卸下房门时，乌苏娜才大胆地问他要干什么，他有点难过地回答说："既然谁也不想走，咱们就单独走吧。"乌苏娜没有发慌。

"不，咱们不走，"她说，"咱们要留在这儿，因为咱们在这儿生了个儿子。"

"可是，咱们还没有一个人死在这儿，"霍·阿·布恩蒂亚反驳说，"一个人如果没有亲属埋在这儿，他就不是这个地方的人。"

乌苏娜温和而坚决地说：

"为了咱们留在这儿，如果要我死，我就死。"

霍·阿·布恩蒂亚并不相信妻子那么坚定，他试图用自己的幻想迷住她，答应带她去看一个美妙的世界；那儿，只要在地里喷上神奇的药水，植物就会按照人的愿望长出果实；那儿，可以贱价买到各种治病的药物。可是他的幻想并没有打动她。

"不要成天想入非非，最好关心关心孩子吧，"她回答，"你瞧，他们像小狗儿似的被扔在一边，没有人管。"

霍·阿·布恩蒂亚一字一句体会妻子的话，他望了望窗外，看见两个赤足的孩子正在烈日炎炎的菜园里；他觉得，他们仅在这一瞬间才开始存在，仿佛是乌苏娜的咒语呼唤出来的。这时，一种神秘而重要的东西在他心中兀然出现，使他完全脱离了现实，浮游在往事的回忆里。当乌苏娜打扫屋子、决心一辈子也不离开这儿时，霍·阿·布恩蒂亚继续全神贯注地望着两个孩子，终于望得两眼湿润，他就用手背擦了擦眼睛，无可奈何地发出一声深沉的叹息。

"好啦，"他说，"叫他们来帮我搬出箱子里的东西吧。"

大儿子霍·阿卡蒂奥满了十四岁，长着方方的脑袋和蓬松的头发，性情像他父亲一样执拗。他虽有父亲那样的体力，可能长得像父亲一般魁伟，但他显然缺乏父亲那样的想象力。他是在马孔多建村之前翻山越岭的艰难途程中诞生的。父母确信孩子没有任何牲畜的特征，都感谢上帝。奥雷连诺是在马孔多出生的第一个人，三月间该满六岁了。这孩子性情孤僻、沉默寡言。他在母亲肚子里就哭哭啼啼，是睁着眼睛出世的。人家给他割掉脐带的时候，他把脑袋扭来扭去，仿佛探察屋里的东西，并且好奇地瞅着周围的人，一点儿也不害怕。随后，对于走到跟前来瞧他的人，他就不感兴趣了，而把自己的注意力集中在棕榈叶铺盖的房顶上；在倾盆大雨下，房顶每分钟都有塌下的危险。乌苏娜记得后来还看见过孩子的这种紧张的神情。有一天，三岁的小孩儿奥雷连诺走进厨房，她正巧把一锅煮沸的汤从炉灶拿到桌上。孩子犹豫不决地站在门槛边，惊惶地说："马上就要摔下啦。"汤锅是稳稳地放在桌子中央的，可是孩子刚说出这句话，它仿佛受到内力推动似的，开始制止不住地移到桌边，然后掉到地上摔得粉碎。不安的乌苏娜把这桩事情告诉丈夫，可他把这种事情说成是自然现象。经常都是这样：霍·阿·布恩蒂亚不关心孩子的生活，一方面是因为他认为童年是智力不成熟的时期，另一方面是因为他一头扎进了荒唐的研究。

但是，从他招呼孩子们帮他取出箱子里的试验仪器的那天下午起，他就把他最好的时间用在他们身上了。在僻静的小室墙壁上，难于置信的地图和稀奇古怪的图表越来越多；在这间小室里，他教孩子们读书、写字和计算；同时，不仅依靠自己掌握的知识，而且广泛利用自己无限的想象力，向孩子们介绍世界上的奇迹。孩子们由此知道，非洲南端有一种聪明、温和的人，他们的消遣就是坐着静思，而爱琴海是可以步行过去的，从一个岛屿跳上另一个岛屿，一直可以到达萨洛尼卡港。这些荒诞不经的夜谈深深地印在孩子们的脑海里，多年以后，政府军的军官命令行刑队开枪之前的片刻间，奥雷连诺上校重新忆起了那个暖和的三月的下午，当时他的父亲听到远处吉卜赛人的笛鼓声，就中断了物理课，两眼一动不动，举着手愣住了；这些吉卜赛人再一次来到村里，将向村民介绍孟菲斯学者们惊人的最新发明。

这是另一批吉卜赛人。男男女女们都挺年轻，只说本族话，是一群皮肤油亮、双手灵巧的漂亮人物。他们载歌载舞，兴高采烈，闹嚷嚷地经过街头，带来了各样东西：会唱意大利抒情歌曲的彩色鹦鹉；随着鼓声一次至少能下一百只金蛋的母鸡；能够猜出人意的猴子；既能缝纽扣、又能退烧的多用机器；能够使人忘却辛酸往事的器械，能够帮助消磨时间的膏药，此外还有其他许多巧妙非凡的发明，以致霍·阿·布恩蒂亚打算发明一种记忆机器，好把这一切全都记住。瞬息间，村子里的面貌就完全改观了，人群熙攘，闹闹喧喧，马孔多的居民在自己的街道上也迷失了方向。

霍·阿·布恩蒂亚像疯子一样东窜西窜，到处寻找梅尔加德斯，希望从他那儿了解这种神奇情景的许多秘密。他手里牵着两个孩子，生怕他们在拥挤的人群中丢失，不时碰见镶着金牙的江湖艺人或者六条胳膊的魔术师。人群中发出屎尿和檀香混合的味儿，叫他喘不上气。他向吉卜赛人打听梅尔加德斯，可是他们不懂他的语言。最后，他到了梅尔加德斯往常搭帐篷的地方。此刻，那儿坐着一个脸色阴郁的亚美尼亚吉卜赛人，正在用西班牙语叫卖一种隐身糖浆，当这吉卜赛人刚刚一下子喝完一杯琥珀色的无名饮料时，霍·阿·布恩蒂亚挤过一群看得出神的观众，向吉卜赛人提出了自己的问题。吉卜赛人用奇异的眼光瞅了瞅他，立刻变成一滩恶臭的、冒烟的沥青，他的答话还在沥青上发出回声："梅尔加德斯死啦。"霍·阿·布恩蒂亚听到这个消息，不胜惊愕，呆若木鸡，试图控制自己的悲伤，直到观众被其他的把戏吸引过去，亚美尼亚吉卜赛人变成的一滩沥青挥发殆尽。然后，另一个吉卜赛人证实，梅尔加德斯在新加坡海滩上患疟疾死了，尸体抛入了爪哇附近的大海。孩子们对这个消息并无兴趣，就拉着父亲去看写在一个帐篷招牌上的孟菲斯学者的新发明，如果相信它所写的，这个帐篷从前属于所罗门王。孩子们纠缠不休，霍·阿·布恩蒂亚只得付了三十里亚尔，带着他们走进帐篷，那儿有个剃光了脑袋的巨人，浑身是毛，鼻孔里穿个铜环，脚踝上拴了条沉重的铁链，守着一只海盗用的箱子，巨人揭开盖子，箱子里就冒出一股刺骨的寒气。箱子坠上有一大块透明的东西，这玩意儿中间有无数白色的细针，傍晚的霞光照到这些细针，细针上面就现出了许多五颜六色的星星。

霍·阿·布恩蒂亚感到大惑不解，但他知道孩子们等着他立即解释，便大胆地嘟囔说："这是世界上最大的钻石。"

"不，"吉卜赛巨人纠正他，"这是冰块。"

莫名其妙的霍·阿·布恩蒂亚向这块东西伸过手去，可是巨人推开了他的手。"再交五个里亚尔才能摸。"巨人说。霍·阿·布恩蒂亚付了五个里亚尔，把手掌放在冰块上待了几分钟；接触这个神秘的东西，他的心里充满了恐惧和喜悦，他不知道如何向孩子们解释这种不太寻常的感觉，又付了十个里亚尔，想让他们自个儿试一试，大儿子霍·阿卡蒂奥拒绝去摸。相反地，奥雷连诺却大胆地弯下腰去，将手放在冰上，可是立即缩回手来。"这东西热得烫手！"他吓得叫了一声。父亲没去理会他。这时，他对这个显然的奇迹欣喜若狂，竟忘了自己那些幻想的失败，也忘了葬身鱼腹的梅尔加德斯。霍·阿·布恩蒂亚又付了五个里亚尔，就像出庭作证的人把手放在《圣经》上一样，庄严地将手放在冰块上，说道：

"这是我们这个时代最伟大的发明。"

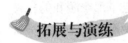

拓展与演练

【核心能力】

学会深阅读，会写读后感。

【目标导航】

（1）了解读后感的基本写法。

（2）学会联系生活表达对作品和人生的思考。

【技巧指导】

（1）"读"是基础。仔细阅读原文，读是感的基础和前提，读得细致，理解透彻，感受才能真切、深刻。

（2）"感"是核心。"感"可以是从书中领悟而来的深刻道理或精湛思想，也可以是受书中内容启发而引起的联想感悟，还可以是因读书而引起的对社会某些现象的感触和评论。

（3）"引"是桥梁。"感"的内容不可脱离原文任意发挥，而是要紧扣原文的相关内容，写出自己的真切感受。所以，必要时可适当引述原文，引出自己感受的来源，既可直接引用，也可以加以概括，间接引述。"引"就是把原文中最打动你的地方，让你感受最深的内容加以引用。

（4）"联"是关键。"联"就是联系实际，链接生活。"联"就是用自己的阅读积累来印证和强化阅读文章的感受，也可结合自己的生活经历，列举实例加以说明。这样才能使读后感内容丰富，说服力更强。

【片段赏读】

蒸腾（节选）

——读海伦·凯勒《我的一生》

海伦·凯勒曾说过这样一段话："他们夺去了我应有的眼睛，但我记起了弥尔顿的乐园；他们夺去了我应有的耳朵，贝多芬抹去了我的眼泪；他们夺去了我应有的舌头，上帝不会让他们夺去我的灵魂,只要我拥有灵魂便拥有一切。"

每次读到这里,总能感到一种誓与命运抗争到底的强悍。我努力去寻找她曾以怎样的心态去面对磨难。本以为她会告诉我们命运是如何不公,应该如何如何坚强。然而,让我没想到的是,在她寂静黑暗的世界里,满眼的明亮与多彩,满眼的喧闹与生动,让我恍然感到自己麻木的视觉神经原来已经好久没有受到这样强烈的刺激了!生命的强悍,求知的强烈,点亮了心眼,让她看到了生命的美好,也让我看到了一颗渴望光明的心灵如此多情,如此绚烂。

"蒸"的过程渗透着一滴一滴的血,每一滴鲜血都积蓄着"腾"的热量。

赏读:作者一改先引原文,再谈感受的常规写法,别出心裁地将读后所感凝聚为"蒸腾"一词,并以"蒸腾"一词为线索来构思全文。从对"蒸腾"的新解开始,到"蒸"的外在环境,再到从"蒸"到"腾"的艰苦过程,最后到"腾"飞,清晰地写出了作者的阅读感悟。

【示范引路】

登高
——读《望岳》有感

岱宗夫如何?齐鲁青未了。
造化钟神秀,阴阳割昏晓。
荡胸生层云,决眦入归鸟。
会当凌绝顶,一览众山小。

随着下课铃响起,杜甫的《望岳》一课也在大家激情满怀的诵读声中结束了。然而,我的心却不平静了,打小就喜欢爬高的我,对那高高的泰山顶上的风景来了兴趣。三岁,总觉得树高,便想学爬树;七岁,总觉得楼高,常在屋顶玩儿;十岁,觉得天高,幻想着能够飞翔,十八岁,高对于我而言,抽象了,虚幻了,总觉得世上的东西,没有最高,只有更高。

孔子云:"登泰山而小天下。"我还未曾游过泰山,不知那是怎样的一番胜景,想必定是极致的高吧!

其实,我也曾享受过那种俯瞰的美感,站在20层楼的窗边,宽大的落地窗下虽是一片繁华,却也小如蝼蚁。前方的居民楼层层叠叠,远了,便模糊了,仅见白茫茫的云海里透出点点隐约的轮廓,分不清那究竟是虚,还是实。在俗世中,这是一种超然的美感,清新,雅致,而视线,却仍局限于这小小的眼眶之中。

人生的俯瞰,又是一种怎样的滋味呢?

千百年来,没有人真正登上过历史的最高峰,文化的最高峰。纵是名留千古的杜甫,留下"会当凌绝顶,一览众山小"的壮志豪情,他的一生,却仍是攀登的一生,穷毕生之心血,造诣其实也并非造极登峰。

世外的人呢?田园隐士,虽有归隐山林,与花鸟为伴的逸趣,却永远无法开释那久久萦绕的心结;绝世高僧,虽享有千古盛誉,却难逃一世的孤苦。

登高，这只是一个梦想，一个渴望。但正是这种渴望，创造出了历史上无数绚烂的辉煌。梦想本身，又何尝不是一种超然的美丽呢？

【点评】

本文用散文化的笔法和生动优美的语言，将自己读《望岳》一诗后所激发的共鸣与产生的联想细腻温婉地呈现在读者面前。作者最巧妙的构思在于把杜甫的登山与自己的生活和成长中的登高联系起来思考，更难能可贵的是还能跳出自我，思接千载，纵论古今。

【实践演练】

选择你最近阅读的某本书或某篇文章，写一篇读后感，自拟题目，不少于600字，力求用充满文采的语言写出你的感受与思考。

第八部分
腹有诗书气自华

写在前面的话

我们平时聊天时会问一句话：你有什么爱好？常常听到这样的答案：我爱好文学或我喜欢文学。那么什么是文学？"文学本质即文学是一种语言艺术，是话语蕴藉的审美意识形态。"（童庆炳《文学理论教程》）"文学"在不同的国家、民族和时代，具有不同的内涵，"文学"种类繁多，"文学"与"非文学"界限不明：有人从理念出发界定文学，有人从经验出发界定文学；有人强调文学"应该"如何，有人强调文学"实际"如何。

文学是以语言文字为工具，形象化地反映客观现实、表现作家心灵世界的艺术，表现内心情感，再现一定时期、一定地域的社会生活。我们现在看到、听到和学到的所有文学作品为我们构筑了一个文学世界。"文学就像炉中的火一样，我们从人家那里借得火来，把自己点燃，而后传给别人，以致为大家所共同拥有。"（福楼拜）"文学使思想充满血和肉，他比科学和哲学更能给予思想以巨大的明确性和说明性。"（高尔基）

文学主要是以传播文化为主题，它是传承文化的载体，通过不同的文学形式传播知识和文化。余秋雨先生认为：中华文明作为全人类唯一没有中断过的古文明，蕴藏着一种神奇的力量。作为青年学生，我们要爱好文学，传播文化，奠定我们文化自信的强大底气。

文化自信是一个民族、一个国家以及一个政党对自身文化价值的充分肯定和积极践行，并对其文化的生命力具有的坚定信心。

（林静）

导 读

《道德经·第九章》选自道家经典哲学作品《道德经》，秉承了《道德经》以韵语和整齐的句式，以日常生活中熟悉的事物，阐述深奥、抽象的理论的艺术特点，给予读者音乐美和思想美的文学享受。阅读时朗朗上口，思考时深邃奥妙。

《道德经·第九章》先以手持溢满的水、怀揣尖锐的兵器为例，劝诫世人懂得"过犹不及"的道理；接着阐述财富守不住，富贵而骄必然招致祸端；最后画龙点睛，指出"功成身退"的人生哲学。文章篇幅短小，却字字珠玑，给予读者思想上的启发。其蕴含的道理，可运用于生活实际。

阅读这篇文章，不仅要思考其哲理，也要感受其文学性及辩证思维，做到以小观大、以浅入深，全面获取知识。

道德经·第九章

李耳

持而盈之⁽¹⁾，不如其已⁽²⁾。揣而锐之⁽³⁾，不可长保。金玉满堂，莫之能守。富贵而骄，自遗其咎⁽⁴⁾。功成身退⁽⁵⁾，天之道⁽⁶⁾。

【注释】

（1）持而盈之：持，手执、手捧。此句意为持执盈满，自满自骄。

（2）不如其已：已，止。不如适可而止。

（3）揣而锐之：把铁器磨得又尖又利。揣，捶击的意思。

（4）咎：过失，灾祸。

（5）功成身退：功成名就之后，不再身居其位，而应适时退下。"身退"并不是退隐山林，而是不居功贪位。

（6）天之道：指自然规律。

老子：姓李名耳，字聃，出生于春秋时期陈国，生于约公元前571年，逝世于公元前471年。他是中国古代伟大的思想家、哲学家，道家学派创始人和主要代表人物。

导 读

《齐物论》作为道家代表人物庄子的作品，被认为是《庄子》思想最丰富而精微的篇章，也是道家哲学的经典之作。《齐物论》中揭示了人与自然相同的本质，以"人性与自然本性"为中心，强调"天地与我并生，万物与我为一"的思想，即强调人与自然是有机的生命统一体，肯定物与我之间的同体融合，阐述了道家"人道为一"的哲学观。

《齐物论》文章哲学说理结构零散却不杂乱，虽有"天马行空"的想象力，思想却始终保持一致，即形散而神不散。再者，《齐物论》中句式富有变化，描写细致、刻画深入，语言虽押韵却不刻板，文章整体给予读者肆意逍遥、气势磅礴之感。作者在文中所探讨的哲学思想和独创的艺术特征，使学者们为之倾倒和着迷，值得读者细细研读、探索和思考。

齐物论（节选）

庄周

夫言非吹也⁽¹⁾。言者有言，其所言者特未定也⁽²⁾。果有言邪？其未尝有言邪？其以为异于鷇音⁽³⁾，亦有辩乎⁽⁴⁾？其无辩乎？

道恶乎隐而有真伪？言恶乎隐而有是非⁽⁵⁾？道恶乎往而不存？言恶乎存而不可？道隐于小成⁽⁶⁾，言隐于荣华⁽⁷⁾。故有儒墨之是非⁽⁸⁾，以是其所非而非其所是。欲是其所非而非其所是，则莫若以明⁽⁹⁾。

物无非彼，物无非是。自彼则不见，自是则知之(10)。故曰：彼出于是，是亦因彼。彼是方生之说也(11)。虽然，方生方死，方死方生；方可方不可，方不可方可(12)；因是因非，因非因是(13)。是以圣人不由而照之于天(14)，亦因是(15)也。是亦彼也，彼亦是也。彼亦一是非，此亦一是非(16)。果且有彼是乎哉？果且无彼是乎哉(17)？彼是莫得其偶(18)，谓之道枢(19)。枢始得其环中(20)，以应无穷(21)。是亦一无穷，非亦一无穷也。故曰莫若以明。

以指喻指之非指，不若以非指喻指之非指也(22)；以马喻马之非马(23)，不若以非马喻马之非马也。天地一指也，万物一马也。

可乎可，不可乎不可。道行之而成，物谓之而然(24)。恶乎然？然于然。恶乎不然？不然于不然(25)。恶乎可？可于可。恶乎不可？不可于不可(26)。物固有所然，物固有所可；无物不然，无物不可。故为是举莛与楹(27)、厉与西施(28)、恢恑憰怪(29)，道通为一(30)。其分也(31)，成也(32)；其成也，毁也(33)。凡物无成与毁，复通为一。唯达者知通为一(34)，为是不用而寓诸庸(35)。庸也者，用也(36)；用也者，通也；通也者，得也(37)；适得而几矣(38)。因是已(39)，已而不知其然(40)，谓之道。劳神明为一而不知其同也(41)，谓之朝三(42)。何谓朝三？狙公赋芧曰(43)："朝三而暮四。"众狙皆怒。曰："然则朝四而暮三。"众狙皆悦。名实未亏而喜怒为用(44)，亦因是也。是以圣人和之以是非而休乎天钧(45)，是之谓两行(46)。

古之人，其知有所至矣。恶乎至(47)？有以为未始有物者，至矣，尽矣，不可以加矣。其次以为有物矣，而未始有封也(48)。其次以为有封焉，而未始有是非也。是非之彰也，道之所以亏也。道之所以亏，爱之所以成(49)。果且有成与亏乎哉？果且无成与亏乎哉？有成与亏，故昭氏之鼓琴也(50)。无成与亏，故昭氏之不鼓琴也。昭文之鼓琴也，师旷之枝策也(51)，惠子之据梧也(52)，三子之知几乎(53)！皆其盛者也，故载之末年(54)。唯其好之也(55)，以异于彼；其好之也，欲以明之(56)。彼非所明而明之，故以坚白之昧终(57)。而其子又以文之纶终(58)，终身无成。若是而可谓成乎？虽我亦成也(59)。若是而不可谓成乎？物与我无成也。是故滑疑之耀(60)，圣人之所图也(61)。为是不用而寓诸庸，此之谓以明。

【注释】

节选自陈鼓应《庄子今注今译》（商务印书馆，2007年版），编者对部分注释有增减与改动。

(1) 吹：风吹。言论出于己见，风吹出于自然，故说"言非吹"。

(2) 特：但，只。

(3) 鷇（kòu）音：刚刚破卵而出的鸟的叫声。

(4) 辩：通作"辨"，分辨、区别。

(5) 恶（wū）：何，怎么。隐：隐秘，藏匿。

(6) 成：成就。"小成"这里指一时的、局部的成功。

(7) 荣华：木草之花，这里喻指华丽的辞藻。

(8) 儒墨：儒家和墨家，战国时期两个政治和哲学流派。

(9) 莫若以明：不如用明静之心去观照，亦即"不如用其自然加以观察"。

(10) "自是"众本原作"自知"，据严灵峰《庄子章句新编》校改。这样与上句"自彼"互文；若按"自知"讲，语义亦不通达。

(11) 方生：并存。"彼是方生"意谓"彼""是"的观念是相对而生，相依而存的。

(12) 方生方死，方死方生；方可方不可，方不可方可："方"：始，随即，表时间。"可"即"是"，"不可"即"非"。这说明价值判断的无穷相对性。

(13) 因：遵循，依托。

(14) 由：自，经过。一说用，"不由"就是不用。照：观察。天：这里指事物的自然，即本然。

(15) 因：顺着。

(16) 一：同一，同样。

(17) 果：果真。

(18) 偶：对，对立面。

(19) 枢：门轴，形容重要、关键。道枢：大道的关键之处；这里指世界的实况、事物的本然。谓"彼""此"、"可""不可"的差别对立与纷争，都是人的主观使然，并非客观的实在。庄子认为，彼和此是事物对立的两个方面，如果彼和此都失去了相对立的一面，那么这就是道的枢要，即齐物以至齐论的关键。一切都出自虚无、一切都归于虚无，还有不"齐物"和"齐论"的吗？

(20) 环中：环的中心；"得其环中"喻指抓住要害。

(21) 应：适应，顺应。穷：尽。

(22) 指：不宜讲作手指之指，战国名家学派公孙龙子著《指物论》，这里应是针对该篇内容而言，所谓"指"，即组成事物的要素。联系下一句，事物的要素并非事物本身，而事物的要素只有在事物内才有它的存在，故有"指之非指"的说法。喻：说明。

(23) 马：跟上句的"指"一样，同是当时论辩的主要论题。名家公孙龙子就曾作《白马篇》，阐述了"白马非马"的观点。

(24) 谓：称谓、称呼。然：这样。

(25) 然：对的、正确的。

(26) 以上十二句历来认为有错简或脱落现象，句子序列暂取较通行的校勘意见。因此，未采纳陈鼓应《庄子今注今译》的句序。

(27) 莛（tíng）：草茎。楹（yíng）：厅堂前的木柱。"莛""楹"对文，代指物之细小者和巨大者。

(28) 厉：通作"疠"，指皮肤溃烂，这里用表丑陋的人。西施：吴王的美姬，古代著名的美人。

(29) 恢：宽大。恑（guǐ）：奇变。憰（jué）：诡诈。怪：怪异。恢恑憰怪四字连在一起，概指千奇百怪的各种事态。

(30) 一：浑一，一体。联系上文，庄子认为世上一切小与大、丑与美、千差万别的各种情态或各种事物，都是相通而又处在对立统一体内，从这一观点出发，世上一切事物就不会不"齐"，不会不具有某种共同性。

(31) 分：分开、分解。

(32) 成：生成、形成。"成"和"分"也是相对立的，一个事物被分解了，这就意味生成一新的事物。

(33) 毁：毁灭，指失去了原有的状态。"毁"与"成"也是相对立的，一个新事物通过分解而生成了，这就意味原事物的本有状态必定走向毁灭。

(34) 达：通达，"达者"这里指通晓事理的人。

(35) 为是不用：为了这个缘故不用固执己见；"不用"之后有所省略，即一定把物"分"而"成"的观点，也就是不"齐"的观点。寓：寄托。诸：讲作"之于"。庸：指平常之理。一说讲作"用"，含有功用的意思。

(36) 以下四句至"适得而几矣"，有人认为是衍文，是前人作注的语言，并非庄子的原文。姑备一说。

(37) 得：中，合乎常理的意思。一说自得。

(38) 适：恰。几：接近。

(39) 因：顺应。是：此，这里指上述"为一"的观点，即物之本然而不要去加以分别的观点。

(40) 已：这里是一种特殊的省略，实指前面整个一句话，"已"当讲作"因是已"。

(41) 劳：操劳、耗费。神明：心思，指精神和才智。为一：了解、认识事物浑然一体、不可分割的道理。言外之意，事物本来就是浑然一体，并不需要去辨求。同：具有同一的性状和特点。

(42) 朝三："朝三""暮四"的故事在《列子·黄帝篇》亦有记载。朝是早晨，暮是夜晚，三和四表示数量，即三升、四升。"朝三""暮四"或者"朝四""暮三"，其总和皆为"七"，这里借此譬喻名虽不一，实却无损，总都归结为"一"。

(43) 狙（jū）：猴子。狙公：养猴子的人。赋：给予。芧（xù）：橡子。

(44) 亏：亏损。为用：为之所用，意思是喜怒因此而有所变化。

(45) 和：调和、混用。"和之以是非"即"以是非和之"，把是和非混同起来。休：本指休息，这里含有优游自得地生活的意思。钧：通作"均"；"天钧"即自然而又均衡。

(46) 两行：物与我，即自然界与自我的精神世界都能各得其所，自行发展。

(47) 至：造极，最高的境界。

(48) 封：疆界、界线。

(49) 以：原本作"之"，据文义改。

(50) 昭氏：即昭文，以善于弹琴著称。庄子认为，音本是一个整体，没有高低长短之分就无法演奏，任何高明的琴师都不可能同时并奏各种各样的声音。正因为分出音的高低长短才能在琴弦上演奏出来。

(51) 师旷：晋平公时的著名乐师。枝策：用如动词，用枝或策叩击拍节，犹如今天的打拍子。一说举杖击节。

(52) 惠子：惠施，古代名家学派的著名人物。据：依；梧：树名。惠施善辩，"据梧"意思就是靠着梧桐树高谈阔论。一说"梧"当讲作桐木几案，"据梧"则是靠着几案的意思。

(53) 几：尽，意思是达到了顶点。

(54) 载：记载；一说载誉。末年，晚年。

(55) 好（hào）：喜好；"好之"意思是各自喜好自己的专长和学识。

(56) 明：明白、表露。

(57) 坚白：指石的颜色白而质地坚，但"白"和"坚"都独立于"石"之外。公孙龙子曾有"坚白论"之说，庄子是极不赞成的。昧：迷昧。

(58) 其子：指昭文之子。一说指惠施之子。纶：绪，这里指继承昭文的事业。

(59) 这句语意有所隐含，意思是"虽我无成亦成也"，即如果上述情况都叫有所成就的话，即使是我没有什么成就也可说有了成就了。

(60) 淈（gǔ）疑：纷乱的样子，这里指各种迷乱人心的辩说。

(61) 图（圖）：亦写作"啚"，疑为"鄙"字之误，瞧不起，摒弃的意思。

导 读

《楚辞·山鬼》选自屈原的《楚辞·九歌》的第九首，是一首极具浪漫主义色彩的诗歌。《楚辞·山鬼》以"山鬼"为主角进行描写，而"山鬼"的具体身份虽然无法考证，世人对其说法也不一。但诗歌中将"山鬼"塑造成美丽、率真的少女，讲述的是"山鬼"为履行与情人的约定而排除万难赴约，她在幽暗的山林里痴痴地等待情人却无果，只能哀怨地返回的故事。知人论世，通过诗歌，屈原的自画像跃然纸上，即"思而不得、求而不得"、抱负难以实现的形象。

诗歌采用多种艺术手法生动地塑造了"山鬼"的形象，如形象正面描写、心理描写及环境侧面烘托等。诗歌以想象丰富、语言瑰丽、文采斐然、情感强烈等文学特色，在中国古代文坛的诗歌领域占据了重要位置，为世人所称赞。

楚辞·山鬼(1)

屈原

若有人兮山之阿(2)，被薜荔兮带女萝。
既含睇(3)兮又宜笑，子慕予兮善窈窕(4)。
乘赤豹兮从文狸(5)，辛夷车兮结桂旗(6)。
被石兰兮带杜衡，折芳馨兮遗所思(7)。
处幽篁兮终不见天，路险难兮独后来。
表独立兮山之上，云容容(8)兮而在下。
杳冥冥兮羌昼晦(9)，东风飘兮神灵雨。
留灵修兮憺忘归(10)，岁既晏兮孰华予(11)。
采三秀兮于山间(12)，石磊磊(13)兮葛蔓蔓(14)。
怨公子兮怅忘归，君思我兮不得闲(15)。
山中人兮芳杜若(16)，饮石泉兮荫松柏(17)，君思我兮然疑作(18)。
雷填填(19)兮雨冥冥，猿啾啾(20)兮狖夜鸣。
风飒飒(21)兮木萧萧，思公子兮徒离忧。

【注释】

(1) 山鬼：山神。

(2) 若有人兮山之阿（ē）：在那山中深而弯曲的地方仿佛有一个人。

(3) 含睇：含情斜目而视。

(4) 子慕予兮善窈窕：你爱我善于把自己打扮得美好。子，指山鬼的情人。予，山鬼的自称。

(5) 乘赤豹兮从文狸：以红色的豹为乘骑，以有花纹的狸为侍从。
(6) 辛夷车兮结桂旗：用辛夷做成的车，用桂枝做成的旗。
(7) 折芳馨兮遗所思：采摘芳香的花草送给所思念的人。
(8) 容容：形容云飞扬的样子。
(9) 杳冥冥兮羌昼晦：天空显得深沉而昏暗。
(10) 留灵修兮憺忘归：我留下等待他来，竟安然忘记回去了。灵修，即山鬼所思的那人。
(11) 岁既晏兮孰华予：岁月匆匆，谁能使我永葆如花的美貌呢？华，通花。
(12) 采三秀兮于山间：在山间采芝草。三秀，即芝草，因为一年三次开花，故名。
(13) 磊磊：石头堆积的样子。
(14) 蔓蔓：葛草蔓延的样子。
(15) 君思我兮不得闲：你大概也是在思念我，只是没有空闲来相会吧。
(16) 山中人兮芳杜若：我呀，就像杜若一样芳香。
(17) 饮石泉兮荫松柏：饮用石泉中的清水，住在松树、柏树荫下。荫，这里作动词用，"以……为荫"的意思。
(18) 君思我兮然疑作：你也在思念我，这种想法，我时而肯定它，时而怀疑它。然，"以之为然"的意思，即表示肯定。作，交错出现。
(19) 雷填填：雷声隆隆。
(20) 猿啾啾：猿凄切地叫着。
(21) 飒飒：风声。

屈原：(前340—前278)，战国时期楚国诗人、政治家，是中国历史上第一位伟大的爱国主义诗人，中国浪漫主义文学的奠基人，被誉为"中华诗祖""辞赋之祖"，他的出现，标志着中国诗歌进入了一个由集体歌唱到个人独创的新时代。

导读

《诗经·周南·桃夭》选自我国第一部诗歌总集《诗经》，是一首婚礼赞歌。诗歌以桃为主基调进行诗歌创作，以艳丽的花朵比喻娇媚的新娘作为诗歌的引句，再以桃树硕果累累来祈愿新娘多子多福，以桃树的茂盛祝福新娘夫家安康、兴旺。整首诗歌虽然并未描绘出盛大的婚礼现场，却以轻快、明亮的曲风，描绘出了新娘待嫁的喜庆场景，表现出了亲朋好友对她的祝福和祈愿，整个画面温暖而极具情调。

《诗经·周南·桃夭》采用了比、兴的艺术手法，内容丰富，情感真挚；格律整齐，句式统一，诗歌节奏轻快，使诗歌具备形象美和节奏美。

诗经·周南·桃夭

桃之夭夭(1)，灼灼(2)其华。之子于归，宜其室家。
桃之夭夭，有蕡(3)其实。之子于归，宜其家室。

桃之夭夭，其叶蓁蓁(4)。之子于归，宜其家人。

【注释】

(1) 夭夭：美丽茂盛的样子。

(2) 灼灼：显眼的样子。

(3) 蕡（fén）：肥大的样子。

(4) 蓁蓁（zhēn zhēn）：茂盛的样子。

导 读

《春江花月夜》是唐代诗人张若虚的作品，诗歌开篇以优美的韵律和清新的笔调，描绘出了浩浩长江在皎洁月光下的柔美之象，将江南春夜的景象展现得淋漓尽致。《春江花月夜》以春江美景为切入点，在描绘了"江潮连海、月共潮生"的壮丽景观的基础上，从而引发了诗人对人生哲理和宇宙奥秘的感慨，最后以"春江花月夜"等景观烘托思妇的哀思和游子的思归。

诗歌有着中国国画的风韵和意境；语言清丽自然，韵调缠绵悱恻、变幻莫测；章法结构错综复杂，富于变化却又不显杂乱。诗歌的画面、语言和结构三者相辅相成，意境层层推进，步步升华，有着极高的艺术价值。因此，它被认为是千古绝唱，有着"孤篇盖全唐"的美誉。

春江花月夜

张若虚

春江潮水连海平，海上明月共潮生。
滟滟(1)随波千万里，何处春江无月明！
江流宛转绕芳甸(2)，月照花林皆似霰(3)；
空里流霜(4)不觉飞，汀(5)上白沙看不见。
江天一色无纤尘(6)，皎皎空中孤月轮。
江畔何人初见月？江月何年初照人？
人生代代无穷已(7)，江月年年只相似(8)。
不知江月待何人，但见(9)长江送流水。
白云一片去悠悠，青枫浦上(10)不胜愁。
谁家今夜扁舟子(11)？何处相思明月楼(12)？
可怜楼上月徘徊(13)，应照离人(14)妆镜台。
玉户(15)帘中卷不去，捣衣砧(16)上拂还来。
此时相望不相闻，愿逐月华流照君。
鸿雁长飞光不度，鱼龙潜跃水成文。
昨夜闲潭梦落花，可怜春半不还家。
江水流春去欲尽，江潭落月复西斜(17)。
斜月沉沉藏海雾，碣石潇湘无限路。

不知乘月(18)几人归，落月摇情(19)满江树。

【注释】

（1）滟滟（yàn）：波光荡漾的样子。

（2）芳甸（diàn）：芳草丰茂的原野。甸，郊外之地。

（3）霰（xiàn）：天空中降落的白色不透明的小冰粒。形容月光下春花晶莹。

（4）流霜：飞霜，古人以为霜和雪一样，是从空中落下来的，所以叫流霜，在这里比喻月光皎洁，月色朦胧、流荡。

（5）汀（tīng）：沙滩。

（6）纤尘：微细的灰尘。

（7）穷已：穷尽。

（8）江月年年只相似：另一种版本为"江月年年望相似"。

（9）但见：只见。

（10）青枫浦上：青枫浦，地名。这里泛指游子所在的地方。

（11）扁舟子：漂荡江湖的游子。

（12）明月楼：月夜下的闺楼。

（13）月徘徊：指月光偏照闺楼，徘徊不去，令人只胜其相思之苦。

（14）离人：此外指思妇。

（15）玉户：形容楼阁华丽，以玉石镶嵌。

（16）捣衣砧（zhēn）：捣衣石、捶布石。

（17）复西斜：此中"斜"应为押韵读作"xiá"。

（18）乘月：趁着月色。

（19）摇情：激荡情思，犹言牵情。

导　读

《人间词话》是王国维所著的一部文学批评著作，是王国维接受了西洋美学思想之洗礼后，以崭新的眼光对中国旧文学所作的评论，具有划时代的意义。王国维根据其文艺观，把多种多样的艺术境界划分为三种基本形态："上焉者，意与境浑；其次，或以境胜；或以意胜。"王国维分析了"景"与"情"的关系和产生的各种现象，在中国文学批评史上第一次提出了"造境"与"写境"、"理想"与"写实"的问题。

"境界"说是《人间词话》的核心，统领其他论点，又是全书的脉络，沟通全部主张。王国维不仅把它视为创作原则，也把它当作批评标准，无论是论断诗词的演变，评价词人的得失，还是作品的优劣，词品的高低，王国维均从"境界"出发。因此，"境界"说既是王国维文艺批评的出发点，又是其文艺思想的总归宿。

人间词话（节选）

有有我之境，有无我之境。"泪眼问花花不语，乱红飞过秋千去"，"可堪孤馆闭春寒，杜鹃声里斜阳暮"，有我之境也。"采菊东篱下，悠然见南山"，"寒波澹澹起，白鸟悠悠下",无我之境也。有我之境,以我观物,故物皆著我之色彩。无我之境,以物观物,故不知何者为我,何者为物。古人为词,写有我之境者为多。然未始不能写无我之境,此在豪杰之士能自树立耳。

王国维(1877—1927):初名国祯,字静安,初号礼堂,晚号观堂,又号永观。汉族,浙江海宁人,是中国一位享有国际声誉的著名学者。

拓展与演练

1. 吟唱并背诵《山鬼》《春江花月夜》;选择《春江花月夜》中的部分章节改写成散文。
2. 组织一次班级配乐诗朗诵会。
3. 以班级为单位组织一次国学中著名思想家、文学家及作品介绍。
4. 课外阅读莎士比亚剧作《哈姆雷特》。
5. 写作:以读《人间词话》有感为主题,不少于1000字。

第九部分
蓦然回首，那人却在，灯火阑珊处

写在前面的话

人人都向往着幸福生活，可有很多人模糊着幸福的概念，潦草着原本幸福的生活。

幸福究竟是什么？

有人说幸福是一种感觉，可是感觉太抽象，太笼统，不用心去捕捉往往就会身在福中不知福。

有人说幸福是一种心态，它源于你对事与物的追求与理解，知足者常乐！

幸福在每个人心里的定义都是不同的。古代人吃到一块半焦的烤肉和现代人吃到一顿满汉全席的满足感是一样的。所以，幸福其实就是幸福感而已。

林语堂说：什么是幸福？一是睡在自家的床上，二是吃父母做的饭菜，三是听爱人给你说情话，四是跟孩子做游戏。

亦舒在《理想生活》中说：什么叫作理想生活？不用吃得太好穿得太好住得太好，但必须自由自在，不感到任何压力，不做工作的奴隶，不受名利支配，有志同道合的伴侣，活泼可爱的孩子，丰衣足食，已经算是理想。

新朋老友常相聚，清茶一杯，乐此不疲是幸福。相爱的人每天一起欢度时光，一起度过柴米油盐的岁月，即便是粗衣布履、粗茶淡饭也同样幸福。享受幸福的生活不需要太多金钱，金钱无法衡量幸福。这个世界的一枝花、一滴水，都可能成为幸福的源泉。

世上总有一片美好的风景使你安静和向往，也会使你感到所有的辛劳付出都是为了这一刻的幸福。学会珍惜，便会更加懂得幸福的意义，心怀感恩方能懂得幸福的真谛。心越美好，人就会越幸福。

让我们一起去探索幸福的源泉吧！

（薛晓佳　谢庆红）

导　读

美丽而充满生命力的清晨让古稀之年的作者感觉到"人生毕竟是非常可爱的，大地毕竟是非常可爱的"，让作者"不知老之已至"，对生活充满了更大的好奇，对明天充满了希望和力量。生活不都是快乐和幸福，同样生活也不可能全是落寞和寂寥。我们要学会发现，学会欣赏。练就一种修养，一种品位，去适时捕捉和欣赏生活中的美，为心灵开一扇窗，让智慧的光芒和生活中眩目多彩的美呈现在你眼前。

晨　趣

季羡林

　　一抬头，眼前一片金光：朝阳正跳跃在书架顶上玻璃盒内日本玩偶藤娘身上，一身和服，花团锦簇，手里拿着淡紫色的藤萝花，都熠熠发光，而且闪烁不定。

　　我开始工作的时候，窗外暗夜正在向前走动。不知怎样一来，暗夜已逝，旭日东升。这阳光是从哪里流进来的呢？窗外一棵高大的梧桐树，枝叶繁茂，仿佛张开了一张绿色的网。再远一点，在湖边上是成排的垂柳。所有这一些都不利于阳光的穿透。然而阳光确实流进来了，就流在藤娘身上……

　　然而，一转瞬间，阳光忽然又不见了，藤娘身上，一片阴影。窗外，在梧桐和垂柳的缝隙里，一块块蓝色的天空。成群的鸽子正盘旋飞翔在这样的天空里，黑影在蔚蓝上面画上了弧线。鸽影落在湖中，清晰可见，好像比天空里的更富有神韵，宛如镜花水月。

　　朝阳越升越高，透过浓密的枝叶，一直照到我的头上。我心中一动，阳光好像有了生命，它启迪着什么，它暗示着什么。我忽然想到印度大诗人泰戈尔，每天早上对着初升的太阳，静坐沉思，幻想与天地同体，与宇宙合一。我从来没达到这样的境界，我没有这一份福气。可是我也感到太阳的威力，心中思绪腾翻，仿佛也能洞察三界，透视万有了。

　　现在我正处在每天工作的第二阶段的开头上。紧张地工作了一个阶段以后，我现在想缓松一下，心里有了余裕，能够抬一抬头，向四周，特别是窗外观察一下。窗外风光如旧，但是四季不同：春花，秋月，夏雨，冬雪，情趣各异，动人则一。现在正是夏季，浓绿扑人眉宇，鸽影在天，湖光如镜。多少年来，当然都是这个样子。为什么过去我竟视而不见呢？今天，藤娘身上一点闪光，仿佛照透了我的心，让我抬起头来，以崭新的眼光来衡量一切，眼前的东西既熟悉，又陌生，我仿佛搬到了一个新的地方，把我好奇的童心一下子都引逗起来了。我注视着藤娘，我的心却飞越茫茫大海，飞到了日本，怀念起赠送给我藤娘的室伏千律子夫人和室伏佑厚先生一家来。真挚的友情温暖着我的心……

　　窗外太阳升得更高了。梧桐树椭圆的叶子和垂柳的尖长的叶子，交织在一起，椭圆与细长相映成趣。最上一层阳光照在上面，一片嫩黄；下一层则处在背阴处，一片黑绿。远处的塔影，屹立不动。天空里的鸽影仍然在画着或长或短、或远或近的弧线。再把眼光收回来，则看到里面窗台上摆着的几盆君子兰，深绿肥大的叶子，给我心中增添了绿色的力量。

　　多么可爱的清晨，多么宁静的清晨！

　　此时我怡然自得，其乐陶陶。我真觉得，人生毕竟是非常可爱的，大地毕竟是非常可爱的。我有点不知老之已至了。我这个从来不写诗的人心中似乎也有了一点诗意。

　　此身合是诗人未？

　　鸽影湖光入目明。

　　我好像真正成为一个诗人了。

（此文原载于《散文》1989 年第 1 期）

导 读

人生的境界，大体上可分为四类：自然境界、功利境界、道德境界、天地境界。一个人的境界决定了他（她）所能达到的人生高度。

人生的意义及人生中的境界

冯友兰

何谓"意义"？意义发生于自觉及了解；任何事物，如果我们对它能够了解，便有意义，否则便无意义；了解越多，越有意义，了解得少，便没有多大的意义。何谓"自觉"？我们知道自己在做一种事情，便是自觉。人类与禽兽所不同的地方，就是人类能够了解，能够自觉，而禽兽则否。譬如喝水吧，我们晓得自己在喝水，并且知道喝水是怎么一回事；可是兽类喝水的时候，它却不晓得它在喝水，而且不明白喝水是一回什么事，兽类的喝水，常常是出于一种冲动。

对于任何事物，每个人了解的程度不一定相同，然而兽类对于事物，却谈不到什么了解；例如我们在礼堂演讲，忽然跑进了一条狗，狗只看见一堆东西，坐在那里，它不了解这就是演讲，因为它不了解演讲，所以我们的演讲，对于它便毫无意义。又如逃警报的时候，街上的狗每每跟着人们乱跑，它们对于逃警报，根本就不懂得是一回什么事，不过跟着人们跑跑而已。可是逃警报的人却各有各的了解，有的懂得为什么会有警报，有的懂得为什么敌人会打我们，有的却不能完全了解这些道理。

同样的，假如我们能够了解人生，人生便有意义，倘使我们不能了解人生，人生便无意义。各个人对于人生的了解多不相同，因此，人生的境界，便存有分别。境界的不同，是由于认识的互异；这，有如旅行游山一样，地质学家与诗人虽同往游山，可是地质学家的观感和诗人的观感，却大不相同。

人生的境界，大体上可分为四类：（一）自然境界——最低级的，了解的程度最少，这一类人，大半是"顺才"或"顺习"。（二）功利境界——较高级的，需要进一层的境界。（三）道德境界——更高级的，需要更高深的理解。（四）天地境界——最高的境界，需要最彻底的了解。在自然境界中的人，不论干什么事情，不是依照社会习惯，佯是依照其本性去做，他们从来未曾了解做某种事情的意义。往好处说，这就是"天真烂漫"，往差处说便是"糊里糊涂"。他们既不懂得为什么要这样做，又不明白做某种事情有什么意义，所以他们可说没有自觉。有时他们纵然是整天笑嘻嘻，可是却不自觉快乐。这，有如天真的婴孩，他虽然笑逐颜开，可是却一点都不觉得自己快乐，两种情况，完全相同。这一类人，对于"生""死"皆不了解，而且亦没有"我"的观念。功利境界中的人，对于人生的了解，比较进了一步，他们有"我"的观念，不论做什么事，都是为着功利，为着自己的利益打算。这一批人，大抵贪生怕死。有时他们亦会为社会服务，为国家做点事，可是他们做事的动机，是想换取更高的代价，表面上，他们虽在服务，但其最后的目的还是为着小我。在道德境界中的人，不论所做何事，皆以服务社会为目的。这一类人既不贪生，又不怕死；他们晓得除"我"以外，上面还有一个社会，一个全体。他们了解个人是社会的一部分，个人与社会是部分与全体的关系。就普通常识来说，部分的存在似乎先于全体，可是从哲学来说，应该先有全体，然后始有个体。例如房子中的支"柱"，是有了房子以后，始有所谓"柱"，假使没有房子，则柱不成为柱，它只是一件大木料而已。同样，人类在有了人伦的关系以后，始有所谓"人"；如没有人伦关系，则人便不成为人，只是一团血肉。不错，在没有社会组织以前，每个人确已先具有一团肉，可是我们之成为人，却因为是有了社会组织的缘故。道德境界中的人，很清楚地了解这一点。天地境界中的人，一切皆以服务宇宙为目的。他们生死的见解，既无所谓生，复无所谓死；他们认为在社会之上，尚有一个更高的全体——宇宙。科学家的所谓宇宙，系指天体，太阳系及天河等，哲学家的所谓宇宙，系指一切，所以宇宙之外，不会有其他的东西，我人绝对不能离开宇宙而存在。天地境界的人能够彻底了解这些道理，所以他们所做的事，便是为宇宙服务。

中国的所谓"圣贤"，应该有一个分别，"贤"是指道德境界的人，"圣"是指天地境界的人。至于一般的芸芸众生，不是属于自然境界，便是属于功利境界。要达到自然境界或功利境界非常容易，要想进入道德境界或天地境界却需要努力，只有努力，才能了解。究竟要怎样做，才算是为宇宙服务呢？为宇宙服务所做的事，绝对不是什么离奇特别的事，与为社会服务而做的事，并无二致。不过所做的事虽然一样，了解的程度不同，其境界就不同了。我曾经看见一个文字学的教授，在指责一个粗识文字的老百姓，说他写了一个别字。那一个别字，本来可以当作古字的假借，所以当时我代那写字的人辩护。结果，那位文字学教授这样地回答我："这一个字如果是我写的就是假借，出自一个粗识文字的人的手笔，便是别字。"这一段话很值得寻味，这就说，做同样的事情，因为了解程度互异，可以有不同的境界。再举一例：同样是大学教授，因为了解不同，亦有几种不同的境界：属于自然境界的，他们留学回来以后，有人请他教课，他便莫名其妙地当起教授来，什么叫作教育，他毫不理会；有些教授则属于功利境界，他们所以跑去当教授，是为着提高声望，以便将来做官，可以铨叙较高的职位；另外有些教授则属于道德境界，因为他们具有"得天下英才而教育之"的怀抱；有些教授则系天地境界，他们执教的目的，是为欲"得宇宙天才而教育之"。在客观上，这四种教授所做的事情是一样的，可是因为了解的程度不同，其境界自有差别。

《中庸》有两句话："圣人可以赞天地之化育，可以与天地参矣。"所谓"赞天地之化育"并不是帮助天地刮风或下雨，"化育"是什么？能够在天地间生长的都是化育，能够了解这一点，则我们的生活行动，都可以说是"赞天地之化育"，如果不明白这一点，那么我们的生活行动，只能说是"为天地所化育"。所谓圣人，他能够了解天地的化育，所以始能顶天立地，与天地参。草木无知（不懂化育的原理），所以草木只能为天地所化育。

由此看来，做圣人可以说很容易，亦可以说很难。圣人固然可以干出特别的事来，但并不是干出特别的事，始能成为圣人。所谓"迷则为凡，悟则为圣"，就是指做圣人的容易，人人可为圣贤，其原因亦在于此。

总而言之，所谓人生的意义，全凭我们对于人生的了解。

（选自李中华编《冯友兰学术文化随笔》，中国青年出版社，1995年）

冯友兰（1895—1990）：中国现代哲学家。

导 读

朱光潜主张"慢慢走，欣赏啊！"是创造人生意义的另一种方式。人生的艺术化，实际上是通过人的情趣培养与丰富来达到的。生命要依托于情趣的满足，才能获得精神的极大丰富。

"慢慢走，欣赏啊！"
——人生的艺术化

朱光潜

一直到现在，我们都是讨论艺术的创造与欣赏。在收尾这一节中，我提议约略说明艺术和人生的关系。

我在开章明义时就着重美感态度和实用态度的分别，以及艺术和实际人生之中所应有的距离。如果话说到这里为止，你也许误解我把艺术和人生看成漠不相关的两件事。我的意思并不如此。

人生是多方面而又相互和谐的整体，把它分析开来看，我们说某部分是实用的活动，某部分是科学的活动，某部分是美感的活动。为正名析理起见，原应有此分别；但是我们不要忘记，完满的人生见于这三种活动的平均发展，它们虽是可分别的却不是互相冲突的。"实际人生"比整个人生的意义较为窄狭。一般人的错误在把它们相等，以为艺术对于"实际人生"既是隔着一层，它在整个人生中也就没有什么价值。有些人为维护艺术的地位，又想把它硬纳到"实际人生"的小范围里去。这般人不但是误解艺术，而且也没有认识人生。我们把实际生活看作整个人生之中的一片段，所以在肯定艺术与实际人生的距离时，并非肯定艺术与整个人生的隔阂。严格地说，离开人生便无所谓艺术，因为艺术是情趣的表现，而情趣的根源就在人生；反之，离开艺术也便无所谓人生，因为凡是创造和欣赏都是艺术的活动，无创造、无欣赏的人生是一个自相矛盾的名词。

人生本来就是一种较广义的艺术。每个人的生命史就是他自己的作品。这种作品可以是艺术的，也可以不是艺术的，正犹如同是一种顽石，这个人能把它雕成一团伟大的雕像，而另一个人却不能使它"成器"，分别全在性分与修养。知道生活的人就是艺术家，他的生活就是艺术作品。

过一世生活好比作一篇文章。完美的生活都有上品文章所应有的美点。

首先，一篇好文章一定是一个完整的有机体，其中全体与部分都息息相关，不能有移动或增减。一字一句之中都可以见出全篇精神的贯注。比如陶渊明的《饮酒》诗本来是"采菊东篱下，悠然见南山"，后人把"见"字误印为"望"字，原文的自然与物相遇相得的神情便完全丧失。这种艺术的完整性在生活中叫作"人格"。凡是完美的生活都是人格的表现。大而进退取与，小而声音笑貌，都没有一件和全人格相冲突。不肯为五斗米折腰向乡里小儿，是陶渊明的生命史中所应有的一段文章，如果他错过这一个小节，便失其为陶渊明。下狱不肯脱逃，临刑时还叮咛嘱咐还邻人一只鸡的，是苏格拉底的生命史中所应有的一段文章，否则他便失其为苏格拉底。这种生命史才可以使人把它当作一幅图画去惊赞，它就是一种艺术的杰作。

其次，"修辞立其诚"是文章的要诀，一首诗或是一篇美文一定是至性深情的流，存于中然后形于外，不容有丝毫假借。情趣本来是物我交感共鸣的结果。景物变动不居，情趣亦自生生不息。我有我的个性，物也有物的个性，这种个性又随时地变迁而生长发展。每人在某一时会所见到的景物，和每种景物在某一时会所引起的情趣，都有它的特殊性，断不容与另一人在另一时会所见到的景物，和另一景物在另一时会所引起的情趣完全相同。毫厘之差，微妙所在。在这种生生不息的情趣中我们可以见出生命的造化。把这种生命流露于语言文字，就是好文章；把它流露于言行风暴，就是美满的生命史。文章忌俗滥，生命也忌俗滥。俗滥就是自己没有本色而蹈袭别人的成规旧矩。西施患心病，常捧心颦眉，这是自然的流露，所以愈增其美。东施没有心病，强学捧心颦眉的姿态，只能引人嫌恶。在西施是创作，在东施便是滥调。滥调起于生命的干枯，也就是虚伪的表现。"虚伪的表现"就是"丑"，克罗齐已经说过。"风行水上，自然成纹"，文章的妙处如此，生活的妙处也是如此。在什么地位，是怎样的人，感到怎样的情趣，便现出怎样的言行风采，叫人一见就觉其谐和完整，这才是艺术的生活。

俗语说得好："唯大英雄能本色。"所谓艺术的生活就是本色的生活。世间有两种人的生活最不艺术，一种是俗人，一种是伪君子。"俗人"根本就缺乏本色，"伪君子"则竭力遮盖本色。朱晦庵有一首诗说："半亩方塘一鉴开，天光云影共徘徊。问渠那得清如许？为有源头活水来。"艺术的生活就是有"源头活水"的生活。俗人迷于名利，与世浮沉，心里没有"天光云影"，就因为没有源头活水。他们的大病是生命的干枯，"伪君子"则于这种"俗人"的资格之上，又加上"沐猴而冠"的伎俩。他们的特点不仅见于道德上的虚伪，一言一笑、一举一动，都叫人起不美之感。谁知道风流名士的架子之中掩藏了几多行尸走肉？无论是"俗人"或是"伪君子"，他们都是生活中的"苟且者"，都缺乏艺术家在创造时所应有的良心。艺术的创造之中都必寓有欣赏，生活也是如此。一般人对于一种言行常欢喜说它"好看""不好看"，这已有几分是拿艺术欣赏的标准去估量它。但是一般人大半不能彻底，不能拿一言一笑、一举一动纳在全部生命史里去看，他们的"人格"观念太浅薄，所谓"好看""不好看"往往只是"敷衍面子"。善于生活者则彻底认真，不让一尘一芥妨碍整个生命的和谐。一般人常以为艺术家是一班最随便的人，其实在艺术范围之内，艺术家是最严肃不过的。在锤炼作品时常呕心呕肝，一笔一画也不肯苟且。王荆公作"春风又绿江南岸"一句诗时，原来"绿"字是"到"字，后来由"到"字改为"过"字，由"过"字改为"入"字，由"入"字改为"满"字，改了十几次之后才定为"绿"字。即此一端可以想见艺术家的严肃了。善于生活者对于生活也是这样认真。曾子临死时记得床上的席子是季路的，一定叫门人把它换过才瞑目。吴季札心里已经暗许赠剑给徐君，没有实行徐君就已死去，他很郑重地把剑挂在徐君墓旁树上，以见"中心契合死生不渝"的风谊。像这一类的言行看来虽似小节，而善于生活者却不肯轻易放过，正犹如诗人不肯轻易放过一字一句一样。小节如此，大节更不消说。董狐宁愿断头不肯掩盖史实，夷齐饿死不愿降周，这种风度是道德的，也是艺术的。我们主张人生的艺术化，就是主张对于人生的严肃主义。

艺术家估定事物的价值，全以它能否纳入和谐的整体为标准，往往出于一般人意料之外。他能看重一般人所看轻的，也能看轻一般人所看重的。在看重一件事物时他知道执着；在看轻一件事物时，他也知道摆脱。艺术的能事不仅见于知所取，尤其见于知所舍。苏东坡论文，谓如水行山谷中，行于其所不得不行，止于其所不得不止，这就是取舍恰到好处。艺术化的人生也是如此。善于生活者对于世间一切，也用那艺术的口胃去评判它，合于艺术口胃者毫毛可以变成泰山，不合于艺术口胃者泰山也可以变成毫毛。他不但能认真，而且能摆脱。在认真时见出他的严肃，在摆脱时见出他的豁达。孟敏堕甑，不顾而去，郭林宗见到以为奇怪。他说："甑已碎，顾之何益？"哲学家斯宾诺莎宁愿靠磨镜过活，不愿当大学教授，怕妨碍他的自由。王徽之居山阴有一天夜雪初霁，月色清朗，忽然想起他的朋友戴逵，便乘小舟到剡溪去访他，刚到门口便把船划回去。他说："乘兴而来，兴尽而返。"这几件事彼此相差很远，却都可以见出艺术家的豁达。伟大的人生和伟大的艺术都要同时并有严肃与豁达之胜。晋代清流大半只知道豁达而不知道严肃，宋朝理学又大半只知道严肃而不知道豁达。陶渊明和杜子美庶几算得恰到好处。

一篇生命史就是一种作品，从伦理的观点看，它有善恶的分别，从艺术的观点看它有美丑的分别。善恶与美丑的关系究竟如何呢？

就狭义说，伦理的价值是实用的，美感的价值是超实用的；伦理的活动都是有所为而为，美感的活动则是无所为而为。比如仁义忠信等都是善，问它们何以为善，我们不能不着眼到人群的幸福。美之所以为美，则全在美的形象本身，不在它对于人群的效用（这并不是说它对于人群没有效用）。假如世界上只有一个人，他就不能有道德的活动，因为有父子才有慈孝可言，有朋友才有信义可言。但是这个想象的孤零零的人还可以有艺术的活动，他还可以欣赏他所居的世界，他还可以创造作品。善有所赖而美无所赖，善的价值是"外在的"，美的价值是"内在的"。

不过这种分别究竟是狭义的。就广义说，善就是一种美，恶就是一种丑。因为伦理的活动也可以引起美感上的欣赏与嫌恶。希腊大哲学家柏拉图和亚里士多德讨论伦理问题时都以为善有等级，一般的善虽只有外在的价值，而"至高的善"则有内在的价值。这所谓"至高的善"究竟是什么呢？柏拉图和亚里士多德本来是一走理想主义的极端，一走经验主义的极端，但是对于这个问题，意见却一致。他们都以为"至高的善"，在"无所为而为的玩索"（disinterested contemplation）。这种见解在西方哲学思潮上影响极大，斯宾诺莎、黑格尔、叔本华的学说都可以参证。从此可知西方哲人心目中的"至高的善"还是一种美，最高的伦理的活动还是一种艺术的活动了。

"无所为而为的玩索"何以看成"至高的善"呢？这个问题涉及西方哲人对于神的观念。从耶稣教盛行之后，神才是一个大慈大悲的道德家。在希腊哲人以及近代莱布尼兹、尼采、叔本华诸人的心目中，神却是一个大艺术家，他创造这个宇宙出来，全是为着自己要创造，要欣赏。其实这种见解也并不减低神的身份。耶稣教的神只是一班穷叫花子中的一个肯施舍的财主佬，而一般哲人心中的神，则是以宇宙为乐曲而要在这种乐曲之中见出和谐的音乐家。这两种观念究竟是哪一个伟大呢？在西方哲人想，神只是一片精灵，他的活动绝对自由而不受限制，至于人则为肉体的需要所限制而不能绝对自由。人愈能摆脱肉体需求的限制而做自由活动，则离神亦愈近。"无所为而为的玩索"是唯一的自由活动，所以成为最上的理想。

这番话似乎有些玄妙，在这里本来不应说及。不过无论你相信不相信，有许多思想却值得当作一个意象悬在心眼前来玩味玩味。我自己在闲暇时也欢喜看看哲学书籍。老实说，我对于许多哲学家的话都很怀疑，但是我觉得他们有趣。我以为穷到究竟，一切哲学系统也都只能当作艺术作品去看。哲学和科学穷到极境，都是要满足求知的欲望。每个哲学家和科学家对于他自己所见到的一点真理（无论它究竟是不是真理）都觉得有趣味，都用一股热忱去欣赏它。真理在离开实用而成为情趣中心时就已经是美感的对象了。"地球绕日运行","勾方加股方等于弦方"一类的科学事实,和《米罗爱神》或《第九交响曲》一样可以摄魂震魄。科学家去寻求这一类的事实,穷到究竟,也正因为它们可以摄魂震魄。所以科学的活动也还是一种艺术的活动,不但善与美是一体,真与美也并没有隔阂。

艺术是情趣的活动,艺术的生活也就是情趣丰富的生活。人可以分为两种,一种是情趣丰富的,对于许多事物都觉得有趣味,而且到处寻求享受这种趣味。一种是情趣干枯的,对于许多事物都觉得没有趣味,也不去寻求趣味,只终日拼命和蝇蛆在一块争温饱。后者是俗人,前者就是艺术家。情趣愈丰富,生活也愈美满,所谓人生的艺术化就是人生的情趣化。

"觉得有趣味"就是欣赏。你是否知道生活,就看你对于许多事物能否欣赏。欣赏也就是"无所为而为的玩索"。在欣赏时人和神仙一样自由,一样有福。

阿尔卑斯山谷中有一条大汽车路,两旁景物极美,路上插着一个标语牌劝告游人说:"慢慢走,欣赏啊!"许多人在这车如流水马如龙的世界过活,恰如在阿尔卑斯山谷中乘汽车兜风,匆匆忙忙地急驰而过,无暇一回首流连风景,于是这丰富华丽的世界便成为一个了无生趣的囚牢。这是一件多么可惋惜的事啊!

朋友,在告别之前,我采用阿尔卑斯山路上的标语,在中国人告别习用语之下加上三个字奉赠:

"慢慢走,欣赏啊!"

光潜 1932 年夏,莱茵河畔

(选自《朱光潜全集》(2),安徽教育出版社,1987 年版)

朱光潜(1897—1986):中国现代美学家。

导 读

家庭中最难以弥合的是两代人之间的代沟。

当你对父母的崇拜与信赖随年龄的增长而渐渐消失时,实际上意味着你反叛父母的开始。因为你学会用自己的眼睛来审视世界了。这对父母而言无疑是一种痛苦与无奈。每一代人在价值尺度、生活目标或心理趋向上都有着极大差异,我们完全没有必要去生硬地弥合这条代沟,而应该以爱和宽容以及尽可能的理解,去面对两代人之间的一切问题。

论父母与子女

[法] 莫罗阿

如果我要对于家庭问题有所说法,我定会引用梵莱梨的名句:"每个家庭蕴藏着一种内在的特殊的烦恼,使稍有热情的每个家庭分子都想逃避。但晚餐时的团聚,家中的随便,自由,还我本来的情操,确另有一种古代的有力的德性。"

我所爱于这段文字者,是因为它同时指出家庭生活的伟大与苦恼。一种古代的有力的德性……一种内在的特殊的烦恼……是啊,差不多一切家庭都蕴蓄着这两种力量。

试问一问小说家们,因为凡是人性底综合的集合的形象,必得向大小说家探访。巴尔扎克怎么写？老人葛里奥对于女儿们的关切之热烈，简直近于疯狂，而女儿们对他只是残酷冷淡；克朗台一家，母女都受父亲的热情压迫，以至感到厌恶；勒·甘尼克家庭却是那么美满。莫利阿克又怎么写？在 Le Noeud de Viperes 中，垂死的老人病倒在床上，听到他的孩子们在隔室争论着分析财产问题，争论着他的死亡问题；老人所感到的是悲痛；孩子们所感到的，是那些利害冲突而又不得不过着共同生活的人们的互相厌恶；但在 Lc Mystere Frontenac 中，却是家庭结合的无可言喻的甘美，这种温情，有如一群小犬在狗窝里互相取暖，在暖和之中又有互相信赖，准备抵御外侮的情操。

丢开小说再看真实生活。你将发现同样的悲喜的交织……晚餐时的团聚……内在的特殊的烦恼……我们的记忆之中，都有若干家庭的印象，恰如梵莱梨所说的既有可歌可颂又有可恼可咒的两重性格。我们之中，有谁不曾在被人生创伤了的时候，到外省静寂的宽容的家庭中去寻求托庇？一个朋友能因你的聪慧而爱你，一个情妇能因你的魅力而爱你，但一个家庭能不为什么而爱你，因为你生长其中，你是它的血肉之一部。可是它比任何人群更能激起你恼怒。有谁不在青年的某一时期说过："我感到窒息，我不能在家庭里生活下去了；他们不懂得我，我亦不懂得他们。"曼殊斐尔十八岁时，在日记上写道："你应当走，不要留在这里！"但以后她逃出了家庭，在陌生人中间病倒了时，她又在日记上写道："想象中所唯一值得热烈景慕的事是，我的祖母把我安放在床上，端给我一大杯热牛奶和面包，两手交叉着站在这里，用她曼妙的声音和我说：ّ哦，亲爱的……这难道不愉快么？'啊！何等神奇的幸福。"

实际是，家庭如婚姻一样，是由本身的伟大造成了错综、繁复的一种制度。唯有抽象的思想才单纯，因为它是死的。但家庭并非一个立法者独断的创造物；而是自然的结果，促成此结果的是两性的区别，是儿童的长时间的幼弱，和由此幼弱促成的母爱，以及由爱妻爱子的情绪交织成的父爱。我们为研究上较有系统起见，先从这大制度底可贵的和可怕的两方面说起。

先说它的德性。我们可用和解释夫妇同样的说法，说家庭的力量，在于把自然的本能当作一种社会结合底凭借。连系母婴的情操是一种完全、纯洁、美满的情操。没有丝毫冲突。对于婴孩，母亲无异神明。她是全能的。若是她自己哺育他的话，她是婴儿整个欢乐整个生命的泉源。即使她只照顾他的话，她亦是减轻他的痛苦加增他的快乐的人，她是最高的托庇，是温暖，是柔和，是忍耐，是美。对于母亲那方面，孩子竟是上帝。

母性，有如爱情一样，是一种扩张到自己身外的自私主义，由此产生了忠诚的爱护。因了母爱，家庭才和夫妇一样，建筑于本能之上。要一个社会能够成立，"必须人类先懂得爱"，而人类之于爱，往往从母性学来。一个女子对于男子的爱，常含有若干母性的成分。乔治桑爱缪塞么？爱晓邦么？是的，但是母爱的成分甚于性爱的成分。例外么？我不相信。如华伦斯夫人，如贝尼夫人……母性中久留不灭的成分，常是一种保护他人的需要。女人之爱强的男子只是表面的，且她们所爱的往往是强的男子底弱点。（关于这，可参阅萧伯纳的 Candide 和 Soldat de Chocolat）

孩子呢？如果他有福分有一个真正女性的母亲，他亦会受了她的教诲，在生命初步即懂得何谓毫无保留而不求酬报的爱。从母爱之中，他幼年便知道人间并不完全是敌害的，也有温良的接待，也有随时准备着的温柔，也有可以完全信赖而永不有何要求的人。这样开始的人生是精神上的极大的忧患；凡是乐观主义者，虽然经过失败与忧患，而自始至终抱着信赖人生的态度的人们，往往都是由一个温良的母亲教养起来的。反之，一个恶母，一个偏私的母亲，对于儿童是最可悲的领导者。她造成悲观主义者，造成烦恼不安的人。我曾在《家庭圈》中试着表明孩子和母亲的冲突，如何能毒害儿童的心魂。但太温柔太感伤的母亲也能发生很大的恶果，尤其对于儿子，使他太早懂得强烈的热狂的情操。史当达曾涉及这问题，洛朗斯的全部作品更和此有关。"这是一种乱伦，"他说，"这是比性的乱伦更危险的精神乱伦，因为它不易被觉察，故本能亦不易感到其可厌。"关于这，我们在下文涉及世代关系及发生较缓的父亲问题时再行讨论。

既然我们试着列举家庭的德性和困难，且记住家庭是幼年时代的"爱的学习"。故我们虽然受到损害，在家庭中仍能感到特异的幸福。但这种回忆，并非是使我们信赖家庭的唯一的原因。家庭并是一个为我们能够显露"本来面目"（如梵莱梨所云）的处所。

这是一件重大的难得的德性么？我们难道不能到处显露"本来面目"么？当然不能。我们在现实生活中不得不扮演一个角色，采取一种态度。人家把我们当作某个人物。我们得尽官样文章般的职务，我们要过团体生活。一个主教，一个教授，一个商人，在大半的生涯中，都不能保有自己的本来面目。

在一个密切结合的家庭中，这个社会的角色可以减到最低限度。试想象家庭里晚间的情景：父亲，躺在安乐椅中读着报纸或打瞌睡。母亲织着绒线，和大女儿谈着一个主妇生活中所能遇到的若干难题。儿子中间的一个，口里哼着什么调子，读着一本侦探小说；第二个在拆卸电插；第三个旋转着无线电周波轴，搜寻欧洲某处的演说或音乐。这是一切都不十分调和。无线电的声音，扰乱父亲的阅览或瞌睡。父亲的沉默，使母亲感到冷峻。母女的谈话，令儿子们不快。且他们也不想掩藏这些情操，礼貌在家庭中是难得讲究的。人们可以表示不满，发脾气，不答复别人的问话，反之，亦能表示莫名其妙的狂欢。家庭中所有的分子，都接受亲族的这些举动，且应当尽量的容忍。只要注意"熟习的"一词的双重意义，便可得到有益的教训。一种熟习的局面，是常见的不足为奇的局面。人们讲起一个朋友时说，"他是一家人"时，意思是在他面前可以亲密地应付，亦即是可用在社会上被认为失礼的态度去应付。

刚才描写的那些人物，并非在家庭中感着陶醉般的幸福，但他们在其中觉得有还我自由的权利，确有被接受的把握，获得休息，且用莫利亚克的说法"有一种令人温暖令人安心的感觉"。他们知道是处于互相了解的人群中，且在必要时会互相担负责任。如果这幕剧中的演员有一个忽然头痛了，整个蜂房会得骚动起来。姊姊去铺床，母亲照顾着病人，兄弟中的一个到药房里去。受着病的威胁的个人在此是不会孤独的。没有了家庭，在广大的宇宙间，人会冷得发抖。在因为种种原因而使家庭生活减少了强度的国中（如美国、德国、战后的俄国），人们感有迫近大众的需要，和群众一起思维的需要。他们需要把自己的情操自己的生活，和千万人底密接起来，以补偿他们所丧失的这小小的，友爱的，温暖的团体。他们试着要重获原始集团生活的凝聚力，可是在一个巨大的民族中，这常是一件勉强而危险的事。

"连锁关系"且超出父母子女所形成的家庭集团以外，在古罗马族中，它不独联合着真正的亲族，且把联盟的友族，买卖上的主顾，及奴隶等一起组成小部落。在现代社会中，宗族虽然没有那样稳定，——因为组成宗族的家庭散布太广了，——但还是相当坚固。在任何家庭中，你可以发见来历不明的堂兄弟，或是老处女的姑母，在家庭中过着幽静的生活。巴尔扎克的作品中，有堂兄弟邦，有姑母加丽德，在莫利亚克的小说中，也有叔叔伯伯。班琪曾着力描写那些政界中的大族，学界中的大族，用着极大的耐性去搜寻氏族中的职位，名号，勋位，甚至追溯到第四代的远祖。

我用氏族这名辞。但在原始氏族，和在夏天排列在海滩上的我们的家族之间，有没有区别呢？母亲在粗布制的篷帐下面，监护着最幼的孩子；父亲则被稍长的儿童们围绕着钓虾。这个野蛮的部落自有它的言语。在许多家庭中，字的意义往往和在家庭以外所用的不同。当地的土语令懂得的人狂笑不已，而外地的人只是莫名其妙。好多氏族对于这种含有神秘色彩的亲密感着强烈的快意，以至忘记了他们以外的世界。也有那些深闭固拒，外人无从闯入的家庭，兄弟姊妹们的童年生活关联得那么密切，以至他们永远分离不开。和外界的一切交际，于他们都是不可能的。即使他们结了婚，那些舅子、姊丈、妹倩、嫂子等始终和陌生人一样。除了极少数能够同化的例外，他们永不会成为家庭中之一员。他们不能享受纯种的人的权利，人家对于他们的态度也更严厉。

我们认识有些老太太们，认为世界上唯一有意义的人物，只是属于自己家庭的人物，而家庭里所有的人物都是有意义的，即是他们从未见过的人亦如此。这样家庭便堕入一种团体生活的自私主义中去了，这自私主义不但是爱，而是自卫，而是对外的防御联盟。奚特写道："家庭的自私主义，其可憎的程度仅次于个人的自私主义。"我不完全赞成他的意见。家庭的自私主义固然含有危险，但至少是超出个人的社会生活底许多元素之一。

只是，家庭必得要经受长风的吹拂与涤荡。"每个家庭蕴藏着内在的特殊的烦恼……"我们已描写过家庭里的夜晚，肉体与精神都宽弛了，而每个人都恢复了他的自然的动作。休息么？是的，但这种自由把人导向何处去呢？有如一切无限制的自由一样，它会导向一种使生活变得困难的无政府状态。阿仑描写过那些家庭，大家无形中承认，凡是一个人所不欢喜的，对于一切其他的人都得禁止，而咕噜也代替了真正的谈话：

"一个人闻着花香要不舒服，另一个听到高声要不快；一个要求晚上得安静，另一个要求早上得安静；这一个不愿人家提起宗教，那一个听见谈政治便要咬牙切齿；大家都得忍受相互的限制，大家都庄严地执行他的权利。一个说：

——花可以使我整天头痛。

另一个说：

——昨晚我一夜没有阖眼，因为你在晚上十一点左右关门的声音太闹了之故。

"在吃饭的时候，好似国会开会时一般，每个人都要诉苦。不久，大家都认识了这复杂的法规，于是，所谓教育便只是把这些律令教给孩子们。"

在这等家庭中，统治着生活的是最庸俗的一般人，正如一个家庭散步时，是走得最慢的脚步统治着大家的步伐。自己牺牲么？是的，但亦是精神生活水准的降低和堕落。证据是只要有一个聪明的客人共餐时，这水准会立刻重新升高。为什么？往常静悄悄的或只说一些可怜的话的人们，会变得神采奕奕呢！因为他们为了一个外来的人，使用了在家庭中所不愿使用的力量。

因此，家庭的闭关自守是件不健康的事。它应当如一条海湾一样，广被外浪的冲击。外来的人不一定要看得见，但大家都得当他常在面前。这外来人有时是一个大音乐家，有时是一个大诗人。我们看到在新教徒家庭里，人们的思想如何受着每天诵读的圣经的熏陶。英国大作家中，许多人的作风是得力于和这部大书常常亲接的结果。在英国，女子自然而然写作得很好，这或许亦因为这宗教作品的诵读代替了家庭琐细的谈话，使她们自幼便接触着伟大的作风之故。十七世纪法国女子如赛维尼夫人，拉斐德夫人辈亦是受着拉丁教育的益处。阿仑又言，若干家庭生活的危险之一，是说话时从不说完他的句子。对于这一点，我们当使家庭和人类最伟大的作品常常亲接，真诚的宗教信仰，艺术的爱好（尤其是音乐），共同的政治信念，共同合作的事业，这一切都能使家庭超临它自己。

一个人的特殊价值往往最难为他家家庭中的人重视，并非因为仇视或嫉妒，而是家庭惯在另一种观点上去观察他之故。试读勃龙德姊妹的传记。只有父亲一人最不承认她们是小说家。托尔斯泰夫人固然认识托尔斯泰的天才；他的孩子们崇拜他，也努力想了解他。但妻子儿女，都不由自主地对于他具有一切可笑的、无理的、习惯的普通人性格，和他的大作家天才，加以同样的看法。托尔斯泰夫人所看到的他，是说着"雇用仆人是不应当的"一类的话，而明天却出人不意地嘱咐预备十五位客人的午餐的人。

在家庭中，我们说过，可以还我本来，是的，但也只能还我本来而已。我们无法超临自己。在家庭中，圣者会得出惊，英雄亦无所施其技，阿仑说过："即令家庭不至于不认识我的天才，它亦会用不相干的恭维以掩抑天才的真相。"这种恭维并不是因为了解他的思想，而是感到家庭里出了一个天才是一件荣誉。如果姓张姓李之中出了一个伟大的说教者或政治家，一切姓张姓李的人都乐开了，并非因为说教者的演辞感动他们，政治家的改革于他们显得有益，而是认为姓张姓李的姓氏出现于报纸上是件光荣而又好玩的事。一个地理学家演讲时，若是老姑母去听讲，亦并非因为她欢喜地理学而是为爱侄子之故。

由此观之，家庭有一种使什么都平等化的平凡性，因了肉体的热情，否定了精神上的崇高，这一点足为若干人反抗家庭的解释。我以前虽引用过奚特在《尘世的食粮》一书中的诅咒："家庭，闭塞的区处，我恨你！"我并请你回忆一下他的《神童》一书中长兄劝弱弟摆脱家庭，回复自由的描写。可见即是在最伟大最优秀的人的生涯中，也有不少时间令人想到为完成他的使命起见，应得离开这过于温和的家，摆脱这太轻易获得的爱，和相互宽容的生活。这种时间，便是托尔斯泰逃到寺院里以至病死的时间，也即是青年人听到"你得离开你的爸爸妈妈"的呼声的时间，也就是高更抛妻别子独自到泰伊蒂岛上去度着僧侣式画家生活的时间。我们之中，每个人一生至少有一次，都曾听到长兄的呼声而自以为神童。

我认为这是一种幻象。逃避家庭，即逃避那最初是自然的继而是志愿的结合，那无异是趋向另一种并不自然的生活，因为人是不能孤独地生活的。离开家，则将走向寺院，走向文学团体，但它们也有它们的宽容，它们的束缚，它们的淡漠呢。不然便如尼采一样走向疯狂。"在抽象的幻想中是不会觉得孤独的。"但如玛克－奥莱尔所说，明哲之道，并非是处于日常事务之外保守明哲，而是在固有的环境之下保守明哲。逃避家庭生活是容易的，可是徒然的；改造并提高家庭生活将更难而更美。只是有些时候，青年们自然而然看到家庭的束缚超过家庭的伟大，这是所谓"无情义年龄"。兹为作进一步的讨论起见，当以更明确的方法，研究家庭内部的世代关系。

我们已叙述过这世代关系在幼婴年龄的情状。在母亲方面，那是本能的，毫无保留的温柔；在儿童方面，则是崇拜与信赖：这是正常状态。在此我们当插叙父母在儿童的似乎无关重要的时期最容易犯的若干错误。最普通的是养成娇养的儿童，使儿童惯于自以为具有无上的权威，而实际上，他表面的势力只是父母的弱点所造成的。这是最危险不过的事。一个人的性格在生命之初便形成了。有无纪律这一回事，在一岁以上的儿童，你已替他铸定了。我常听见人家说（我自己也常常说）：

——大人对于儿童的影响是极微妙的；生就的性格是无法可想的。

但在多数情形中，大人颇可用初期的教育以改造儿童性格，这是人们难得想到的事。对于儿童，开始便当使他有有规律的习惯，因为凡是不懂得规律的人是注定要受苦的。人生和社会自有它们的无可动摇的铁律。疾病与工作决不会造成娇养的儿童。每个人用他的犁锄，用他的耐性和毅力，开辟出他自己的路。可是娇养的儿童，生活在一个神怪的虚伪的世界之中，他至死相信，一颦一笑，一怒一哀，可以激起别人的同情或温柔。他要无条件地被爱，如他的过于懦弱的父母一样爱他。我们大家都识得这种娇养的老小孩。如那些因为有天才爬到了威权的最高峰的人，末了终于由一种极幼稚的举动把一切都失掉了。又如那些在六十岁时还以为眉目之间足以表现胸中块垒的女子。要补救这些，做母亲的必得在儿童开始对于世界有潜默的主要的概念时，教他懂得规律。

阿特莱医生曾述及若干母亲因为手段拙劣之故，在好几个孩子中间不能抱着大公无私的态度，以致对于儿童发生极大的恶影响及神经刺激。在多数家庭中，兄弟姊妹的关系是友爱的模型。但假若以为这是天然的，就未免冒失了。仇敌般的兄弟，是自有文明以来早就被描写且是最悲惨的局面之一，这悲剧且亦永无穷尽。儿童诞生时的次序，在他性格的形成上颇有重大作用。第一个孩子几乎常是娇养的。他的微笑，他的姿态，对于一对新婚的、爱情还极浓厚的夫妇，显得是新奇的魅人的现象。家庭的注意都集中于他。不要以为儿童自己是不觉得的；正是相反，他竟会把这种注意，这种中心地位，认作是人家对他应尽的义务。

第二个诞生了。第一个所受的父母的温情，必得要和这敌手分享，他甚至觉得自己为了新生的一个而被忽视，他感到痛苦。做母亲的呢，她感到最幼弱的一个最需要她，这亦是很自然的情操。她看着第一个孩子渐渐长大，未免惆怅；把大部分的爱抚灌注到新生的身上去了。而对于那刚在成形的幼稚的长子，这确是剧烈的变动，深刻的悲哀，留下久难磨灭的痛苦的痕迹。儿童的情操甚至到悲剧化的程度。他们会诅咒不识趣的闯入者，祝祷他早死，因为他把他们所有的权威都剥夺了。有的想以怨艾的办法去重博父母的怜惜。疾病往往是弱者取胜的一种方法。女人用使人垂怜的法子，使自己成为她生活圈内的人群的中心，已是人尽皆知的事，但儿童也会扮演这种无意识的喜剧。许多孩子，一向很乖的，到了兄弟诞生的时候，会变得恶劣不堪，做出各式各种的丑事，使父母又是出惊又是愤怒；实在他们是努力要大人去重视他们。阿特莱医生确言（我亦相信如此），长子（或长女）的心理型，其终生都是可以辨识的。第一个生的常留恋以往；他是保守的，有时是悲哀的；他爱谈起他的幼年，因为那是他最幸福的时期，次子（或次女）却倾向于未来的追求，因为在未来他可以超越长兄（或长姊）。他常是破坏主义者，常是善于嘲弄的人。

最幼的季子，亦是一个娇养的孩子，尤其当他和长兄们年纪差得很远的时候，他更幸福，因为他所享的优遇永没有别的幼弟妹去夺掉他的了。他亦被长兄们优遇，他们此时抱着和父母差不多的长辈的态度。他是被"溺爱"的。这种孩子长大时，往往在人生中开始便顺利。能够有所成就，因为他有自信力；以后，和长兄长姊们一起生活时，他受着他们的陶冶而努力要迅速地追出他们；他本是落后的，必得要往前力追。

父母在好几个孩子中间，应得把母爱和父爱极力维持平等。即使事实上不是如此，（因为各个孩子的性格，其可爱的程度，总不免有所差别）也得要维持表面上的平等。且当避免使儿童猜着父母间的不和。你们得想一想，在儿童脑海中，父母的世界不啻神仙的世界，一旦在这世界中发现神仙会得战争时,不将令儿童大大难堪么?先是他们感到痛苦,继而是失去尊敬之心。凡是那些在生活中对任何事物都要表示反抗的男人或女子,往往在幼年时看到极端的矛盾,即父母们一面告诫他不要做某种某种事,一面他们自己便做这种事。一个轻视她的母亲的女孩子,以后将轻视一切女人。一个专横的父亲,使他的儿女们,尤其是女儿,把婚姻看作一件可怕的苦役。"真能享受家庭之乐的父亲,能令儿女尊敬他,他亦尊敬儿女,尽量限令他们遵守纪律,可不过分。这种父母,永不会遇到儿女们要求自由独立的可怕的时间。"童年到青年的过渡时期,得因了这种父母,为了这种父母,而以最小限度的痛苦度过。他们比着专暴的父母快乐多了。"没有丝毫专制而经温柔澄清了的爱,比任何情绪更能产生甘美的乐趣。"

以上所述,是应当避免的障碍。以下我们再来讨论世代的正常关系。

母子这一个社会,在人生中永为最美满的集团之一。我们曾描写女人如何钟爱幼龄的小上帝。在中年时,尤其当父亲亡故以后,他们的关系变得十分美满了,因为一方面是儿子对于母亲的尊敬,另一方面是母亲对于这新家长的尊重和对儿子天然的爱护。在古代社会或农业社会中,在母亲继续管理着农庄的情形中,上述那种美妙的混合情操更为明显。新家庭与旧家庭之冲突有时固亦不免。一个爱用高压手段的母亲,不懂得爱她的儿子,不能了解儿子以后的幸福在于和另一个女子保持着美满的协调:这是小说家们常爱采用的题材。洛朗斯,我们说过,传达此种情境最为真切。例如 Genitrix 那种典型的母亲,(在现实生活中,罗斯金夫人便是一个好例)能够相信她加于儿子的爱是毫无性欲成分的,实际上可不然。"当罗斯金夫人说她的丈夫早应娶她的母亲时,她的确说得很对。"而洛朗斯之所以能描写此种冲突如是有力,因为他亦是其中的一员之故。

母女之间,情形便略有不同了。有时能结成永久的友谊:女儿们,即是结了婚,亦离不开她们的母亲,天天继续去看她,和她一起过生活。有时是相反,母女之间发生了一种女人与女人的竞争,或是因为一个年轻而美貌的母亲嫉妒她的娇艳的女儿长大成人,或是那个尚未形成的女儿嫉妒她的母亲。在这等情形中,自然应由两人中较长的一个,母亲,去防范这种情操的发生。

父爱则是一种全然不同的情操。在此,天然关系固然存在,但不十分坚强。不错,父亲之中也有如葛里奥型的人物,但正因为我们容受母亲的最极端的表象,故我们把葛里奥型的父亲,认为几乎是病态的了。我们知道在多数原始社会中,儿童都由舅父教养长大,以致父亲简直无关重要。即在文明的族长制社会中,幼儿教育亦由女人们负责。对于幼龄的儿童,父亲只是战士、猎人,或在今日是企业家、政治家,只在晚餐时分回家,且还满怀着不可思议的烦虑、计划、幻想、故事。

在杜哈曼的一部题作《哈佛书吏》的小说中,你可看到一个安分守己如蜜蜂似的母亲,和一个理想家如黄蜂似的父亲之间的对照。因为父亲代表外界,故使儿童想着工作。他是苛求的,因为他自己抱着大计划而几乎从未实现,故他希望儿子们能比他有更完满的成就。如果他自己有很好的成功,他将极力压榨他的孩子,期望他们十全十美;然而他们既是人类,终不能如他预期的那样,于是他因了热情过甚而变得太严了。他要把自己的梦想传授他们,而终觉得他们在反抗。以后,有时如母女之间的那种情形,我们看到父与子的竞争;父亲不肯退步,不肯放手他经营的事业的管理权,一个儿子在同一行业中比他更能干,使他非常不快。因此,好似母子形成一美满的小集团般,父亲和女儿的协调倒变得很自然了。在近世托尔斯泰最幼的女儿，或是若干政治家外交家们的女儿成为她们父亲的秘书和心腹，便是最好的模型。

凡是在父母与子女之间造成悲惨的误解的，常因为成年人要在青年人身上获得只有成年人才有的反响与情操。做父母的看到青年人第一次接触了实际生活而发生困难时，回想到他们自己当时所犯的错误，想要保护他们的所爱者，天真地试把他们的经验传授给儿女。这往往是危险的举动，因为经验差不多是不能传的。任何人都得去经历人生的一切阶段；思想与年龄必得同时演化。有些德性和智慧是与肉体的衰老关连着的，没有一种说辞能够把它教给青年。玛特里国家美术馆中有一幅美妙的早期弗拉芒画，题作《人生的年龄》，画面上是儿童、少妇、老妇三个人物。老妇伏在少妇肩上和她谈话，在劝告她。但这些人物都是裸体的，故我们懂得忠告是一个身体衰老的人向着一个身体如花似玉的人发的，因此是白费的。

经验的唯一的价值，因为它是痛苦的结果，为了痛苦，经验在肉体上留下了痕迹，由此，把思想也转变了。这是实际政治家的失眠的长夜，和现实的苦斗；那么试问他怎么能把此种经验传授给一个以为毫不费力便可改造世界的青年理想家呢？一个成年人又怎么能使青年容受"爱情是虚幻的"这种说法呢？波罗尼斯的忠告是老生常谈，但我们劝告别人时，我们都是波罗尼斯啊。这些老生常谈，于我们是充满着意义、回想和形象的。对于我们的儿女，却是空洞的，可厌的。我们想把一个二十岁的女儿变成淑女，这在生理学上是不可能的。伏佛那葛曾言："老年人的忠告有如冬天的太阳，虽是光亮，可不足令人温暖。"

由此可见，在青年人是反抗，在老年人是失望。于是两代之间便发生了愤怒与埋怨的空气。最贤明的父母会把必不可少的稚气来转圜这种愤懑之情。你们知道格罗台译的英国巴脱摩的《玩具》一诗么？一个父亲把孩子痛责了一顿，晚上，他走进孩子的卧室，看见他睡熟了，但睫毛上的泪水还没有干。在近床的桌子上，孩子放着一块有红筋的石子，七八只蚌壳，一个瓶里插着几朵蓝铃花，还有两枚法国铜币，这一切是他最爱的，排列得很有艺术，是他在痛苦之中以之自慰的玩具。在这种稚气前面看到这动人的弱小的表现，父亲懂得了儿童的灵魂，忏悔了。

尤其在儿童的青年时代，我们应当回想起我们自己，不要去伤害那个年龄上的思想，情操，性情。做父母的要有此种清明的头脑是不容易的。在二十岁上，我们中每个人都想："如果有一天我有了孩子，我将和他们亲近；我对于他们，将成为我的父亲对于我不曾做到的父亲。"五十岁时，我们差不多到了我们的父母的地位，做了父亲或母亲。于是轮到我们的孩子来希望我们当年所曾热切希望的了，变成了当年的我们以后，当他们到了我们今日的地位时，又轮到另一代来作同样虚幻的希望。

你们可以看到，在青年时期，伤害与冲突怎样的形成了所谓"无情义年龄"。在初期的童年，每人要经过一个可以称为"神话似的"年龄：那时节，饮食、温暖、快乐都是由善意的神仙们赐与的。外界的发现，必需劳作的条件，对于多数儿童是一种打击。一进学校，生活中又加添了朋友，因了朋友，儿童们开始批判家庭。他们懂得他们心目中原看作和空气水分同样重要的人物，在别的儿童的目光中，只是些可怪的或平庸的人。"这是整个热情的交际的新天地。子女与父母的联系，即使不中断，也将松懈下来。这是外界人占胜的时间，外人闯入了儿童的灵魂。"这亦是儿童们反抗的时间，做父母的应当爱他们的反抗。

我们曾指出一切家庭生活所必有的实际色彩与平板，即是宗教与艺术亦无法使它升华。青年人往往是理想主义者，他觉得被父母的老生常谈的劝告所中伤了。他诅咒家庭和家庭的律令。他所希望的是更纯粹的东西。他幻想着至大至美的爱。他需要温情，需要友谊。这是满是誓言、秘密、心腹的告白的时间。

且这也往往是失望的时间，因为誓言没有实践，心腹的告白被人欺弄，爱人不忠实。青年人处处好胜，而他所试的事情件件都弄糟了。于是他嫉恨社会。但他的嫉恨，是由他的理想的失望，他的幻梦与现实之不平衡造成的。在一切人的生活中，尤其在最优秀的人的生活中，这是一个悲惨的时期。青年是最难渡过的年龄，真正的幸福，倒是在成年时期机会较多。幸而，恋爱啊，继而婚姻啊，接着孩子的诞生啊，不久使这危险的空洞的青年时期得到了一个家庭的实际的支撑。"靠着家庭、都市、职业等等的缓冲，傲慢的思想和现实生活重新发生了关系"。这样，循环不已的周围在下一代身上重复开始。

为了这些理由，"无情义年龄"最好大半在家庭以外度过。在学校里所接触的是新发现的外界，而家庭，在对照之下，显得是一个借以托庇的隐遁所了。如果不能这样，那么得由父母回想他们青年时代的情况，而听任孩子们自己去学习人生。也有父母不能这样而由祖父母来代替的，因为年龄的衰老，心情较为镇静，也不怎么苛求，思想也更自由，他们想着自己当年的情况，更能了解新的一代。

在这篇研究中，我们得到何种实用的教训呢？第一是家庭教育对于儿童的重要，坏孩子的性格无疑地可加以改造，有时甚至在他们的偏枉过度之中，可以培养出他们的天才；但若我们能给予他一个幸福的童年，便是替他预备了较为容易的人生。怎样是幸福的童年呢？是父母之间毫无间隙，在温柔地爱他们的孩子时，同时维持着坚固的纪律，且在儿童之间保持着绝对一视同仁的平等态度。更须记得，在每个年龄上，性格都得转变，父母的劝告不宜多，且须谨慎从事；以身作则才是唯一有效的劝告。还当记得家庭必须经受大千世界的长风吹拂。

说完了这些，我们对于"家庭是否一持久的制度"的问题应得予以结论了。我相信家庭是无可代替的，理由与婚姻一样：因为它能使个人的本能发生社会的情操。我们说过青年时离开家庭是有益的，但在无论何种人生中，必有一个时间，一个男人在经过了学习时期和必不可少的流浪生活之后，怀着欣喜与温柔的情绪，回到这最自然的集团中去，在晚餐席的周围，无论是大学生、哲学家、部长、兵士或艺术家，在淡漠的或冷酷的人群中过了一天之后，都回复成子女、父母、祖父母，或更简单地说，都回复了人。

（选自《人生五大问题》，傅雷译，生活·读书·新知三联书店，1986年版）

导 读

林语堂是一代国学大师，具有深厚的古典文学修养。此文将中国人旷怀达观、陶情遣兴的生活方式和浪漫高雅的东方情调都诉于笔下，道出了一个可供仿效的完美生活方式的范本，展现出诗样人生、才情人生、幽默人生、智慧人生的别样风情。

有丰富的心灵才有悠闲的生活

林语堂

中国人之爱悠闲，有着很多交织着的原因。中国人的性情，是经过了文学的熏陶和哲学的认可。这种爱悠闲的性情是由于酷爱人生而产生，并受了历代浪漫文学潜流的激荡，最后又由一种人生哲学——大体上可称它为道家哲学——承认它为合理近情的态度。中国人能囫囵地接受这种道家的人生观，可见他们的血液中原有着道家哲学的种子。

有一点我们须先行加以澄清，这种消闲的浪漫崇尚（我们已说过它是空闲的产物），绝对不是我们一般想象中的那些有产阶级者的享受。那种观念是错误的。我们要明了，这种悠闲生活是穷愁潦倒的文士所崇尚的，他们中有的是生性喜爱悠闲的生活，有的是不得不如此，当我读中国的文学杰作时，或当我想到那些穷教师们拿了称颂悠闲生活的诗文去教穷弟子时，我不禁要想他们一定在这些著作中获得很大的满足和精神上的安慰。所谓"盛名多累，隐逸多适"，这种话对那些应试落第的人是很听得进的；还有什么"晚食可以当肉"这一类的俗语，在养不起家的人即可以解嘲。中国无产阶级的青年作家们指责苏东坡和陶渊明等为罪恶的有闲阶级的智识分子，这可说是文学批评史上的最大错误了。苏东坡的诗中不过写了一些"江上清风"及"山间明月"。难道江上清风山间明月和桑树颠的鸡鸣只有资产阶级才能占有吗？这些古代的名人不是空口白话地谈论着农村的情形，他们是躬亲过着穷苦的农夫生活，在农村生活中得到了和平与和谐的。

这样说来，这种消闲的浪漫崇尚，我以为根本是平民化的。我们只要想象英国大小说家斯顿在他有感触的旅程上的情景，或是想象英国大诗人华兹华斯和柯勒律治他们徒步游欧洲，心胸中蕴藏着伟大的美的观念，而袋里不名一文。我们想象到这些，对于这些个浪漫主义就比较了解了。一个人不一定要有钱才可以旅行，就是在今日，旅行也不一定是富家的奢侈生活。总之，享受悠闲生活当然比享受奢侈生活便宜很多。要享受悠闲的生活只要有一种艺术家的性情，在一种全然悠闲的情绪中，去消遣一个闲暇无事的下午。正如梭罗在《瓦尔登湖》里所说的，要享受悠闲的生活，所费是不多的。

笼统来说，中国的浪漫主义者都是具有锐敏的感觉和爱好漂泊的天性，虽然在物质生活上露着穷苦的样子，但情感却很丰富。他们深切爱好人生，所以宁愿辞官弃禄，不愿心为形役，在中国，消闲生活并不是富有者、有权势者和成功者独有的权利（美国的成功者更显匆忙了！），而是那种高尚自负的心情的产物，这种高尚自负的心情极像那种西方的流浪者的尊严的观念，这种流浪者骄傲自负到又不肯去请教人家，自立到不愿意工作，聪明到不把周遭的世界看得太认真。这种样子的心情是一种超脱俗世的意识而产生，并和这种意识自然地联系着的；也可说是由那种看透人生的野心、愚蠢和名利的诱惑而产生出来的。那个把他的人格看得比事业的成就来得重大，把他的灵魂看得比名利更紧要的高尚自负的学者，大家都把他认为是中国文学上最崇高的理想。他显然是一个极简朴地去过生活，而且鄙视世欲功名的人。

这一类的大文学家——陶渊明、苏东坡、白居易、袁中郎、袁子才，都曾度过一个短期的官场生活，政绩都很优良，但厌倦了那种磕头的勾当，要求辞职，以便可以回家去过自由自在的生活。

另外的一位诗人白玉蟾，他把他的书斋题名为"慵庵"，对悠闲的生活竭尽称赞的能事：

> 丹经慵读，道不在书；
> 藏教慵览，道之皮肤。
> 至道之要，贵乎清虚，

> 何谓清虚？终日如愚。
> 有诗慵吟，句外肠枯；
> 有琴慵弹，弦外韵孤；
> 有酒慵饮，醉外江湖；
> 有棋慵弈，意外干戈；
> 慵观溪山，内有画图；
> 慵对风月，内有蓬壶；
> 慵陪世事，内有田庐；
> 慵问寒暑，内有神都。
> 松枯石烂，我常如如。
> 谓之慵庵，不亦可乎？

从上面的题赞看来，这种悠闲的生活，也必须要有一种恬静的心地和乐天旷达的观念，以及一个能尽情玩赏大自然的胸怀方能享受。诗人及学者常常自题了一些稀奇古怪的别号，如江湖客（杜甫）、东坡居士（苏东坡）、烟湖散人、襟霞阁老人等。

没有金钱也能享受悠闲的生活。有钱的人不一定能真真领略悠闲生活的乐趣，那些轻视钱财的人才真真懂得此中的乐趣。他须有丰富的心灵，有简朴生活的爱好，对于生财之道不大在心，这样的人，才有资格享受悠闲的生活。如果一个人真的要享受人生，人生是尽够他享受的。一般人不能领略这个尘世生活的乐趣，那是因为他们不深爱人生，把生活弄得平凡、刻板，而且无聊。有人说老子是嫉恶人生的，这话绝对不对，我认为老子所以要鄙弃俗世生活，正因为他太爱人生，不愿使生活变成"为生活而生活"。

有爱必有妒。一个热爱人生的人，对于他应享受的那些快乐的时光，一定爱惜非常，然而同时却又须保持流浪汉特有的那种尊严和傲慢。甚至他的垂钓时间也和他的办公时间一样神圣不可侵犯，而成为一种教规，好像英国人把游戏当作教规一样的郑重其事。他对于他在高尔夫球总会中同他人谈论股票的市况，一定会像一个科学家在实验室中受到人家骚扰那样觉得厌恶。他一定时常计算着再有几个春天就要消逝了，为了不曾做几次遨游，而心中感到悲哀和懊丧，像一个市侩懊恼今天少卖出一些货物一样。

我们的生命总有一日会灭绝的，这种省悟，使那些深爱人生的人，在感觉上增添了悲哀的诗意情调。然而这种悲伤感却反使中国的学者更热切深刻地要去领略人生的乐趣。这看来是很奇怪的。我们的尘世人生因为只有一个，所以我们必须趁人生还未消逝的时候，尽情地把它享受。如果我们有了一种永生的渺茫希望，那么我们对于这尘世生活的乐趣便不能尽情地领略了。

基士爵士曾说过一句和中国人的感想不谋而合的话："如果人们的信念跟我的一样，认尘世是唯一的天堂，那么他们必将更竭尽全力把这个世界造成天堂。"

苏东坡的诗中有"事如春梦了无痕"之句，因为如此，所以他那么深刻坚决地爱好人生。在中国的文学作品中，常常可以看到这种"人生不再"的感觉。中国的诗人和学者在欢娱宴乐的时候，常被这种"人生不再""生命易逝"的悲哀感觉所烦扰，在花前月下，常有"花不常好，月不常圆"的伤悼。

李白在《春夜宴桃李园序》一篇赋里，有着两句名言："浮生若梦，为欢几何？"王羲之在和他的一些朋友欢宴的时候，曾写下《兰亭集序》这篇不朽的文章，它把"人生不再"

的感觉表现得最为亲切。

林语堂（1895.10.10—1976.3.26）：中国现代著名学者、文学家、语言学家。曾于 1940 年和 1950 年两度获得诺贝尔文学奖的提名。

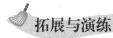
拓展与演练

1. 观看由 BBC 制作的《艺术的力量·梵高》。

推荐理由：揭开西方艺术史的光辉一页，可深入了解艺术家的故事并感受艺术中独特而又震撼的力量。

剧情简介：梵高是荷兰后印象派画家。出生于新教牧师家庭，是后印象主义的先驱，并深深地影响了 20 世纪艺术，尤其是野兽派与表现主义。

2. 写一篇《梵高》的观后感。

3. 观看电影《走出非洲》。

推荐理由：这是给予热恋中神魂颠倒的人们的一剂清醒剂，没有谁的家庭必须以自我牺牲为代价，真正的恋爱结果只有保持最原始的自我才不会迷失在责任和道德的重重大门前。最深沉的爱和最痛彻的痛历经岁月的洪荒，往往披戴上平静的外衣，叙事刻意平淡和导演的避重就轻，使这部片子更添了一丝沉淀和隽永。在非洲这篇土地上，凯伦曾经实现过梦想，她争取到了基库尤人的权利，她赢得了当地白人主流圈子的尊重，她赢得了基库尤人的崇敬和爱，她也失去了邓尼斯，失去了那个肯放弃天性的自由陪着她守着她的男人。

剧情简介：凯伦（梅丽尔·斯特里普饰）是一个爱慕虚荣的富家女，为了得到一个男爵夫人的称号她离开故土丹麦远嫁东非肯尼亚，然而男爵夫人的称号并没有给凯伦带来美满的婚姻生活。幸运的是在那片广袤的土地上，凯伦可以经常外出打猎、探险，她渐渐爱上了这片神奇的土地。在一次打猎遇险时，凯伦邂逅了年轻的英国贵族邓尼斯（罗伯特·雷德福饰）。在遭遇婚姻的破裂和丈夫出走之后，凯伦独立承担起经营庄园的任务，在劳动的过程中，凯伦渐渐与种植园里的仆人们产生了深厚友谊，而她与邓尼斯的关系似乎也有了进展。然而命运之神并没有从此让凯伦一帆风顺，一次大火让她不得不出卖庄园从而缓解经济的拮据，后来邓尼斯驾机意外身亡又一次给了她沉重的打击。在经历了生命的磨炼之后，凯伦最终告别了那片她洒下青春和热情的土地……该片在 1986 年的第 58 届奥斯卡上荣获了包括最佳影片、最佳导演、最佳改编剧本在内的 6 项大奖。

4. 从《走出非洲》论"幸福生活"。

下 编

常用应用文

第一部分
日常应用文

应用文同人们的日常生活关系十分密切。由于社会的不断进步和科学文化的迅速发展，应用文的使用范围也越来越广泛。今天，无论国家机关、企事业单位或是个人，在传递信息、交流思想、介绍经验、联系工作和进行各种写作时均离不开应用文。其中日常应用文是用途最广而又最大众化的，涉及人们生活的方方面面。掌握这类文书的写作，对提高办事效率，提高综合素质都大有裨益。

一、便条　单据

便条是人们用于临时性事务的一种最简便的书信。在日常生活中，有些事要向对方说明、介绍，或请对方办理，有时无法当面讲但又必须告知，或者是出于手续上的需要，要留作依据，就可以用到便条这种形式。

便条的使用范围极广，一般常用的便条有请假条、留言条等。

（一）请假条

请假条是向领导、老师等说明原因请求准假的一种便条。递交请假条是请假的正式手续。请假条应提前送达，如果时间紧急，也可事后补送，以完成手续。

请假条一般包括标题、称呼、正文、署名、日期几部分。"请假条"作为标题写在便条上方居中处，下面第一行顶格写对方称呼，第二行空两格写正文，需写明请假原因和请假时间等，正文结尾写"此致敬礼"，也可以不写。最后在正文右下方写请假人姓名和请假日期。

请病假有医生证明的，可在正文后另起一行写："附：医生证明"，然后把医生证明与请假条一起交给对方。

请假条一般由请假人本人书写。如有特殊情况（如请假人在异地），则可委托他人代为请假，在请假条上应以第三人称出现，并应写上代请假人的姓名，有的还要写明与请假人的关系。

例：

请假条

何老师：

　　我因畏寒发热，经医生诊断患急性支气管炎，急需治疗，特请假三天（10月10日至10月12日），望予批准。

附：医生证明

此致

敬礼

                学生：张三
                2017 年 10 月 9 日

（二）留言条

  走访别人未遇，多使用留言条。这种情况下，留言条一般要写明来访目的、未遇心情及希望与要求。如果以前没有交往，还要做自我介绍。临时有一活动要请对方参加，而对方恰好不在，这时可以留条通知。有时替人接了电话不能当面转告，也可写个留言条。想请人代办某事一时见不了面，有事不便于当面谈又必须让对方知道，等等，都可使用留言条。

  留言条格式由称呼、正文、落款三部分组成。

  称呼：抬头顶格写对收条者的称呼，不宜直呼其名，通常在姓后面加上尊称，如"李老师""李先生""张师傅"等，后面加冒号。

  正文：另起一行空两格，陈述所要说明的内容。一般要将所要表达的事情的各个要素（何时、何地、何人、何事）讲清楚。

  落款：留言人的姓名要写清楚，落款的日期根据情况可简写。

  留言条要放在对方容易发现的地方，如书桌显眼处，或贴在门上、贴在车站、码头的留言栏内。也可托对方的家人、熟人或者门卫转交。随着社会的进步，现在我们可以用短信或微信的方式编写留言条发送给对方。

  写留言条的注意事项：

  ① 必须把有关的事情、时间、地点写清楚，委托别人办事应把托谁、办什么事及有关事项交代清楚。托人购物，要详细写清楚要求；托人送物也得交代明白，以免误事。

  ② 如需面谈，就要写明见面的时间、地点。如果时间性强，不仅要写明年、月、日，还要写上具体时间，如几点几分。

  ③ 选择约定再访的时间要适宜，注意避开休息、吃饭的时间。

  ④ 语言不能生硬，要简短，三两句话即可。委托别人办事还得讲究礼貌，致谢语必不可少。

  例：

张三同学：

  特地上门拜访，有要事相商，恰巧你不在家。今晚 7 点我再来找你，请在家等我。

                       李四

                   21 日上午 10 点

【写作练习】

  1. 成都工业职业技术学院城市轨道专业 1902 班学生王五接到院党委的通知，让他 11 月 12 日上午去校四教一楼阶梯教室参加党课学习。因此，班级 12 日的秋游他不能参加了。请你以王五的身份替他给辅导员何老师写一张请假条。

  2. 指出下列便条的错误并进行修改。

  在成都工作的李四因临时有事要去南充出差，回家收拾东西时，妈妈正好不在家，手机也没带。于是他给妈妈写了一份留言条。

妈妈：

  我走了，你多保重。

儿子
10 月 28 日

（三）单据

单据：在日常工作、学习和生活中，人们借到、领到、收到或欠了他人、单位的钱财、物品，需要写个条子交给对方，以作凭证，这种具有凭证作用的条子就是单据。单据应用广泛，种类较多，常用的有收条（收据）、借条（借据）、领条（领据）、欠条（欠据）等。

单据一般包括三个部分：

① 标题。在第一行中间写"收据""借据"等，表明单据的性质。

② 正文。提行空两格，写对方姓名或单位名称以及涉及的钱、物名称、数量、金额等。正文写完后紧接着写上"此据"二字。

③ 署名和日期。在正文右下方署名（个人或单位），必要时可盖手印或加盖公章。署名下方写上详细的日期，即年、月、日。

写单据的注意事项：

① 单据上涉及钱、物的数字使用大写，数字前不能留空。

② 在钱的数额前写上"人民币"，数额末尾加上"整"字。

③ 单据上的文字、数字一般不能涂改，非涂改不可时，应在涂改处加盖公章或盖手印（双方），或另写一份。

④ 单据用毛笔、钢笔书写，防止单据放久后模糊不清。

大写数字：零、壹、贰、叁、肆、伍、陆、柒、捌、玖、拾、佰、仟、万、亿。

例：

借 条

今借到铁道信号 1903 班音箱壹个，话筒贰只，供铁道信号 1901 班本周日班级晚会使用。会后归还。此据。

铁道信号 1901 班班长 刘邦
2017 年 12 月 20 日

领 条

今领到校图书馆发放的《应用文写作》书叁佰柒拾本整。此据。

艺术与人文社科教务科 陈平
2017 年 9 月 8 日

收 条

今收到物流管理 1901 班交来 36 人的计算机一级报名费，共计人民币壹仟零捌拾元整。此据。

校财务 萧何
2017 年 12 月 1 日

欠　条

本人原借到张三人民币 2590 元（大写：贰仟伍佰玖拾元）整，现已归还 1 600 元（大写：壹仟陆佰元）整，尚欠 990 元（大写：玖佰玖拾元）整，于今年 12 月 31 日前还清。此据。

酒店管理 1904 班　韩信
身份证号码：123456789123456789
2017 年 10 月 27 日

【写作练习】

指出下列单据的错误并修改。

（1）

借　条

周勃借我 200 元，一月内归还。

英布
2 月 12 日

（2）

欠　条

原借到学校图书馆杂志 45 册，供阅读使用，现已归还 32 册，剩下的下次还清。

小刘

二、启事

（一）启事的概念

"启"为告启、陈述之意，"事"即事项。顾名思义，启事是个人或团体陈述某一事项，以告知公众或吁请公众参与的告知性应用文。启事一般张贴于公共场所或刊登在报刊上，或在电视台、电台播放。

（二）启事的特点

1. 公开性

启事是让公众知道或者希望大家协助办理的事情，不具有强制性和约束性。

2. 单一性

启事事项通常是一事一启。

（三）启事的类型

启事的应用极为广泛，种类繁多，大体可分为以下几类：

① 告知类。如开业启事、停业启事、庆典或举办活动等启事。

② 征招类。如征订启事、征稿启事、征婚启事、招聘启事、招商启事等。

③ 寻找类。如寻人启事、寻物启事等。

④ 变更类。如改期启事、更名启事、迁址启事、出租启事等。

（四）启事的构成部分

类型不同的启事，写法各有不同，但文体结构大体相同。一般由三部分组成：

1. 标题

首行居中书写。

① 直接用文种名称。如"启事"。
② 事由加文种。如"停业启事"。
③ 告启者名称加事由加文种,如"《青年文摘》征文启事""××公司开业启事"等。
④ 不标明文种,只写出具体事项。如"敬告用户""周年庆典""征求订户"等。
⑤ 文章式标题。如"诚招八方英才,共创一代伟业"。
⑥ 按事情的重要、紧急程度。如"重要启事""紧急启事"。

2. 正文

提行空两格书写。启事的内容,一般包括缘由、目的、内容、要求等,具体因启事种类不同而异。

如招聘启事要写明招聘的对象、岗位、人数、条件、待遇及报名的方法、时间、地点等;迁移启事要写明迁移目的、日期、迁移何处、电话号码等;招领启事要写明何时何地拾到何物,失主去何处认领,但不必罗列细目,以防冒领;征稿启事要写明主题要求、规格要求、截稿日期和交稿的方法、时间等;寻人启事要写清楚被寻找的人的基本情况以及长相、身材、衣着、口音等显著特点,还要写明告启者的联系地址及方法,在张贴或登报时,还可配发走失者近期照片;寻物启事详细具体写明失物名称及形状、质地、色彩、型号、数量等特征,失主的姓名、电话、地址,以便联系,最后要表达感谢之意。

3. 落款

在正文右下方写明启事者的单位名称或姓名,注明启事发布日期。若单位名称已在标题或正文中出现过,落款处也可以省略。

例1

寻人启事

小儿刘禅,现年5岁,于本月12日下午在华阳南湖公园游玩时走失。上身穿红色汗衫,下身穿白色短裤。圆脸蛋,鼻尖上有一颗黑痣。如有人知其去向,请与我电话联系:13012345678。必重酬答谢!

刘邦
×年×月×日

例2

成都市天府新区××幼儿园招聘幼儿教师启事

成都市天府新区××幼儿园是一所公办公益性幼儿园,地处天府新区××镇,占地15亩的标准化幼儿园即将投入使用。现因幼儿园发展的需要,面向社会诚聘教职工。

一、招聘岗位及人数:幼儿教师,5名。
二、招聘条件:
(一)学前教育专业专科及以上学历。
(二)具有幼儿教师资格证、普通话二级甲等(五年内有效期)。
(三)具有一定的理论水平和教育教学能力,坚持教育创新,自觉履行《成都市中小学、幼儿园教师职业道德规范》,能胜任本学科的教学工作,有工作经验者优先。
(四)政治素质好,热爱幼教工作,有优良的思想政治素质,身体健康。
(五)年龄在35周岁以下,具有幼教工作经验、有专业特长的年龄可适当放宽。

三、岗位待遇：

试用期为1个月，试用期满合格后，按《××幼儿园薪酬体系》实行基本工资加奖金的薪酬制度，按规定缴纳五险。

四、报名程序

（一）报名时间：2017年2月13日至2017年3月3日。

（二）报名方式：招聘采用网络报名，应聘者可登录成都人才网（http：//www.rc114.com）下载报名表，填写后发送至电子邮箱（cd_rencaihr@163.com）。

（三）报考人员报名时需如实、准确填写报名表各项内容，报考人员提供的信息和材料必须真实完整。报考人员如弄虚作假或隐瞒有关情况骗取报名或聘用的，将随时取消其资格，所造成的一切损失由报考者本人承担。

咨询电话：028-12345678

附件：成都市天府新区××幼儿园教师招聘报名表.doc

成都市天府新区××幼儿园

2017年2月13日

例3

招领启事

×月×日在上海至成都××次列车硬卧车厢内，发现旅客遗留背包一个，内有人民币和各类证件若干、贵重物品一批。特登报招领，望失主携带相关证件，前来领取。

××铁路分局列车段

2017年8月18日

【写作练习】

1. 请按以下要求修改下面这则招工启事：

（1）有语病的句子应修改通顺；

（2）行文顺序不当之处应做调整；

（3）内容不完整之处应补充完整。

招工启事

因我厂发展需要，现招收生产人员，高中文化程度女青年15名，男青年5名。有意者请携带本人身份证到我厂人事科报名。

成都市××厂

2017年8月2日

2. 车辆1704班项羽同学于2017年9月24日下午四点在校体育馆大门口拾到黑色七匹狼钱包一个，内有饭卡一张、建设银行储值卡一张、中国银行信用卡一张和现金428元。请你代他写一份启事寻找失主。

三、申请书

（一）申请书的概念

申请书是个人、单位、集体因某种需要，向领导、组织、社会团体说明情况、表达愿望，请求批准或帮助解决问题的专用书信。

(二) 申请书的种类

申请书种类繁多。有要求参加组织、团体的申请书，有入学申请书，有开工、开业申请书，有更新设备、扩建厂房等需求经费的申请书，有困难补助申请书，有宅基地申请书，有调动工作申请书，有申报户口申请书，等等。

(三) 申请书的特点

① 请求性。
② 单一性。申请书内容单一明确，一文一事。

(四) 申请书的结构

申请书一般由标题、称谓、正文、结语、落款五个部分组成。

1. 标题

首行居中写作。
① 直接写文种名称。如"申请书"。
② 事由加文种。如"入党申请书"。
③ 直接写申请事由。如"补办会员证申请"。

2. 称谓

第二行顶格书写接受申请的单位、团体、组织的名称或负责人的姓名、职务，后面加冒号。名称前可加上敬语如"尊敬的"，在个人姓名后面可加上"先生/女士/经理"等。

3. 正文

第三行空两格书写。
① 申请事项。明确提出愿望和请求。
② 申请理由。围绕提出的申请事项说明申请的理由。
③ 申请期望。围绕申请事项表明态度、决心。

4. 结语

一般使用"此致敬礼"等礼貌用语，也可用"特此申请""请予批准"这些惯用语；如果是入团、入党申请书，常用"请组织考验我"等语句。

5. 落款

在结语的右下方署名。如果申请者是个人，一般在姓名前加上"申请人"字样，如果申请者是单位，上面应加盖公章。在署名下方写上申请的准确时间。

(五) 申请书的写作要求

① 明确、直接地提出自己的申请与要求。
② 申请的理由必须充分可信。

例：

转正申请书

人力资源部：

　　自××××年××月××日进入××局以后，我就在编辑部工作。三个月以来，我遵守单位的劳动制度，恪守新闻工作者的职业道德，在领导与同事们的帮助下，认真学习、努力工作。现在，我已经能独立承担如下工作任务：

第一，能够使用和维护摄影机；

第二，基本了解并能初步编辑新闻摄像带；

第三，参与了会议新闻与社会新闻的拍摄和采写；

第四，基本掌握电视新闻稿的写作方法和技巧，并能编写部分电视新闻稿。

在这期间，我不仅能较好地配合同事外出进行采访、拍摄工作，还可以独立外出采写并完成具体的新闻作品。

入职以来，我与同事一起完成新闻采写16篇，其中独立完成采写作品5篇，顺利完成每次的采访任务。

虽然我在工作中还存在一些不足，但我会不断学习，增强对新闻的敏感度，力求采写出新鲜、迅捷、有特色的新闻稿件。我真诚地希望成为××局的正式员工，与大家一起，出色地完成新闻工作，为单位争得荣誉。

恳请领导予以批准。

申请人：××
××××年××月××日

【写作练习】

写一份入党申请书。

四、计划

（一）计划的概念

计划是个人或团体为了完成未来的学习、工作或某项任务，结合实际情况做出的预想性部署、安排的文书。

（二）计划的种类

计划的范围很广、种类繁多，可以从不同的角度去划分：

① 按计划时限分，有长期计划（一般指十年以上的远景规划）、中期计划（一般指五年计划）和短期计划（一般指年度计划、季度计划、月份计划、学年计划、学期计划等）。

② 按计划题材分，有综合计划和专题计划，专题计划又可分为工作计划、生产计划、教学计划、科研计划等。

③ 按计划范围分，有国家计划、地区计划、单位计划、部门计划、科室计划、班组计划等。

④ 按计划效力分，有指令性计划、指导性计划、一般性计划等。

⑤ 按计划形式分，有条文式计划、表格式计划、条文表格结合式计划等。

⑥ 按计划名称分，有规划、要点、方案、打算、安排、设想、意见等。

A. 规划：带有全局性和长远性，内容比较概括的计划。

B. 要点：只列出工作中主要目标的计划。

C. 方案：对某项工作从目的要求、方式方法到具体步骤都做出全面部署与安排的计划。

D. 打算：针对预计在近期内要做的一些具体工作，但对其中某些指标或措施等内容考虑得还不够周全。

E. 安排：对未来一个短时期内要做的某项具体事项，提出任务要求，做出妥善安排。

F. 设想：初步构想的尚未成熟的粗线条的非正式计划。

G. 意见：原则性、指导性较强，内容较完整的计划。

（三）计划的特点

1. 预见性

这是计划的根本特点。为了在一定时期内达到某一目标而事前制订，是在分析曾经的成绩与教训的基础上，结合当时的实际情况，预测未来发展的趋势从而科学地制订出来，以便能达到预期目标。

2. 可行性

计划制订的目标要明确，如果为达到目标制订的计划脱离现实，违背客观规律，在具体实施过程中不仅不能达到预期目标，反而会产生事倍功半的恶果。因此，制订计划，必须实事求是、切实可行，可行性是实现预期目标的保证。

3. 指导性

计划一经制订，就要对未来的实践活动起到指导作用和约束作用。工作的开展、实践的安排等，都必须按计划严格执行。就任何一项工作任务而言，它明确具体地回答了"做什么""谁来做""怎么做""什么时候完成"的问题，所以计划形成出台后，必定会指导工作实践。

4. 时间性

计划中所规定的各种具体任务都要在一定的时限内完成，因此，制订计划时要合理安排步骤，做好时间安排。

（四）计划的结构

计划一般由标题、正文、结尾三部分构成。

1. 标题

首行居中书写。

① 单位名称+时间+事由+文种。如《成都工业职业技术学院二〇一八年教学工作计划》。

② 时间+事由+文种。如《第一季度生产计划》。

③ 单位名称+事由+文种。如《成都市工业职业技术学校关于人员结构调整的计划》。

④ 事由+文种。如《关于进行辅导员考核的初步意见》。

⑤ 文种。如"计划"或"工作计划"。

未定稿的计划，应在标题后用括号注明"初稿""讨论稿""草稿""征求意见稿"等字样。如《2018年成都市人事编制工作要点（讨论稿）》。

2. 正文

第二行空两格书写，通常由前言、主体和结语构成。

（1）前言

简要说明制订计划的缘由、依据、目的、指导思想等，也可简介前期工作的基本情况，评估成绩，分析当前总的形势，在此基础上确定今后的工作计划。即回答"为什么制订该计划"的问题。常用"为此，本年度要抓好以下几项工作"或"特制订计划如下"等过渡句转入主体部分。

（2）主体

它是计划的核心部分，明确提出任务、指标和具体要求，主要步骤、方法、措施、分工及注意事项等，体现计划的三要素：目标（做什么）、措施（怎么做）、步骤（何时做）。制订计划要分条列项地写明目标、任务及其完成期限等，力求明确、具体，同时写明数量、质量和时间进度等方面的具体要求，做到措施具体、分工明确、步骤有序、条理清楚、时间具体。

（3）结语

写明检查或修订办法、执行要求、执行日期或注意事项，可以展望计划实施的前景，也可以表明决心或发出号召，提出要求和希望等，还有的计划内容表述完毕即结束全文。

3. 结尾

在正文右下方署上制订计划的单位名称或个人姓名及日期。若标题上已注明计划单位名称，结尾可只写时间；上报或下达的计划，还需加盖公章。有些计划需上级批准后方能实施，这类计划的落款在发布时要写明批准日期而不是拟定日期。此外，凡与该计划相关的附表和附图，可作为附件，在结尾之后加以注明。

例：

××职校浅草文学社2018—2019学年
第一学期活动计划

自文学社创办一年来，由于得到多方面的支持和全体成员的共同努力，已初步形成了一个指导有力、组织严密、活动有序、成员团结的课外文学社团，得到了广大师生的肯定。文学社成员活动积极、兴趣浓厚，为它的发展打下了良好的基础。

新的学期开始了，学校对进一步提高课外兴趣小组活动的层次和水平提出了新的要求。为此，我们结合文学社的实际情况，特制订下列工作计划：

一、活动的目的和要求

文学社的各项活动都必须围绕文学社"培养兴趣、吸取知识、开阔视野、交流心声、发挥才能"的宗旨，多趣味、多中心、多形式地展开。要求全体成员同心同德、积极认真、敢于创造，争取各项活动都出成果。

二、具体活动安排

1. 学期初，由指导教师组织大家学习学校关于进一步提高课外兴趣小组活动的层次和水平的新要求，学习兄弟学校文学社的经验，明确本学期文学社活动的目的和要求，做到人人心中有数。

2. 开设文学专题讲座，由文学社指导教师主讲，时间每两周一次，共十次。

3. 继续办好社刊，仍坚持每月出一期。克服以往社刊主题不明、文体单调的缺点，本学期分别围绕"爱祖国""师生情""我的乐园"等主题，认真选稿、组稿，仔细改稿、校对，进一步提高社刊质量。这项工作由社刊主编许××同学负责。

4. 9月份，为了庆祝教师节，以"我爱教师"为主题，要求每个文学社成员为教师做一件好事。这项活动由副社长李××同学负责。

5. 10月中旬组织文学社成员看一场电影,观后进行一次影评比赛。聘请学校有关教师组成评委会,评出一等奖一名、二等奖三名、三等奖九名,并给予一定奖励。这项活动由社长李××同学负责。

6. 11月以"我的一日"为题,进行一次作文比赛,经指导教师评改后,将其中优秀的作品推荐给校刊,争取发表。

7. 12月为学校元旦文艺会演排演两三个文艺节目。这项活动由副社长黄×同学负责。

8. 2019年1月开展评选优秀文学社成员活动(评比条件和具体办法另行文)。

××××年×月××日

【写作练习】

1. 判断题,判断正误并说明理由。

(1) 计划要充分发挥群众的积极性和创造性,要有预想的奋斗目标。因此,计划目标要定得高一些。(　　)

(2) 计划通过后,要经常检查督促,严格执行,要维护计划的严肃性,不能变动。(　　)

(3) 计划的内容既要科学、积极,又要切实可行,它应是客观条件加上主观努力能够实现的。(　　)

(4) 撰写计划的语言需要生动、活泼、幽默、吸引人。(　　)

2. 填空题,在括号里填上恰当的计划种类。

(1) 成都市城市发展的远景(　　)

(2) ××研究院十月份政治学习(　　)

(3) ××学校2019年工作(　　)

(4) ××省住房制度改革(　　)

(5) ××厂开展职工体育活动的初步(　　)

3. 修改下列计划的不当之处。

班级文体活动计划安排

为了丰富同学们的课余生活,寓教于文艺、体育活动中,本班制订下列文体活动计划:

(1) 积极迎接校第五届运动会,要求同学们积极报名,认真锻炼。

(2) 组织乒乓球比赛一次。

(3) 适时组织一次班级野餐活动。

(4) 积极排演文艺节目,迎接每年一次的元旦文艺汇演。

文艺委员 赵飞燕

××××年××月××日

4. 请结合自身学习和生活的实际情况,任选一项内容,拟定一份计划:

(1) 本学期的个人学习计划

(2) ××岗位实习计划

(3) ××专业技能大赛备赛计划

五、总结

(一) 总结的概念

总结是个人或部门对过去某个时期、某个阶段、某个方面已完成的学习、工作等情况进行系统的回顾，通过分析研究做出客观评价，摸索出事物的发展规律，肯定成绩和经验，找出问题和教训，以便指导今后工作的事务文书。

（二）总结的特点

1. 理论性

总结的过程，就是感性认识上升为理性认识的过程，在分析事实材料的基础上，得出规律性的认识，发扬成绩，吸取教训，更好地指导并开展下个阶段的工作。

2. 客观性

总结是对个人或组织实际情况的概括，应以客观事实为依据，坚持实事求是的原则，真实客观地分析情况、解决问题、总结经验，对取得的成绩、成功的经验不虚构、编造，不夸大其词，对存在的问题不隐瞒，也不轻描淡写地一笔带过。

3. 指导性

总结具有经验性和理论性的特点，具有推广价值。它所总结出来的经验、教训，所摸索出来的客观规律，所得出的理性认识，具有启迪和借鉴作用。因此，总结不仅对本部门下一阶段的工作具有指导作用，而且对其他单位或部门的工作也有一定的指导作用。

（三）总结的种类

① 按性质分，有综合性总结和专题性总结。

综合性总结又称全面总结，是对本组织或本人过去一定时期内工作或学习等情况的全面总结。其涵盖面较广，篇幅较长，要求全面、系统、客观地反映工作全貌，多用于向本单位、部门群众及上级领导机关汇报，有时也用于平行机关交流情况。如"成都市××××年度工作总结"。

专题性总结又称单项总结，是对某一项工作或某一个问题的总结。其内容单一，针对性较强，篇幅与全面总结相比较短，往往侧重于典型经验的总结，多用于交流经验、树立典型，具有指导意义。如"成都市×××年计划生育工作总结"。

② 按内容分，有工作总结、思想总结、生产总结、学习总结、会议总结、事故总结等。

③ 按时间分，有跨年度总结、年度总结、季度总结、月份总结、阶段总结等。

④ 按范围分，有地区总结、部门（单位）总结、班组总结、个人总结等。

（四）总结的结构

总结一般由标题、正文、落款三部分构成。

1. 标题

（1）公文式标题

① 单位名称＋时间＋事由＋文种。如《成都工业职业技术学院2017年教学工作总结》。

② 单位名称＋事由＋文种。如《成都工业职业技术学院爱国主义教育活动的总结》。

③ 单位名称＋时间＋文种。如《成都市规划局2017年工作总结》。

（2）新闻式标题

这种标题只总结内容，不出现文种，一般具有新颖、有力、醒目的特点。如《我市干部思想作风建设的成效及其存在问题》。

（3）双行式标题

即正标题+副标题。正标题概括总结的主要内容，采用新闻式，副标题直接点明单位、时间和文种，采用公文式。如《提高学生综合素质有新路——××学校教改小结》。

2. 正文

正文由前言、主体、结尾三部分构成。

（1）前言

又称"开头""引言"，简明扼要地概述某个阶段的工作或任务的基本情况，交代背景（主、客观条件），点明主旨或说明成绩（物质成果、精神成果），为主体内容的开展做必要的铺垫。

（2）主体

① 成绩与经验。介绍取得的成果，分析取得成绩的主客观原因，从中找出规律性认识。写作这一部分要点面结合，尽量用具体事例、统计数据和对比材料说明问题，以增强说服力。

② 问题和教训。说明工作中存在的问题与失误，从主客观两方面分析原因，以此上升为可借鉴的教训。

（3）结尾

即设想和努力方向，是对全文内容的概括，是在总结经验教训的基础上，分析形势，提出任务，展望前景，表明决心，提出今后的改进措施或指明努力方向。

3. 落款

在正文右下方书写，第一行写单位名称或个人姓名，第二行写具体的日期。有时也将单位名称或个人姓名写在标题的下一行，落款处只写日期。

例：

卫生服务中心办公室2017年工作总结

今年以来，办公室工作在领导班子的坚强领导下，在分管领导的正确指导下，在各科室的大力支持下，我们严格按照"勤于学习、善于落实，勇于创新、敢于担当"的总体工作思路，充分发挥第一窗口、第一环境、第一形象的作用，高标准、高质量、高水平、高效率地完成了领导安排的各项工作任务。

一、工作的成绩与经验

办公室工作千头万绪，工作复杂、艰巨、烦琐，在众多的工作事项中，我们始终把政务服务作为办公室工作的重中之重，花大力气、下苦功夫提高政务服务水平。

（一）当好参谋助手。办公室按照全年工作目标任务，密切关注和把握全局工作重点和工作动态，前瞻思考，超前谋略，为全局提供富有实效的政务服务。今年上半年，按照领导的统一部署，我们组织筹备召开了30人以上大型会议3场、上级督导检查会2场、工作指导会议8场，认真完成各类会议材料，做好会议方案、会议通知等工作。

（二）办文打造精品。公文代表着单位的形象，其质量高低，直接反映办公室工作的水平。在办文上，我们坚持"两手抓"，第一手是抓公文起草工作。对重要文稿实行分管领导牵头理思路，办公室主任出提纲，文秘人员收材料，千锤百炼成文稿的工作方法。强化精品意识，既重"文以载道"，又讲究成文之法，追求文字表达"准、实、新"，从领导平常说话中琢磨其思路，从每次领导改稿中体会其风格，力求综合文稿思路清、高度够、表达清、特色明，彰显领导风格。另一手抓好公文运转工作。在格式上，保证规范性，在内容上保证可行性，在程序上保证合理性，在时效上保证及时性。上半年，办公室收取上级卫生行政部门文件61份，其中需上传下达办理的54份，由办公室直接办理的7份，占办文率的11.4%。

（三）信息力求快、准。办公室始终坚持及时、准确、全面地报送宣传信息。我们在信息工作中努力做到"收集信息第一时间、报送信息第一时刻、处理信息第一时段"，确保信息快速报送。今年以来，办公室撰写各类信息24条，上报××××××24条，上报×××××22条。

（四）综合协调水平不断提高。综合协调是办公室工作的一项重要职能。做好综合协调工作直接关系到领导班子决策能否落到实处，关系到办公室工作的质量和效率，关系到办公室工作的整体形象。今年以来，我们注重加强上下左右的相互沟通协调，切实完成了各项综合性工作任务，积极营造了把握全局和服务全局的良好氛围。

二、存在的问题与不足

今年以来，办公室在领导的深切关怀和兄弟科室的大力支持下，尽己所能，做了一些分内工作，但对照部门职能要求以及领导的期望，还有较大的差距，谈不上骄人的成绩。回顾半年来的工作，感受颇多，在工作中遇到了一些问题，也看到了存在的不足。

一是由于平时多忙于事务性工作，专业学习放松，知识面窄，缺少大局观念。在处理工作矛盾和突发问题时缺少批评与自我批评。

二是同事间缺乏沟通，工作中有找不到人、办不成事的现象。

三是忙于做好自己分工范围内的工作，相互协调工作做得不够主动，站位不高，大局观念不强，相互补位意识淡薄。

三、下一步工作打算

一是加强政治理论及业务知识的学习，拓宽知识结构，不断更新思维理念，紧跟中心工作步伐，保证信息宣传及文字工作再提高。

二是增强服务意识，擦亮服务窗口，热情接人待物，坚持文明礼貌用语，与兄弟科室搞好配合，在提高"想干事"的热情、"会干事"的本领、"干成事"的水平上力求新突破。

三是后勤保障、会务接待精心、细心，打造精品；保密工作、文书档案工作水平全面提升，争一流。

四是继续争创"创先争优示范岗"，做到"文出我手无差错，事交我办请放心"。

××区卫生服务中心
××××年×月×日

【写作练习】

1. 改错题。

2017—2018学年个人总结

炎日当空，天上无一丝云彩，火辣辣的太阳简直叫人不敢出门，空中没有一点风，只有知了在树上不停地叫着，好像在说"放假了，放假了"。又一学年过去了，我应该利用暑假对这一学年的学习情况做一些总结，以迎接新学年。

在这一学年里，我学习了成本会计、管理会计、审计原理、经济法、计算机应用、外贸会计、大学英语、应用文写作、体育、职业道德、概率论等课。其中成本会计82分，管理会计86分，审计原理77分，经济法89分，计算机应用90分，外贸会计90分，大学英语72分，应用文写作68分，体育是中，职业道德是优，概率论是中。总的来说，成绩还是可以的，在班上是中等水平。其中计算机应用和外贸会计成绩好些，而大学英语、概率论和应用文写作差些。下一学期，我要继续努力，争取取得更好的成绩，最好都在80分上，这样就可以获得奖学金，减轻家庭的经济负担，更可以在择业时增加自己的实力。

财会1703班×××

2. 请写一篇"学期个人总结"，题目自拟，要求有体会，概括出规律性的内容，字数不少于500字。

六、简报

（一）简报的概念

简报是党政机关、企事业单位、社会团体为及时反映情况、汇报工作、交流信息或经验、加强沟通联系而编写的一种简明扼要的文书。

（二）简报的特点

① 简。简报内容简练，篇幅短小，语言精练，材料概括集中。要开门见山、直截了当，叙述突出主干、抓住重点。简报字数一般几百字，至多千字。

② 快。简报具有新闻性，追求时效性，须及时反映、交流新问题、新情况、新动态，要求采集快，成文快，编印快，尽量让读者在第一时间里了解到最新的现实情况，使之具有时效性和新闻性。

③ 新。简报要求内容新颖。一是材料新颖，及时编发能反映新近出现或发生的新事物、新情况、新问题、新动态、新思想、新趋势。只有材料新颖，才能引起关注，启发思考。二是观点新颖。对于客观情况的分析、研究，要选择新的角度，挖掘新的内涵，阐发新见解，总结新经验。

④ 准。指要准确地反映客观事物的真实情况，抓住问题的实质。选取的材料要准确无误，所有的要素要准确真实，所有的数据要确凿可信，问题抓得准，用语严密恰当，准确把握用词的内涵和外延。

（三）简报的种类

1. 情况简报

又称工作简报，主要用来及时反映机关、部门各项工作的情况，如反映贯彻党和国家的方针政策以及上级指示的情况，反映各项工作、生产的进展情况，也可以反映典型事件、工作中的经验、教训和问题等。

这类简报因内容与性质不同又可分为两种：

① 综合性简报。它全面反映一个部门、系统或地区的工作或生产发展变化的情况或问题。如"医院工作情况""关于党建工作简报"。

② 专题性简报。它反映的是贯彻、执行上级某一政策，完成某项工作，开展某项活动的过程情况及问题。如"城市美化绿化净化活动简报""××市市级领导干部'三讲'教育简报"。

2. 会议简报

是会议期间为反映会议进展情况、会议发言中的意见和建议、会议议决事项等内容而编写的简报。一般是一会一简报，重要的和规模较大且时间较长的会议，往往是一会多简报。这种简报，主要应报道以下四种情况：

① 有关会议概况的报道。包括预备会情况，会议召开的时间、议事日程安排、出席人数、会议目的与要求等。

② 反映会议内容的报道。包括讨论的问题、交流的新经验、倾向性意见、个别意见、讨论的结果等。

③ 典型发言的摘要报道。包括重要发言、有代表性或特殊见解的发言以及有启发性或可供参考的发言等。

④ 与会人员的动态报道。主要是反映与会人员的情绪、动态、愿望和要求，以及对会议本身的评价、意见、批评和建议等。这种报道有助于会议的生动活泼，可以起到改进工作、增添民主气氛的作用。

3. 动态简报

能迅速及时地反映近期发生的新情况、新问题、新动向。动态简报分两种：

① 工作动态简报，主要反映本部门、本系统工作情况，如"基础教育改革动态""房改动态""文艺动态"等；

② 思想动态简报，主要用于反映社会各阶层对政府的方针、政策的反应、态度、认识，社会上出现的新观念、新思想，各行各业群众的思想现状等。

（四）简报的结构

简报由报头、报核、报尾三部分构成。

1. 报头

在简报的首页上方，约占全页1/3的位置，下方用一道粗横线将报头与报核隔开。

① 简报名称。一般用套红印刷的大号字体。报头常用名称有"工作简报""工作动态""工作简讯""摘报""情况交流""内部参考"等；还可以采用"单位名称＋专项工作＋文种"的形式，如"红光机械厂技能比武活动简报""城市环境综合整治活动简报"。

② 期号。写在简报名称下一行，用括号括上，如"第×期"，连续的简报用"第×期（总第××期）"。

③ 编发部门（单位）。在期号的左下方顶格书写，应标明编发单位全称。如"中共×市委办公室""××工作领导小组办公室编"。

④ 编发日期。写在与编发部门平行的右侧，注明×××年×月×日。

⑤ 密级。即秘密等级，如"绝密""机密""秘密""内部资料，注意保存"等，置于报头左侧上方。无须保密的简报不标密级和编号。

2. 报核

刊登简报文稿的部分称为"报核",是简报的核心部分。报头以下、报尾以上的部分都是报核。较为全面的报核包括以下几个部分:

(1) 目录

一般简报只有一项内容,但综合性简报往往汇集多项内容。这种情况出现时,用目录的形式标明简报里几篇文章的标题,位置在横隔线下居中处。

(2) 按语

简报如有必要可加按语,主要内容是工作任务来源、本期重点稿件的意义和价值、征稿通知、征求意见等。按语的格式通常为"按""按语""编者按""编者的话"等,也有的是在正文前加一小段文字。按语一般在字体、字号上与正文有明显区别,不可过长。

(3) 标题

标题一般要求简明地揭示主题、概括主旨、简短醒目,可分为单行式标题和双行式标题两种类型。

① 单行式标题。将报道的核心事实或其主要意义概括为一句话作为标题,如《加快房改步伐,提高居住水平》。标题中间可用空格的方式表间隔,也可以加标点符号。

可采用说明式,直截了当说明问题,如《制止黄色书籍泛滥》;可采用提问式,紧扣内容,抓住实质,提出问题,以引起读者注意,如《小学生为何逃学出走?》;可采用警句式,给人以启迪和深思,如《再不能这样混下去了!》。

② 双行式标题。正标题概括文章主要内容,副标题揭示意义,介绍相关情况或补充相关名称。如《加快房改步伐,提高居住水平——热烈庆祝第十四个"世界住房日"》《找准角色位置　增强服务意识——××区人事局军队转业干部培训班圆满结束》。

(4) 导语

导语是简报的开头语,要用简短的文字,准确地概括报道的内容,说明报道的宗旨,引导读者阅读全文。常见的导语写法有:

① 叙述式。用概括叙述的方法,开门见山地点出事件的任务、时间、地点、起因、结果等。

② 描写式。把简报里的主要事实或某个有意义的侧面加以形象的描写,以引起读者的阅读兴趣。

③ 提问式。把简报反映的主要问题用设问的形式提出来,以引起读者的思考。

④ 结论式。将问题的结论用一段话在开头点出,然后在主体部分再做必要的解释和说明。

(5) 主体

这是简报主要的、关键部分,要用具体、典型、富有说服力的材料如主要事实、数据、情况等,通过分明的层次来突出观点。内容上,或是反映具体的情况,或是介绍具体的做法,或是叙述取得的成绩和经验,或是指出存在的问题,或是几项兼而有之。

① 按时间顺序写。适合于反映一件事、概述一个会议情况等内容单一的简报。可使读者对事件、问题有一个全面、鲜明的印象。

② 按空间顺序写。可用于报道一个事件的不同场面或围绕一个中心,综合、归纳几个单位或地区的不同情况,把材料分类,加上小标题,逐一写出来。

③按逻辑顺序写。按照事件或问题的内在联系或因果关系来安排结构、组织材料,这种写法有助于反映事物的内部规律和本质特点,做到条理清晰。

(6) 结尾

简报或用结尾深化主题,或归纳全文,或指明事件的发展趋势,或发出号召,或提出今后的打算,或点出"对事情的发展我们将继续报道""处理结果我们将在下期报告""会议将在下月×日继续召开"等,或意尽而言止,不写结尾。

3. 报尾

在简报最后一页下方,用两条平行横线框住,与报核相隔。在平行线内部的左侧写报送和发送单位名称或个人姓名、职务,平行线的下框线之外右下方写本期的印刷分数。

例1:

大学"三讲"教育
简报
(第×期)

大学"三讲"教育领导小组办公室编　　　　　　　　　　××××年×月×日

目　录

★编者按
★党委开展调研活动,征集对学校工作的意见和建议
★查摆突出问题,研究"三讲"教育方案
★化学化工学院加大改革力度勇于开拓创新
★计算机系抓突出问题加紧制订青年教师培养计划

编者按　在县级以上党政领导班子、领导干部中深入开展以讲学习、讲政治、讲正气为主要内容的党性党风教育,是中央和省委进一步落实党的十五大精神,推动深入学习邓小平理论,加强领导班子建设,提高领导干部素质的一项重要举措。我校被省委确定为全省"三讲"教育试点单位之一,承担了重要的责任。为了切实搞好我校的"三讲"教育,宣传"三讲"教育的重大意义、指导思想和具体做法,交流经验,我们特编辑了《大学"三讲"教育简报》。《简报》将及时报道我校"三讲"教育的工作情况。欢迎各部门、各单位惠赐稿件,并对我们的工作提出宝贵的意见。

党委开展调研活动,征集对学校工作的意见和建议

××××年×月×日,学校党委召开由中层领导干部、专家学者、优秀中青年教师和离退休职工代表参加的调研会,全面征集对学校党政工作和班子成员的意见和建议。到会代表共77人,收回调研表74份。参加调研的同志以对学校工作高度负责的精神,结合学校的工作实际和个人的切身感受,对学校近年来取得的积极进展和党政班子的工作给予了充分肯定,同时也对学校工作中存在的问题提出了许多中肯的、建设性的意见和建议。这些意见和建议为学校领导班子查找自身存在的突出问题,并通过"三讲"教育切实予以解决,提供了重要的基础和依据。

查摆突出问题,研究"三讲"教育方案

××××年×月×日,党委书记×××同志两次主持召开党政联席会议。会议认真听取了关于"三讲"教育调研情况的汇报。

班子成员结合学校的工作实际，根据省委关于开展"三讲"教育试点工作的要求，全面分析了广大群众对学校党政工作的意见和建议，实事求是地查摆了工作中存在的突出问题和不足。特别是针对伙食处存放私宰肉问题，班子成员进行了深刻的检查和反省。大家认为，这一事件暴露了我校管理工作中存在的突出问题，是不讲政治、不讲纪律的表现。这一事件给我们的教训是十分深刻的。班子成员一致表示，一定要从这一事件中汲取教训，举一反三，全面检查工作中的问题和不足。经过认真讨论，大家一致认为，在"三讲"教育中，校级领导班子要解决的突出问题是：理论学习不深入；深入改革的意识不强；坚持民主集中制不力；工作作风欠实；管理落后；等等。班子成员表示，一定要从自己做起，以办好大学的高度政治责任心和解决突出问题的决心，把这次"三讲"教育搞好。

学校领导对"三讲"教育方案进行了认真的研究，就开展"三讲"教育的意义、指导思想、目标要求、基本原则、方法步骤和组织领导工作等内容进行了深入的探讨，对工作方案草案进行了许多补充和修改，为在全校开展"三讲"教育提出了重要的指导性意见。

化学化工学院加大改革力度勇于开拓创新

化学化工学院党政领导班子利用"三讲"教育好时机，总结过去的经验，查找存在的问题，提出了推进学院改革发展的整改措施，尤其是在增强改革意识，加大改革力度方面，勇于开拓创新，着实下了一番功夫。

第一，在教学改革方面，该院准备通过对个别专业的有关课程和教学内容进行调整，使课程体系优化重组，力求务实创新，打破原有专业界限，在调研基础上，为毕业班学生在开设必修课之余开设选修课，加大素质教育的力度；同时，准备通过改革现有考试制度和补考制度，参照化学基地班试行动态学籍管理制度和不及格重修制度；对专职教师本着以自愿为原则，以发挥个人作用为目的，将进行教学、科研分流编制；对基础课实行课程组长负责制，课程负责制，质量承包，资金承包；对科研人员进行规范管理，放宽搞活，完善科研分配制度；准备成立工程研究生指导小组，由经验丰富的老师任组长，帮助工科教师指导研究生，提高科研能力；加强工科教学，采取请进来、送出去的办法培养中青年骨干教师，加强师资队伍建设的步伐；同时还对研究生的课程门类、课程体系、实验研究、论文答辩等工作做了有关规定。

第二，在科研改革方面，他们首先考虑成立了学院科研工作领导小组，加强对科研工作的领导、协调和管理；集中力量开展大项目研究，力求在高新技术开发上有所突破，在应用项目上注重高科技、高含量、高效益，力争申报发明奖、科技进步奖；继续支持和鼓励重点学科的研究工作；继续出台鼓励改革，鼓励产学研一体化，使科研成果尽快转化为实际生产力，为经济建设服务；同时，强化项目立项登记制度，积极向社会介绍推广。

第三，在管理工作改革方面，他们结合实际，以建章立制、规范管理为着眼点，在深入调查研究的基础上，已先后出台并实施了多项管理制度，如关于教室管理办法、实验室使用和仪器设备管理规定、大学生行为规范奖惩考评办法、学生宿舍测评规定等，另外关于《加强学院教学管理意见》《加强学院科研工作意见》和《关于后勤改革的过渡办法》即将出台。这些办法和措施的出台和实施将为学院的发展起到很好的促进作用。

计算机系抓突出问题加紧制订青年教师培养计划

计算机系党政领导班子通过"三讲"教育，结合实际，查找不足，他们从班子自身建设入手，强化改革意识，明确改革思路，针对缺少拔尖学术带头人并且在某种程度上已制约学科发展这一最为突出的问题，加紧制订青年教师培养计划。

他们着眼于计算机系的整体发展与21世纪对人才培养的需要，在政治思想、职业道德、教学科研水平诸方面，拟定了青年教师培养计划和要求。提出把正确处理好教师队伍整体素质提高与教师个性发展的关系，作为最大限度发挥教师队伍积极性的前提；把树立良好的领导班子集体形象作为保证教师队伍建设健康发展的重要因素；同时加大投资力度，关心教师生活等。在对青年教师的培养计划与要求中，他们还进行了一些考核指标的量化，如政治理论学习的要求，教书育人、与学生交心谈心的具体要求，青年教师入党的有关要求，对青年教师有关开设基础课、专业课、选修课的门类及相应级水平考试等方面也做了必要的要求。为保证该培养计划的实施与落实，计算机系将成立负责青年教师培养规划的检查和考核小组，建立青年教师政治、业务档案，培养情况与年终考核、晋级晋升挂钩，对认真完成培养计划的优秀教师，系里将有计划地选送到重点院校和科研单位访问、进修或出国学习，并择优列入学科带头人的后备力量。

他们从实际出发，重点加强青年教师三支队伍的培养，即在20世纪末，要选拔一批青年同志走向领导岗位挑起重任；要扶植一批青年同志站稳讲台，成为教学的中坚力量；要培养一批青年同志脱颖而出，成为在学术界具有一定影响的学术骨干。为此，他们积极进行鼓励和引导：一是加强基础研究，鼓励教师参加国际、国内学术交流，力争在国内外学术界占有一席之地；二是提高教师外语水平，适应高科技国际化的发展；三是加强道德修养，提高综合素质；四是要正确处理好红与专的关系、个人发展与整体发展的关系、教学与科研科技开发的关系。

报：中共河南省委"三讲"教育领导小组办公室
送：中共河南省委高校工作委员会、省直有关单位、校领导
发：各党总支、直属党支部、党委各部门

(共印××份)

例2：

创建文明城市活动简报
第××期（总第××期）

××市创建文明城市活动领导小组办公室编　　　　　　××××年××月××日

省"双创"工作专家组莅临我市检查指导

为促进我市"双创"工作更加深入开展，省文明委组织了由省建设厅原纪检组长金银成同志，省文物局原局长杨焕成同志，《大河报》原主编王继兴同志，省文明办创建处副处长张建政同志，省旅游局文明办主任董柏成同志，省环保局高级工程师徐晓力同志，省农大林学园艺学院副院长、教授苏金乐同志，郑州大学建筑学院建筑学硕士刘韶军同志，郑州大学旅游学院教授孙子文等同志组成的"双创"工作专家组，于7月5日下午来到我市，对我市的"双创"工作和"三件实事"落实情况进行检查指导。

当日下午，我市在嵩山饭店新闻发布厅召开"双创"工作情况汇报会，向专家组汇报我市的"双创"工作和"三件实事"的落实情况。会议由市委副书记杨惠琴同志主持，市委常委、宣传部长常振义同志向省"双创"工作专家组做了专题汇报，市委副书记、市长

陈义初从四个方面概括了我市开展"双创"活动以来发生的喜人变化:一是各级党委、政府对"双创"工作重要性的认识越来越高,措施越来越得力,变化越来越大,越来越受到人民群众的欢迎。二是各界群众参与"双创"活动的积极性不断提高,由过去的"要我干"变成了现在的"我要干"。特别是群众评议政府职能部门、群众评议街道等活动的开展,在市民群众中引起了积极影响,促进了我市"双创"工作的稳步前进。三是在具体实践中,各级、各部门由过去的只注重抓硬件建设,变成了今天软硬件一齐抓,坚持从基层基础抓起,从提高市民素质抓起,使城市的软件、硬件都有了长足的发展。四是在机制上做文章,使我市的卫生保洁工作从过去的"临时突击"走上了规范化、经常化的管理轨道。

汇报会上,还播放了反映我市"双创"工作的纪实专题录像片《文明之花绽绿城》。

在听取我市专题汇报、观看我市专题录像片之后,省"双创"工作专家组就对我市"双创"工作的检查方法、检查内容、检查时间等进行了安排。

市领导葛合元、刘振中、康定军、张世诚,市创建文明城市领导小组全体成员和市直有关单位及有关县(市)区的主要负责人参加了汇报会。

报:省"双创"工作领导小组组长、副组长,省文明办;市四大班子领导,市创建文明城市领导小组组长、副组长

发:市创建文明城市领导小组全体成员,各县(市)区,市直机关单位

(本期共印150份)

【写作练习】

请模仿例文的基本格式和写法,编制一份××学院文化艺术节活动简报,或编制团委本月工作动态简报,或编制一份班级羽毛球比赛的活动简报。

七、求职信、应聘信

(一) 基本概念

求职信和应聘信是求职者向用人单位自荐,表明求职意向、能力、专长、优势等,希望能获得某个职位的专用书信。

求职信和应聘信在格式、写作要求上基本相同。两者的区别在于:求职信是在不知道用人单位是否需要聘任的情况下撰写,可同时发给几个目标单位,而应聘信则是在获知用人单位聘人且明确聘用条件的情况下自荐求职。求职信是"投石问路",应聘信是"敲门砖"。求职信对自己的才干、能力与精力做较全面的介绍,内容较宽泛;应聘信因目标明确,内容针对性强,常需附送证明材料。

(二) 基本分类

① 从成文的角度看,有自写的求职信、他人推荐而写的求职信等。

② 从内容或行业看,有技术性求职信、销售性求职信、生产性求职信、演艺性求职信、医疗性求职信等。

③ 从求职的时间看,有短期性求职信、中期性求职信、长期性求职信等。

④ 从求职的要求看,有基本要求的求职信、有具体要求的求职信等。

（三）基本结构

求职信和应聘信一般由标题、称谓、正文、祝颂语、落款和附言几个部分构成。

1. 标题

在首行正中处写"求职信""应聘信"或"自荐书"。

2. 称谓

在标题下一行顶格位置书写，写给招聘方的人事部门或直接写给招聘负责人。为了表示尊重，要在称谓前加敬语"尊敬的"，在部门后加"领导"或"负责人"，在招聘负责人后加上职务"经理"或"主管"。宗旨：称谓要礼貌得体。

3. 正文

（1）开头

包括问候语、个人简介及求职意向。

① 介绍式。介绍个人信息，包括自己的姓名、毕业学校、专业、学历等。

② 缘起式。交代获悉用人单位招聘信息的渠道，如"近日通过（报纸、招聘会、网站等渠道）了解到贵公司招聘（职位），本人符合该职位要求，渴望能为贵公司效力""近日阅《××晚报》，敬悉贵公司征聘会计一名，不胜喜悦，本人自信适合这项职务，故毛遂自荐"。

③ 其他方式。以比较引人注意的形式开始。如"贵公司想要一位十年工作经验、业务精熟、认真负责的员工吗？我十分渴望成为贵公司的一员"。

（2）主体

主体部分要突出自身的优势，详略得当地介绍自己的专业技能、经历、能力、特长等，证明自己符合职位要求，有能力胜任，最终达到推销自己的目的。

① 重点介绍与招聘岗位核心要求相关的个人信息。突出专业优势，如所学专业课程、参加的专业实践活动、在专业技能竞赛中的获奖情况等。

② 适当展示自己的职业素质和特长。如在校曾担任的职务，曾从事的社会工作，在各类活动中表现出的组织能力、人际交往能力、口头和书面表达能力以及求职者的兴趣、爱好等。

也可从以下内容进行选择、组合：

① 教育背景；

② 学习、工作经历；

③ 与人共事的能力；

④ 对自己所在领域的热忱；

⑤ 对用人单位的人才理念、文化氛围、管理宗旨或任何其他让用人单位引以为傲的业绩的了解；

⑥ 以往学习、工作中的成绩；

⑦ 与工作有关的思想、品质、性格、态度。

（3）结尾

表达求职愿望，表明胜任该项工作的信心，希望对方给予面试的机会等。如"恳请贵单位给予面试的机会""诚盼贵公司给予答复"等。

4. 祝颂语

在正文下一行空两格写上祝颂语。如"此致敬礼""恭祝公司前程似锦""谨祝公司蓬勃发展"等。

5. 落款

在正文右下方署上求职者的姓名和成文日期。姓名写在上面,成文日期写在姓名下面。

6. 附言

附上求职者的电话号码、电子邮箱等联系方式,方便招聘方第一时间联系求职者。

随信可附上各种证书的复印件(如毕业证、技术等级证、获奖证书等),以印证求职信中的内容。

例1:

求职信

尊敬的领导:

您好!我叫×××,现就读于成都工业职业技术学院热能与动力工程专业,即将于今年7月毕业,真诚地希望毕业后能够成为贵公司的一员,从事机械服务等工作。感谢您在百忙之中抽空阅读我的材料。

大学四年来,在师友的严格教诲及个人的努力下,我全面学习了内燃机、汽车构造、制冷技术等专业基础知识,系统地掌握了机械制图、机械原理、机械设计等机械理论基础。在计算机方面,熟练掌握了Windows 2000/XP、Office、Photoshop、AutoCAD几大常用软件,此外能熟练运用C++、VFP、VB等计算机高级语言。课余时间通过自学我精通了Solidworks和UG等三维设计软件,且具备较高的英语听、说、读、写、译等能力。大学四年,我深深地感受到,与优秀学生共事,使我在竞争中获益;向实际困难挑战,让我在挫折中成长。祖辈们教我勤奋、尽责、善良、正直;××学院培养了我实事求是、开拓进取的作风。我热爱贵单位所从事的事业,殷切地期望能够在您的领导下,为这一光荣的事业添砖加瓦,并且在实践中不断学习、进步。

如果我有幸得到您的赏识,成为贵公司的一员,我将保持奋发向上的精神,谦虚地向前辈学习,并尽我所学,与贵公司一同开拓进取,奔向更加辉煌美好的明天!

此致

敬礼!

求职人:×××
××××年×月×日

联系电话:×××××××××××
电子邮箱:×××××××××××
联系地址:×××学院×××班
邮编:××××××

【写作练习】

1. 改错题。

(1)下面这封信欠缺哪些部分?

(2)信中有哪些多余的内容应删去?

(3)用语是否得体?哪些句子不得体?应怎样修改?

××服装厂:

昨天接到我老同学××的电话,说贵厂公开招聘生产管理员。我是××学校企业管理专业的毕业生。在校读书时，学习成绩优秀，爱好体育运动，是学校篮球队成员。贵厂就设在我的家乡。回家乡工作正合我心意，生产管理员的职务，也和我所学专业对口。不知贵厂是否同意，请立即给我回信。

此致敬礼！

小王

  2. 请根据下面的招聘广告写一封应聘信。

  ××四星级酒店因业务拓展，经有关部门批准，向社会公开招聘客户服务经理一名。职位要求：

（1）大专及以上学历，人力资源相关专业；
（2）熟悉社会保险和劳动政策的相关事宜；
（3）具有丰富的客户服务工作经验；
（4）具备良好的英语表达和书写能力；
（5）能熟练使用计算机；
（6）有良好的沟通能力和组织能力，吃苦耐劳，能适应加班需要。

  欢迎社会各界精英加盟，共谋酒店发展。

××酒店
××××年×月×日

八、竞聘词

（一）竞聘词的概念

  竞聘词，也叫竞选词或竞聘演讲词，是竞聘者为了竞争某岗位或职位而向领导、评委和听众展示自己的优势条件，介绍自己假如受聘之施政方略的演讲稿。

  竞聘词既是竞聘者对自身素质的评价，也是人事部门、领导和群众了解竞聘者情况的渠道，既为择优选聘提供依据，也有利于竞聘者自身素质的提高。

（二）竞聘词的特点

  竞聘词是演讲的一种，因此，它具有口语性、群众性、时限性、临场性、交流性等演讲的一般特点。但由于它是针对某一竞争目标而进行的，所以，除了这些共性外，它还具有以下"个性"，即特点：

1. 目标的明确性

  目标的明确性，是竞聘演讲区别于其他演讲的主要特征。竞聘词以竞聘成功为目的，这一方面表现在演讲者一上台就要鲜明地亮出自己所要竞聘的目标，另一方面，其所选用的材料和运用的手法也都是为了一个目标——使自己竞聘成功（使听众能投自己一票）。而其他类型的演讲则不同，不管是命题演讲还是即兴演讲，虽然都有一定的目的，但其目标却有一定的"模糊性""概括性"和"不具体性"。

  如果把演讲比作大海行船，那么一般演讲是要告诉人们如何战胜困难，驶向遥远的彼岸，而竞聘演讲则是竞争看谁有条件来当船长。

2. 内容的竞争性

在其他的演讲中，内容尽管可以海阔天空地谈古论今，说长道短，但一般都不是来"显示"自己的长处。即使在事迹演讲中，也忌讳毫不客气地为自己"评功"。但竞聘演讲则不同，它的全过程都是听众在候选人之间进行比较、筛选的过程，竞聘者不仅要陈述自己能胜任某一职务的基本素质和条件，而且要重点陈述自己与其他竞聘者相比"人无我有，人有我强，人强我新"的突出优势。因此演讲者必须"八仙过海，各显其能"，从而与对手进行公开竞争。

比如，在一次竞聘营销科科长职位的演讲中，一位女性竞聘者这样介绍自己："我不想否认自己没有当过领导，但也正因为如此，少了好些为官思想的禁锢。常言道'旁观者清'，当了十几年'普通兵'的我，会更清楚地看到厂里存在的问题，了解职工们心中想的是什么，急的是什么。也许从事销售工作，我缺少男同志斩钉截铁、果断刚毅的气质，可我拥有女人特有的以柔克刚、不急于求成的情怀与耐心。从事厂内的经营管理，我虽然缺少经验，但我做过技改工作，对产品及其生产过程熟悉，只要虚心向老同志学习，自己刻苦努力，我有信心胜任这项工作。"接下来她又讲了职工们心中有而口中无的营销策略和奖励措施，最后以多数票获胜。

3. 主题的集中性

所谓主题的集中，是指所表达的意思单一，不枝不蔓，重点突出。这就是说，在表达意思时，必须突出一个重点，围绕一个中心，而不要搞多重点，多中心，不能企图在一篇演讲中解决和说明很多问题。

比如，在一次小学校长竞聘演讲会上，一位很有"希望"的老校长就由于谈得太面面俱到而让人产生了反感。其内容与措施几乎是"全方位"的，结果造成了立意分散，让人听了好像什么都说了，而又摸不清他到底说了些什么。对比之下，另一位年轻的女教师，就围绕"如何把学校教学水平搞上去"这一中心问题讲，讲得有情有理，头头是道，给人们留下了深刻印象，使自己竞聘成功。因此，在做竞聘演讲时，一定要"立主脑""减头绪""镜头高度聚焦"，这样才能在听众心中燃起共鸣之火。

4. 材料的实用性

实用性，是指所选材料既是符合实际的，又是对自己竞争"有利"的，也就是无论讲自己所具备的条件还是谈任职后的"构想"，都要从"自我"出发、从实际情况出发。竞聘演讲是"竞争"，但并非是比赛谁能"吹"。听众边听你的演讲，边在"掂量"你的"话"是否能在现实中发挥作用、取得效果。

比如在讲措施时，那种凭空喊"我上台后如何给大家涨工资，如何给大家建楼房"的演讲者，听众一般是不买账的。而那种发自肺腑讲实际的措施才是听众最欢迎的。有个工人在竞聘演讲中就做到了这一点。他说："恕我直言，我无力为你们迅速带来财富，提高你们的工资，增加你们的奖金，我能做到的只能是：第一，诚恳地倾听你们的呼声，热忱地采纳和奖励你们的合理建议，我准备成立一个由新老工人和技术人员一起参加的'智囊团'，让大家提出优良的改革方案和科学的管理措施。第二，现在咱厂瘫痪的原因是收不上来几百万的外欠款，我要是当了厂长，我一方面要用法律解决问题，一方面设立奖励制度，谁要是能完成任务，就奖励20%。当面点清，说话算数。第三，目前当务之急是把积压产品销出去。这就要调动全厂工人的积极性，要把专业推销员和业余的结合起来。按效益提成。第四，在扩大销路的同时，还要扩大生产，在资金短缺的情况下，我们要先拿出点资金让工厂的机器转起来，我先拿出准备给儿子娶媳妇的两万元进行集资入股。第五，在工厂扭亏为盈之前，我先不拿工资。盈利之后，我的工资和奖金也拿全厂平均数。我当厂长只有一个心愿，那就是和全厂工人们一起，让咱们厂起死回生，扭亏为盈！如果两年之内，不能实现这个目标，我就立即自动下台。最后，我还要说，我平生最恨的就是贪污腐败，我要是当厂长，我保证捧着一颗心来，不带半根草去，如果发现我有一分钱不干净，大家可以把我家的全部东西都拿走。"因为他所讲的都是真诚的、切实可行的，所以工人们都投了他的票。

（三）竞聘词的结构

1. 标题

① 直接用"竞聘词"做标题；
② 为突出所竞聘的职务，将竞聘的职务名称和文种等要素列出，如《综合秘书岗位竞聘词》《关于学生会主席一职的竞聘词》《竞聘编辑部主任一职的演讲词》等；
③ 揭示主题，如《明明白白做人，实实在在做事》。

2. 称谓

即对评委和听众的称谓，一般用"各位领导、同志们"等泛称。

3. 正文

（1）开头
① 点明要竞聘的职务和竞聘的缘由。
② 介绍竞聘者个人的基本情况。包括姓名、出生年月、政治面貌、毕业时间、毕业院校及学历、学位，现在所在部门、职务（包括与竞聘职务相关的曾任职务）等。

（2）主体
① 陈述竞聘的主要优势。针对竞聘的岗位介绍自己的德、能、勤、绩、廉，突出和竞聘岗位相关的经历和业务能力，以积极的态度去描述，让听众认可你。比如，讲业务能力时，可用一些获得的成果和业绩来证明。
② 阐述对竞聘职务的认识。写明对所竞聘职务在全局工作中所处的地位、意义、作用等的准确认识和定位。
③ 聘后设想。提出假设自己任职后的施政措施，应该讲得具体翔实，切实可行。竞聘者根据所竞聘的岗位职责，从自己的实际能力出发，将任职后的打算、设想、措施、办法、目标、效果等集中进行展示。

4. 结尾

结尾是主体内容的自然延伸，要求画龙点睛，加深评选者对竞聘者的良好印象，从而有利于竞聘成功。常见的结尾方式有表达愿望式、表明态度式、祈请支持式等，用最简洁的话语表明自己的决心和请求。

当然，实践中演讲者还可根据实际需要稍有变化。

例：

学生会主席竞选演讲稿

尊敬的各位领导、各位老师，亲爱的同学们：

大家下午好！感谢学院为我们提供了一个展示自我的舞台，让我们有机会站在这里，接受组织的考验和大家的选择。我是来自××班的××,性格开朗大方、处事沉着冷静。拿破仑说"不想当将军的士兵不是好士兵",凭着多年的班干部经验,我想参加竞选学生会主席!

曾经听过这样一句话:"既然是花,就要开放;既然是树,就要长成栋梁;既然是石头,就要铺成大路。"那么,既然要做一名合格的学生会主席,我就要成为一名出色的领航员!我有足够的自信与能力来胜任这个职务。

第一,我有足够的工作热情。在担任××班班长期间,我主持并协办了二十多项班级特色活动,获得老师和同学们的一致好评。一名好的学生干部最首要的就是要有工作热情。热情是工作的原动力,拥有了热情才能主动服务于同学,拥有了热情才能成为同学的朋友,进而成为老师的助手。

第二,我有丰富的工作经验。三年的班长工作,让我把为同学们服务视为自己的一部分;两年的团支部工作,让我了解到了协调合作的重要性;组织并参与"手拉手、心连心"向贫困地区儿童献爱心活动,增强了我的组织能力;在K市广播电台经济频道的半年主播生活,积累了我的社会经验和实践能力;"教师节文艺汇演"及"校园艺术节"的成功举办,提高了我的协调能力;"市级三好学生"的获得,则是对我综合能力的肯定。

第三,我深知团队合作的重要性。一座大厦不可能只由一根柱子来支撑。正如马克思、恩格斯所说:"只有在集体中,人才能获得全面发展才能的机会。"可见一个人的能力是有限的,要想搞好一个组织,就得分工合作,结合团队的最大力量,进而更好地建设学生会!

第四,我能吃苦耐劳,具有强烈的责任心。凡事以大局为重,一切以集体利益为重,这是我的一贯主张。勤学苦干、适应性强,做事有责任心,能与同学们和睦相处,这正是我的优势。

同时,我会努力在各方面充实自己,开拓创新,组织好学生会,管理和协调好学生会各个部门的工作,做好学院、老师、同学之间的沟通桥梁,从而更好地服务于同学们。

假如我当上了学生会主席,我会加强学生会干部队伍建设,努力提高学生会的凝聚力。重视和加强学生会组织建设,建立各项工作制度,如:主席团、部长例会制度、各部门岗位职责制度、学生会干部奖惩和考核制度等,不断规范学生会组织的发展。针对学生会干部流动快的特点,还应注重加强学生干部梯队建设和"招新"工作,对刚进学生会工作的同学进行认真培训,提高他们的工作能力,使他们尽快适应学生会工作。另外,还要采取专题讲座、集体学习、经验交流等形式,对院学生会全体干部进行思想教育,不断培养学生干部的责任心、使命感、服务意识和全局意识,全面提高学生会干部的思想素质和业务素质。

假如我当上了学生会主席,我将加强学生会干部与同学们间的联系,充分发挥桥梁和纽带作用,积极维护广大同学的利益。注意及时听取同学们在学习、生活等多方面的合理意见和要求,及时向学院有关部门反映,维护同学们的正当权益。认真整理学生干部搜集来的意见、建议,定期通过各种座谈、问卷以及学生会信箱等形式,广泛收集同学们的意见和建议,及时准确地将获得的信息向学院有关部门反映,为领导决策提供依据。积极引导同学们自管自教,增强同学们的主人翁意识和参与意识,自觉维护自身权益,及时发现问题、反映问题、解决问题。我将以"奉献校园,服务同学"为宗旨,真正做到为同学们服务,代表同学们行使合法权益,为校园的建设尽心尽力。

假如我当上了学生会主席，我会积极开展各类科技、文化、艺术、体育活动，丰富同学们的课余生活，营造健康向上、积极进取的校园文化氛围。我将把组织各种类型的讲座和社会实践活动作为工作重点，以促进学院浓厚的学习气氛、营造良好学风为己任，通过组织大学生读书活动、征文比赛、专业知识讲座、大学生主题辩论赛和专业技能竞赛等活动，提高广大同学学习的积极性和自觉性。

假如我当上了学生会主席，我会加强与兄弟院系乃至社会团体的联系与交流，以便探索社会活动新思想、新理念，营造与时俱进的学习氛围，促进我院学生会工作的顺利开展。把"服务同学，完善自我，创新生活，共同发展"作为工作宗旨，围绕全面提升大学生综合素质的目标，组织开展有现实和长远意义的服务活动，加大"自我教育，自我管理，自我服务"的工作力度，进一步发挥桥梁纽带作用，服务于广大同学成长、成才的需要。

如果我当选的话，一定会言必信，行必果。

请各位支持我，投上你宝贵的一票。

【写作练习】

如果班里要举行班干部竞选演说的活动，你准备参加竞选学习委员这一职务，请你写一份竞聘词。

九、述职报告

（一）述职报告的概念

述职报告是党政机关、团体、企事业单位的领导或工作人员，向所在单位的组织人事部、主管领导、上级主管机关或本单位员工，陈述自己在一定任期内履行岗位职责的情况，包括工作成绩、问题和对今后工作的设想、意见等自我评述性的应用文。

（二）述职报告的类型

① 按时间分，有年度述职报告、任期述职报告、临时性述职报告；
② 按内容分，有综合性述职报告、专题或单项性述职报告；
③ 按对象分，有个人述职报告、领导班子集体述职报告。

（三）述职报告的特点

① 自述性。报告人以第一人称回顾自己在任职期内履行岗位职责的情况。个人述职报告用"我"，领导班子的述职报告用"我们"或"本届××"。
② 自评性。报告人依据岗位规范和职责目标，对自己在任期内的德、能、勤、绩、廉等方面的情况，做出实事求是的自我评价、自我鉴定、自我定性。
③ 规定性。述职报告内容要围绕岗位职责和目标展开，充分呈现述职人的工作政绩。与岗位无关的内容，哪怕讲得天花乱坠，也是画蛇添足。
④ 报告性。报告人在述职时，以被考核、接受评议的身份做履行职责的报告。语言需注意得体、礼貌、谦逊和诚恳，需把握好角色的分寸。

（四）述职报告的结构

述职报告由标题、称谓、正文、结语、落款五个部分构成。

1. 标题

（1）公文式标题

① 单位名称+职务+姓名+文种。如《××财政厅××任办公室主任期间的述职报告》。
② 任职期限+所任职务+文种。如《××××年至××××年任工会主席的述职报告》。
③ 任职期限+文种。如《任现职两年来的述职报告》。
④ 单位名称+姓名+文种。如《××公司××述职报告》。
⑤ 文种。如"述职报告"。

（2）新闻式标题

以述职报告的基本特点、经验、教训或态度为题。如《抓住机遇，开创××的新局面》。

（3）综合式标题

又叫双标题或正副标题。正标题概括述职报告的主旨或基本观点，通常为新闻式，副标题写何人、任何职务的述职报告，通常为公文式标题。如《强抓机遇，促进经济发展——××厂厂长××的述职报告》。

2. 称谓

又称主送机关，都应顶格书写，其后加冒号。用于书面行文的写主送机关，如"××组织部""××人事处"等；用于口头宣讲的写称谓，如"同志们""各位领导、各位同志"等。

3. 正文

① 开头。又叫前言，概述现任职务的基本情况，包括任职时间、岗位职责、工作目标以及任职以来对自己工作的总体评价。这一部分可写得简明扼要，引出下文。如"现就×××年×月以来的主要工作报告如下"。

② 主体。即履行岗位职责的情况，这是述职报告的核心部分。包括工作思路、工作指导思想、工作成效和经验，着重介绍有代表性的典型工作实绩，写明起止时间，概述存在的问题、工作中的失误和改正措施以及今后工作的打算和努力方向。

4. 结语

通常用"特此报告""专此报告""以上报告，请批评指正""以上报告，请领导和同志们指正""以上是我的述职报告，谢谢各位"等。

5. 落款

包括署名和日期，署名可放在标题之下，也可放在文尾。在正文的右下方第一行写述职人的单位、职务、姓名，也可只写述职人姓名，第二行写述职日期×××年×月×日。

例：

院学生部部长述职报告

尊敬的各位老师、亲爱的同学们：

在院团委的正确领导下，在院、系两级学生部成员的共同努力下，学生部工作取得了丰硕的成果。各级领导的大力支持、学院迎评工作的开展及学生部原有的工作基础为我开展工作提供了良好的客观环境。任职以来，我勤勤恳恳、踏踏实实地认真做好本职工作，从中得到了锻炼和提高。同时，也为丰富大学生课余生活、提高学生部在学生中的影响力做出了力所能及的贡献。下面，将本学期所做的主要工作汇报如下：

一、本学期具体工作

1. 学期初，我组织的新一届学生部成员选拔工作在院团委和同学们的大力协助支持下取得了圆满成功，此次共8名××级新生加入，为我院学生部注入了新鲜的血液。

2. 每周一的例会我都会准时召集大家开会谈心，不仅是为了让部门的工作更好开展，更是锻炼他们的语言表达能力和胆量，以及在一起更加相互了解成为一个团结美好的集体。

3. 每周三的大检查，我带领学生部干事去每个班级进行晚检，在晚检过程中教会新成员如何晚检打分，如何为人处世。

4. 每双周三召集各分院学生部开会，吩咐工作以及讨论交流晚检情况。每月底制作班级考核表，并亲自交给各分院学工老师，同时和他们沟通交流，了解部门工作的不足。

5. 每周不定期抽一晚，自己去各分院查看班级纪律等情况，了解各分院班级的具体情况，做到自己心里有底。并常和学工老师联系，相互协助支持。

6. 我院学生部独立承办第一届"毕业生双向洽谈会"的接待和会场安排工作。

7. 组织协调各分院的大型活动，顺利开展了"舞动青春"健美操比赛、"校院汉字听写大赛""第四届校运动会""共聚十月，书韵飘香"读书月活动、第三届"圆梦杯"主持人大赛等活动。

二、存在的不足

1. 个人在学习和工作的统筹上不够合理，离工作和学习"双赢"的要求还有一定的差距。

2. 性格较直率，有些时候表达方式欠考虑。

这些问题我将在今后学习、工作中认真改正和加以提高。

三、工作展望

1. 提高学生部内部人员素质以及工作能力，坚持务实、高效的工作作风。

2. 进一步加强内部成员的工作方法、工作态度的学习。

3. 工作中要开动脑筋，主动思考，探索工作的新方法和新思路。

总结过去，昭示现在，指导未来，我将继续努力，不断提升自我，完善自我，把学生会工作做得更好。

以上是我的述职报告，若有不妥之处，请大家批评指正。

述职人：×××

××××年×月×日

十、实习报告

（一）实习报告的概念

实习报告是临近毕业的大、中专生在实习环节结束后，为及时反映实习内容、实习环节、实习效果、实习体会而写的应用文体。

实习报告能检验学校教育和教学的成效，能反映学生掌握和运用知识的情况，能给教育管理和课堂教学反馈信息。

（二）实习报告的特点

① 实践性。
② 真实性。
③ 灵活性。

（三）实习报告的类型

实习是指把学到的理论知识拿到实际工作中去应用，以锻炼工作能力的活动过程。实习包括认识实习、顶岗实习、毕业实习、社会实践或社会调研等方式。实习报告一般分为两种：

1. 纪实性实习报告

纪实性实习报告是学生把自己在实习单位的有关生产、建设、管理、服务等第一线的工作情况如实记录并向学校汇报的一种书面报告。

纪实性实习报告是实习活动中所见所闻的真实记录，要写清实习过程，但不能写成流水账，要突出重点，有针对性地反映实习的过程，同时注意条理清晰。

2. 总结性实习报告

总结性实习报告是将实习过程有条理、按要求地分析、归纳，用概括性语言小结之后向学校汇报的一种书面报告。

汇报这个过程需要叙述说明，而总结这个过程和阐述自己的收获或体会又需要议论分析。所以，实习报告写作时应该是叙述加议论的表达方式，有记叙描述，有介绍说明，有归纳小结，有议论分析，几种表达方式交叉运用。

（四）实习报告的结构

实习报告一般由标题、正文和落款三部分组成。

1. 标题

① 从实习的工作内容出发。如：某教育专业的学生到某学校实习，题目可以是"化学教师实习报告""英语教师实习报告"等；某学生做咨询方面的实习，题目可以是"投资咨询实习报告""法律咨询实习报告"等。这类题目越详细越好。

② 从实习的地点出发。如《××公司实习报告》《××中学实习报告》。

③ 实习的内容加地点。如《××公司××实习报告》《××中学××教师实习报告》。

④ 将自己实习的感想作为题目，如《望闻问切——2008年社会实践报告》等。

一般"主标题"要求居中书写，使用"黑体""三号""加粗"字体，"副标题"要求"宋体""四号""加粗"。

2. 正文

（1）引言

① 可概述实习活动的计划，如起因、目的、时间、地点、人员组成、项目介绍（自己所从事的具体业务或工作）、经过与结果等基本情况，引出下文。

② 可概述实习单位的历史背景、发展历程、主要产品（或服务）以及市场、消费群分布等现实状况，顺势提出中心问题或主要观点。

③ 开门见山地给出实习结论，如肯定做法、指出问题、总结经验等，再回顾实习的基本过程、做法，以验证结论，此为倒序开头。

（2）主体

① 实习内容综合分析，这是实习报告的重点，要较为详细地进行分析。包含"本人实习期间承担的主要工作；方案实现的技术措施；专业知识和技能的创新应用（新技术、新工艺、新工具等）"。

② 实习总结。

A. 总结必须有情况的概述和叙述，有的比较简单，有的比较详细。这部分内容主要是对工作的主客观条件、有利和不利条件以及工作的环境和基础等进行分析。

B. 成绩和缺点。总结的目的就是要肯定成绩，找出缺点。成绩有哪些，有多大，表现在哪些方面，是怎样取得的；缺点有多少，表现在哪些方面，什么性质的，怎样产生的，都应讲清楚。

C. 经验和教训。为便于今后的工作，需对以往工作的经验和教训进行分析、研究、概括、集中，并上升到理论的高度来认识。

D. 今后的打算。根据今后的工作任务和要求，吸取前一时期工作的经验和教训，明确努力方向，提出改进措施等。

（3）结尾

以简略的语言、真诚的态度对实习单位表示谢意。

3. 落款

正文右下方署上报告人姓名和日期。

例：

美佳伟柏花园物业管理处实习报告

今年暑假，我参加了美佳物业伟柏花园的物业管理实习工作。我所实习的美佳物业管理有限公司，隶属于香港沿海绿色家园集团。目前，该公司拥有员工近1 500人，在深圳、厦门、福州、上海、武汉、鞍山、北京、大连、长沙等大中城市均有物业管理的项目。管理面积约300万平方米，管理项目类别有大型住宅区、高层商住大厦、商场、公寓、别墅、酒店、高等院校等物业。伟柏花园是其所管辖的物业管理项目之一。伟柏花园由2栋19层高的塔楼组合而成，小区面积约29 000平方米，居住270户，居住人口近1 000人，管理处员工26人，其中管理人员6人。

回顾实习生活，我的感触很深，收获很大。在实习期间，我对管理处的设施、事务、保安等日常物业管理工作的特点、方式、运作规律等情况进行了总结、分析，并将自己的实习体会、收获与反思报告如下：

一、加强人力资源管理，创"学习型、创新型"企业。

严把员工招聘关。美佳物业招聘的管理人员须毕业于物业管理专业；招聘的维修人员须是具备相关技术条件的多面手，并持有上岗证；招聘的安保人员须属退伍军人，对其身高、体能、知识、品格、心理素质等都进行严格考核挑选。

做好员工的入职、在职培训工作。美佳物业对新招聘的员工进行上岗前的相关培训工作，使员工对小区的基本情况、应开展的工作心中有数，减少盲目性；随着市场竞争的日趋激烈，知识、技能的不断更新，美佳物业对在职员工提供各类专业性的培训机会。美佳物业提倡"工作就是学习，工作就是创新"，每位员工都争做"学习型、创新型"员工，员工中形成了一种积极向上的比帮赶超的竞争氛围。从而使员工个人素质得以提高，管理处的管理服务水平和管理效益得以提高，树立了良好的企业形象。

从实际出发，管理处严格参照 ISO 9000 质量体系运作，制定了严格的规章制度和岗位规程、工作标准、考核标准。管理处根据员工的工作职责，制定全方位的上级、平级、下级的360度考核办法；制定量化考核标准，实行定性和定量考核结合，增强了考核的可操作性，减少考核时人为因素的影响；建立完善考核机制，实行末位淘汰制，避免了考核走过场的现象，通过考核机制的建立，增强了员工的危机感、紧迫感，促使员工不断提高自身素质。

二、培育自身核心专长，创特色服务，提升核心竞争力。

在实习中，我看到一套由沿海集团、易建科技、美佳物业合作自行设计开发的"一站式物业管理资讯系统"物业管理服务软件。该软件包括："一站式客户服务、一站式资讯管理、一站式数码社区"三大体系，是一个利用网络、电子商务、科技手段来提高物业管理水平和服务质量，有效地开发、整合、利用客户资源的资讯系统。管理处全面提倡"一站式服务""最佳保安"的特色管理服务，从而实现了高效的管理运作，解决了业主的奔波之苦，创造了一种无微不至、无所不在的服务，提升了服务效率，提高了业主满意度，提升了物业管理服务的水平和服务质量，最终提升了公司在激烈的市场竞争中的核心竞争力。

三、推行"顾客互动年"，促进公司与业主之间的良性互动。

在实习中我了解到，在2002年美佳物业重点开展了"顾客互动年"活动，成立了美佳俱乐部，设立新生活服务中心，开通客户服务热线，及根据小区居住的业主不同的年龄、不同的爱好与兴趣、不同的层次等，有针对性地开展日常的社区活动与主题活动。如：三月份，开展了学雷锋义务服务活动；"六一"儿童节，与幼儿园联谊开展游戏活动；十月份，组织小区业主观看露天电影……通过开展各类丰富多彩的互动活动，加强了公司与业主、业主与业主之间的沟通交流，创建了互动的顾客关系，营造了浓厚的社区氛围和良好的居住环境。

四、重视物业管理的重要基础工作——设备管理。

对于设备管理，我在实习中看到，管理处着重建立和完善设备管理制度；对各类设备都建立设备卡片；做好设备的日常检查巡视，定期进行检查、保养、维修、清洁，并认真做好记录，发现问题及时解决。如对水池、水箱半年清洗消毒一次，进行水质化验，以保证水质符合国家标准；发电机每月试运行一次；消防泵每月点动一次，以确保发生火灾险情时，消防泵能正常使用；等等。

五、管理处一道亮丽的风景线——安保队伍。

管理处的保安管理设大堂岗、巡逻岗、监控岗、指挥岗，岗与岗之间密切联系，对小区实行24小时的安全保卫。建立并完善各项治安管理规章制度；对新招聘的安保员进行上岗前岗位的基本知识和操作技能培训，加大对在职安保员的培训力度，注重岗位形象、礼节礼貌、应急处理能力等培训，从而增强安保员的工作责任心和整体素质；强化服务意识，树立

"友善与威严共存、服务与警卫并在"的服务职责,安保人员在做好治安管理职能外,还为业主提供各种服务,形成了管理处一道亮丽的风景线。

在实习期间,我发现美佳物业无论是在管理经验、还是人才储备、基础管理上都已储备了雄厚的资源,是物业管理行业中的一位后起之秀,它的发展前景非常广阔。但在深圳,美佳物业的品牌不太响亮,若美佳物业挖掘新闻,借用传播媒体,扩大其知名度,让更多的人了解、享受到其优质的社区物业管理服务,塑造良好的物业管理企业品牌形象,必将在深圳物业管理行业新的规范调整期中占有更大的市场空间。

通过实习,加深了我对物业管理知识的理解,丰富了我的物业管理知识,使我对物业管理工作有了深层次的感性和理性认识。要做好物业管理工作,既要注重物业管理理论知识的学习,更要把实践与理论两者紧密结合。物业管理作为微利性服务行业,它所提供的产品是无形的服务,物业管理是一种全方位、多功能的管理,同时也是一种平凡、琐碎、辛苦的服务性工作。因此,在物业管理实际工作中,要时刻牢记物业管理无小事,以业主的需求为中心,一切从业主需求出发,树立"想业主之所想,急业主之所急,做业主之所需"的服务宗旨,不断学习,不断创新,与时俱进,为业主提供整洁、优美、安全、温馨、舒适的居住环境,为全面建设小康社会开创物业管理新的里程碑。

报人:××
××××年×月×日

【写作练习】

根据实习报告的写作要求,结合本专业的实习,撰写一篇实习报告。

十一、毕业论文

(一)毕业论文的概念

毕业论文是高等院校毕业生综合运用所掌握的基础理论、基本知识和职业技能,就本专业本学科领域的某一具体问题,进行独立科学研究或取得创新性结果或有了新的见解,并以此为内容撰写出来的具有一定价值的学术论文。

(二)毕业论文的类型

由于毕业论文本身的内容和性质不同,研究领域、对象、方法、表现方式不同,因此,毕业论文有不同的分类方法。

1. 按内容性质和研究方法的不同,可分为理论性论文、实验性论文、描述性论文和设计性论文

后三种论文主要是理工科大学生选择的论文形式。文科大学生一般写的是理论性论文。理论性论文又可分成两种:一种是以纯粹的抽象理论为研究对象,研究方法是严密的理论推导和数学运算,有的也涉及实验与观测,用以验证论点的正确性。另一种是以对客观事物和现象的调查、考察所得观测资料以及有关文献资料数据为研究对象,研究方法是对有关资料进行分析、综合、概括、抽象,通过归纳、演绎、类比,提出某种新的理论和新的见解。

2. 按议论的性质不同，可分为立论文和驳论文

立论性的毕业论文是指从正面阐述论证自己的观点和主张。一篇论文侧重于以立论为主，就属于立论性论文。立论文要求论点鲜明，论据充分，论证严密，以道理和事实服人。驳论性毕业论文是指通过反驳别人的论点来树立自己的论点和主张。如果毕业论文侧重于以驳论为主，批驳某些错误的观点、见解、理论，就属于驳论性毕业论文。驳论文除了按照立论文对论点、论据、论证的要求以外，还要求针锋相对，据理力争。

3. 按研究问题的大小不同，可分为宏观论文和微观论文

凡是国家全局性、带有普遍性并对局部工作有一定指导意义的论文，称为宏观论文。它研究的面比较宽广，具有较大范围的影响。反之，研究局部性、具体问题的论文，是微观论文。它对具体工作有指导意义，影响的面窄一些。

4. 综合型的分类方法，即把毕业论文分为专题型、论辩型、综述型和综合型四大类

（1）专题型论文

在分析前人研究成果的基础上，以直接论述的形式发表见解，从正面提出某学科中某一学术问题的一种论文。

（2）论辩型论文

针对他人在某学科中某一学术问题的见解，凭借充分的论据，着重揭露其不足或错误之处，通过论辩形式来发表见解的一种论文。

（3）综述型论文

在归纳、总结前人或今人对某学科中某一学术问题已有研究成果的基础上，加以介绍或评论，从而发表自己见解的一种论文。

（4）综合型论文

这是一种将综述型和论辩型两种形式有机结合起来写成的论文。

（三）毕业论文的选题

论文写作一般包括两大问题：一是"写什么"，是选题所要确定的；二是"怎么写"，是论文的谋篇布局。在论文写作前，作者需要选择确定所要论证研究的问题。选题确立了，材料的取舍、结构的安排、创新点的判断、论文方法的选择等，就有据可依。正确而恰当地选题，需要从以下几个方面考虑：

1. 选自己感兴趣的、有专业优势的题目

兴趣是毕业论文写作的动力。专业理论、专业知识和专业语言是正确选题和写好论文的重要前提条件，是毕业班学生大学多年积淀下来的专业优势。在专业领域内选题，可以驾轻就熟、扬长避短，容易找到有价值的课题。

2. 选有能力、有条件完成的题目

选题应当小而具体，难易要适中，便于自己在规定的时间内结合学习实际和生产实习等社会实践活动，收集足够多的调查资料，进行分析，并有深入的研究，形成观点，顺利完成论文的写作。

3. 选有理论和实用价值的题目

决定研究成果的价值有两方面：理论价值和实用价值。理论价值就是在理论上有新的突破，具有开拓性意义，或者丰富和完善了原有理论。实用价值就是在实践活动中有指导意义，对实际工作起到推动作用，产生实际效益。选题的价值性、应用性，能反映社会发展和市场经济的需要。

4. 选容易出新意的题目

可从不同角度、不同侧面去做已有的课题，这样能横向发展，拓宽课题的宽度，同样可以产生出一些新的观点，补充、完善旧课题。也可以选择学术上有矛盾的问题入手进行选题，找出分歧的实质和焦点，对已有的缺陷、片面甚至不正确的理论提出质疑，对前人研究的谬误予以纠正，提出自己的独到见解。还可以选择学科之间交叉的问题，不同的学科在融合、交错，不断形成新的学科生长点。

（四）毕业论文的结构

毕业论文的格式，每个学校要求不同，文理科也各有差异，一般情况下毕业论文至少要有两个部分。即：前置部分，包括封面、目录、标题、署名、摘要、关键词。主体部分，包括绪论、本论、结论、注释、参考文献、附录、致谢。

1. 前置部分

（1）封面

毕业论文的封面包含的主要信息：标题、学生所在的学校名称、所属院系、专业、班级、学生姓名、学号、研究方向、指导教师姓名、专业、职称、成文日期。

（2）目录

目录是毕业论文各组成项目、分论点所处页码的具体显现。一般单独设页，标明页码。正文各一级二级标题（根据实际情况，也可以标注更低级标题）、参考文献、附录、致谢等。

（3）标题

又叫题名、题目，是论文的首要信息。标题应简洁、明确、有概括性，字数不宜超过20个字（不同院校可能要求不同）。

按内容分，论文标题有两种类型：一是指示论点的标题，这类标题直接反映作者对问题的看法，高度概括全文内容，即标题是文章论点的概括。如：《中国需要第三产业》《当前应控制通货膨胀》《经济中心论》。二是揭示课题的标题，这类标题所反映的指示文章所要证明的问题，不涉及作者对问题的看法。如：《分税制对农业投入的影响》《论商务英语教学中的交际法》。

（4）署名

是作者拥有著作权的声明，是文责自负的承诺。还包括姓名、所在院系、专业、班级。

（5）摘要

又叫提要，是对文章内容要点的概述，不是原文摘录，而是对论文内容不加注释和评论的简短陈述，它是毕业论文的缩影。摘要中一般应说明研究工作的目的、研究方法、研究结果、实用价值、最终结论及论文后续研究方向等。摘要要有高度的概括力，语言精练、明确，常采用一段式结构，字数在300字以内（不同院校可能要求不同）。

（6）关键词

从论文标题或正文中挑选3~8个最能表达主要内容的词汇或术语作为关键词，具有意义单一、指向性强、体现论文特征等特点。关键词之间需空一格，中间不必加标点符号，排在摘要的左下方。

2. 主体部分

（1）绪论

又叫引言、前言、导语、引论，是论文的开头部分。目的是向读者交代本研究的来龙去脉，使读者对论文有一个总体的了解。绪论的写作主要包括论文研究的理由、背景、目的、范围、相关领域他人的研究情况、研究存在的知识空白，论文研究的理论依据、实验基础、研究设想和研究方法，论文研究的预期结果，研究工作的地位、作用和现实意义，对所研究问题的认识，并提出论文的中心论点等。绪论表述要客观、简明扼要、突出重点，篇幅不要太长，放在关键词下面。

（2）本论

本论是毕业论文的核心部分，包括调查对象、研究内容与方法、调查研究结果或仪器设备、实验材料、实验结果与分析（讨论、数据资料、经过加工整理的图表、形成的论点或推导出的结论等）。在本部分要运用各方面的研究方法和实验结果，分析问题、论证观点，尽量反映出自己的科研能力和学术水平。在观点、材料、论证角度、论证方法等方面要有自己的创新点。表达必须实事求是，客观准确，合乎逻辑，层次分明，简练可靠。

（3）结论

结论是毕业论文的收尾部分，是论文的归纳总结，是作者在调查研究和理论分析的基础上，通过逻辑推理而得出的指导性、经验性的结果。包括论文研究说明了哪些问题，对他人的观点哪些是否定、修改，哪些进行了补充、证实，有何发展，解决了哪些理论和实际问题以及论文研究的不足之处有哪些，解决这些问题的关键点和方向是什么。其基本的要点就是总结全文，加深题意。

（4）注释

用来说明名词术语、引文出处等在正文的其他部分不便说明的各种事项，可夹在文内，也可放在正文之后。

（5）参考文献

在毕业论文末尾要列出在论文中参考过的所有专著、论文及其他资料，所列参考文献可以按文中参考或引证的先后顺序排列，也可以按照音序排列。

参考文献可以证明论文引用论据的真实性，有利于读者查阅、核实和理解前人的科研成果，同时体现尊重前人劳动成果、严谨治学的态度。

（6）附录

对于一些不宜放在正文中，但有参考价值的内容，可编入附录中。有时也将个人简介附于文后。附录作为论文主体的补充项目，放在论文后起附带说明的作用。附录内容通常包括：篇幅过大的复制品，不便于编入正文的珍贵资料，其他原始数据，如计算程序图、流程图、结构图等，以及分析测试原件和统计表等。

（7）致谢

当研究成果以论文形式完稿时，应对在毕业论文写作或研究工作中给予帮助、指导、提供便利条件的单位和个人表示谢意。

例：

企业内部控制的诊断及对策研究

——以成都市 G 房地产企业为例

专　　　业：××级会计学　　　　学　　　号：123456789

学　　　生：×××　　　　　　　指导教师：×××

摘要：21世纪初国内外出现了一系列的舞弊案，如国外的世界通信、默克制药、安然和施乐等大批国际大公司，国内的麦科特、郑百文、银广夏、红光实业、蓝天股份等上市公司会计造假案。这些造假案的出现使得内部控制越来越得到大家的关注。有效的内部控制体系有利于企业的长期可持续发展，进而美国COSO委员会在2004年颁发了《企业风险管理框架》；加拿大特许会计师协会（CICA）负责的控制规范委员会发布了"控制指南"。我国2008年6月发布《企业内部控制基本规范》以及《企业内部控制评价指引》《企业内部控制应用指引》和《企业内部控制鉴证指引》三份征求意见稿。而与此同时，我国的房地产业经过十几年的高速发展，在近几年房价狂涨后被推到了风口浪尖上，政府连续出台的调控政策让房地产业外部经营环境恶化，由此在这样一个市场环境下房地产企业要防范风险，建立完美的内部控制体系就显得很有必要，稳固根基才能实现长期可持续经营。本文在参考以往大量文献的基础上，以G房地产公司为例，结合公司实际情况对其内部控制进行了评价诊断并提出了一些调整建议。通过实例研究，结合案例公司自身情况对其内部控制提出整改建议，这对其他企业也起到一定的借鉴参考意义。

关键字：内部控制 评价诊断 对策

绪　论

（一）研究的背景

21世纪初国内外出现了一系列的舞弊案，如国外的世界通信、默克制药、安然和施乐等大批国际大公司，国内的麦科特、郑百文、银广夏、红光实业、蓝天股份等上市公司会计造假案。这引起了美国政府的重视，随后颁布了著名的萨班斯法案，而在2004年COSO委员会又发布了《企业风险管理——整合框架》，由此内部控制成为国内外研究的热点话题。内部控制对公司的经营管理有着至关重要的作用。（略）

（二）研究的意义

内部控制是社会经济发展到一定阶段的产物，它是企业为了保证战略目标的实现，而对企业战略制定和经营活动中存在的风险予以管理的相关制度安排。随着现代企业财物的安全控制体系和信息体系的不断健全，企业面临的主要风险已转变为市场竞争风险，风险控制就更加关注战略风险和经营风险[1]，它直接关系着企业的运作效率和效果、资本的安全完整。而对于房地产企业来说健全的内部控制制度是其重要的经营支持。因此，在外部内部控制审计的同时学会如何自我进行内部控制的评估是非常有意义的。

(三) 研究方法

本文采用案例研究的方法，以 G 房地产企业为研究对象，从内部控制制度的概念、特点、理论发展过程及国内外研究现状入手，将内部控制的评估分为公司层面和业务层面两大类进行分析。通过实地考察、沟通询问、流程再造等方法对 G 公司内部控制进行评估并提出整改措施。

第一章　内部控制相关理论

(一) 内部控制理论概述

1. 基本内涵

内部控制，作为一个专用名词和完整概念，直到 20 世纪 30 年代才被人们提出、认识和接受。这一概念的产生源于对企业内部管理的需要。人们对内部控制的认识，是随着管理实践的发展而不断深入与发展的。在美国，人们对内部控制的认识先后经历了"两要素论""三要素论""五要素论"和"八要素论"等几个阶段。(略)

2. 主要特征

从内部控制的内涵我们可以概括出其特点主要有：

(1) 内部控制是一个全方位控制的过程。(略)

(2) 内部控制是一个动态性的过程。(略)

(3) 内部控制标准的定量化。(略)

(二) 内部控制国内外研究现状

1. 国外研究现状

在对于内部控制进行研究的世界各国中，美国是开展得比较早而且是最富有研究成效的国家之一。美国内部控制的研究者认为，内部控制的发展经历了五个阶段：

第一阶段，15 世纪末到 20 世纪初，是内部控制的萌芽期，该时期内部控制出现了牵制制度。(略)

第二阶段，20 世纪 40 年代至 70 年代初，这是内部控制的成长期，又称内部控制制度阶段。(略)

第三阶段，20 世纪 80 年代到 90 年代之间，这是内部控制的发展期，又称内部控制结构论阶段。(略)

第四阶段，20 世纪 90 年代至今是内部控制的成熟期，发展很快，也称内部控制框架论阶段。(略)

第五阶段，内部控制的最新发展。(略)

除美国外，国外对内部控制的研究还有英国的三大报告：1992 年的卡德伯利报告、1998 年的哈姆佩尔报告、1999 年的特恩布尔报告。前两个报告着重讲了从财务角度进行公司治理，将内部控制置于公司治理框架下。最后的报告为如何构建健全的内部控制提供指引，并进一步肯定了内部控制在风险管理方面的效用。这三个报告使英国对内部控制的研究无论是在理论界还是在实务界都得到了完善。加拿大也在20世纪90年代建立了一套完整的内部控制理论体系。

2. 国内研究现状

我国对内部控制的系统研究开始于20世纪80年代末,主要是由学术界和会计审计职业管理机构进行的。学术界的观点主要有:刘金文认为控制环境、控制系统、监督与评价是内部控制理论框架的三个必不可少的要素[4];董月超从COSO框架报告出发研究内部控制与风险管理的相同点与不同点[5];魏先锋从审计的角度对内部控制的了解和评价进行了研究[6];谢昱[7]和刘薇[8]以案例形式对内部控制的实践进行了研究,从流程入手对企业的内部控制提出了一些建议。张龙平教授将理论界对内部控制的看法大致概括为三种[9]:一是内部控制制度论,认为内部控制是为了保证会计信息可靠、企业的资产安全和完整以及经营效率的提高所采用的控制制度,包括会计控制制度和管理控制制度两部分;二是内部控制结构论,认为内部控制包括控制环境、会计系统和控制程序;三是内部控制成分论,认为内部控制主要由控制环境、风险评估、控制活动、信息与沟通、监控五个成分构成。国外对内部控制的研究对我国有很大的影响,我国对内部控制内涵的概括和定义同美国相比具有比较高的同质性。(略)

3. 研究存在的缺陷

对于内部控制的理论研究国内外已有大量的文献,当我们认识到内部控制的重要性后,发现企业自身要如何有效运用内部控制,如何检测内部控制是否有效合法运行又是另一个重要问题。在我国,对企业内部控制的评价诊断近年来也在不少学者的研究中凸现,但总的来说这方面的研究还比较欠缺。所以我国目前还没有制定出较为成熟的内部控制评价的具体标准,即使一些行业或者部门借鉴国外的评估体系和框架制定出了一些内部控制评价的指南,但这些都还不能作为普遍性的评价标准。相信在以后的很长一段时间里建立一套成熟的内部控制评价体系将成为广大学者的努力方向。

第二章 内部控制评价的方法

(一) 内部控制评价的理论概括

内部控制评价是指由专门的机构或人员,通过对单位会计控制系统的了解、测试和评价,对其完整性、合理性及有效性提出意见,并进行报告,以利于单位进一步完善内部控制体系。只有通过内部控制评价,才能对内部控制的实践运用进行监督检查、总结,也才能了解内部控制制度的建立和健全情况。

(二) 内部控制评价的标准及方法

1. 内部控制评价的标准

内部控制的基本框架是以内部控制的组织规划为前提和保证,以业务流程控制为主线,以确定业务循环的关键控制点、制定业务基本流程和相关制度为内容。一直以来对内部控制评价标准的认识主要有两种观点:一种认为评价标准可以从企业管理与控制目标方面来考量;一种是将评价的标准分为一般标准和具体标准从而进行考量[11]。

2. 内部控制评价的方法

（1）内部控制制度调查法（略）

（2）内部控制的健全性测试法（略）

（三）内部控制评估的实施

1. 内部控制评估范围的归类

对企业内部控制的评估将我国的作业层面研究与COSO报告的五要素论相结合来制定评估的标准和依据。对企业内部控制的自我评价可先将评价范围及内容归类分为[12]：

（1）公司层面的内部控制评价（略）

（2）作业层面的内部控制评价（略）

我国对内部控制的研究多是以对作业层面的研究为主。作业层面主要涉及采购、销售、资金、工程项目、成本费用、预算、固定资产、投资、担保、筹资等，但不同的企业其作业层面所涉及的控制内容会有所不同。作业层面的内部控制主要在于交易的流程设计与执行是否合理可行[14]。

2. 公司层面的内部控制评估关注点

对公司层面的内部控制评估关注点的认定主要参照COSO内部框架所描述的五要素进行：

（1）控制环境

控制环境主要指企业内部的文化、价值观、组织结构、管理理念和风格等。其评估的关注点主要包括[15]：（略）

（2）风险评估的关注要点

① 战略风险。（略）

② 经营环境变化。（略）

③ 雇佣新员工。（略）

（3）控制活动的关注要点（略）

（4）信息与沟通的关注要点（略）

（5）监控的关注要点（略）

3. 作业层面的内部控制评估

（1）控制点是否按照设计的要求正常执行了（略）

（2）控制点执行人是否获得了正当的授权（略）

（3）控制点执行人是否有足够的能力有效履行该项控制职责（略）

第三章　关于G房地产企业内部控制的诊断及对策研究

G房地产公司是一大型国有独资企业集团下属的一个全资子公司，成立于2002年1月，经营范围涉及房地产开发经营、工程建设管理及物业管理等。为响应所属片区创"世界知名、全国一流、西部第一"的号召，G房地产公司一直致力于完善所属片区的基础设施建设以及科技地产、商业地产和住宅地产的开发运营，经过几年的高速发展，G房地产企业在这几个板块都有所建树。在集团的整体战略中，G房地产公司致力于成为专业化的房地产开发企业，成为区域性的房地产知名品牌。

(一) G 房地产企业公司层面的内部控制评估

G 房地产企业公司层面的内部控制评估内容如表 3-1 所示。（略）

(二) 针对公司层面的内部控制改进措施

1. 企业文化的建立

人力资源政策：公司为员工提供可持续发展的空间和机会，鼓励员工和公司共同成长[16]。在人员分配上 G 公司的项目出纳岗完全可以一起劳务外包给销售代理商代为管理。每天代理商做好销售台账，保证销售系统和收款总额及实务票据三者的一致，定期将台账交给 G 公司会计入账。同时代理商同 G 公司会计应定期（如一个月）进行销售信息的核对，包括总的销售款、总套数、房号等。而产权办理岗则可固定由某两个人负责，与财务人员做好各种产权资料的交接工作，联系客户，及时到房管局办理产权，避免延期造成公司财务损失；在员工的晋升上应多对内部员工进行培训锻炼，多给员工提升的空间；在岗位职责上应该以部门为大单位制定岗位职责规范，在部门下分列各岗位职责，并下发到员工手中让员工明确自身的职责以此来明确各个岗位的职责范围。

2. 风险控制

对重要文件的传阅应该有签字，不需保留的资料应及时销毁；综合部门应指定专人对综合复印室的废弃资料及时进行清理销毁。

在销售系统方面，G 企业应自己掌握操作员的增减权限。这个权限应授予给公司财务部门指定人员如会计主管等，当公司财务人员有增减变动时统一由该人员在销售系统中进行操作员的增减。而对于财务部与销售方越界操作系统数据的现象公司应与系统开发商协商，要求在系统内部设置财务人员与销售人员权限互斥，明确哪些属销售人员操作数据，哪些是财务人员操作数据，财务人员不得操作销售相关数据，而销售人员也无权操作财务人员的数据。

3. 信息与沟通

对于市场营销部与财务部收费标准不一致的问题，首先是要明确这个收费标准是由哪个部门负责。之前在这个问题上 G 公司不是很明确，所以才会出现责任不明、核算标准不一致的问题。收费标准可以由市场营销部提供，市场营销部的产权办理人员可获得政府相关部门的权威收费标准，然后将这标准做入销售系统，并将收费标准抄送给财务部，财务部按照收费标准进行收费。

(三) G 房地产企业作业层面的内部控制诊断

1. 销售业务

查阅 G 公司的专业售楼系统，发现 G 公司存在重复销售的风险，在之前的客户尚未办理完退订手续时，已经将同一套房源销售给了另一客户。在销售现场发现某一房源的退订流程还未进行完毕，销售人员按默认房源已退订又将此房销售给了另一客户，并给新客户开具了相应房源的定金收据，而销售系统里该房源的认购人信息却还是第一个客户。这样销售系统与实务票据的信息就不对称,并且这实质上已形成了一房多售,易发生经济纠纷。

通过深入 G 公司的房产销售环节中,发现 G 公司在房屋销售后的不动产发票的处理上存在一些问题,主要包括:

(1) 发票开具信息的完整与准确性(略)

(2) 发票保管移交的规范性(略)

2. 资金管理

(1) 在 G 公司的资金管理制度中缺乏对内部关联方公司间的资金调拨的管理,资金调拨的审批流程及对所需的支持附件的要求比较不明确(略)

(2) 缺乏对应收账款的管理(略)

3. 账务处理

在实际的操作过程中 G 公司存在关账不及时的现象。查看 G 公司 2011 年 12 月前用友财务系统日志,发现每月关账日期大都比规定日期延迟了一个月,其中 2011 年 9 月的账到 11 月才进行关账。关账时间滞后,可能导致未经审核的跨期调整和跨期记录等风险。

4. 固定资产的管理与维护

通过实地观察和询问得知 G 公司部分固定资产存在无人管理现象,在 G 公司销售现场,其财务人员用的保险柜坏了几个月也无人来修理,到综合办询问却告知不在他们的管理范围内,至此该固定资产被搁置,也无法查询该固定资产的购入情况及登记地。

5. 预算管理(略)

(四)针对作业层面内部控制的改进措施

1. 增强执行力(略)

2. 岗位职责分明(略)

3. 加强沟通(略)

4. 加强应收款管理(略)

5. 增加预算编制(略)

【结论】

对企业内部控制情况的审计评价目前主要以外部审计为主,但是随着经济的发展,各种风险在增加,企业学会如何进行自我内部控制的评价至关重要。对企业内部控制的评估分公司层面与作业层面进行定性考察。进而又对每一个层面进行细分,针对每一点确定控制点。借助控制点考察企业内部控制的完整合理性及执行情况。通过对 G 公司的案例分析发现 G 公司在内部控制制度的制定及执行上存在不足,并针对此提出改善建议。

【参考文献】

[1] 潘琰,郑仙萍. 论内部控制理论之构建:关于内部控制基本假设的探讨 [J] 会计研究,2008 (2): 20 – 21.

[2] The Committee of Sponsoring Organizations Of the Tread Way Commission. Enterprise Risk Management [S]. 2004,10.

[3] 张继建. 企业内部控制问题及对策探讨 [J]. 财会通讯·综合,2011,1 (中):

40-41.

[4] 刘金文. "三要素"内部控制理论框架的最佳组合 [J]. 审计研究, 2004 (2): 83-85.

[5] 董月超. 从 COSO 框架报告看内部控制与风险管理的异同 [J]. 审计研究, 2009 (4): 94-96.

[6] 魏先锋. 谈高新技术企业认定专项审计中的内部控制了解和测试 [J]. 中国注册会计, 2009 (1): 50-51.

[7] 谢昱. 食品制造企业内部控制案例研究 [D]. 广州: 暨南大学, 2007: 10.

[8] 刘薇. W建筑公司内部控制案例研究 [D]. 大连: 大连理工大学, 2007: 15.

[9] 张龙平, 等. 关于注册会计师对内部控制评价的理论思考 [J]. 审计研究, 2004 (3): 68-70.

[10] 财政部. 企业内部控制基本规范 [S]. 立信会计出版社: 中华人民共和国财政部, 2008.

[11] 刘爱英. 企业内部控制评价体系构建研究 [J]. 财会通讯·综合, 2011, 5 (中): 52-53.

(略)

致谢

在此我要诚挚感谢在我的论文写作过程中给我提供支持和帮助的老师、朋友和同学们。特别感谢我的导师×××教授!×××教授在我的论文撰写过程中,从论文的选题、拟定提纲、构思、初稿的修改直至最后的定稿,倾注了大量的心血,提出了众多宝贵意见和建议,给予了精心的指导,让我的论文得以最终完稿。×××教授严谨治学态度、深厚的学识和悉心的教导让我受益良多,在此谨表示我深深的谢意!

同时感谢我的家人,在我的求学路上,有了他们为家庭默默的付出以及对我无私的支持,我才得以全身心追求学业的进步。

最后,再次感谢××大学经济管理学院对我的培养!

【写作练习】

假如你即将写作毕业论文,你会选择怎样的途径来确定选题?如何准备相关资料?

1. 选题指导训练。

(1) 你所学专业目前在科研中有哪些前沿性的问题?

(2) 你所学专业目前在科研(工程技术)中有哪些亟待解决的问题?

(3) 你所学专业目前在科研中有哪些需要补充或纠正的问题?

2. 专业资料查阅训练。

(1) 你关注过与自己所学专业相关的期刊、报刊、相关网站吗?

(2) 从最近几期的专业期刊中,找出你最喜欢的栏目资料,分类编成小资料卡,或小文集,写出阅读心得。请同学们在课堂上交流、讨论、总结。

第二部分
商务应用文

写在前面的话

商务应用文是人们在经济活动中，处理商务贸易事务时所使用的具有实用价值、经济意义和固定或惯用格式的文体。商务应用文是为了适应人们在现代商务活动中及时记录、总结、交流、沟通商务信息和处理各种事务的需要而产生的。随着实践活动的不断深入和拓展，人们的视野相应地在扩大。尤其是进入信息时代以后，各领域、各系统，前所未见的各种复杂问题纷至沓来，使得现代管理所面临的问题呈现出更加多元化的状态。建立在这种管理活动基础上的商务写作，也日益朝着多元化方向发展。

作为信息积累和传递载体的商务应用文，在其写作过程中首先需要撰写者充分了解并掌握信息，尤其是企业在市场经济活动中涉及经营运作、贸易往来、发展开拓等活动的信息。这是从事商务写作的出发点。

商务应用文具有实用性、程式性、真实性、法规性、时限性的特点。

一、市场调查报告

（一）市场调查报告的概念

市场调查报告是以科学的方法对市场的供求关系、购销状况以及消费情况等进行深入细致的调查研究后所写成的书面报告。其作用在于帮助企业了解掌握市场的现状和趋势，增强企业在市场经济大潮中的应变能力和竞争能力，从而有效地促进经营管理水平的提高。

与普通的调查报告相比，市场调查报告在材料收集与结构布局方面有明显的共性特征，但它比普通调查报告在内容上更为集中，也更具专门性。

（二）市场调查报告的特点

① 针对性。市场调查报告是决策机关决策的重要依据之一，必须有的放矢。

② 真实性。市场调查报告必须从实际出发，通过对真实材料的客观分析，才能得出正确的结论。

③ 典型性。主要表现为两点：一是对调查得来的材料进行科学分析，找出反映市场变化的内在规律；二是报告的结论要准确可靠。

④ 时效性。市场调查报告要及时、迅速、准确地反映、回答现实经济生活中出现的新情况、新问题，突出"快""新"二字。

（三）市场调查报告的种类

① 按服务对象分，可分为市场需求者调查报告（消费者调查报告）、市场供应者调查报告（生产者调查报告）。

② 按调查范围分，可分为全国性市场调查报告、区域性市场调查报告、国际性市场调查报告。

③ 按调查频率分，可分为经常性市场调查报告、定期性市场调查报告、临时性市场调查报告。

④ 按调查对象分，可分为商品市场调查报告、房地产市场调查报告、金融市场调查报告、投资市场调查报告等。

（四）市场调查报告的作用

1. 为决策者提供材料和依据

不论是国家经济管理部门还是企业经营管理部门，都必须重视市场调查，依据调查得来的资料或结果制定方针政策，解决企业症结问题，提出解决问题的方案，提高竞争能力和经营管理水平。

2. 提供经验和教训

市场调查为广大的市场消费者和经营者提供经验和教训，引导人们消费，引导生产，促进市场经济的发展。

（五）市场调查的方法

1. 观察法

观察法是社会调查和市场调查研究的最基本的方法。它是由调查人员根据调查研究的对象，利用眼睛、耳朵等感官以直接观察的方式对其进行考察并搜集资料。例如，市场调查人员到被访问者的销售场所去观察商品的品牌及包装情况。

2. 实验法

实验法由调查人员根据调查的要求，用实验的方式，将调查的对象控制在特定的环境条件下，对其进行观察以获得相应的信息。控制对象可以是产品的价格、品质、包装等，在可控制的条件下观察市场现象，揭示在自然条件下不易发生的市场规律。这种方法主要用于市场销售实验和消费者使用实验。

3. 访问法

可以分为结构式访问、无结构式访问和集体访问。

结构式访问是实现设计好的、有一定结构的访问问卷的访问。调查人员要按照事先设计好的调查表或访问提纲进行访问，要以相同的提问方式和记录方式进行访问。提问的语气和态度也要尽可能地保持一致。

无结构式访问是没有统一问卷，由调查人员与被访问者自由交谈的访问。它可以根据调查的内容，进行广泛的交流。如：对商品的价格进行交谈，了解被调查者对价格的看法。

集体访问是通过集体座谈的方式听取被访问者的想法，收集信息资料。可以分为专家集体访问和消费者集体访问。

4. 问卷法

问卷法是通过设计调查问卷，让被调查者填写调查表的方式获得所调查对象的信息。在调查中将调查的资料设计成问卷后，让接受调查对象将自己的意见或答案，填入问卷中。在一般进行的实地调查中，以问卷法采用最广。

（六）市场调查报告的结构和写法

从严格意义上说，市场调查报告没有固定不变的结构。不同的市场调查报告写作，主要依据调查的目的、内容、结果以及主要用途来决定。但一般来说，各种市场调查报告在结构上都包括标题、正文、署名三个部分。

1. 标题

市场调查报告的标题即市场调查的题目。标题必须准确揭示调查报告的主题思想。标题要简单明了、高度概括、题文相符。如《××市居民住宅消费需求调查报告》《关于化妆品市场调查报告》《××产品滞销的调查报告》《关于当代青年消费问题的调查报告》等，这些标题都很简明，能吸引人。

2. 正文

正文分为开头、主体、结尾三部分。

（1）开头

开头又称前言部分。这一部分一般说明市场调查的目的和意义，介绍市场调查工作基本概况，包括市场调查的时间、地点、内容和对象以及采用的调查方法、方式。这是比较常见的写法。也有调查报告在开头先写调查的结论是什么，或直接提出问题等，这种写法能增强读者阅读报告的兴趣。例如一篇题为《关于电暖器市场的调查》的市场调查报告，其引言部分写为："××市北方调查策划事务所受××委托，于2013年3月至4月在国内部分省市进行了一次电暖器市场调查。现将调查研究情况汇报如下"，用简要文字交代出了调查的主体身份，调查的时间、对象和范围等要素，并用一过渡句开启下文，写得合乎规范。这部分文字务求精要，切忌啰唆芜杂；视具体情况，有时亦可省略这一部分，以使行文更趋简洁。

（2）主体

这部分是市场调查报告的核心，也是写作的重点和难点所在。它要完整、准确、具体地说明调查的基本情况，进行科学合理的分析预测，在此基础上提出有针对性的对策和建议具体包括以下三方面内容：

① 基本情况。市场调查报告的基本情况，即对调查所获得的基本情况进行介绍，是全文的基础和主要内容。要采用科学合理的调查方法，用叙述和说明相结合的手法，将调查对象的历史和现实情况包括市场占有情况，生产与消费的关系，产品、产量及价格情况等表述清楚。在具体写法上，既可按问题的性质将其归结为几类，采用设立小标题或者撮要显旨的形式；也可以时间为序，或者列示数字、图表或图像等加以说明。无论如何，都要力求做到准确和具体，富有条理性，以便为下文进行分析和提出建议提供坚实充分的依据。

② 分析或预测。市场调查报告的分析预测，即在对调查所获基本情况进行分析的基础

上对市场发展趋势做出预测,它直接影响到有关部门和企业领导的决策行为,因而必须着力写好。要采用议论的手法,对调查所获得的资料进行科学的研究和推断,并据以形成符合事物发展变化规律的结论性意见。用语要富于论断性和针对性,做到析理入微,言简意明,切忌脱离调查所获资料随意发挥,去唱"信天游"。

③ 建议或措施。这层内容是市场调查报告写作目的和宗旨的体现,要在上文调查情况和分析预测的基础上,提出具体的建议和措施,供决策者参考。要注意建议的针对性和可行性,能够切实解决问题。

(3) 结尾

主要是形成市场调查的基本结论,也就是对市场调查的结果做一个小结。有的调查报告还要提出对策措施,供有关决策者参考。

有的市场调查报告还有附录。附录的内容一般是有关调查的统计图表、有关材料出处、参考文献等。

3. 署名

包括调查人员的名字或调查单位的全称以及成文日期。

(七) 撰写市场调查报告时应注意的事项

1. 调查报告力求客观真实、实事求是

调查报告必须符合客观实际,引用的材料、数据必须是真实可靠的。要反对弄虚作假,或迎合上级的意图,挑他们喜欢的材料撰写。总之,要用事实来说话。

2. 调查报告要做到调查资料和观点相统一

市场调查报告是以调查资料为依据的,即调查报告中所有观点、结论都有大量的调查资料为根据。在撰写过程中,要善于用资料说明观点,用观点概括资料,二者相互统一。切忌调查资料与观点相分离。

3. 调查报告要突出市场调查的目的

撰写市场调查报告,必须目的明确,有的放矢,任何市场调查都是为了解决某一问题,或者为了说明某一问题。市场调查报告必须围绕市场调查的目的来进行论述。

4. 调查报告的语言要简明、准确、易懂

调查报告是给人看的,无论是厂长、经理,还是其他一般的读者,他们大多不喜欢冗长、乏味、呆板的语言,也不精通调查的专业术语。因此,撰写调查报告语言要力求简单、准确、通俗易懂。

【例文1】

××市居民家庭饮食消费状况调查报告

为了深入了解本市居民家庭在酒类市场及餐饮类市场的消费情况,特进行此次调查。本次调查由××大学承担,调查时间是2016年3月至4月,调查方式为问卷式访问调查,本次调查选取的样本总数是400户。各项调查工作结束后,将调查内容予以总结,调查报告如下:

一、调查对象的基本情况

(一)样品类属情况。在回收的326个有效样本户中,工人64户,约占总数比例

19.63%；农民 26 户，约占总数比例 7.97%；教师 40 户，约占总数比例 12.27%；机关干部 38 户，约占总数比例 11.66%；个体户 44 户，约占总数比例 13.49%；经理 30 户，约占总数比例 9.20%；科研人员 10 户，约占总数比例 3.07%；待业户 18 户，约占总数比例 5.52%；医生 4 户，约占总数比例 1.23%；其他 52 户，约占总数比例 15.96%。

（二）家庭收入情况。本次调查结果显示，从本市总的消费水平来看，相当一部分居民还达不到小康水平，大部分的人均收入在 1 000 元左右，样本中只有约 2.3% 的消费者收入在 2 000 元以上。因此，可以初步得出结论，本市总的消费水平较低，商家在定价的时候要特别慎重。

二、专门调查部分

（一）酒类产品的消费情况

1. 白酒比红酒消费量大。分析其原因，一是白酒除了顾客自己消费以外，用于送礼的较多，而红酒主要用于自己消费；二是商家做广告也多数是白酒广告，红酒的广告很少。这直接导致白酒的市场大于红酒的市场。

2. 白酒消费多元化。

（1）从买白酒的用途来看，约 52.84% 的消费者用来自己消费，约 27.84% 的消费者用来送礼，其余的是随机性很大的消费者。

买酒用于自己消费的消费者，其购买价格大部分在 20 元以下，其中 10 元以下的约占 26.7%，10～20 元的占 22.73%。从品牌上来说，青酒、泸州老窖、诸葛酿、龙虎豹酒、九江双蒸相对看好，尤其是九江双蒸，约占 18.75%，这也许跟消费者的地方情结有关。从红酒的消费情况来看，大部分价格也都集中在 15～40 元，其中，30 元以下的占 10.23%，价格档次越高，消费者的购买力相对越低。从品牌上来说，以长城干红、张裕干红为主。

送礼者所购买的白酒其价格大部分选择在 80～150 元（约 28.4%），约有 15.34% 的消费者选择 150 元以上。这样，生产厂商的定价和包装策略就有了依据，定价既要合理，又要有好的包装，才能增大销售量。从品牌的选择来看，约有 21.59% 的消费者选择五粮液，10.80% 的消费者选择茅台。另外，对红酒的调查显示，约有 10.20% 的消费者选择 40～80 元的价位，选择 80 元以上的约 5.11%。总之，从以上的消费情况来看，消费者的消费水平基本上决定了酒类市场的规模。

（2）决定消费者购买的因素比较鲜明。调查资料显示，消费者关注的因素依次为价格、品牌、质量、包装、广告、酒精度。这样就可以得出结论，生产厂商的合理定价是十分重要的，创名牌、求质量、巧包装、做好广告也很重要。

（3）顾客忠诚度。调查表明，经常换品牌的消费者占样本总数的 32.95%，偶尔换的占 43.75%，对新品牌的酒持喜欢态度的占样本总数的 32.39%，持无所谓态度的占 52.27%，明确表示不喜欢的占 3.40%。可以看出，一旦某个品牌在消费者心目中形成，是很难改变的，因此，厂商应在树立企业形象、争创名牌上狠下功夫，这对企业的发展十分重要。

（4）动因分析。主要在于消费者自己的选择，其次是广告宣传，然后是亲友介绍，最后才是营业员推荐。不难发现，怎样吸引消费者的注意力，对于企业来说是关键；怎样做好广告宣传，消费者的口碑如何，将直接影响酒类市场的规模。而对于商家来说，营业员的素质也应重视，因为其对酒类产品的销售有着一定的影响作用。

(二) 饮食类产品的消费情况

本次调查主要针对一些饮食消费场所和消费者比较喜欢的饮食进行，调查表明，消费有以下几个重要特点：

1. 消费者认为最好的酒店不是最佳选择，而最常去的酒店往往又不是最好的酒店。消费者最常去的酒店大部分是中档的，这与本市居民的消费水平是相适应的，现将几个主要酒店比较如下：

海洋国际酒店是大家最看好的，约有31.82%的消费者选择它；其次是利苑金阁和大天然酒家，都是10.23%；选择人数最少的是银海酒店。调查中我们发现，银海酒店虽然说是比较好的，但由于这个酒店比较贵，只有贵宾、富豪、政要才入住，所以调查中作为普通消费者的调查对象很少会选择银海酒店。

2. 消费者大多选择在自己工作或住所的周围，有一定的区域性。虽然在酒店的选择上有很大的随机性，但也并非绝对如此，例如，园林宾馆、金海酒店，也有一定的远距离消费者惠顾。

3. 消费者追求时尚消费，如对手抓龙虾、糖醋排骨、糖醋里脊、宫保鸡丁的消费比较多。特别是手抓龙虾，在调查样本总数中约占26.14%，以绝对优势占领餐饮类市场。

4. 近年来，海鲜与火锅成为市民饮食市场的两个亮点，市场潜力很大，目前的消费量也很大。调查显示，表示喜欢海鲜的占样本总数的60.80%，喜欢火锅的约占51.14%，在对季节的调查中，喜欢在冬季吃火锅的约有81.83%，喜欢在夏季吃火锅的约为36.93%。火锅不但在冬季有很大的市场，在夏季也有较大的市场潜力。目前，本市的火锅店和海鲜馆遍布街头，形成居民消费的一大景观和特色。

三、结论和建议

(一) 结论

1. 本市的居民消费水平还不算太高，属于中等消费水平，平均收入在1 000元左右，相当一部分居民还没有达到小康水平。

2. 居民在酒类产品消费上主要是用于自己消费，并且以白酒居多，红酒的消费比较少，用于个人消费的酒品，无论是白酒还是红酒，其品牌以家乡酒为主。

3. 消费者在买酒时多注重酒的价格、质量、包装和宣传，也有相当一部分消费者持无所谓的态度，对新牌子的酒认知度较高。

4. 对酒店的消费，主要集中在中档消费水平上，火锅和海鲜的消费潜力较大，并且已经有相当大的消费市场。

(二) 建议

1. 商家在组织货品时要根据市场的变化制定相应的营销策略。

2. 对消费者较多选择本地酒的情况，政府和商家应采取积极措施引导消费者的消费，实现城市消费的良性循环。

3. 由于海鲜和火锅消费的增长，导致城市管理的混乱，政府应加强管理力度，对市场进行科学引导，促进城市文明建设。

【例文2】

谁在买私车？年轻车主崛起，个体私营业者是主力
——关于杭州私家车主构成的独立调查

在近年来如火如荼的汽车消费热潮中，数以万计的杭州百姓人家圆了汽车梦。据统计，杭州私家车拥有量已从去年年底的每100户家庭2.5辆上升到3.1辆左右。预计到今年年底，杭州将成为我国轿车发展最快的城市。

那么是哪些人推动了杭州私家车消费的狂潮？杭州车市有哪些明显的特征？这些问题无疑是很多业内人士和有车族关注的焦点。近日，我们在一些酒店、写字楼、停车场、生活小区等地通过当面访问以及电话采访、网上调查等方式，对杭州私家车情况做了一次抽样调查。此次调查共发放300份问卷，回收有效问卷253份。

年轻车主崛起

在外贸公司工作的王小姐说，普通的交通工具已经不能满足现在年轻人的需要。现在的年轻人张扬个性，事事都要有自己独立的空间。同时工作生活的快节奏促使现在的年轻人需要更快捷的交通工具来实现工作的高效率。

调查结果显示，中年车主仍然是私家车主的主流群体，占了调查人数的63.3%。值得注意的是，一部分年轻车主正在崛起，占总人数的26.5%。这部分车主的年龄大致在20~30岁，大多拥有大学本科学历以及较好的职业，年收入在5万~10万元，而且50%以上由自己独立出资购车。

这部分车主最为敏感的是轿车的价格，占了37%，另外，油耗、安全性、品牌以及外观也是他们所关注的主要因素。他们选择的车型、颜色一般比较时尚，驾龄一般与购车时间同步，大多集中在近3年内。

个体私营业者是主力

个体私营业者陈先生拥有一辆别克商务车，他说自己周围越来越多的人都购买了商务车。从职业角度考虑，商务车拥有开阔的内部空间，为他们提供了随时接待客户、洽谈商贸的场所。另外，也使企业形象和个人身份得到了提升。

在调查中，个体私营业者仍是私家车购买的主力，占总数的26.5%，令人惊喜的是，私家车主的职业构成呈现了前所未有的多元化趋势：公务员、教师、普通职员成为壮大最快的购车队伍。

这类车主购车主要用于上下班代步，同时方便周末出游。选择的价位基本在5万~15万元。公务员方先生买了一辆威驰，平时工作日顺带接送孩子上学、放学和妻子上下班。到了周末，则载着家人开车到周边风景区感受大自然的风光。他感慨地说，有车后，生活半径扩大了不少，生活质量也提高了。

买家愿付全款

一个月前，在杭州某事业单位工作的朱先生参加团购，买了一辆赛欧两厢SRV，7.28万元的车价加上其他费用，他一次性支付了8万多元，将车子开回了家。

同样的问题居然得出了两个截然相反的答案：网上调查显示，购车方式选择银行按揭的高达71%；而在当面访问和电话采访中，选择一次性现金交付的占了80%以上。仔细分析发现，选择银行按揭的车主大多已有2年以上的有车生活，而选择全额购车的车主，基本都是在近两年内新购的车。

元通汽车公司王先生解释说：银行按揭骤然降温的主要原因是银行信贷的收紧，办贷手续的烦琐；与一年前宽松的信贷政策和市场浓厚的消费信贷气氛相比，越来越多的人选择了全额购车。而收入的提高和车价的持续下降也是许多人选择全额购车的一个原因。另外，现在购车以家庭为主，人们的普遍心态是求稳，尽量避免超前消费，等家里存够钱再买不迟。

汽车网站受青睐

罗先生在三年前就想为自己购买一款当时风靡的车，但自打他在销售公司下订单半年来，对方一直没有消息。无奈之下，他只好放弃这次购车计划。一次偶然的机会他在网上找到一家汽车销售公司正在出售那款车，抱着试一试的心态他下了一份电子订单。没想到，一个月后就拿到了车。

近年来消费者在获得购车信息渠道方面出现了多样化趋势。除了看报纸、杂志、电视上的汽车广告和汽车新闻，越来越多的人走进了网络世界。调查表明：杭州有22.4%的购车族倾向于浏览互联网上的汽车网站，因为他们更看重网上全面、丰富、深入的汽车信息，购车者足不出户就可以了解到各大品牌车的最新动态，一些制作精良的网站还能带消费者领略试坐感受、汽车构造和部件性能。在日趋完善的网络世界，甚至实现了网上购车。

车主倾向5年换车

几年前，国产轿车市场还是洋品牌一手遮天，国内汽车品牌比较少，一辆轿车的身价往往令人咋舌，许多人还抱着"一车终生制"的观念。随着国内中低档家用轿车的开拓和发展壮大，越来越多的家庭已抛弃了这种观念。

调查发现：经济型家庭轿车市场份额遥遥领先，86%的人购买的第一辆车价格低于15万元；另外，44.9%的车主表示平均5年会换一辆新车。特别是国内汽车生产、经销市场新陈代谢加速，各家新款车层出不穷，售后服务的不断完善加之低价位的营销战略，不仅让普通工薪阶层圆了购车梦，更让囊中鼓鼓、喜欢体验不同驾驶感觉的人过足了车瘾。

但值得注意的是，车主对于遵守交通规则的自觉性仍比较欠缺。调查显示，买车后从未有过违章经历的人只占了1%，有六成车主违章记录在5次左右，违章超过10次的比例高达12%。

二、可行性研究报告

（一）可行性报告的概念

可行性研究报告是针对拟开发的新项目、新技术，分析其必要性、可能性、客观条件与未来前景的书面报告。

可行性研究报告的作用从根本上说，就是为项目的决策者提供决策依据。这包括为项目的市场需求、技术上的可能、未来的收益、资金的提供等方面提供理论论据和可行理由。

(二) 可行性研究报告的特点

1. 科学性

可行性研究报告是项目开发前的必要工作步骤，是项目开发的决策依据。因此，必须以科学理论为指导，进行广泛深入的市场调查，获取大量真实的材料，对材料的分析要客观、冷静，本着科学的态度，实事求是。要防止为要资金而撰写报告，为项目上马而撰写报告，这样不仅会使报告失去科学依据，而且一旦项目上马可能会带来巨大的损失。

2. 综合性

可行性研究报告涉及市场需求、技术上的可能性、资金的预算等多方面的内容，大型项目的可行性研究报告就更复杂，因此其研究在内容上具有综合性，在撰写中需要多方面人员的合作。

(三) 可行性报告的结构和写法

可行性研究报告同其他应用文一样，要遵循一定格式。其整体结构由封面和标题、正文、附件三部分组成。

1. 封面和标题

大型的可行性研究报告设有封面，封面包括项目的名称、编制单位的名称、成文时间。有的可行性研究报告还设有扉页，列出参与人员的名字、职务及分工，较长的报告还有目录。

2. 正文

正文是可行性研究报告的主体部分，通常分为三个部分：开头、主体、结尾。

（1）开头

开头一般是内容的概述、分析方法。

（2）主体

介绍项目的必要性、经济意义、背景资料、理论依据和采用的技术手段等，主体包括以下几个方面内容：

① 市场调查情况。其目的是依据市场情况来论证项目的可行性。具体包括：现有生产能力、项目拟建规模和市场销售预测等。

② 项目相关情况。其目的是论证项目建设的外在情况和条件是否成熟。包括：能源、原材料、基础设施、公用设施等。

③ 地址的选择。指选定厂址的理由，如地理位置对项目的影响，因特殊需要对气象、水文、地质、地形的要求等。

④ 工艺技术方案。包括项目的设备来源、采用的技术、产品的生产方法、工艺流程、辅助设施、对原有固定资产的利用情况等。

⑤ 组织机构设置及人员管理。论证该项目所需要设置的组织机构、人员专业要求和数量要求。

⑥ 环境保护。在对现有的环境状况分析后，要说明项目实施后给环境带来的影响、企业要采取的控制手段。

⑦ 资金保障。对项目所需的投资数额要进行估算，包括对需要垫付流动资金的估算、现金流量分析、资金来源及资金成本分析，以确定是财政拨款、银行贷款，还是单位自筹，并列出项目所需资金的使用进度。

⑧ 财务分析。对投资方案的现金流量、投资回收期、投资报酬率、净现值及现值指数进行分析，对可能的盈亏情况做预测分析。

在实际编制可行性研究报告时要注意将该方案涉及的问题逐一分析清楚，依据实际情况有不同侧重。

（3）结尾

这是整篇研究报告的概括和总结。作者在该部分要对论证的提议和项目表明自己的态度，对重点问题及关键性内容要再次强调，以证实报告的可行性。

3. 附件

可行性研究报告有时需要一些辅助资料作为正文的论据，主要有相关政策文件、相关资料、统计图表、设计图样等。

（四）撰写可行性报告应注意的事项

1. 资料要真实准确

可行性研究报告论证的项目是未来是否投资的重要依据，也是未来开展工作的依据，所以要保证资料来源真实可靠、全面准确。资料的来源有国家的有关文件、历史档案、市场调查、专家意见等。

2. 论证全面深入

可行性研究报告是企业向上一级管理机关报批的资料，也是企业为项目募集资金的依据，所以分析应当有理有据，证据确凿，应该论证的问题不能出现遗漏，主要问题的论证要有一定的深度。

【例文1】

黑龙江省宝山矿业开发公司
1000t 电解铜项目可行性研究报告

目　录

第一章　总　论

第二章　地质资源

第三章　采　矿

第四章　冶　炼

第五章　总图运输

第六章　公用设施及土建工程

第七章　投资估算

第八章　环境保护

第九章　共伴生金属

第十章　经济及社会效益

第一章　总　论
第一节　概　述

一、项目性质、地理交通位置及区域经济概况

本项目属多宝山氧化矿开采项目。黑龙江省宝山矿业开发公司是采用浸出－萃取－电积工艺获得电解铜的矿山企业，该企业位于黑龙江省中西部嫩江县境内。矿区距嫩江县东北约

156 km，地理坐标为东经 125°46′05″、北纬 50°14′45″。

目前矿区有简易公路与外部嫩呼公路相通，准轨铁路距矿区的最近车站是黑宝山站，相距约 12 km，与全国各地相通，外部运输十分方便。

矿区属低山丘陵地带，为农林区，居民稀少，矿区大部分土地属荒地和丛林，当地居民以从事农林业为主，工业稀少。地区气候特点是冬季漫长寒冷，夏季短暂炎热。

二、可行性研究的背景及依据

我国是一个铜紧缺国，每年铜需要量约 100 万 t，缺口部分尚需进口，虽然我国铜总储量不少，但能经济地利用传统选冶工艺处理的铜矿越来越少。过去一直未被开发利用的难选氧化铜矿和低品位铜矿的开发，目前已取得了初步进展。北京矿冶研究院于 1995 年在多宝山铜矿利用氧化铜矿建立了一座年产 200 t 电解铜的浸出－萃取－电积试验工厂，该工厂于 1995 年 6 月投产，经过两个多月的生产运转，取得了良好的技术经济指标，铜山铜矿 1 500 t 电解铜成功投产，再次说明多宝山铜矿氧化矿和低品位矿石的浸出－萃取－电积工艺是行之有效的。

黑龙江省每年消耗铜金属量约 25 000 t，目前年产量约 3 000 t，自给率很低，开采多宝山铜矿势在必行。多宝山铜矿属特大型矿山，因矿石品位低和矿体上部覆盖有难选的氧化铜矿，采用常规传统选冶工艺开采很不经济，故未能开发。目前，国内外对该矿石性质进行了大量的试验研究和生产实践，采用浸出－萃取－电积工艺处理这种氧化矿和低品位矿石的生产新流程，具有投资省和生产成本低的最大优越性。多宝山铜矿采用这种新工艺开发矿山，是能够获得较好的经济效益和社会效益的。

三、鉴于多宝山铜矿为大型铜基地，以铜为主，含有多种稀有和贵金属矿物，需加强试验研究进行综合回收。矿体铜金属总储量为 2 370 000 t，其中地表氧化铜矿储量约 100 000 t。本次设计的主要对象是开采多宝山矿区原置中不影响今后开采原生铜矿的设计布局，这是本次可行性研究报告的主要设计内容和要求。企业规模按 1 000 t 电解铜设计，故采矿和浸出－萃取－电积的生产能力均按年产电解铜 1 000 t 计。

第二节　项目的建设条件

一、项目的资源条件

企业开采的原料为氧化铜矿石，多宝山矿区的氧化铜矿石埋藏深度最大不超过 25 m，地表土覆盖层较浅，矿区属低丘陵地带，地形高差在 50 m 左右，场地坡度不大，地势开阔，矿体开采适宜露天开采方式。本地区设计氧化铜矿石总量为 422 000 t，品位为 0.48%，金属量为 20 300 t。按企业年产 1 000 t 电解铜计算，矿山年产 260 000 t 矿石即可满足年产 1 000 t 电解铜的需要，企业生产服务年限为 14 a，说明企业的主要原料氧化铜矿石的资源是绝对可靠的。

二、项目的外部条件

矿区对外运输为公路运输，目前矿区对外运输有 6 km 简易公路与嫩呼国家公路相通。这 6 km 简易公路从线路平面和纵断面标准看均已达到公路要求，只需将部分路段路基拓宽并在全线加铺泥结碎石路面，即能保证矿区对外的公路运输畅通无阻。

第三节　建设方案

一、总体布置原则

多宝山铜矿为大型斑岩铜矿，金属总量为 2 370 000 t，矿石有原生硫化铜矿石和氧化铜矿石，故在矿区总体布置中，先开采矿体上部氧化矿时，一定要重视目前所有工业场地的布置要避开今后多宝山大型铜矿开采的范围,以不给多宝山大型铜矿开采时增加不利因素为原则。在企业总布置中,首先要保证企业的总体生产工艺流程顺畅,从采矿的原料——原料加工——成品的内外部运输,不但要实现生产运输距离最短,而且要避免产生生产流程中的迂回运输现象,只有这样,才能降低生产成本,给企业增加效益提供有利条件。

二、生产规模及产品方案

本企业生产规模为年产1 000t电解铜,经可行性研究论证,企业年产1 000t电解铜产品是可行的。

根据企业年产1 000t电解铜生产规模的要求,结合多宝山矿区氧化铜矿的含铜品位(0.48%)及北京矿冶研究总院对多宝山铜矿石的浸出－萃取－电积试验报告的数据,堆浸年工作日为210d。经计算,要求采矿提供年产氧化铜矿石26万t,采矿年工作日为280d,采矿日生产规模为935t氧化铜矿石。

三、企业的生产工艺选择

传统工艺不但投资大、生产成本高,而且不适合处理低品位的氧化矿,目前国内外在处理低品位氧化矿方面有了很大发展,采用氧化铜矿石浸出－萃取－电积工艺,直接达到电解铜产品,这种湿法冶金工艺,具有投资小、见效快的优点。近年来在国内特别是云南,氧化铜矿已普遍采用浸出－萃取－电积工艺,取得了良好的经济效益。多宝山铜矿已于1995年对低品位氧化铜矿进行了浸出－萃取－电积试验,也已取得了较好试验指标。因此,本可行性研究报告推荐采用矿石浸出－萃取－电积生产工艺。

第二章 地质资源

第一节 概况

一、多宝山矿区的勘探工作经历了1958—1962年和1972—1981年两个阶段,这期间完成了钻探161 500m、竖井205m、平巷461m、槽探205 000m、土井7 065m,并做了相应的化验分析。测绘了相关的地形地质图纸,勘探投资1471.7万元。编写了多宝山铜矿床详查－初勘报告。提交的勘探结果为总储量铜2 370 000t、钼81 000t、伴生金73.4t、银1 046t。

经勘探,已查明矿床规模、矿体赋存规律及矿床水文地质情况,同时还进行了矿石加工选矿方法的流程试验。由于矿床及矿山开发建设的规模较大,所需投资较大,所以至今未付诸实施。

二、该矿区主要矿体和从属矿体的上部多出露地表,为氧化矿石,这些矿石采用一般常规选矿方法,回收率低,经济效益不高,所以对该矿区一直未进行大规模开发。近几年国内在氧化矿开采方面积累了一定经验,特别是多宝山铜矿山矿区的堆浸－萃取－电积工艺试验已取得成功。根据这些经验提出在多宝山矿区首先处理氧化矿,给大规模开发该矿创造条件,也符合国家提出的探采结合政策。

第二节 矿床地质

一、地质特征

矿区出露的地层有中奥陶统铜山组、多宝山组、上奥陶统裸河组、爱辉组和下志留统黄花沟组及第四系松散沉积物。

矿区内比较明显的构造形迹有:华力西期构造旋回之北西向构造、北东向构造,燕山期旋回的东西向构造。北西向构造区为基础构造,它既是容矿构造又是导矿构造,北东向构造是导矿构造,东西向构造为成矿后构造。

岩浆岩主要有加里东中期的喷出岩和华力西中、晚期的侵入岩。加里东中期的喷出岩主要是多宝山组中的安山岩和英安岩。华力西晚期有侵入岩,主要为石英闪长岩、更长花岗闪长岩和斜长花岗斑岩。另有与侵入岩伴生的闪长玢岩、细晶闪长岩等。

二、矿床特征

多宝山矿区内斑岩型铜矿床,位于多宝山倒转背斜的倾没端,受北西向弧形断裂和交叉构造控制。矿床由4个矿带215个矿体组成。其中主矿体14个,以3号矿带X号矿体最大,占总储量的73.4%;其次为1号矿带的IV号矿体,占总储量的9.7%。X号矿体长1 400m,宽23～34m,延伸300～1 000m,呈北西-南东向做弧形展布。IV号矿体长850m,最大厚度200m,延深大于850m,倾角75°。主矿段位于片理化的蚀变花岗闪长岩中,在花岗闪长岩中铜矿储量占90%以上。矿体出露地表标高为570～490m。

4个矿带均位于绢云母化带中。矿带与绢云母化、片理化关系极为密切。1号矿带位于斑岩体和钾化带的下盘;3、2和4号矿带位于斑岩体和钾化带的上盘;三者由北西向南东依次呈右列式雁行排列。矿体在矿带中呈不规则状、扁豆状或似板状。大多数矿体中间厚大,品位较高,向两端和向下大都变分板尖灭。

矿区位于寒温带,年平均降雨量少,冰冻期长,加之地下水不丰富,所以地表矿石中氧化矿石(氧化铜/总铜>30%)所占比例较小;矿床的主体是原生硫化矿石。但由于矿体规模大,就氧化矿的绝对量来说还是可观的,可以作为规模开采氧化矿的原料基地。

氧化带特征:在距地表以下数米到30～50m的范围内,常形成一些发育不完全的风化淋滤带和次生氧化富集及次生硫化富集现象。

风化淋滤带,出露于地表或地表以下至30m以上地段。带内金属硫化物或部分氧化,或完全氧化。岩石呈灰白色,仅留下矿物淋失空洞;有的有褐铁矿、水针铁矿及不同发育程度的孔雀石、兰铜矿、赤铜矿、黑铜矿等。

拟首采的IV号矿体,其氧化带开发深度一般在25m左右,个别可达30m。氧化矿石以表生矿物为主,其矿物有赤铜矿、褐铁矿、兰铜矿、黑铜矿、赤铁矿等。

矿体的围岩及夹石主要为绿泥石化绢云母花岗闪长岩和青盘化的花岗闪长岩,其次为细晶闪长岩。

第三节 水文地质

矿区位于山坡地段,南东高北西低。矿体出露地面标高560～515m,附近最低侵蚀基准面512m。约2/3的储量位于浸蚀基准面以下,前期露天开采氧化矿大部分在浸蚀基准面以上。

区内的气候寒冷,历年最高气温31.5℃,最低气温-37℃。年降雨量531～586mm,蒸发量869～990mm。矿体一带,仅风化裂隙带中赋存有风化裂隙水。风化带底界埋深一般20～50m,最大60m。含水层厚度一般为10～40m,平均厚度26.58m,潜水位埋深2～20m,地形高处相对浅些,低处水位埋藏较深。

风化带以下深部岩层或岩体,节理不发育、不含水。

露天开采采场地表水为暴雨汇入量和地下水渗入量。由于采场面积较小,可采用机械排水。

第四节 矿床储量

铜钼矿石的储量计算工业指标(略)。

按上述工业指标,经计算,多宝山矿床储量见表2-1(表略,编者)。

经多年地质工作，现已查明矿床规模和矿体赋存规律，圈定了矿带、矿体边界，深部基本控制；矿石质量已基本查清。属大型品位不高的斑岩铜矿。可作为大规模开采的铜原料基地。同时要综合回收钼、金以及铂元素的其他金属以提高开发该矿床的经济效益。

第三章 采矿

第一节 开采方式的选择

本矿床氧化矿位于矿体上部，大部直接出露地表，部分覆盖较薄的土岩层，氧化带深度一般小于25m，最大深度30m或40m，适宜露采，因此选用露天开采方式，技术简单，经济合理。

第二节 开采范围和露天开采境界的确定

根据黑龙江省地质矿产局第二地质调查所提供的资料，矿区矿石量如下：

根据电积厂年产1 000t电解铜的要求，并留有适当发展余地，确定矿山生产规模为矿石26t/a，生产年限按15~20a计算，相应圈定露天开采境界。考虑到1号矿带4号矿体氧化矿相对富些，它与矿区的主矿体3号带5号矿体相距0.5~1km，对将来矿区主矿体影响很小，故首采1号带4号矿体氧化矿，并确定生产前期的露天开采境界。

采场总的边坡角暂取50°，其中留有适当的运输和安全平台，部分阶段坡面角70°。

平均剥采比为0.6t/t。

4号矿体两个采场为生产前期（第1~8a）境界，5号和其他矿体氧化矿石为后备矿量，另行圈定境界。

第三节 矿山工作制度、生产能力和服务年限

矿山工作制度：矿区位于寒温带，冬季气候寒冷影响堆浸作业，为了与堆浸作业相适应，矿山采用冬季间断、其他季节连续的工作制度。每年冬季进行设备的大、中修，矿山年工作280d，每天3班，每班8h作业。

矿山年采矿量：260 000t/a，年采剥矿岩量340 000t/a。

矿山日采矿量：714.3t/d，日采剥矿岩量1 214.3t/d。

生产能力验证：采场经常在一个阶段工作，每个阶段有一个采矿工作面和一个剥离工作面，按采掘工作线的长度和宽度要求衡量，采掘工作面很富裕，从采矿强度看，年采掘下降低于1个10m阶段，生产能力有保证，采矿强度不大。

按采场汽车运输公路通过能力验算，本采场在15 辆/h 以下，低于三级路面25 辆/h，可见公路运输通过能力也是很富裕的。

矿山服务年限：4号矿体氧化矿石量1 600 000t，采场能力260 000t，可持产6a；其他矿体氧化矿2 540 000t作为后备矿量可生产12a，矿山服务年限15~20a。

第四节 开拓运输系统及设备

矿体赋存于低山丘陵带，破碎站、堆浸场均布置在4号矿体西北部的平缓谷地上，废石场在采场四周就近排放。矿石和废石运距在0.8~1.5km。采场较小，适合采用汽车公路运输，矿山基建工程量小，生产简单易行。

采场公路双车道宽12m，布置在采场的一侧，最大坡度8%~10%，便于生产，也给扩大生产能力留有充分的余地。矿岩采用ZL-50前装机装载，运输选用解放牌柴油5t自卸汽车（CA1091K2L2）。

第五节 采剥工作

由于矿体直接出露岩层，矿体内有夹层，采用水平阶段采矿方法，沿走向开采，阶段高度10m。采用KQG-100潜孔钻机穿，大块矿石用Y-24型凿岩机进行二次破碎，选用ZL-

50前装机装载,最小工作平台宽度30m,掘沟底宽20m。

第六节　基建和生产进度计划

矿体大部分直接出露地表,有部分覆盖土岩。基建期间按满足年产260 000t矿石两级矿量的要求进行剥离,经计算,基建剥离量为47 000m,其中剥离土岩30 000m,副产矿石17 000m(46 000t)。基建剥离安排在0.5~1a时间内完成。

根据矿体赋存情况,按尽可能均衡生产剥采的要求,确定生产剥采比为0.7~0.5t/t。

生产期间年耗电:3 400 000kWh/a

生产期间年耗水:20 000t/a

矿山主要材料耗量:

1. 钻杆　　　　　　　　4根
2. 冲击器外套　　　　　15个
3. 硬质合金　　　　　　90kg
4. 钢丝绳　　　　　　　110m
5. 风管　　　　　　　　60kg
6. 风绳　　　　　　　　200m
7. 钎钢　　　　　　　　60kg
8. 炸药　　　　　　　　51t
9. 雷管　　　　　　　　5 000个
10. 导火线　　　　　　　4 000m
11. 导爆线　　　　　　　8 400m
12. 柴油　　　　　　　　540t
13. 机油　　　　　　　　60t
14. 透平油　　　　　　　10t
15. 黄干油　　　　　　　10t
16. 轮胎　　　　　　　　96条

第七节　采场排水

采场地处丘陵地带,进入凹陷开采可在采场四周掘排水沟或筑堤(低洼处),以防止外部地面水流入采场。采场内部积水,经计算,采场面积39 000m,暴雨汇入量和地下水渗入量为1 780m/d。设计选用三台6699型潜水电泵(每台排水能力为:$Q=66m^3/h$),其中一台备用。

第八节　爆破材料设施及炸药库

采场用岩石炸药爆破,炸药外购。在矿山附近设置一座5t炸药库(53m)储存炸药,一座小型爆破材料库(28m)存放其他爆破材料。

第四章　冶炼

第一节　概述

经北京矿冶研究院工程设计院与黑龙江省地矿局地研二所共同协商,在多宝山地区建设年产1 000t电解铜的企业。原料为氧化铜矿,主要来自多宝山铜矿的地表氧化矿,其品位为0.47%,金属总储量为20 300t。

根据原料的性质,结合国内外生产实际情况,本可行性研究(简称"可研")拟采用"浸出-萃取-电积"工艺,产品为电解铜。

1995年北京矿冶研究总院采用该工艺在多宝山地区就类似性质的氧化铜矿石进行了200t电铜规模的工业试验，取得良好效果，暂将该报告——"寒冷地区氧化铜矿浸出－萃取－电积工艺试验研究报告"作为本可研所用原料的可行性依据。

第二节　原料及辅助材料

一、原料

原料为氧化铜矿。拟采的1号矿带4号矿体氧化带发育深度一般在25m左右，个别可达30m。氧化铜矿以孔雀石为主，少量为赤铜矿、辉铜矿，微量自然铜和铜蓝，还有少量褐铁矿、水针铁矿与针铁矿。脉石以石英、斜长石绢云母为主，属易浸出类矿石。氧化铜矿的品位较低，含铜为0.49%。

二、主要辅助材料

1. 硫酸：浓硫酸。

2. 煤油：260$^\#$煤油。

3. 萃取剂：采用汉高公司的LIX984作萃取剂。

LIX984是体积比为1:1的5－十二烷基水杨醛肟和2－羟基－5－壬基乙酰苯酮肟的混合物。该试剂不含调节剂，能很好地从含有可溶性硅或很细的固体颗粒的溶液中萃取铜。其物理、化学性质如下：

物理性质

外观：琥珀色液体

密度：0.91~0.92g/L

闪点：>77℃

化学性质

最大铜负载：5.1~5.4（g/L）Cu

萃取相分离时间：≤70s

反萃相分离时间：≤80s

萃取相动力学：30s可萃取Cu 93%以上

反萃相动力学：30s可反萃Cu 93%以上

萃取Cu/Fe选择性：≥2 000

第三节　工艺流程

一、工艺流程的选择

传统的炼铜方法为采矿－选矿－火法冶炼，该工艺处理铜的硫化矿是很有效的，但对铜的氧化矿而言，该工艺显示出其局限性，选矿的回采率很低，经济效益很差。随着铜的硫化矿资源日益减少，人们越重视低品位难选氧化铜矿资源的开发利用，研究出了"浸出－萃取－电积"新工艺来处理低品位难选氧化铜矿，取得良好效果。该工艺具有投资少、成本低、经济效益显著、无环境污染等优点，在国内外已被广泛应用。目前，世界上用该工艺生产的电解铜为1 000 000t左右。根据多宝山地区氧化铜矿的性质，结合国内外生产实际，本可研也采用这一新工艺。该工艺的浸出方式有很多，如喷淋堆浸、埋管滴浸、搅拌浸出及井下就地溶浸等。喷淋液分布均匀，浸出效果好，喷淋设施能重复利用。其缺点是受温度限制，温度过低时不能生产；埋管滴浸方式适合于品位低的矿石，能在气温很低的条件下进行浸出生产。其缺点是滴浸液分布不均匀，浸出效果不如喷淋堆浸，滴浸管不能重复使用；搅拌浸出仅适合于品位高的富氧化铜矿；井下就地溶浸尚处于试验阶段。多宝山地区氧化铜矿品位很低（含铜只有0.47%），冬季气候寒冷、结冻期长，适合采用喷淋，加拿大已成功地在冬季进行堆浸生产，但我国目前尚无在寒冷地区冬季进行堆浸生产的先例，为稳妥起见，拟采用喷淋堆浸方式，非冻期进行喷淋浸出生产，结冻期停产。投产后可进行一定规模的冬季埋管滴浸试验，若试验成功，则可采取喷淋堆浸与埋管滴浸相结合的双重浸出方式，年工作日可大大延长，在不增加设备的条件下，可使工厂生产规模大为提高。

二、生产过程简述

用颚式破碎机将氧化铜矿进行二级开路破碎，破碎后矿石粒度为20mm以下。破碎石由装载机运往堆浸筑堆，一次堆高约5m。矿石堆经平整后铺设喷淋管网，接供液管，然后泵送pH值为1~1.5的酸性萃余液进行喷淋，喷淋强度为7~10L/（min·m²）。喷淋液与矿石发生反应，生成的硫酸铜溶液靠自重向底层渗透，由矿层底部的排液管流出，进入集液池。当浸出液中铜离子浓度小于2g/L时，使之再次循环喷淋，浓度达到2g/L左右时，泵送至萃取工段进行萃取生产。

萃取工段采用二级萃取一级反萃，萃取剂为汉高公司的LIX984，稀释剂为260#工业煤油。浸出液经过两级逆流萃取后，萃余液含铜0.1~0.3g/L，pH值为1~1.5，经由萃余液缓冲池浮油处理后流入萃余液池，在此补酸后返回作堆浸喷淋液。负载有机相含铜3~3.5g/L，进入反萃段与废电解液接触，获得的富铜液经砂滤后进入富电解液贮槽，送至电解工段电积生产电解铜。反萃后的再生有机相含铜约1.1g/L，返回萃取段继续萃取铜。

电解工段采用Pb–Ca–Sn合金为不溶阳极，阴极为纯铜始极片。始极片在种板槽内的不锈钢阴板上生产，周期24h。电解液采取上进下出的循环方式，电解液温度大于20℃。电解铜生产周期为7~10d，电解铜出槽后用水浸泡洗涤，晾干后包装出厂。为了控制电解液杂质浓度维持在一定水平，部分开路排放废电解液，并入浸出液萃取回收铜，残酸作浸出补加酸使用。为避免雾溢出污染环境，在每个电解槽面上覆盖一层约10mm厚的低压聚乙烯粒料（ϕ1~3mm）。另外，在电解液中加少量钴离子（60mg/L）及光滑剂，以提高阴极铜的质量。

第四节　进制主要技术经济指标

1. 破碎

破碎方式：两段颚式破碎机开路破碎机开路破碎

破碎前粒度：300mm

破碎后粒度：20mm

破碎工作时间：280d

2. 堆浸

堆浸周期：210d

堆浸方式：喷淋堆浸

喷淋强度：7~10L/（min·m²）

最终浸出率：80%

浸出液：Cu 2.0g/L，pH=2.0

3. 萃取

萃取剂：LIX984

稀释剂：煤油

有机相浓度：8%

萃取相比：1

反萃取相比：2~3（O/A）

萃取级数：2级

反萃级数：1级

混合时间：2min

澄清速率：36m^3/（m^2·h）.

4. 电积

富电解液成分：Cu 45g/L，H$_2$SO$_4$ 172g/L

废电解液成分：Cu 40g/L，H$_2$SO$_4$ 180g/L

电解液循环速度：950L/（槽·h）

同名极间距：100mm

电流密度：150A/m^2

槽电压：1.8~2.2V

电流效率：90%

5. 主要原料消耗

氧化铜矿石：281.11t/t Cu

萃取剂：3.5kg/t Cu

煤油：94kg/t Cu

硫酸：3.0t/t Cu

水：150t/d，另需5 000t循环水

电：4 000kWh/t Cu

6. 回收率

堆浸浸出率：80%

萃取反萃回收率：96%

电积回收率：99.5%

其他损失：1%

总回收率：75.65%

第五章　总图运输
第一节　总体布置

一、企业组成

本设计的多宝山氧化铜矿区，由两个露天采矿场、两个废石场和尾渣场、破碎工业场地、电积工业场地、矿山工业场地、炸药库区、地中衡、水源井及泵房、高位水池等组成。

破碎工业场地布置有两段破碎车间和破碎矿石堆场。

电积工业场地布置有萃取电积车间、积液池、事故池、萃余液池、高位料液池、综合设施（车间办公室、化验、成品库）等。

矿山工业场地布置有办公室、食堂、浴室、单身宿舍、锅炉房、汽车保养及维修车间、综合车间、车库、油库、警卫室等。

炸药库区布置有炸药仓库（储量5t）、爆破材料库和值班室。矿区总占地面积约80hm^2。

堆浸场、各工业场地及道路系统土石方工程量估算：挖方6 000m^3，填方80 000m^3。

二、布置原则

1. 不压矿，不影响今后大型矿山的开发。多宝山矿区是一个铜金属储量2 370 000t的特大型矿山，1988年曾做过总体规划，其主要工业场地均布置在1号矿带Ⅳ号矿体的西南面，而本设计处理的氧化铜矿石铜金属含量仅20 000t，规模很小，为了不影响今后整个矿山的开发，在不压矿的前提下，工业场地均布置在1号矿带Ⅳ号矿体的北面。

2. 充分利用地形，节约用地，因地制宜，紧凑布置，缩短运输线路，降低运营成本。

3. 保护环境，减少堆浸尾渣对环境的影响。

4. 有利于生产管理，方便职工生活。

第二节 内外部运输

由于本矿山的生产规模较小，结合附近的交通现状和矿区地形特点，矿区内外部运输均采用公路运输。公路标准均为Ⅲ级碎石郊区型道路。

矿石和废石的运输道路路面宽7m，转弯半径25m，道路纵坡不大于8%；炸药库专用道路路面宽3m，纵坡不大于6%；矿区内其他主要道路及外部道路路面宽6m，平均纵坡不大于6%。

硫酸来源于齐齐哈尔，由铁路运至黑宝山煤矿，再经酸罐车运入矿区，其他运入货物除萃取剂外，均可在嫩江县内解决，采用汽车运入矿区。

为了矿石的计量，选择一台20t杠杆式地中衡，配置在破碎场地附近。硫酸采用酸罐车运输，油类运输采用油罐配合5t载重汽车运输。矿区内不配置消防车，可与黑宝山煤矿协作。

第六章 公用设施及土建工程
第一节 供排水

一、供水

企业每日最大用水量为350t。其中采矿用水70t，堆浸用水150t，锅炉用水60t，生活用水70t。

根据黑龙江省地质局第二地质调查所提供的水文地质资料，对该矿区水井做过抽水试验，其涌水量为367.80t/d，大于企业最大用水量350t，说明在供水方面采用地下水的方案是可靠的。

二、排水

矿区为低丘陵地带。地形坡度不大，矿区自然排水系统良好。企业总体布置均未改变自然现状，矿区总的排水方向仍为用由北向南。

采矿场地表水及地下水均无有害物质，可采用水泵将采矿场内雨水及地下水扬至开采区边缘，排水于场外。

采矿工业场地、破碎场地及电积场地的地表水和生产生活废水，经处理后可采用明沟排入场地西沟，由北向南利用自然沟排至矿区以外。

浸出－萃取－电积工艺的循环水含有酸性物质，采用长期循环使用，不向外排，对环境保护不会产生不良影响。

第二节 电力、自动化仪表

一、供电电源

多宝山矿区距黑宝山变电站13km，黑宝山变电站一次侧电压为110kV，现已安装一台8 000kVA变压器，其负荷率为50%，完全可以为本企业供电。

本矿区需从黑宝山变电站引回10kVA线路，至矿区萃取电积车间高压配电室，供电给500kVA整流变压器及500kVA生产生活变压器。

二、供电方案

变压器安装容量暂按500×2kVA考虑，高低配电室、变电所、整流所设置在电积车间同一建筑物内，硅整流器柜及直流母线要合理配置。生产生活用电变压器经低压配电装置向矿区供电，供电线路电压损失不得超过正常负荷时电压降的6%，否则需在矿区增设一台变压器，露天矿电网采用中性点不接地系统。

三、装备及自动化

矿区电积车间的变压器及整流所可用同一个控制室监控，整流器设置瞬动过流保护、整流元件反向击穿过流保护、过负荷保护、过电压保护、中性点直接地系统、冷却系统、辅助装置的各项保护、运行状态的监控等。整流所尚应设置事故音响信号、预告音响信号系统。直流母线侧的仪表测量需按着有色金属小型电解整流所的规定酌情设置。

四、汽保及维修设施

企业的机、电修及设备维修工作，设汽车保养及维修车间来承担，其工作范围如下：

1. 负责承担企业大型设备（汽车、装载机、推土机）的维修保养工作，大型设备的大、中修工作均委托外单位承担。

2. 负责承担企业机修、电修的维护保养工作以及其部分机械加工和维修工作量。

汽保维修车间设有机床、电焊、气焊等修理设备，是企业机电修的维修中心。

五、采暖

鉴于企业所在地区为严寒地区，最低气温为-37~-40℃，结冰期10月到翌年4月，全年采暖期约7个月，故本企业在冬季需考虑生产厂房和生活设施的采暖，生产厂房为2 755m^2，生活设施为1 486m^2，加上冬季堆浸生产过程中的用气量（计算时适当留有余地），其总用气量为1.70t/h，故采暖选用2t锅炉2台。

六、土建工程

企业总建筑面积为4 241m^2。生产厂房有二级破碎车间、萃取车间、电积车间、汽保及维修车间、综合仓库、成品库、汽车库、油库、炸药库、爆破器材库等建筑物，其建筑面积为2 755m^2。行政及生活设施有办公室（包括化验室、医疗室、电话室）、单身宿舍、浴室、食堂等建筑物，其建筑面积为1 486m^2。

企业的构筑物有集液池、事故池、溶液池、高位料液池及高位水池等，其总容积约50 000m^3，大部分构筑物为钢筋混凝土结构。

生产及辅助厂房均为一层建筑，采用砖混结构，屋面及屋架部分可以根据当地材料来选择，但萃取、电积各车间的地面、墙面和屋架要采用防酸处理。行政及生活设施除单身宿舍为二层外，其他均为一层建筑，其建筑形式可以根据当地习惯来选用。

第七章　投资估算

一、本工程可行性研究投资估算额为2 000万元。

其中土建工程685.93万元，设备及安装工程819.6万元，其他费用494.47万元。

工业厂房及行政生活福利建筑的单位造价，是根据当地一般建筑标准（每平方米400~650元）进行计算。

其他费用的计算：

建设单位管理费按生产费用总额的10%计算；
生产工人培训按20人培训6个月，每月付款500元；
林业占地按当地价格每1 000m²300元计算补偿费；
电力增容费按每千伏安750元计算；
基本预备费按8%计算；
涨价预备金按建设、安装工程总额的0.6%计算；
环境评价费按0.3%计算；
本工程基建期为一年，贷款年利率为14.94%。
生产收入：16 000 000元/a；
生产成本：9 500元/t；
销售价格：16 000元/t；
税金：各项税款总额1 550 000元/a；
实现利润：4 150 000元/a；
投资利润率：11.75%；
投资利税率：23.11%；
基建贷款偿还期：5.89a；
税前全部投资回收期：6.42a；
税前财务内部收益率：28.2%；
税后全部投资回收期：6.46a；
税后财务内部收益率：25.75%。

二、服务年限

根据矿体储量计算，氧化矿可服务14a，硫化矿可服务37a。

第八章　环境保护

一、1 000t电解铜厂位于黑龙江省嫩江县北部，由嫩呼公路北上164km，折向东行10km处，距铁路黑宝山站23km。矿区附近主要河流为嫩江。

矿区地处寒温带，气温变化较大，春、夏、秋季较短，冬季漫长。

本区为农林区，居民稀少，大部分土地属荒地和丛林，附近工业极少，因而，环境质量较好。

二、烟尘、酸雾及治理措施

来自锅炉房的烟尘，经除尘处理后，达标排放，对环境不构成污染；破碎站的粉尘，除设备密闭外，用水喷雾降尘，以减小粉尘污染。

在采矿场，露天爆破将产生烟尘。在正常情况下，爆破后将产生含CO_2、N_2、NO_2的烟尘；在特殊情况下，如炸药质量较差，将产生含NO、NO_2的烟尘；在负氧平衡下，将产生含CO的烟尘。由于露天采矿场远离民在区，且该厂区环境质量比较好，因此，上述生产过程中所产生的烟尘，对环境不会构成污染。

在电解过程中将产生酸雾，为避免酸雾对大气的污染，在电解槽内覆盖一层高压聚乙烯粒料，以免电解槽酸雾的逸出。

矿石堆浸过程中，生产用水及冲洗残酸用水，流入备用液池，作为生产补充用水，废水不外排。

三、废渣及治理措施

采矿场剥离的废石，集中运到废石场堆放。

矿石分层堆浸，对最终的浸出渣用水冲洗残酸，直至矿渣堆中酸性水排完，最后可覆土栽种植被。

四、噪声及控制

来自破碎站、采矿场及锅炉房的噪声可达 90～117dB，由于矿区地处丛林地带，且远离村屯，噪声经远距离衰减，不会对周围环境造成影响。

第九章　共伴生金属

多宝山铜矿是一个以铜、钼为主的特大型有色金属矿床，其中含有金、银、铼、硒、铂、钯、铖、铱等多种贵重金属矿产，这些矿产如应用到工业中去将会产生巨大的经济效益，其中，仅金属铖一项就达每克数万美元。但此次可行性研究以铜为主，在今后的开采过程中，对共伴生金属矿可采取指定的工业场地堆放，待科学技术逐步提高后再进行冶炼加工，使其达到较好的经济效益。

第十章　经济及社会效益

本项目当年建成，第二年投产，年产电解铜 1 000t，可增强省内铜的自供量，对黑龙江有色金属工业和黑河市的经济发展具有重要意义，同时对我国寒冷地区氧化铜矿石资源的开发和利用也将起到积极的推动作用。目前，国际市场铜的价格一直看好，建设该项目可有效拉动地方经济，安置社会剩余劳动力，给区域经济带来新的增长点。该项目具有资源可靠、产品畅销、投资回报快的特点。重要的是目前矿山建设的前期准备工作已基本就绪。

综上所述，该项目投资少，风险小，效益好，前景广阔，是非常可行的。

三、意向书

（一）意向书的概念

意向书是一种表达意图和目的的文书，是协作各方通过谈判、就合作事宜表明基本态度、提出初步设想的协约文书。

意向书为进一步正式签订协议奠定了基础，是"协议书"或"合同"的先导，多用于经济技术的合作领域。它与合同、协议书的不同点主要体现在以下几个方面：

① 内容不同。合同的内容是合同签订主体之间的民事权利义务关系，而意向书的内容仅是合同签订主体就某一事项共同意识的一致认定，并不是双方民事权利义务关系。

② 签订时间。合同的签订时间是双方就权利义务关系达成一致协议后签订，而意向书是双方就某一事项达成共识后就可以签订。

③ 法律后果。合同的签订会导致法律效力的产生，对签约主体具有约束力，而意向书的签订一般不会导致法律效力的产生，对签约主体大多不具有约束力。但有的意向书具备了签约主体之间法律权利义务关系的内容，因此是对签约主体具备法律约束力的，实际上已经属于合同了，只是名称不同而已。所以对于意向书不能片面地认为具备法律效力或不具备法律效力，关键还是要看其内容是否具备了合同的内容。

（二）意向书的作用

意向书作用主要表现在两个方面：一是有利于双方进行下一步的实质性接触和谈判；二

是作为下一步实质性谈判客观的、基本的依据。

意向书的主要作用是传达"意向",提请对方注意或供参考,可以约束双方的行动,保证双方的利益;意向书能反映业务工作上的关系,能保证业务朝着健康有利的方向发展;意向书可为正式签订协议或合同打下基础。

(三) 意向书的写作格式

意向书一般由标题、正文和落款几个部分组成。

1. 标题

标题可直书"意向书"三字;也可以是意向项目+文种,如《××原料合资生产意向书》;还可以是协作双方名称+意向项目+文种,如《中美合资兴建××生产线意向书》。

2. 正文

正文由引言、主体、结尾三部分组成。

① 引言(开头)。写明订立意向书的依据或指导思想以及双方当事人在何时何地由何人就何事进行洽谈,然后用"达成意向如下"引出主体。

② 主体。分条归纳双方的意愿。对实现意愿的条件、形式、可行性的看法以及意向目标和相应措施,进一步商谈的时间、内容、级别、任务等加以式说明。如果是单签式,还应申述己方意图,征询对方的意见。

③ 结尾。应写明意向书的份数和报送单位。

3. 落款

落款写在正文后,一般包括签署意向书的单位全称、法人代表姓名、公司地址、电话等,并签名盖章,再在右下方写明签订日期。

【例文1】

学生实习合作意向书

甲方:××××公司

乙方:

鉴于乙方为即将毕业的大学在校生,乙方希望到甲方进行毕业见习以锻炼劳动技能,双方就见习问题达成如下协议:

一、乙方到甲方××××部××××岗位见习。见习期间,乙方应完成甲方安排的见习内容,甲方不收取见习管理费并付给乙方一定的见习补助,补助的标准为____元/月。

二、本意向书生效期间,乙方需严格遵守甲方各项管理制度;若乙方严重违反,则甲方有权解除本意向书,给甲方造成损失的,乙方应当赔偿损失。

三、乙方毕业后,本意向书自然失效,乙方若无违反甲方制度、不适合甲方安排的工作等情况,甲方与乙方签订劳动合同,劳动合同期限为一年。在签订正式的劳动合同之前,甲、乙双方不是正式劳动关系,有关问题按劳动和社会保障部、教育部有关大学毕业生实习问题的规定处理。

甲、乙双方对本意向书内容已清楚知悉,本着平等自愿、协商一致的原则,签订本意向书,明确双方的权利、义务,共同遵守履行。

甲方:(盖章)   乙方:(签名或盖章)

日期: 日期:

【例文2】

项目合作意向书

甲方：×××有限公司　（以下简称甲方）

乙方：×××有限公司　（以下简称乙方）

甲乙双方为填补室内低能耗、环保型散热器国内外市场空白，充分利用甲乙双方的各项优势，着力研发创新型产品，本着平等互惠互利的原则，经双方友好协商，就合作经营达成如下意向，并共同遵守执行。

一、双方简介：

甲方：×××有限公司是一家设备配套齐全、技术先进、产品全面的铝合金型材及钣金加工企业。

乙方：×××有限公司是一家以生产世界新潮散热器为主的专业采暖散热器制造企业。

二、合作事项：

1. 甲乙双方就钛镁铝散热器系列产品的研发、生产、销售及服务，在原有主体公司不变的情况下，甲方利用乙方的技术专利及销售渠道，乙方利用甲方的先进设备、厂地及庞大的周转资金，共同成立合作项目事业部，并在甲方现在公司内部分设独立核算的财务部。

2. 合作事业部名称：

3. 合作地点：

4. 负责人：甲乙双方协商后，特骋曾宪文（身份证号：_____）为总负责人，总负责人权限及职责见附件。

三、合作基础

1. 乙方将现有生产能力转移至甲方，所有生产由甲方负责，成为散热器生产基地。

四、合作模式

1. 以市场定位，分设：国内市场和国际市场。

2. 组建销售团队：在乙方现有销售团队的基础上进行整合，成立_____销售部。

3. 国内市场：基于乙方现有的品牌效应和已售产品的服务周期年限制约，所有国内销售产品销售模式如下：

A. 甲乙双方共同确认各系列产品的成本，甲方依成本价销售至_____。

B. 国内市场年限为2年，2年后销售模式自动转换为_____。

4. 国际市场：甲乙双方共同确认各系列产品的成本，甲方依成本价销售至_____，所涉国际客户均从_____销售。

5. 利益分配

国内市场：

A. 依季度为利润分配，每季度由甲乙双方负责人及财务共同核算季度利润。

B. 利润计算方法，扣除甲方销售至_____间货款、所占用甲方的资金成本（资金利息依实际借款利息计算）及各项税款、销售费用、人员工资后为利润，其他成本则不记入。

C. 分配方式：甲乙双方各得50%。

国际市场：

A. 依季度为利润分配，每季度由甲乙双方负责人及财务共同核算季度利润，

B. 利润计算方法，扣除甲方销售至_____货款、所占用甲方的资金成本（资金利息依实际借款利息计算）及各项税款、销售费用、人员工资后为利润，其他成本则不记入。

C. 分配方式如下：销售额人民币 3 000 万元内，甲方分配 30%，乙方分配 70%；销售额 3 000 万~5 000 万元（含 3 000 万），甲方分配 40%，乙方分配 60%；销售额 5 000 万~8 000 万元（含 8 000 万）甲方分配 50%，乙方分配 50%；销售额 8 000 万~11 000 万元（含 11 000 万）甲方分配 60%，乙方分配 40%；销售额 11 000 万元以上，甲方分配 70%，乙方分配 30%。

五、双方的责任与义务

甲方：

1. 甲方负责产品的生产组装，包括设备的投入、场地，周转资金投入。
2. 甲方按照销售计划，按期组织生产，保证交货期。
3. 甲方有义务协助和利用甲方现有资源进行销售，或自主销售。

乙方：

1. 乙方负责散热器产品的前期研发、技术攻关、行业标准检测、工艺文件制定等技术性工作。
2. 鉴于乙方现有生产制程库存，乙方自主销售产品过渡期为 6 个月，正式合同签订后，乙方 6 个月后必须停止一切自主生产、销售行为，须在_____内进行生产和销售。
3. 乙方现有的各项专利及技术资质全部转入。
4. 乙方有义务将目前国内客户陆续转入。
5. 乙方有义务提供所有利于甲方就所研发的产品，申请国家各项政策支持、申请创新发明奖、贷款支持等的条件。
6. 本意向正式签订后未经甲方许可，不得在本意向书有效期（90 天）内寻求第三方进行合作。

六、保密条款

1. 甲、乙双方应遵守本保密条款，履行保密的责任和义务。
2. 双方提供的以文字、图像、音像、磁盘等为载体的文件、数据、资料以及双方在谈判中所涉及此项目的一切言行均包括在保密范围之内。
3. 保密条款适用于双方所有涉及此项目的人员及双方由于其他原因了解或知道此项目信息的一切人员。
4. 如第三方确因项目进程而需向一方了解本协议的保密内容，则该方应在向第三方透露保密信息之前，征得另一方以书面形式的同意，且有责任确保第三方遵守本保密条款。

七、违约责任

1. 乙方应保证对该项目所提供的相关文件材料真实、完整、合法、有效，否则甲方有权退出该项目的合作，并保留向乙方要求相关赔偿的权利，同时本意向书自行终止。
2. 本意向书是双方合作的基础，合作的具体方式、内容与执行等以双方正式签订的合同、章程及协议为准。
3. 因不可抗力（如战争、骚乱、瘟疫及政府行为）致使本意向书无法履行，本意向书自行终止，双方互不承担责任。
4. 双方在项目运作过程中如发生争议，应友好协商解决，协商不成，双方均可向本意向书签订地人民法院提起诉讼。

5. 本意向书一式两份，甲乙双方各执一份，由双方代表签字盖章后生效，未尽事宜，双方另行协商。

甲方（盖章）：　　　　　　　　　　　　乙方（盖章）：
代表（签字）：　　　　　　　　　　　　代表（签字）：
地址：　　　　　　　　　　　　　　　　地址：
电话：　　　　　　　　　　　　　　　　电话：
传真：　　　　　　　　　　　　　　　　传真：
签订地点：　　　　　　　　　　　　　　签订时间：　　年　月　日

四、经济合同

（一）经济合同的概念

经济合同，又叫经济契约。它是商品经济的产物，根据《中华人民共和国经济合同法》（以下简称"经济合同法"）的规定，经济合同是法人之间为实现一定经济目的，明确相互权利义务关系而订立的协议。

在发展社会主义商品经济中，与商品经济密切相关的经济合同，占据着相当重要的地位。经济合同也是国家对企业的经济活动进行宏观调控和检查指导的手段，是国家财政、银行、劳动、物价、工商管理等部门对企业进行监督的工具，更是司法部门对经济纠纷进行仲裁的依据。

（二）经济合同的特点

1. 具有法律约束力

经济合同是合同当事人共同的法律行为。一旦签订生效，当事人相互之间就产生了一定的权利和义务关系，这种关系受国家法律的承认和保护。任何一方不履行合同中规定的自己的义务，都要承担法律责任。

2. 是法人之间的行为

根据经济合同法规定的经济合同概念，经济合同的当事人必须是法人，不具备法人资格是无权订立经济合同的。但近年来，城市的个体经营者以及农村村民也有独立参与商品经济活动的要求，所以我国的合同法附则又补充规定，个体经营者、农村村民也可以同法人之间签订经济合同，参照执行经济合同法，但这样仍然至少有一方当事人是法人。

3. 合同内容受当事人业务范围限制

合同法调整的是法人之间在生产经营活动中所发生的合同关系的法律规范，换句话说，法人只有在自己正常的业务范围内签订合同，才能适用经济合同法。这种规定的目的，在于规范全社会的经济活动秩序。合同法还规定，"代理人超越代理权限签订的合同或以被代理人的名义同自己或者同自己所代理的其他人签订的合同"，均是无效合同。

（三）经济合同的分类

按内容分，可从不同合同内容得到相应的类别，如买卖合同、赠与合同、租赁合同、承揽合同、建设工程合同、运输合同等。

按形式分，可分为条款式合同、表格式合同以及条款、表格相结合式合同。

按时间分，可分为短期合同、中期合同、长期合同。

按责任人分，可分为单位合同、个人合同。

（四）经济合同的格式与写法

经济合同在格式写法上一般包括标题、首部、正文、尾部四部分。

1. 标题

以合同性质和文种构成，如《工程承包合同》《订货合同》。

2. 首部

主要写清合同签订双方的全称。

3. 正文

（1）引言

将双方签订合同的依据和目的进行简明扼要的交代，如"为了……目的，根据……的规定，经双方充分协商，特订立本合同，以便共同遵守"。在一般情况下，合同都可以采用这种开头方式。

（2）合同条款

根据经济合同法规定，经济合同的主要条款应包括以下内容：

A. 标的。它是当事人双方权利和义务共同指向的对象，可以是货物、劳务、工程项目、智力成果等。

B. 数量和质量。

C. 价款和酬金。

D. 履行的期限、地点和方式。

E. 违约责任和争议的解决方法。

4. 尾部

这部分主要是双方当事人的落款，要写清楚双方当事人的有关情况，主要包括：

A. 双方当事人签名、盖章。单位合同要签明双方单位全称、法人代表姓名，加盖公章、专用章，还要有双方法定代表人签字。

B. 双方单位住址、电话号码、电报挂号、传真号码、邮政编码。

C. 双方开户银行、银行开户名、账号。必要时由双方自愿可请有关机构鉴证或公证，鉴（公）证机构可在双方当事人情况栏后签署有关意见。也可以将签订时间签于合同全文右下方。

（五）经济合同的订立原则

1. 遵守国家法律、维护国家利益的原则

订立经济合同，必须遵守国家的法律，必须符合国家政策和计划的要求。任何单位和个人不得利用合同进行违法活动，扰乱经济秩序，破坏国家计划，损害国家利益和社会主义公共利益，牟取非法收入。如弄虚作假、以次充好、逃避税收、哄抬或强压价格等。

2. 平等互利、协商一致、等价有偿的原则

经济合同的各方当事人在经济来往中的地位是完全平等的。权利和义务是相互关联的，不存在一方只享有权利而另一方只履行义务的情况。各方当事人必须在协商一致的前提下充分地体现各自的利益和要求。任何一方不得把自己的意志强加给对方，任何单位和个人不得非法干预，采取欺诈、胁迫等手段所签订的合同更是无效合同。

（六）合同写作的注意事项

① 语言准确，表意清楚。
② 条文规定全面、完整。
③ 文风朴实，以说明为主。
④ 要文面整洁，不能涂改。

【例文1】

工程施工合同

发包方：××××××（甲方）＿＿＿＿＿＿＿＿

承包方：××××××（乙方）＿＿＿＿＿＿＿＿

根据《中华人民共和国经济合同法》和《建筑安装工程承包合同条例》及有关规定，结合本工程的具体情况，经双方协商一致，签订本合同，以资共同遵守。

第一条　工程概况

1. 工程名称＿＿＿＿＿＿＿＿；
2. 工程地点＿＿＿＿＿＿＿＿；
3. 工程计划批准单位及文号＿＿＿＿＿＿＿＿；
4. 工程范围和内容：全部工程建筑面积＿＿＿＿＿＿平方米。（各单项工程详见工程项目一览表）

第二条　工程期限

1. 本工程合同总工期为＿＿＿＿＿＿天（日历天从开工之日算起）。
2. 本工程开工日期＿＿＿＿年＿＿月＿＿日，竣工日期＿＿＿＿年＿＿月＿＿日。
3. 如遇下列情况，经发包方现场监理工程师或工程师代表签证后，工期做相应顺延，并用书面形式确定顺延期限。

（1）发包方在合同规定开工日期前＿＿＿＿＿＿天，不能交承包方施工场地、进场道路、施工用水，或电源未按规定接通，影响承包方进场施工者。

（2）明确由发包方负责供应的材料、设备、成品或半成品等未能按双方认定的时间进场，或进场的材料、设备、成品或半成品等向承包方交验时发现有缺陷，需要修配、改、代、换而耽误施工进度者。

（3）不属包干系数范围内的重大设计变更；提供的工程地质资料不准，使基础超深；施工方法与设计规定不符而增加工程量影响进度者。

（4）在施工中因停水、停电连续影响8小时以上者。

(5) 发包方现场监理工程师或工程师代表无故拖延办理签证手续而影响下一工序施工者。

(6) 未按合同规定拨付预付款、工程进度款、代购材料价差款而影响施工进度者。

(7) 因遇人力不可抗拒的自然灾害（如台风、水灾、自然原因发生的火灾、地震等）而影响工程进度者。

第三条　工程合同总价

1. 本工程合同总价为人民币_____元。

2. 如遇下列情况，合同总价做相应调整：

(1) 合同总价内经双方确认的暂估价变化；

(2) 在合同工期内政策性调整所发生的材料差价、工资、费率及其他费用的变化；

(3) 重大设计发生变更；

(4) 基础超过设计深度；

(5) 在施工中新增加了工程项目；

(6) 其他。

第四条　材料、设备供应

1. 本工程所需的全部建筑材料、构配件、设备等物资的供应方法，经双方协商按附件第_____办理。

2. 材料、设备供应范围的划分和检验：

(1) 进口特殊材料、有色金属统配、部管物资和二、三类电机产品，由发包方组织供应到现场或指定地点。如在规定交货地点之外交货，其发生的超运距运费和其他费用由发包方负责。

(2) 成套设备和专用设备，由发包方负责招标、订货、供应和商品检验后交付承包方。对提前到货的设备应由发包方设库保存，安装时交付承包方妥善保管，不得挪用、丢失或损坏。

(3) 本工程所需材料、设备除在"发包方供应的材料、设备明细表"明确由发包方供应外，其余材料均由承包方组织供应。

(4) 所有材料设备、成品、半成品均应附有合格证，都要检查验收，签交物资验收合格单方可进场，已进场的物资未经发包方许可签署出场证，不得运出场外。

(5) 已进场的物资，若发现有不合格者，供料一方必须迅速将其运出场外。

(6) 具有合格证书的建筑材料、设备，任何一方如有异议要求检验时，可以重新检验，检验后如属合格产品，其检验费用由要求检验的一方承担；如属不合格产品，检验费用由供料一方负担。

(7) 没有合格证书，且未经试验鉴定或经过试验鉴定为不合格的建筑材料、设备、构配件等，双方均不得用于本工程。若属材料人员失职或其他原因造成不良后果，由责任一方负责。

(8) 任何一方强迫对方使用不合格的建筑材料、设备和构配件于本工程的，都要签证记录在案，由此引起的一切后果由强迫一方负责。

3. 材料价差及实物价格的结算：

(1) 发包方提交的主要材料指标，由承包方采购供货的，应根据指标的性质、发生的政策性调价等，以建筑安装材料预算价格为依据，逐项计算出原价价差或预算价差，均由发包方负责补差。此价差未包括在本合同承包造价之内的，不得列入工程直接费。

（2）发包方提供的主要材料实物，按发包方提供实物时建筑安装材料价格结算价款。

（3）除发包方供应的材料、设备外，发包方指定厂家、品种让承包方购买和供应其所指定的材料、设备的，其价款按实结算。

（4）发包方委托承包方代购的材料、设备，按双方商定的价格，由承包方收取代购款包干使用，发包方应于本合同签订后一天内一次付清。

（5）发包方提供的材料、设备的指标或实物，必须是本合同工程用的材料和设备，规格品种与实际需要不相符时，由承包方协助进行调剂串换使用，由发包方给付承包方劳务费_____元（或承包方不收取劳务费）。

（6）发包方供应的木材、成材指标或实物、硬杂木均按有关规定办理，其量差、价差由发包方承担。

第五条 工程质量和检查验收

1. 承包方必须严格按施工图纸、说明文件和国家颁发的有关规范、规程进行施工，并接受发包方现场监理工程师或工程师代表的监督检查。

2. 发包方聘用的现场监理工程师或工程师代表，必须以书面通知承包方其姓名、身份、所承担的任务。

3. 承包方确定的施工现场负责人及技术负责人、专门技术人员及管理人员，必须以书面形式将其姓名、身份、所分担的工作通知监理工程师或工程师代表。

4. 承包方应按工程进度，及时提供关于工程质量的技术资料，如材料、设备合格证、试验、试压、测试、报告等的影印件。材料代用必须经过设计单位和发包方同意并签证后，方可使用。

5. 隐蔽工程由承包方自检后，填写"隐蔽工程验收单"通知现场监理工程师或工程师代表检查验收，监理工程师接到通知后_____小时内应到现场检验，认可签证后，方可进行下一工序施工。监理工程师未接的检查验收，承包方经质量检查部门检验确认合格后，即可隐蔽继续施工，发包方应予承认并办理检验合格手续。如提出异议，经复查合格者，其费用由发包方负责；不合格者，由承包方负责，因此而造成工期损失由责任方负责。

6. 电气照明、通风、水暖、卫生工程和机电安装工程竣工后，必须按照（1）_____；(2) _____；(3) _____等有关规定进行技术检验。属于单体试车，由承包方负责进行。无论由谁负责试车，双方均应相互配合，共同进行。试车中需要的动力、燃料、油料、材料、仪器、专用工具、技术劳务费用等，由发包方提供。其费用包括在定额内的，由承包方负担；定额中未包括的，由发包方负担。

7. 设备安装工程，由承包方会同发包方将已完工程（设备基础）向安装单位办理中间交工手续，并作为竣工验收的依据。

8. 工程竣工验收，应以施工图纸、图说、技术交底纪要、设计更改通知、国家颁发的施工验收规范和质量检验标准为依据。

9. 工程竣工后，承包方按规定整理提供完整的技术档案资料，并发出竣工通知书，经双方协商确定验收时间，由发包方组织有关单位进行竣工验收。验收合格后，双方签署交工验收证书，并将工程移交给发包方管理，如发包方拖延接收，其保管费用和造成的损失由发包方承担。交工验收中如发现有不符合质量要求，需要返工的工程，应分清责任。属施工原因造成的，按双方验收时商定的时间，由承包方负责修好再进行检验。竣工日期以最后检验合格的日期为准。

10. 已竣工未验收工程，在交工前由承包方负责保管，发包方不得动用，若发包方已经使用，即视同交验。由于承包方原因，应交工验收而不交不验的工程，除按拖延工期条款处理外，并赔偿因此而造成的经济损失。

11. 工程交工验收后，土建工程保修期为1年，采暖工程为一个采暖期，水电保修期为半年。保修证书在交工验收后由承包方填写交给发包方。由施工造成的工程质量问题，发包方应书面通知承包方并约定时间进行修理。在保修期内承包方拒不修理时，发包方可动用预留保修款请人修理，超支部分应由承包方负担。

第六条 施工设计变更

1. 发包方交付的设计图纸、说明和有关技术资料，均为施工的有效依据，发包方、承包方均不得擅自修改。

2. 施工图的重大修改变更，必须经原批准、设计单位同意，并于修改前＿＿＿＿天办理设计修改议定单。设计修改议定单经发包方签证后，承包方才予实施。议定单和修改图纸发出份数与施工图份数相同，并作为合同的补充文件。

3. 当修改图纸属于设计错误、设备变更、建筑面积（容积）增加、结构改变、标准过高、工艺变化、地质条件与设计不符实际时，其增加的费用（包括返工损失、停工、窝工、人员和机械设备调迁，材料、构配件积压的实际损失）由责任方负责并调整合同造价。

4. 承包方在保证工程质量和不降低设计标准的前提下，提出修改设计的合理化建议，经发包方、设计单位或有关技术部门同意后实施，其节约的价值按国家有关规定分配。

5. 在工程施工中发生下列各项事实之一时，承包方必须立即以书面通知发包方，要求确认：

（1）设计图纸和说明文件与工程现场状况不一致，如地质、地下水情况等，设计文件所标明的施工条件与实际不符；

（2）设计图纸和设计文件表示不明确或有错误及遗漏，图纸与说明书不符；

（3）设计图纸和说明文件中未标明的施工条件发生了预料不到的特殊困难等。

确认的事实必须在限期内解决。不能如期解决而造成停工的，工期损失由发包方承担。

第七条 双方负责事项

1. 发包方

（1）办理土地征用、青苗、树木的赔偿，坟地迁移、房屋拆迁、障碍物的拆除（包括架空及隐蔽的），并提供有关隐蔽、障碍物资料；

（2）在开工前做好建筑红线以外的"三通"和红线以内的场地平整；按审定的施工组织设计或施工方案，提供在红线图以内距建筑物不大于＿＿＿＿＿＿＿米的水、电源联结点，并装好水、电表，以便承包方按表计费；负责红线以外进场道路的维修；

（3）根据施工地区供水、供电、水压、电压情况，采取措施满足施工用水、用电的需要；

（4）按规定提供不少于承包合同建筑面积_____%的施工用地，办理红线外的临时用地及临时占用道路、爆破及临时铁道专用线接岔许可证，并承担所发生的费用；

（5）合同签订后_____天内（以收签最后一张图纸为准）向承包方提供完整的建筑安装施工技术资料_____套；

（6）确定建筑物（或构筑物）道路、线路、上下水道的定位标桩、水准点和坐标控制点；

（7）组织承发包双方和设计单位参加的施工图纸交底，并做好三方签署的交底纪要，并在_____天内分送有关单位；

（8）审核承包方工程进度月报，及时向承包方支付工程进度款；

（9）按发包方供应的材料、设备明细表确定的供应时间及时组织供应，应由发包方提供材料、设备以满足工程进度的需要；

（10）派驻施工现场的监理工程师或工程师代表，对工程进度、工程质量、隐蔽工程和合同执行进行监督检查，负责设计图纸问题的处理，设计变更的签证，工程中间验收、工程进度拨款签证和其他必需的签证；

（11）组织对工程的竣工验收，并按合同规定日期配合承包方办好决算工作，及时了结工程财务和工程尾款。

2. 承包方

（1）施工场地的平整、施工界区以内的用水、用电、道路和临时设施的施工；

（2）编制施工组织设计（或施工方案），施工总进度计划、材料设备、成品、半成品等进场计划，用水、用电计划、开竣工通知书、隐蔽工程验收单等，并及时送发包方及有关单位；

（3）按双方商定的分工范围，做好材料和设备的采购、供应和管理；

（4）于每月底前_____天向发包方报送月度施工计划，属发包方供应的材料、设备供应计划和当月工程进度月报（包括工程量、工作量和形象进度等）；

（5）严格按照施工图与说明书进行施工，确保工程质量，按合同规定的时间如期完工和交付；

（6）已完工的房屋、构筑物和安装的设备，在交工前应负责保管，并清理好场地；

（7）提供竣工验收技术资料，办理工程竣工结算，参加竣工验收；

（8）在合同规定的保修期内，对属于承包方负责的工作质量问题，负责无偿修理。

第八条 工程价款的支付与结算

1. 本合同签订后_____日内，发包方支付不少于合同总价的（或当年投资的）_____%的预付款，计人民币_____万元。

2. 发包方收到承包方工程进度月报后，必须在_____日内按核实的工程进度支付工程进度款，工程进度款支付达到总合同总价的_____%时，逐步按比例开始扣回预付款（或抵作工程进度款）。

3. 工程进度款支付达到合同总价款的_____%时，不再按进度付款。办完工验收后_____天内支付_____%的价款，留_____%的价款存入建设银行，待保修期满后连本息一次支付给承包方。

4. 如发包方拖欠工程进度款或尾款，应按银行有关逾期付款办法或"工程价款结算办法"的有关规定处理。

5. 确因发包方拖欠工程款、代购材料差款而影响工程进度，造成承包方的停、窝工损失的，应由发包方承担。

6. 本工程造价结算方式按下列情况办理：

（1）以审查后的施工图预算加变更签证进行结算；

（2）按施工图预算加包干系数确定的包干造价结算，包干范围以内的费用，按_____等有关规定结算；

（3）按标准施工图单位造价包干结算，包干范围以外的费用按_____等有关规定结算；

（4）包干不包料的工程，按预算定额规定的人工费和机械费及相应的管理费结算；

（5）招标工程按中标价款结算，中标范围以外的工程费用，另按_____等有关规定结算。

7. 承包方在单项工程竣工验收后_____天内，将竣工结算文件送交发包方和经办银行审查，发包方在接到结算文件_____天内审查完毕，如到期未提出异议，即由经办银行审定后拨款给承包方。

第九条　违约责任与奖励规定

1. 承包方的责任

（1）工程质量不符合合同规定的，负责无偿修理或返工。由于修理返工造成逾期交付的，按合同总价的_____%偿付逾期违约金。

（2）工程交付时间不符合规定，按合同总价的_____%偿付逾期违约金。

2. 承包方的责任

（1）未能按照承包合同的规定履行自己应负的责任，除竣工日期得以顺延外，还应赔偿承包方因此发生的实际损失。

（2）工程中途停建、缓建或由于设计变更以及设计错误造成的停工，应采取措施弥补或减少损失，同时，赔偿承包方由此而造成的停工、窝工、返工、倒运、人员和机械设备调迁、材料和构件积压的实际损失。

（3）工程未经验收，发包方提前使用或擅自动用，由此而发生的质量或其他问题，由发包方承担责任。

（4）超过合同规定日期验收，按合同总价的_____%偿付逾期违约金。

3. 发包方有提前工期要求的，可以实行提前竣工奖，按照合同工期，每提前一天由发包方按合同总价的_____%奖给承包方。优良工程每平方米奖_____元。

第十条　争议的解决方式

合同执行过程中如发生争议，双方应及时协商解决。协商不成时，如双方属于同一部门时，由上级主管部门调解；调解不成，或双方不属于同一个部门的，任何一方均可向工商局经济合同仲裁委员会申请仲裁，也可直接向人民法院起诉。

第十一条　特殊条款

本合同条款如对特殊情况有未尽事宜，双方可根据具体情况结合有关规定议定特殊条款。

第十二条　附则

其他本合同未言明事项，一律按《中华人民共和国经济合同法》和《建筑安装工程承包合同条例》规定执行。

本合同经双方签字盖章后生效，至合同工程竣工交验，结清工程尾款，保修期满后自然失效。

本合同正本＿＿＿＿份，其中发包方执＿＿＿＿份，承包方执＿＿＿＿份，副本＿＿＿＿份，分别报送业务主管部门、工商行政管理局和建设银行备案。

发包方（盖章）：	承包方（盖章）：	鉴（公）证意见
地址：	地址：	经办人：
法定代表人（签名）：	法定代表人（签名）：	鉴（公）证机关（章）
委托代理人（签名）：	委托代理人（签名）：	
开户银行：	开户银行：	
账号：	账号：	
电话：	电话：	
电挂：	电挂：	
邮政编码：	邮政编码：	

年　　月　　日

【例文2】

订货合同

立合同单位：

订货方：××市百货大楼（以下简称甲方）

供货方：××电器公司（以下简称乙方）

为了繁荣市场，保证货物的供应，经双方共同协商，特订立合同如下：

一、货物名称：××牌电冰箱。

二、规格：××型，××型，××型。

三、所订购产品均为正品。

四、订购数量：××型××台，××型××台，××型××台。

五、货物单价：××型××元，××型××元，××型××元。

六、货款总额：××××元。

七、交货日期：××××年××月××日前全部交清。

八、交货地点：××市××路××号××百货大楼仓库。

九、交货办法：公路货运，由乙方负责办理，费用由乙方支付。如有运输损失由乙方承担。

十、付款办法：银行托收。自合同生效起7个工作日内，甲方将全款的50%计人民币××万元汇入乙方账户。甲方在收到全部产品7个工作日内将全部余款××万元汇入乙方账户。

十一、验收办法：甲方在接收到产品后应及时组织验收。如有发货数量、型号问题，应在发现问题的当天电话通知乙方，并在3日内书面通知乙方。属于数量短缺，通知后的3天内予以补齐。属于型号问题，乙方应在收到通知后的3天内负责更换。

十二、违约责任：如甲方未按合同约定付款期限付款，则每延迟一天，应向乙方支付应付5‰的违约金。

十三、损失赔偿：乙方交货后，如果甲方在销售时发现产品存在质量问题，应及时通知乙方更换，如因此对甲方造成损失，由乙方负责赔偿。

十四、合同变更：合同履行期间，如果甲方要求乙方增加供货，双方另行商定协议。如果甲方要求减少供货，乙方按减少电冰箱台数原价的60%退款。如果甲方无故终止合同，甲方应承担违约责任，乙方有权解除合同，乙方由此发生的费用及造成的损失由甲方负责全额赔偿。

十五、本合同一式四份，甲乙双方各执两份，双方代表签字并加盖公章之日起生效，货款两清后，合同效力终止。

××市百货大楼（公章）　　　　　　　　　　　　××电器公司（公章）
法人代表：×××　　　　　　　　　　　　　　　法人代表：×××
　　　　　　　　　　　　　　　　　　　　　　　××××年××月××日

【例文3】

房屋买卖合同

立合同人

卖方：　　　　　　　　　以下简称甲方；

买方：　　　　　　　　　以下简称乙方；

经平等自愿的充分协商，甲乙双方现就房屋买卖事宜订条约如下：

一、甲方自愿将下列房屋卖给乙方所有，并已收取乙方购房定金人民币（大写）_____元整，此款充抵部分房款使用。

二、该房屋的所有权证号为：_____；国有土地使用权证号为：_____。

三、甲乙双方商定成交价格为人民币（¥____元），大写：____元整，乙方在____年____月____日前付清，付款方式：银行转账。

四、甲方于____年____月____日前将房屋及附属物正式交付乙方时，应将该房屋腾空，结清该房屋已发生的水、电、煤气、电话、有线电视、物业管理等各项费用，并将付讫凭证及该房屋的钥匙交于乙方验收。

五、甲方应就房屋的所处环境、用途、内部结构、状态、设施、质量等现状、情况均已知悉，并无任何异议。

六、甲方保证上述房地产权属清楚，若发生与甲方有关的产权纠纷或债权债务，概由甲方负责清理，并承担民事诉讼责任，因此给乙方造成的经济损失，甲方负责赔偿。

七、乙方中途违约，乙方无权要求甲方返还定金。甲方中途违约，甲方应在违约之日起10天内双倍返还定金给乙方。乙方不能按期向甲方付清购房款，或甲方不能按期向乙方交付房产，每逾期一日，由违约一方向对方给付房地产价款千分之一的违约金。

八、上述房地产办理过户手续所需缴纳的契税由____方承担，营业税由____方承担，个人所得税由____方承担，向房产交易部门交纳的手续费由____方承担。

九、本合同在履行中若发生争议，双方应采取协商办法解决。协商不成，任何一方均可向人民法院起诉。

十、本合同经双方签章即生效，须共同遵守。本合同未尽事项，可另行议定，其补充协议经双方签章后与本契约具有同等效力。

十一、本合同一式叁份，甲、乙双方各执一份，市房地产交易管理部门一份。

十二、甲乙双方约定随之转让的附属装修设施为：

十三、其他约定事项：

卖房（甲方）：　　　　　　　　　　　　买房（乙方）：

身份证号码：　　　　　　　　　　　　　身份证号码：

电话号码：　　　　　　　　　　　　　　电话号码：

　　　　　　　　　　　　　　　　　　　　年　　月　　日

五、招标书、投标书

招标书

（一）招标书的概念

招标是一种市场经济的商品经营方式，在国内外项目实施中已被广泛地采用。招标这种方式是在货物、工程和服务的采购行为中，招标人通过事先公布的采购要求，吸引众多的投标人按照同等条件进行平等竞争，按照规定程序并组织技术、经济和法律等方面专家对众多的投标人进行综合评审，从中择优选定项目的中标人的行为过程。其实质是以最低的价格获得最优的货物、工程和服务。

招标有公开招标和邀请招标两种形式。公开招标是指招标人以招标公告的方式邀请不特定的法人或者其他组织投标。邀请招标是指招标人以投标邀请书的方式邀请特定的法人或者其他组织投标。招标书从内容看，有广义和狭义之分。广义的招标书是指在招标过程中使用的各种书面材料，包括招标公告或投标邀请书和标价出售的招标文件等。而狭义的招标书则主要是指其中的招标文件部分。以下招标书的写作仅指招标公告或投标邀请函的写作。

（二）招标书的作用

① 招标书是投标者编制投标书、参加投标的依据。

② 保证招标投标活动顺利进行。

③ 促使双方切实执行合同及约定事项，加强管理，保证质量，提高经济效益。

④ 是促使国际招标活动顺利实施和对外贸易健康发展的重要保证。

（三）招标书的特点

① 目的性。以最少的投入获取最佳的经济效益是招标活动的根本目的，也是编制招标书的目标。

② 示向性、指导性。招标书中写明招标项目、招标内容及其条件和要求、招标程序、投标须知等内容，一方面是为了吸引众多的投标者，另一方面也告诉投标者投标的方向。

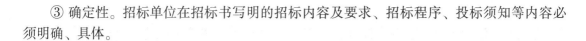

③ 确定性。招标单位在招标书写明的招标内容及要求、招标程序、投标须知等内容必须明确、具体。

（四）招标书的种类

招标书按招标内容分类，可分为建筑工程招标书、劳务招标书、大宗商品交易招标书、设计招标书、企业承包招标书、企业租赁招标书等。

按招标范围分类，可分为国际招标书、国内招标书、部门系统内招标书和单位内部招标书等。

按合同期限分类，可分为长期招标书和短期招标书两种。

（五）招标书的格式及写法

招标书一般由标题、正文和结尾三部分组成。

① 标题。一般由招标单位名称、招标项目及内容、招标形式、文种四要素构成。也可以省略其中的几个要素，如《××公司招标书》。也可以采用广告式标题，如《谁来承包×× 工厂》。

② 正文。包括引言和主体两部分。引言要求用简练的语言写清楚招标依据、原因。主体要翔实交代招标方式（公开招标、内部招标、邀请招标）、招标范围、招标程序、招标内容的具体要求，双方签订合同的原则、招标过程中的权利和义务、组织领导、其他注意事项等内容。

③ 结尾。主要写明招标单位名称、地址、电话号码、电报挂号、电传编号、邮政编码、网址及联系人等内容，并要加盖公章。

（六）招标书写作的注意事项

① 编写招标书首先要熟悉招标的一般程序。

② 在编写招标书之前，必须经过大量的市场调查研究，掌握充分的信息资料，从而在需要和可能的基础上，制定出公正、合理的数据指标，保证自己目标的实现。

③ 内容要明确、具体。招标书内容陈述一定要明确、具体，能数字化的尽量数字化，语言要简练，数据要准确，不可使用模糊语言，避免产生歧义，发生误解，严禁出现错别字。

④ 编写招标书必须贯彻、执行党和国家的方针、政策及有关法律、法规，维护国家利益。同时，内容要真实可靠，不能弄虚作假，欺骗投标者。

投标书

（一）投标书概念

投标书，亦称标书、标函，它是指投标者经招标单位资格审查准予参加投标后，按招标文件提出的条件和要求编写的文件材料。

（二）投标书的作用

① 让招标单位了解投标者的素质能力、组织机构、技术力量、报价等基本情况，为评

标提供依据。

② 投标书是招标单位确定中标人的重要依据，是中标人的有力武器。

③ 投标书是投标者中标后履行职责的依据，是编制实施方案的基础。

（三）投标书的特点

① 真实性。是指投标者通过投标书真实、客观地反映自己的基本情况。

② 目的性。是指投标书反映了投标者希望成为中标人的目的。

③ 手段性。是指投标书是投标者战胜竞争对手、成为中标人的有力武器。

④ 基础性。是指投标书是投标招标双方签订合同的基础，是投标者在中标后履行职责的依据。

（四）投标书的种类及内容

投标书按投标项目划分可分为：建筑工程投标书、大宗商品交易投标书、招聘经营者投标书、企业承包投标书、企业租赁投标书等。

建筑工程投标书的主要内容：

① 工程总报价及各项费用标价；

② 保证达到的工程质量；

③ 工程项目开工、竣工日期；

④ 施工技术组织措施；

⑤ 工程进度安排；

⑥ 附件等。

大宗商品交易投标书的主要内容：

① 商品总报价及分项报价；

② 投标方如何组织生产招标方要求的商品；

③ 商品规格、型号及质量等要求；

④ 交货方式、交货时间、交货地点；

⑤ 对交纳银行担保书和履行保证金的承诺；

⑥ 附件。

招聘企业经营者投标书的主要内容：

① 经营管理方案，主要说明要达到的技术经济指标及其实现的依据、步骤及措施等；

② 个人简历，包括学习、工作履历；

③ 业务经验及证明材料；

④ 学习及其他证明材料；

⑤ 其他。

企业承包投标书主要写明投标方在承包期内希望达到的技术经济指标及实现的步骤、措施等内容。

（五）投标书的格式写法

投标书一般由标题、招标单位名称、正文、结尾、附件五部分构成。

① 标题。标题一般由投标方名称、投标项目及文书种类三部分内容构成。如《××公司承包××大学教学楼建设工程投标书》《××建筑工程公司投标书》，也可直接写《投标书》。

② 招标单位名称。标题下隔行写上招标单位的全称，一般要用敬称。

③ 正文。这是投标书的中心部分，又可分为前言和主体两部分。

A. 前言。这部分一般用简练的语言说明投标方名称，投标的方针、目标以及对中标后的承诺等内容。前言起开宗明义、提纲挈领的作用。

B. 主体。一般依据招标文件的要求来编制，主要应把投标的经营思想、经营方针、经营目标、经营措施与要求、外部条件等内容具体、完整、全面地表述出来，力求逻辑严密、层次清晰、文字简练。

④ 结尾。结尾应写明投标单位名称、地址、授权代表人姓名、单位电报挂号、电话号码、电传、邮政编码、网址等内容，并要加盖公章。

⑤ 附件。其内容主要包括：

A. 投标报价表；

B. 货物清单；

C. 技术差异修订表；

D. 资格审查文件；

E. 开户银行开具的投标保证金保函；

F. 开户银行开具的履约保证金保函等。

（六）投标书写作的注意事项

① 投标者必须熟知投标程序，才能写好投标书。

② 投标者必须认真研究招标文件，真正弄懂招标项目内容、条件及要求。

③ 进行市场调查研究，分析自身条件，把握有利条件和优势，做出正确的投标方案决策。

④ 按期递交投标书，避免逾期递交而不予受理。

⑤ 要避免发生无效的情况。

⑥ 若发现招标文件中某些技术经济指标或参数有误差，不得涂改，也不能按自己核实的数字进行标价，而应及时向招标单位咨询，寻求解决办法。

⑦ 在文字处理上要注意巧用外交语言；要重点突出，文字要准确精练，不可使用模糊词语，大量运用数字和图表，增强投标书说服力。

【例文1】

物业招标公告

福州海关业务技术大楼（地址：马尾快安；建筑面积约3.4万平方米）即将启用，现向社会征集物业管理公司。

一、报名条件：

经国家建设部批准、福建省建设局核发的二级以上资质的、目前在福州拥有物业管理项目的物业管理公司。

二、报名要求：

报名者需提供目前在福州承办的物业管理项目清单、服务内容、资质、营业执照、报名介绍信（注明联系人、联系电话）

3. 报名截止日期：

2007年3月12日至3月16日下午4：30止5个工作日。

有意者请向福州海关机关服务中心办公室报名。

报名电话：87025220、87025909

联系人：赵小姐、黄先生

福州海关机关服务中心（公章）

二〇〇七年三月九日

【例文2】

投标邀请书

致：福州汇越市政建设工程有限公司、福建省鑫福洋建设工程有限公司、福建省亿臻建设发展有限公司

1. 招标条件

本招标项目马尾区亭江镇象洋村道路工程已由福州市马尾区亭江镇象洋村民委员会会议纪要批准建设，建设单位为福州市马尾区亭江镇象洋村民委员会，建设资金来源自筹，招标人为福州市马尾区亭江镇象洋村民委员会，委托的招标代理单位为福建瑞晟建设工程造价咨询有限公司。本项目已具备招标条件，现邀请你单位参加本招标项目施工投标。

2. 项目概况和招标范围

2.1. 工程建设地点：福州市马尾区亭江镇；

2.2. 工程建设规模：招标控制价为319 751元，下浮K值为5%；

2.3. 招标范围和内容：马尾区亭江镇象洋村道路工程，主要室外供水改造安装工程等，具体以招标人提供的工程量清单为准，以施工图纸为依据；

2.4. 招标控制价（即最高投标限价，下同）：319 751元；

2.5. 工期要求：总工期为60日历天；其中各关键节点的工期要求为：略。

2.6. 标段划分：略。

2.7. 工程质量要求：符合《工程施工质量验收规范》的合格标准。

3. 投标人资格要求及审查办法

3.1. 本招标项目要求投标人须具备有效的不低于三级市政公用工程施工总承包资质和《施工企业安全生产许可证》。

3.2. 投标人拟担任本招标项目的项目负责人须具备有效的不低于二级市政公用工程专业注册建造师执业资格（或建造师临时执业资格），并具备有效的安全生产考核合格证书（B证）。

3.3. 本招标项目不接受联合体投标。

3.4. 本招标项目不应用福建省建筑施工企业信用综合评价分值。

3.5. 投标人"类似工程业绩"要求：无。

3.6. 其他资格要求：①根据闽建筑〔2015〕35号《关于推动全省建筑市场统一开放的通知》、闽建办筑〔2015〕13号《关于规范省外入闽建筑企业信息登记工作的通知》，福建

省省外建筑业企业在福建省开展工程建设活动，实行信息登记，福建省省外建筑业企业须提供"福建省住房和城乡建设厅网（www.fjjs.gov.cn）"→"建筑市场综合监管信息平台的相应信息系统"→"省外入闽建筑施工企业信息登记系统"中的查询网页（须加盖投标人公章），查询网页至少须包含"企业基本情况"网页；②投标人和拟派出的项目管理班子成员不属于《关于建立福建省建设市场法人和自然人违法违规档案制度试行办法》（闽建法〔2007〕15号）中限制的法人和自然人。

3.7. 本招标项目采用资格后审方式对投标人的资格进行审查。

3.8. 本招标项目不要求投标人在招投标期间缴纳农民工工资保证金。

4. 招标文件的获取

4.1. 本招标项目不采用电子招投标。

4.2. 采用非电子招投标的，凡有意参加投标者，请于2016年9月26日至2016年9月30日（法定公休日、法定节假日除外），每天上午9时30分至11时30分，下午3时至5时（北京时间，下同），到马尾区建设工程交易管理中心福建瑞晟建设工程造价咨询有限公司代表处持单位介绍信购买招标文件。招标文件每份售价300元，售后不退。

4.3. 招标图纸每份售价____元，售后不退。采用在合理造价区间随机抽取中标人办法的，投标人如需购买图纸，应在____年__月__日前按售价预订，招标人在__年__月__日交付图纸。

5. 评标办法

本招标项目采用的评标办法：马尾区造价30万元以上100万元以下建设项目施工简易招标投标办法。

6. 投标保证金的提交

6.1. 投标保证金提交的时间：在投标截止时间之前。

6.2. 投标保证金提交的金额：人民币陆仟元整（￥6 000元）。

6.3. 投标保证金提交的方式：①以电汇或银行转账的形式，从投标人所在地银行的投标人企业基本账户汇达指定账户；②或按榕建招〔2013〕38号文规定交存年度投标保证金，如果年度投标保证金的金额不足时，不足的部分按本条款①的方式补足；③或按照福建省建筑业龙头企业有关规定交存年度投标保证金。

7. 发布公告的媒介

本次招标公告同时在福州市马尾区政务公开网、福州市马尾区建设工程交易管理中心网、福州市马尾区建设工程交易管理中心公示栏上发布。

8. 联系方式

招标人：福州市马尾区亭江镇象洋村民委员会

地　址：福州市马尾区亭江镇象洋村，邮编：350000

电　话：130××××833

联系人：陈云

招标代理机构：福建瑞晟建设工程造价咨询有限公司

地址：福州市鼓楼区六一中路123号冠茂都会七层，邮编：350003

电子邮件：minruisheng@163.com

电话：

传真：

联系人：林先生

招标投标交易场所名称：福州市马尾区建设工程交易管理中心

地址：福州江滨东大道108号福建留学生创业园马尾园区综合楼四层

福州市马尾区亭江镇象洋村民委员会（公章）

××××年××月××日

【例文3】

投标书

建设单位：上海外高桥造船有限公司

一、根据已收到上海外高桥造船有限公司二期工程海洋工程平台（一）项目工程的招标文件，遵照《上海市建设工程招标投标管理暂行办法》的规定，我单位经考察现场和研究上述工程招标文件的投标须知、技术规范、图纸、工程量清单和其他有关文件后，我方愿以人民币（大写）叁仟伍佰肆拾肆万壹仟叁佰元的总价，按上述技术规范、图纸等的条件承包上述工程的施工、竣工和保修。

二、一旦我方中标，我方保证在2006年9月26日开工，并于2007年3月24日竣工，即180天（日历天）内竣工并移交整个工程。

三、除非另外达成协议并生效，你方的中标通知书及本投标文件将构成约束我们双方的合同。

四、我们明白发包方不一定要接纳最低的投标价的投标或收到的任何投标，也不会解释选择否决任何投标的原因与理由。

五、我方金额为人民币柒拾万元的投标保证金在接受招标文件时已同时递交。

六、我们确定本投标已考虑发包方或其招标代理单位已向我方发出的关于招标文件的修改通知。

投标单位：（盖章）

邮政编码：200137

单位地址：

传　真：

法定代表人：（签字、盖章）

电　话：

开户银行名称：

开户行地址：

银行账号：

电　话：

2006年9月4日

六、广告文案

（一）广告文案的概念

所谓广告文案是以语辞进行广告信息内容表现的一种应用文体。一则广告由于受众不同，可能会有多种理解，而广告文案由于语言和文字内涵的确定性，所以能准确地传达广告信息的作用，而且还能对画面进行限定和解释。因此，广告文案实际上是广告作品的核心。

广义的广告文案泛指广告作品的全部，包括广告的文字、图片、编排等内容。狭义的广告文案是指广告作品的语言文字部分，包括平面广告中的文字以及广播电视网络广告的字幕、旁白、人物对话、商标、商品名称、价格、企业地址等内容。

好的广告文案可以有效地传达信息、表现创意、限定画面内涵，并能对塑造商品或企业形象起到积极作用。

（二）广告文案的写作

狭义的广告文案由广告标题、广告正文、广告口号组成。

1. 广告标题

标题是广告内容的诉求重点。其作用在于吸引人们对广告的注意，引起他们的兴趣。只有当受众对标题产生兴趣时，才会阅读正文。撰写时要语言简明扼要，易懂易记，传递理念清楚，新颖个性。

2. 广告正文

正文是对产品或者服务以客观的事实、具体的说明来增加消费者的了解与认识。正文内容要求实事求是，通俗易懂，不论采用何种题材式样，都要抓住主要的信息来叙述，言简意明。

3. 广告口号

广告口号是以最简短的文字把企业的特征、商品或服务的特性、优点表达出来，在一段时间内反复使用，从而给消费者留下深刻的印象。撰写时要注意简洁明了、语言明确、独创有趣、便于记忆、易读上口。

【例文1】

"完达山全脂甜奶粉"的广告

每天清晨，我都会给家里每个人冲一杯牛奶。二十多年前，当我还是个小姑娘时，第一次用完达山牌奶粉，那浓郁的奶香，一冲即饮的特点便深深留在我的脑海里。二十多年过去了，时过境迁，家里的电视换了，家具换了，当年天天吵着喝牛奶的小姑娘如今也成了母亲，但我每次买奶粉仍是"完达山"，这不仅仅是因为"完达山"始终给我的质量信心，还有那对自己人生历程回忆，就像那醇厚的奶香，让人久久回味……。

不变的真情，完达山全脂奶粉。

【例文2】

世界十大经典广告语

雀巢咖啡：味道好极了

这是人们最熟悉的一句广告语，也是人们最喜欢的广告语。简单而又意味深远，朗朗上口。因为发自内心的感受可以脱口而出，正是其经典之所在。以至于雀巢以重金在全球征集新广告语时，发现没有一句比这句话更经典，所以就永久地保留了它。

M&M 巧克力：只溶在口，不溶在手

这是著名广告大师伯恩巴克的灵感之作，堪称经典，流传至今。它既反映了 M&M 巧克力糖衣包装的 USP（Unique Selling Proposition，独特销售主张），又暗示 M&M 巧克力口味好，以至于我们不愿意使巧克力在手上停留片刻。

百事可乐：新一代的选择

在与可口可乐的竞争中，百事可乐终于找到突破口，它们从年轻人身上发现市场，把自己定位为新生代的可乐，邀请新生代喜欢的超级歌星作为自己的品牌代言人，终于赢得青年人的青睐。一句广告语明确地传达了品味的定位，创造了一个市场，这句广告语居功至伟。

耐克：just do it

耐克通过以 just do it 为主题的系列广告，和篮球明星乔丹的明星效应，迅速成为体育用品的第一品牌，而这句广告语正符合青少年一代的心态，要做就做，只要与众不同，只要行动起来。然而，随着乔丹的退役，随着 just do it 改为"I dream"，耐克的影响力逐渐式微。

戴比尔斯钻石：钻石恒久远，一颗永流传

事实证明，经典的广告语总是丰富的内涵和优美的语句的结合体，戴比尔斯钻石的这句广告语，不仅道出了钻石的真正价值，而且也从另一个层面把爱情的价值提升到足够的高度，使人们很容易把钻石与爱情联系起来，这的确是最美妙的感觉。

麦氏咖啡：滴滴香浓，意犹未尽

作为全球第二大咖啡品牌，麦氏的广告语堪称语言的经典。与雀巢不同，麦氏的感觉体验更胜一筹，虽然不如雀巢那么直白，但却符合品味咖啡时的那种意境，同时又把麦氏咖啡的那种醇香与内心的感受紧紧结合起来，同样经得起考验。

IBM：四海一家的解决之道

在蓝色巨人经营处于低谷时，提出这一颇具煽动性的口号，希望不仅成为一个名副其实的跨国企业，而且真正为高科技电子领域提供一条龙解决方案的企业，进入电子商务时代，IBM 正在将这一角色实现，扮演着电子商务解决方案提供商的角色。

人头马 XO：人头马一开，好事自然来

尊贵的人头马非一般人能享受起，因此喝人头马 XO 一定会有一些不同的感觉，因此人头马给你一个希望，只要喝人头马就会有好事等着到来。有了这样吉利的"占卜"，谁不愿意喝人头马呢？

德芙巧克力：牛奶香浓，丝般感受

之所以够得上经典，在于那个"丝般感受"的心理体验。能够把巧克力细腻滑润的感觉用丝绸来形容，意境够高远，想象够丰富。充分利用联想感受，把语言的力量发挥到极致。

可口可乐：永远的可口可乐，独一无二好味道

在碳酸饮料市场上可口可乐总是一副舍我其谁的姿态，似乎可乐就是可口。虽然可口可乐的广告语每几年就要换一次，而且也流传下来不少可以算得上经典的主题广告语，但还是这句用的时间最长，最能代表可口可乐的精神内涵。

【写作训练】

1. 根据下述材料，撰写一篇市场调查报告。

中国饮料工业协会统计报告显示，国内果汁及果汁饮料实际产量超过百万吨，同比增长

33.1%，市场渗透率达36.5%，居饮料行业第四位，但国内果汁人均年消费量仅为1千克，为世界果汁平均消费水平的1/7，西欧国家平均消费量的1/4，市场需求潜力巨大。

我国水果资源丰富，其中，苹果产量是世界第一，柑橘产量世界第三，梨、桃等产量居世界前列。据权威机构预测，到2005年，我国预计果汁产量可达150万～160万吨，人均果汁年消费量达1.2千克左右。2015年，预计果汁产量达195万～240万吨，人均年消费1.5千克。

近日，我公司对××市果汁饮料市场进行了一次市场调查，根据统计数据，我们对调查结果进行了简要的分析。

追求绿色、天然、营养成为消费者和果汁饮料行业的主要目的。品种多、口味多是果汁饮料行业的显著特点，据××市场调查显示，每家大型超市内，果汁饮料的品种都在120种左右，厂家达十几家，竞争十分激烈，果汁的品质及创新成为果汁企业获利的关键因素，品牌果汁饮料的淡旺季销量无明显区分。

目标消费群——调查显示，在选择果汁饮料的消费群中，15～24岁年龄段的占了34.3%，25～34岁年龄段的占了28.4%，其中，又以女性消费者居多。

影响购买因素——口味：酸甜的味道销得最好，低糖营养型果汁饮品是市场需求的主流；包装：家庭消费首选750mL和1L装的塑料瓶大包装；260mL的小瓶装和利乐包为即买即饮或旅游时的首选；礼品装是家庭送礼时的选择；新颖别致的杯型因喝完饮料后瓶子可当茶杯用，所以也影响了部分消费者的购买决定。

饮料种类选择习惯——71.2%的消费者表示不会仅限于一种，会喝多种饮料；有什么喝什么的占了20.5%；表示就喝一种的有8.3%。

品牌选择习惯——调查显示，习惯于多品牌选择的消费者占54.6%；习惯性单品牌选择的占13.1%；因品牌忠诚性做出单品牌选择的占14.2%；价格导向占据了2.5%；追求方便的比例为15.5%。

饮料品牌认知渠道——广告：75.4%；自己喝过才知道：58.4%；卖饮料的地方：24.5%；亲友介绍：11.1%。

购买渠道选择——在超市购买：61.3%；随时购买：2.5%；个体商店购买：28.4%；批发市场：2.5%；大中型商场：5.4%；酒店、快餐厅等餐饮场所也具有较大的购买潜力。

一次购买量——选择喝多少就买多少的有62.4%；选择一次性批发很多的有7.6%；会多买一点存着的有29.9%。

2. 分析下面市场调查报告中存在的问题。

××市劳保市场的调查报告

随着我国改革开放形势的深入发展和人民群众着装条件的不断改善，××市劳保市场的商品正在向着美观化、多样化、高档化方向发展。

根据××市××统计局×××年对××市劳保市场的统计资料，现将调查情况汇报如下：

一、高级布料所制的劳保服装越来越受欢迎，昔日的纯棉劳保服装越来越受到冷遇。从劳保服装的色泽来看，深灰、浅灰、咖啡、湖蓝、橘红、米黄、大红等鲜艳色调正在日趋取代传统的黑、蓝、黄、白"老四色"。

二、新颖的青年式、人民式、中山式、西装式劳保服装的销售形势长年不衰；而传统的夹克式、三紧式等劳动服销售趋势却长年"疲软"。

三、档次较高的牛皮鞋、猪皮鞋、球鞋式绝缘鞋、旅游鞋已成了热门货；而传统的劳保鞋，如棉大头鞋、棉胶鞋、解放鞋等却成了滞销品。

四、劳保防寒帽，如狗皮软胎棉帽、解放式棉帽等几乎无人问津。

五、高质量而美观的劳保手套，如皮布手套、全皮手套、羊皮五指手套日趋成为"抢手货"；而各种老式的布制手套、线制手套、布闷子式手套的销量日渐下落。

六、色彩艳丽的印花毛巾、提花毛巾、彩纹毛巾等，已成为毛巾类商品的主销品；而素白毛巾的销量不断减少。

3. 阅读下述案例，你从中得到什么启示？

一个英国人和一个美国人都到非洲一个的海岛上推销鞋子，当他们来到这个岛上的时候，发现这里的人根本就不穿鞋。面对这种情况，英国人做出的分析判断是鞋子在这里没有市场，回去了；而美国人却从这里看到了巨大的商机，他先给岛上的酋长、首领们送鞋子穿，而等到老百姓想穿，就需要买了。

4. 为方便学生生活，学院拟在校区内修建第二餐厅，请写一份可行性研究报告。

5. 下面是一篇病文，请结合本节学习的知识，指出其存在的毛病。

共建合资企业意向书

一、甲、乙两方愿以合资或合作的形式建立合资企业，定名称为××有限公司，地址在中国××市××街××号。建设期为××年，即从××××年至××××年全部建成。双方签订意向书后，即向各有关上级申请批准，批准的时限为×个月，即××××年×月至××××年××月完成。然后办理合资企业开业申请。

二、合资公司经营范围：合资公司从事××产品的生产、研究和开发。新产品在中国国内外市场销售，并进行销售后的技术服务。合资公司的生产规模：生产初期年产×××吨；正常生产期年产×××吨。

三、合资公司为有限责任公司。合资各方按其在注册资本中的出资额比例分配利润、分担亏损和承担风险。总投资为××万元，其中注册资本为××××万元，贷款为××万元。××部分投资××万元；××部分投资××万元。甲方投资××万元（以工厂现有厂房、水电设施现有设备等折款投入），占注册资本的百分之××。乙方投资××（以折美元投入，购买设备），占注册资本的百分之××。

四、合资公司所需要的机械设备、原材料等物资，应首先在中国购买，如果中国国内不能满足供应的，可以在中国国外购买。

五、合资企业自营出口或委托有关进出口公司代理出口，价格由合资企业定。

六、合资年限为×年，即××××年×月至××××年×月。

七、合资企业其他事宜按《中外合资企业法》有关规定执行。

八、双方在各方上级批准后，再具体协商有关合资事宜。

九、本意向书生效后，甲、乙双方应认真遵守本意向书的规定。任何一方因不执行本意向书规定的义务，对方有向违约一方索取赔偿经济损失的权利。

十、本意向书用中文和××文写成，两种文本具有同等法律效力。

6. ××市工业学院为改善办学条件，拟在校园的北操场后，修建一座公寓式学生宿舍楼，占地面积1 000平方米，6层框架结构，建筑面积6 000平方米，预算资金1 100万元。与××市建工集团一分公司签订协议，本年3月破土动工，本年11月底交付使用。请你准备其他附加资料，拟写一份合同。

7. 根据下述内容，拟写一份购销合同。

红星果品商店（甲方）王建，于今年5月30日与西山果园（乙方）刘芳签订了一份合同。合同提到甲方今年购买乙方生产的无核蜜橘5吨，蜜橘2吨，各分三批提货，由乙方于6月20日之前送到甲方所在地，运费由甲方负担，各类水果价格视质量好坏，按照国家当地收购牌价计价。货款在每批货物到货时当天通过银行转账支付，这份合同一式四份，双方各执一份，各自上级单位各一份。

8. 有一份××××年4月6日订立的购销合同，其中交货日期是这样写的："现货8吨，今年8月交货6吨"。后来第一次交货在7月29日，交货8吨。8月5日国家对该货做了降价的规定。供方要求该货按原价计款结算，而需方则认为，其中6吨货迟交，违约，应按下降价格计算，而且要依法罚违约金，8吨提前交货可依法按原价结算。双方无法协商，供方上诉法院。请你评议原条款的写法有何缺漏，应如何修改才能避免纠纷？

9. 指出下面这份招标公告存在的问题。

×××大学图书馆楼招标公告

为加强学院财务管理和公寓化管理，经学院研究决定，现对修建一座图书馆楼进行公开招标。为确保校服的质量及图书馆楼按时到位，维护招、投标双方的合法权益，特制定本招标公告。

一、项目名称：图书馆楼

二、数量：一座

三、质量要求

1. 建筑总面积×××平方米。

2. 由投标单位包工包料。

3. 竣工日期2011年2月5日。

4. 图书馆楼的设计和质量要求以及原材料的质量标准已提出了书面材料。

四、招标要求和招标办法：

1. 报名时间：2009年1月5日—3月5日。

2. 投标人请将投标文件投寄或者派人直接送到我校基建处招标办公室。

3. 投标资格审查：报名结束后，由学院组织人员对投标单位进行资质审查，经审查通过的单位，在2009年4月5日在×××大学会议室公开招标。

×××大学基建处

地址：×××市×××路×××号

电报挂号：××××

电话：×××××××

联系人：×××

10. 根据以下案例内容，为××师范学院写一份工程招标书，为省第五建筑公司写一份综合楼工程投标书。

近年来，国家实行高考扩招，为高等院校提供了良好的发展机遇。但是，随着在校生人数的急剧增加，不少高校也出现了许多问题，如校舍紧张、设备不够、师资缺乏等，暴露了高等院校现有资源不能满足日益增长的教育需求的状况。因此，高等院校扩大办学规模已成为一个迫在眉睫的问题。

××师范学院是一所具有百年历史的师范学院，由于深化教学改革，围绕市场办学，学生就业率高，招生形势也非常喜人。自1999年以来连续4年扩招，生源火爆，但学生的学习、生活条件已感紧张。因此，在2002年秋季新生入学前，学院召开处级以上干部紧急会议，商讨解决这一紧迫问题。经过充分的酝酿讨论，得出两个方案：一是从发展的角度考虑，抓紧时间在本市西部开发区征地建新校区，但是需要的时间太长；二是在现校址的东端、老教学楼和图书馆后面的空地段，建一栋现代化的高层综合楼，若抓紧时间建，一年后即可投入使用。又经过院长办公会议的多次研讨，学院决定两个方案同时进行，但要抓紧第二方案的实施。学院责成后勤集团基建处着手进行综合楼的建设工作。

综合楼由省建筑设计院负责设计，建筑面积8 568平方米，主体10层，局部8层，1～4层为综合图书楼，6～8层为实验室，9、10层为计算机室和多媒体教室（具体详见图纸）。综合楼设计已经由院方和有关部门审查通过，省、市两级政府分别给予资金援助。该综合楼为框架结构，楼全长80米，宽45米，主楼高38米。基础系打桩水泥浇注，现浇梁柱板。地面全部铺防滑地砖。

工程范围包括土建、水暖、电照、电梯、上下水等（详见工程项目一览表）。为了保证建筑质量，学院要求基建处采用公开招标的方式，择优选择施工承包商。该工程全部实行五包：包工程数量、包工程造价、包工程质量、包工程工期、包工程材料。该工程计划2002年10月底开工，2003年11月底竣工。要求施工者按施工图设计文件和有关部门颁发的施工技术规范、规程施工，工程竣工后按省里颁发的建筑工程验收办法达到全优工程验收。凡具备建筑工程施工总承包一级以上资质并成功完成过10层以上建筑的建筑单位均可参加投标资格预审报名。

基建处写出招标公告，从8月15日起，开始在省内外主要报纸上刊登，凡符合以上条件并有意向者，可在2002年8月16至20日凭单位介绍信到我院基建处找李先生、张女士办理申请投标资格预审手续。学院要求凡申请报名者必须同时递交营业执照、资质证书（以上材料均需提供原件和复印件）、单位简介、以往工程业绩及证明材料、拟投入项目班子主要成员的资历、现有施工机械设备和2001年经审计的财务报告（原件核对后归还，复印件装订成册），逾期不予受理。资格预审申请文件一式两份。报名地址：××省××市××师范学院6号楼211室（基建处）。电话：(028)×××××××，136××××××；传真：(028)×××××××。

截至8月20日，有8家施工单位报名参加投标资格预审。通过审查后，8家单位分别报送了投标书。通过公开招标，最后省第五建筑公司中标。双方经过具体磋商，先后签订了意向书和合同书，工程按时开工。

11. 分析以下广告语所采用的修辞手法。

① 李维牛仔裤，犹如第二层皮肤。（李维牛仔裤）

② 康柏刚推出的首部笔记薄型电脑Contuera Aero，就好像是你的手提流动办公室，处处帮得上忙。（康柏电脑）

③ 今年过年不收礼,收礼只收脑白金。(脑白金)

④ 新飞广告做得好,不如新飞冰箱好。(新飞冰箱)

⑤ 人类失去联想,世界将会怎样?只要你想!(联想)

⑥ 不打不相识。(打字机广告)

⑦ 远在天边,近在眼前。(理光传真机)

⑧ 她将一缕温馨的柔情带到全世界。(新加坡航空公司广告)

12. ××食品总厂生产的齐心牌方便面,有番茄、麻辣、虾仁、肉丝、牛肉等几个品种。营养丰富、价廉味美、快速方便、老幼皆宜。使用时,只需沸水冲泡5分钟,煮食味道更佳。请根据以上资料,为该方便面拟写一份广告文案或者写一则广告口号。

13. 为你所在的学校或系或专业拟写一则广告口号。

14. 收集你认为好的广告口号五则,并分析其格式写法与特点。

第三部分 科技应用文

科技应用文是人们在科学技术、学术研究、科技服务和管理等方面所使用的一种文体。科技应用文的写作是一种创造性的精神劳动，反映了科技工作者在科技活动中对客观事物与现象的探索、认识、了解、升华、创造的整个过程。科技应用文的功用主要表现是：如实记录科技活动的过程及其结果，交流、传递、储备科技信息，传播科技知识，培养科技人才，推动科技的进步与发展。科学技术的发展日新月异，科技应用文的使用越来越广泛和频繁。

科技应用文的分法、种类很多，本教材只择其中对工科类高职院校学生可能有用的产品说明书、科技实验报告、毕业设计报告等进行介绍。

一、产品说明书

（一）定义

产品说明书是一种概括介绍产品用途、性能、特征、使用方法及其保养方法、注意事项等的说明性文书。产品说明书在商业活动中的使用相当广泛，是产品用户了解产品的生产者、性能及特点，掌握产品的使用方法和维护知识，保障使用安全的基本依据，是企业服务体系的组成部分。

（二）特点

① 说明性。指介绍、说明产品，是产品说明书的主要目的和功能。
② 真实性。指的是要客观、准确地反映产品。
③ 指导性。指的是具备能够指导用户正确使用和维护产品的知识。
④ 形式的多样性。这是说，产品说明书既可以是完全的文字，也可以是图文并存，在网络迅捷发展的时代，还可以是动画、视频、音频等。

（三）用途

产品说明书能够帮助和指导用户正确地了解、认识产品，使用、保养产品，同时兼具产品宣传的作用。一份优秀的产品说明书不但能够体现出生产企业对产品的自信、对用户的负责的态度，而且还是一次对企业形象的正面展示。

（四）类型

根据不同的标准，产品说明书可以划分为不同的种类。

根据内容和用途，可以分为民用产品说明书、专业产品说明书、技术说明书等；

根据说明方式的不同，可以分为条款式说明书、文字图表说明书等；

根据不同的传播途径，可以分为外装式（直接印制在产品的外包装上）、内装式（把产品说明书专门制作成单页、手册或者音视频文件等放置在产品的包装箱或盒内）等。

（五）结构与写法

产品说明书虽各有不同，最主要的是要突出产品的特点并要表达出用户最欲了解的内容，因此，在内容上可各有偏重，篇幅可长可短。如小产品的说明书在200字以内，科技产品的说明书有的长达几千上万字，而大型设备、生产流水线的使用说明书有的甚至如同专业书籍一样厚重。即便如此，它们都有着共同的写作要求和规律。

产品说明书的结构一般由标题、正文、结尾三部分组成。

1. 标题

一般是产品名称加上"说明书"三字构成，如《安居宝产品说明书》。有些说明书侧重介绍使用方法，就在产品名称后加上"使用说明书"五个字，如《前锋智能恒温强制排气式燃气快速热水器使用说明书》；如果有的产品涉及安装，那么，就在产品名称后加上"安装使用说明书"或"使用安装说明书"，如《美的空调使用安装说明书》。

2. 正文

一般要详细介绍产品的相关情况：产地、原料、功能、特点、原理、规格、适用方法、注意事项、维修保养等。

不同的说明书，其内容的侧重点也会有所不同。

（1）家用电器类

正文内容：产品的构成、规格型号、适用对象、使用（安装）方法、注意事项、维护保养等。

（2）日常生活品类

正文内容：产品的构成、规格型号、适用对象、使用方法、注意事项等。

（3）食品药物类

正文内容：食品药物的构成成分、原料产地、特点、性状、作用、适用范围、使用方法、保存方法、有效期限、注意事项等。

（4）大型机器设备类

正文内容：结构特征、技术特性、技术参数、安装方法、操作流程、功能作用、维修保养、运输、储存、售后服务的范围及方式、注意事项等。

（5）设计说明类

设计说明书是工程、机械、建筑、产品、装潢、广告等行业对整个设计项目进行全盘构想、统筹规划并对工作图样进行解释和说明的技术性文书。简单的一般写在设计图样上，复杂的需单独成文并装订成册。

不同的设计说明书，写作内容也不完全相同。但一般应该具备：设计的思路、指导思想、设计方案及其论证、时序安排、方案的技术特征或性能、主要技术参数、所需资金等内容。

3. 结尾

产品说明书的结尾一般应写清楚以下内容：厂名、地址、电话、电传、E-mail、联系人和生产日期等，以方便用户在有需要时与厂家取得联系。进出口产品的外包装上还须写明生产日期，中外文对照。

（六）写作要求

涉及人们生活、生产的产品种类繁多，各有千秋，消费者对产品的需求各异。如购买电器产品，重在了解其功能以及使用、保养的方法；购买食品，重在明白它的原料成分、营养价值、味型、食用方式等；购买药品，又重在清楚其适应证与服用方法。所以，不同的客户心理、不同的商家目的、不同的产品特性等都构成产品说明书的不同内容，从而也就确定了不同的写作方法。

总之，从产品说明书的功能来看，其目的都是介绍说明产品，为消费者服务，予消费者方便，对消费者也对企业、产品负责。因此，在写作产品说明书时应该做到：

① 介绍产品特点时，要客观真实，杜绝虚夸；
② 说明使用方法时，要清楚明白，忌混乱模糊；
③ 语言要平实、准确、简洁，尽可能图文并重。

（七）例文分析

香雪抗病毒口服液说明书

[药品名称]

通用名称：抗病毒口服液

汉语拼音：Kangbingdu Koufuye

[成 分] 板蓝根、石膏、芦根、生地黄、郁金、知母、石菖蒲、广藿香、连翘。辅料为蜂蜜、蔗糖、羟苄甲酯、羟苯乙酯。

[性 状] 本品为棕红色液体；味辛、微苦。

[功能主治] 清热祛湿，凉血解毒。用于风热感冒，流感。

[规 格] 每支装 10mL。

[用法用量] 口服，一次 10mL，一日 2~3 次（早饭前和午、晚饭后各服一次）。

[不良反应] 尚无明确。

[禁 忌] 孕妇、哺乳期妇女禁用。

[注意事项]

1. 忌烟、酒及辛辣、生冷、油腻食物。
2. 不宜在服药期间同时服用滋补性中药。
3. 适用于风热感冒症见：发热，微恶风，有汗，口渴，鼻流浊涕，咽喉肿痛，咳吐黄痰。
4. 发高烧体温超过 38.5℃ 的患者，请上医院就诊；脾胃虚寒泄泻者慎服。
5. 高血压、心脏病、肝病、糖尿病、肾病等慢性病严重者应在医师指导下服用。

6. 本品不宜长期服用，服药 3 天症状无缓解，应去医院就诊。

7. 严格按用法用量服用，儿童、年老体弱者应在医师指导下服用。

8. 对本品过敏者禁用，过敏体质者慎用。

9. 本品性状发生改变时禁止使用。

10. 儿童必须在成人监护下使用。

11. 请将本品放在儿童不能接触的地方。

12. 如正在使用其他药品，使用本品前请咨询医师或药师。

［药物相互作用］ 如与其他药物同时使用可能会发生药物相互作用，详情请咨询医师或药师。

［是否处方］ 非处方。

［贮 藏］ 密闭，置阴凉干燥处保存（不超过20℃）。

［包 装］ 管制口服液瓶包装。12 支/盒。

［有 效 期］ 24 个月

［执行标准］ 国家食品药品监督管理局标准 YBZ12762005

［批准文号］ 国药准字 Z10890017

［生产企业］ 广州香雪制药股份有限公司

【简析】

这是一份关于药品的产品说明书。针对用户最渴望了解的药物功能、服用方法、注意事项等做了清晰的说明，语言平实、准确，很好地体现了产品说明书的说明性、真实性、指导性等特点。

（八）训练探讨

下面是一篇有问题的产品说明书，请按照产品说明书的写作要求，进行修改。

热力牌电热杯说明书

我厂电热杯生产历史悠久，式样新颖，美观大方，质量优良，安全可靠，经济实惠，誉满全球，世界一流。该杯可煮沸各种食物，立等可取。特别适用于热牛奶、烧开水、泡饭等。

一、本电热杯电源电压一般为 220V 交流，消耗电力 300W。

二、使用时首先插上电源插头，将电源线座一端插入杯子插座处，用完后先拔掉插头，以免触电。

三、电热杯容量 1 000mL，灌得太满煮沸时会溢出杯外。

四、煮沸饮料倒出后，杯中应加入少量冷水（因杯底余热较高），否则会影响杯子寿命。

五、不能随意打开底中加热部件，以免损坏。

六、自售出之日起，一年内如损坏，本厂负责退换，或免费修理。但不包括使用不当而损坏。

七、本产品经中国家用电器工业标准化质量测试中心站鉴定合格。

编号：92－1－HC－78

欢迎您提供宝贵意见。我们对提出好建议者实行抽奖。

我厂宗旨：质量第一，用户至上，销往全球，永久服务。
本厂地址：中国云南昆明市××路××号。

【修改稿】

热力牌电热杯使用说明书

一、本电热杯生产历史悠久，式样新颖，美观大方，质量优良，安全可靠，是经中国家用电器工业标准化质量测试中心站鉴定的合格产品。

二、本电热杯功率为300W，使用220V交流电。

三、使用本电热杯时首先将电源线插座一端插入杯子插座处，然后插上电源插头。使用完毕即拔下插头。

四、本电热杯容量1 000mL。注意所煮的东西不能灌得太满，以至80%的容量为宜。否则煮沸时东西溢出杯外，可能导致漏电。

五、本电热杯可煮各种食物，尤其适合煮牛奶和烧开水。

六、将煮沸的东西倒出后，电热杯中宜马上加入少量冷水，以免杯底因余热仍高，而烧坏杯子。

七、不要随意拆开电热杯杯底的加热部件，以免损坏杯子。

八、本电热杯自售出之日起，保修期为一年。在保修期内，若非使用不当而损坏，本厂负责免费修理或退换。

欢迎您使用本产品。欢迎您多提出宝贵意见。

厂址：中国云南昆明市××路××号　　邮政编码：××××××
电话：（×××）×××××××　　电子邮箱：××××××@sohu.com

二、科技实验报告

(一) 科技实验报告的含义与作用

科技实验报告是指记录和描述某一项科学实验过程和结果的告知性书面报告材料。

科技实验是一种在特定条件下，认识自然现象、探索自然奥秘、获取感性知识、检验和发展科学理论的活动。在科研活动中，为了检验某种科学理论或假说，进行创造发明和解决实际问题，往往都要进行科学实验。通过观察、分析、综合、判断，如实地将试验中得到的数据、现象、结果以书面的形式记录下来，这样就形成了科技实验报告。

科技实验报告的作用主要有两个方面：一是向有关部门汇报实验结果，为其决策提供依据；二是积累科研资料，为今后的科研工作提供经验或教训。

(二) 科技实验报告的特点

1. 科学实证性

科技实验要讲究科学性。实验者要以客观、冷静的态度进行整个实验工作，排除一切主观因素的干扰，不带任何个人偏见。整个实验过程，不以理论的推导为主，而以实证为原则。实验的结果要经得起反复的检验，实验的数据要经得住反复的核查。

2. 记录性

科技实验报告是实验过程和结果的如实记录，出现什么现象就记录什么现象，出现什么结果就记录什么结果，得出什么数据就记录什么数据，真实可靠。必须坚决杜绝主观想象、凭空捏造、任意取舍。

3. 不求圆满结果

科技实验不像项目研究那样追求圆满结果，它只是一个实践验证过程。不论结果是肯定性的还是否定性的，实验本身都达到了目的，都会对科学研究起到重要的作用。通过实验肯定了某种认识或发明，当然是可喜可贺的好事，而否定了某种错误的认识或不成功的发明，也未必是坏事。所以，有些实验结果完全推翻了原来的认识，或否定了新的科技产品，从科学认识的角度说似乎没有得到圆满的结局，但实验报告记录了一次失败的教训，使得将来可以避免再走这条弯路，仍有重要的意义和价值。

（三）科技实验报告的类型

科技实验报告的类型是由实验本身的性质所决定的，大致有两种基本情况：

1. 创新型实验报告

这种实验是具有一定创造性的，或者说，这是一种通过实验的方式来寻找解决问题的办法的创新型实验。这样的实验，失败的比率很高，常常做数百次实验也不能获得成功。但一旦获得成功，就可以很快获得效益，因为其结果在被发现的时候已经得到了验证。

2. 检验型实验报告

凡是对一个新的发现或假说、一个新产品的有效性进行检验的实验，都属于检验型实验。这种实验不承担创造和发明的责任，只验证创造和发明是否有效。相对而言，这种实践的肯定性结果要远远高于创新型实验。如在校学生在物理、化学实验后做的实验报告。这类实验报告比较简单，只是重复前人的实验报告。

（四）科技实验报告的结构与写法

检验型实验报告一般项目单一，内容简单，格式简便，有些常按表格式样进行填写。

创新型实验报告内容较为复杂，其内容结构与写法如下：

1. 标题

由实验项目加文体名称组成，其写法要揭示实验的基本内容，简明、准确、扼要。如《水污染控制实验报告》《新型防火阀与火灾报警器定期观测实验报告》。

2. 作者

包括实验主持人和实验组成员（要注明职称），如果是科研单位的集体实验，可以只标科研单位的名称。

3. 摘要

在有必要的情况下，可以把实验方法、实验结果等重要信息提取出来，概括为一个简短的摘要，置于正文之前，目的是让读者利用最少的时间了解实验的结果和评价。

4. 引言

这是实验报告正文的开头部分，用以概括地说明该项实验的研究对象、该实验的目的和意义等。这部分篇幅要短小，文字要简练。

5. 主体

实验报告的主体内容复杂，又可分为以下组成部分：

（1）实验原理

简要表述进行实验的理论根据，如基本定律、原理、科学方法，以及实验装置的设计原理等。

（2）实验目的

简要说明该实验要解决什么问题，要检验什么原理或假说，要验证产品的什么功能或效力等。

（3）实验器材

对所使用的仪器、材料做出较详细的介绍和说明，包括仪器、材料的名称、型号、数量、批号等。这部分非常重要，不得遗漏。

（4）实验设备和步骤

如果采用了实验设备，要将设备的情况及操作的方法和步骤进行记录和说明。

（5）实验过程和实验结果

要把实验的过程以及所得到的数据和结果如实记录下来，如果数据复杂繁多，这部分要列出表格，在表格中一一标写出来，使读者能够一目了然。事实上，许多科技实验报告中都有表格出现，这是表达的需要。

（6）讨论及评价

就是对实验的步骤、数据、结果进行分析和解释，并得出最终评价。

6. 参考文献

在实验中引用别人的实验数据、计算公式、研究成果等，要注明出处，包括作者、文献名、出版单位和出版时间等。

（四）实验报告的写作要求

① 认真做好实验，如实记录。写好实验报告的关键是要做好实验，要认真记录各种现象和数据，这些都是写好实验报告的前提和基础。

② 使用说明的方式。实验报告是一种说明性文体，强调真实记录和描述性，因此要采取说明的方式，用简练、清晰、确切的文字和专业术语，客观地表述实验过程和实验结果。同时实验报告具有报道性，因而在保证技术性的基础上要尽量通俗易懂，注意可读性。要绘制好图表，并进行清楚明了的说明和解释，但不能任意编造实验现象和篡改实验数据。

③ 格式规范，层次分明。科学实验是一个复杂的过程，因此要求抓住重点和关键，讲求结构格式的规范性，做到层次分明，要点突出，行文简洁流畅，不枝不蔓。

【例文】

克糖丸毒性实验报告（节要）

实验设计：

姜国胜　医学博士

姜枫勤　研 究 员

实验人员：

唐天华　副研究员员

张玉昆　主任技师

任海全　助理研究员

实验日期：2000年8—11月

实验单位：山东省医学科学院基础研究所

实验目的：观察克糖丸毒性反应，为临床用药提供科学依据

材料与方法：

一、克糖丸的急性毒性实验

药物：克糖丸，复方天然药物丸剂，每瓶60g。提供单位：章丘市第二人民医院张茂帅医师提供，成分同批准文号为：济药管制（2000）FZ014-58。

实验动物：健康昆明种小白鼠，雌雄各半，体重20±0.5g，山东医科大学动物中心提供，合格证号：980101。

实验方法：取小鼠20只，禁食12h，正常饮水，每只鼠每次灌胃0.8mL，间隔4h，总体积2.4mL。其中含生药398.3g（65.3g/kg），分三次给药，相当临床人日用量的102倍（未测出LD_{50}）。用药后动物未出现明显的中毒症状及死亡情况，连续观察一周，动物全部存活，活动自如，毛发光滑，饮食正常，呼吸、鼻、眼、口腔无异常分泌物，体重增加。一周后解剖动物，肉眼及显微镜观察重要脏器，未出现明显的病理学改变。

二、克糖丸的慢性毒性实验

克糖丸，复方天然药物丸剂，每瓶60g。提供单位：章丘市第二人民医院张茂帅医师提供，成分同批准文号为：济药管制（2000）FZ014-58。以生理盐水稀释成溶剂。

实验动物：Wistar大白鼠，60～80g，80只，雌雄各半。

实验方法：随机将大白鼠分成4组，对照组及三个实验组（10g/日，20g/日，40g/日，灌胃）。每组各20只，雌雄各半。对照组正常饲料喂养。灌胃后自由饮食，连续观察30天。

检测方法：（1）动物一般表现。（2）血常规及血生化指标：血红蛋白、红细胞、白细胞及分类。转氨酶、尿素氮、肌酐、胆固醇、甘油三酯、血糖、总蛋白、白蛋白。（3）病理学检查：肝、肾、胃、睾丸、卵巢。

结果：

1. 克糖丸的急性毒性实验结果

克糖丸急性毒性实验结果证实，克糖丸无急性毒性作用，在最大灌胃量内，未测出明显的LD_{50}。临床用药安全可靠。详细指标参考如下表1（略）：

2. 克糖丸的慢性毒性实验结果（略）

评价：

鉴于新组中药成方或制剂在临床用药前必须进行毒性实验的规定，本研究在克糖丸治疗糖尿病的成方加工成制剂后，首先按照国家三类中药复方制剂的毒性实验要求，对中药克糖丸进行了急性与慢性毒性实验。结果表明，按照人与鼠的换算剂量100倍以上剂量进行灌胃，无明显的死亡等急性毒性表现。在大白鼠的动物实验中，经过分析血液中的血象指标，大白鼠白细胞分类测定，以及血液生化指标的检测结果，与正常及治疗前比较，无明显的差别。说明该制剂未产生明显的急、慢性毒性作用。急性与慢性毒性实验结果提示克糖丸可以

安全地用以临床治疗与观察。

【参考文献】

中华人民共和国卫生部药政管理局．中药新药研究指南［M］．1994：84．

【简析】

该实验报告以实验内容为标题，醒目、明确、简洁。主体部分条理清晰，属较为规范的科技实验报告。

三、毕业设计报告

（一）概念

毕业设计报告，又称为毕业设计说明书，是大学生毕业前的总结性教学作业，是大学生针对某个具体课题，综合运用所学专业知识、理论知识、基本技能来对专业设计情况进行解释和说明的一种应用文。

工科学生的毕业设计报告主要考查学生是否具备工程设计的初步能力。工科毕业设计报告在本质上是工科毕业生的科技论文。

毕业设计报告相当于一般院校的文科毕业生的毕业论文，是评定学生学习成绩的重要依据。

（二）类型

毕业设计一般包括工程（工艺）设计、设备（产品）设计及活动策划文案设计。

工科专业类型多，毕业设计报告的类型也多。比较常见的类型有如下两种：

① 发明型毕业设计报告，即毕业设计的产品或成果是现实生活中的首创；

② 改革（造）型毕业设计报告，即毕业设计产品或成果的类型在现实生活中已经存在。

（三）特点

1. 应用科技性

毕业设计本质上属科技论文。虽然应届毕业生是在实验或考察中对专业项目进行设计，带有一定的主观性、预测性，却是需要在其对所学过的知识融会贯通后，进行设计或者解决难题的成果，具有明显的科技应用性。

2. 严谨性

毕业设计应力求详尽，以策划为主，力求设计方案周密严谨。如策划文案设计应包括活动环境分析、总目标、内容和措施、方案与实施、费用预算、日程安排等，如缺少项目，则无法付诸实施。

3. 解释说明性

毕业设计报告成果的原理、应用范围、技术参数、工作流程等，只有通过文字和必要的图表（纸）进行解释、说明，才容易被人理解乃至认同。对设计成果的解释和说明是毕业设计的有机组成部分。

4. 对设计者的设计能力及综合素质的考查性

由于应届毕业生缺少实际操作的经验，加上时间仓促，一般距实际设计要求会有一定距离。毕业设计重在强调使学生熟悉设计的过程，考查其运用原理的能力、查阅资料的能力、绘制图纸能力、数据分析能力、创新能力以及文案写作能力等，在毕业设计报告中都会得到综合体现。

（四）结构和写作

毕业设计就是用文字和图示把设计成果表达出来，这是毕业设计过程的最后一个重要环节。一份完整的毕业设计应包括封面、标题、目录、摘要、关键词、正文、参考文献、附录等部分。

① 封面：应有院校名称、专业班级、姓名学号、指导教师、完稿时间等。

② 标题：即毕业设计的题目，多表明设计的具体内容。由设计项目加"设计"或"毕业设计说明书"构成。如《××大厦空调系统设计》。标题下一行写学生专业、班级、姓名，再下一行写指导教师及姓名。

③ 目录：又叫目次，可以反映文稿的结构和主要内容，便于读者迅速找到文中所需要的内容。

④ 摘要：又称提要，放在正文的前面。

摘要是对毕业设计内容不加注释和评论的简短陈述，提示设计的必要信息，力求简洁、精练。

⑤ 关键词：又称主题词，一般书写在摘要下面。

关键词是指用来表达论文主题内容信息的词语或术语，其目的是文献检索提供方便。主题词一般3~5个。

⑥ 正文：写法与毕业论文大体相同。因毕业设计种类多，项目情况也不完全相同，正文撰写模式可以多样化。一般要写清楚如下内容：

A. 设计内容说明：一般简单介绍设计题目或任务、本设计的指导思想及特点、设计的先进性及新技术、新工艺、设计实施意义及经济效益等。

B. 设计技术部分：毕业设计的主体和核心。包括设计思路说明、设计原理的关键技术或核心问题说明、设计技术特点、技术性能、主要技术参数及优势创新等，本部分内容多用图纸说明或实验结果的验证加以说明。

C. 工作流程：即工作过程，多用文字或模型展示。

D. 适用范围：一般以文字说明。若涉及安装等问题时，则需以图文结合的方式说明。

E. 资金预算：设计必须树立经济观点，注意经济效益。包括设计投资总额、主要技术经济指标、建设效果分析等。在毕业设计中，这一部分内容只做粗略估算。

需要注意的是，对于以上主体五个方面的内容，不同专业、不同类型的毕业设计报告要根据情况有所取舍，或各有偏重，内容顺序也可以不尽相同。有的毕业设计报告还可采用分章式结构。

⑦ 结尾：通常是综述前面设计报告的内容，或对有关技术问题做出补充。对于前言部分内容较完备的毕业设计报告，可以没有结尾。

⑧ 致谢：感谢指导和帮助过自己的老师、个人及有关单位。

⑨ 参考文献：参考文献的作者、篇目、出版社、出版时间等均应写清。

⑩ 附录：凡对设计内容有用、不便写入正文的一些数据，要用表格形式列出，连同一些附图以及有关资料等附在正文之后。

在撰写毕业设计的过程中，应从实际出发，上述各项灵活选择使用，一切以准确表达设计的中心内容和主要特点为前提。

毕业设计是作者对所学知识理论的检验与总结，能够培养和提高设计者独立分析问题和解决问题的能力，使学生学习并掌握科学研究、工程设计和撰写技术报告的基本方法。工科毕业设计主要涉及科研、技术设备的革新、改造等方面，强调设计的独创性和实用性。要求具备清晰的设计思路、具体的设计方案和步骤、准确的设计参数和计算分析，同时毕业设计也要求逻辑性强，条理清楚，语言精练。优秀的毕业设计可以使作者的设计思路和创新理念得到很好的展现，充分体现设计者对知识掌握和运用的熟练程度，也使设计方案能够推广应用。

（五）写作要求

① 写作的重点宜放在技术性强的或设计的关键部分，切忌平均用力；
② 注重解释、说明的技巧，充分利用图形说明和图文结合说明；
③ 毕业设计报告应装订成册，并注意装帧设计的质量。

【例文与简析】

回转型蓄热式换热器的设计

化工机械专业××级：刘云达
指导老师：吴雪

一、概述

回转型蓄热式换热器是7021厂为综合利用能源，从生产实际中提出的课题。以本换热器作该厂加热炉空气预热器，回收400℃烟道气中的余热，预热进入加热炉供燃烧用的空气至350℃以上。经试用，每年可节约天然气80万标准立方米，价值17.6万元。总投资可在两年半收回。

二、设计原理

回转型蓄热式换热器是用内置蓄热体的转子在低温和高温气体通道中连续旋转，使蓄热体在高温气体通道内吸收高温气体的热量，而在低温气体通道内再把热量放出，传给低温气体，从而达到换热的目的。如图1（从略。编者）

三、工作性能和使用范围

本换热器具有热回收率高、结构紧凑、处理气量大等优点，可以满足防堵塞、防腐蚀的要求。虽然存在着换热气体间的交错污染，但是对于加热炉空气预热而言，可以允许空气烟气之间有一定的交错污染，而且通过密封结构的完善和改进，可以把交错污染控制在10%以下。

以本换热器作为各种加热炉的空气预热器是可行的、有效的和经济的。

四、主要设计要求（从略。编者）

五、结构设计主要参数（从略。编者）

六、主要计算公式

由于本换热器的传热原理不同于传统换热设备，采用NTU法，与转子的蓄热能力匹配，并计入修正系数来进行传热计算。由于因素复杂，需要调整的数据多，可用计算机寻求最优化数据。（以下略去原文附有的七个公式。）

七、本换热器采用卧式设计

本设计从实用的角度出发，借鉴吸取了国内同类设备行之有效的结构，如：前后墙板的烟道接头，端板及支承梁的"三合一"结构，转子轴端的迷宫封等。此外，针对本换热器操作温度高、温度效率高、流道较长等特点，将有关部件做了如下改进：

1. 改进后的蓄热体类型和几何尺寸对换热器的性能有决定性影响

本设计先对"强化型""引进日本型""波带型""开孔波带型"四种蓄热体进行传热及充填面积的计算，在计算的基础上提出"改进强化型"作为本设计的蓄热体方案。改进后的蓄热体具有传热量大、引力小、不易积灰、有较好的防腐、防堵性能。

为保证蓄热体各传热板的装填质量，把蓄热板的散装改为框装，在转子外筒上用螺钉固紧，以防径向、周向移动。这种框式结构构造简单、可靠，便于安装检修。

2. 完善的三向密封结构

密封结构对换热器的交错污染起控制性作用。本设计蓄热体流道长，气体流动阻力势必增加，烟气侧与空气侧的压力差就会增大，而泄漏量与压力差的平方根成正比。有鉴于此，本设计采用完善的三向密封结构，以减少泄漏。

轴向密封。（内容及3个图从略。编者）

径向密封。（内容从略。编者）

周向密封。（内容及2个图从略。编者）

3. 冷端抽屉门的改进。（内容从略。编者）

4. 设置隔热减阻板。（内容从略。编者）

5. 合并吹灰管与清洗管。（内容从略。编者）

6. 传动系统的改进。（内容从略。编者）

八、结束语

本设计从计算公式、数据选取、结构设计都以可靠性为首要原则。本换热器在技术上完全安全可靠。

由于资料收集尚不完整，加上毕业设计时间有限，所以改进设计的效果有待实践验证。

（本文引自李振辉主编《应用文写作》，清华大学出版社，2005年版）

【简析】

这是一篇工科毕业设计报告。标题由设计项目和"设计"构成，标题下写设计者和指导教师姓名。正文由八个部分组成。第一部分概述为前言部分，说明设计项目的来源、目的和作用。第二至七部分为主体部分。分别对设计原理、工作性能和使用范围、主要设计要求、结构设计主要参数、主要计算公式及本项目所采用的设计形式等内容进行具体的解释和说明。结尾部分即结束语部分，强调本设计项目所遵循的原则——可靠，重申其安全性。最后，补充说明本设计项目的效果有待实际验证，表现出严谨的科学态度。

本毕业设计报告以小标题的方式展开内容，利用图文结合的方式进行解释和说明，重点突出，条理清楚，语言准确、简洁，是一篇写得较好的工科毕业生的科技论文。

【写作训练】

1. 搜集几种日常生活中常用物品的说明书,比较和认识它们的特点和不同。
2. 选择你所熟悉的一件用品,按商品说明书的写作格式,给它写一份说明书。
3. 从网上或报刊上选择一篇实验报告,根据所学知识,写一篇短评,并在学习小组内交流。
4. 课下搜集优秀毕业设计两篇,分析其结构写法和写作特点。
5. 与老师、同学交流,学习毕业设计的具体操作过程,为今后毕业设计打好基础。

参 考 文 献

［1］甘敏军，贾雨潇．应用文写作教程［M］．北京：高等教育出版社，2014．
［2］张亢，梅崇芳．应用文写作基础［M］．成都：电子科技大学出版社，2009．
［3］任文贵，杭海路．应用文写作词典［M］．北京：人民日报出版社，2004．
［4］张金英．应用文写作基础［M］．北京：高等教育出版社，2008．
［5］裴瑞玲．应用文写作［M］．北京：机械工业出版社，2000．
［6］蔡亚兰．最新公文写作实用大全［M］．北京：中国华侨出版社，2010．
［7］吕志敏．新职场应用文［M］．北京：外语教学与研究出版社，2012．
［8］张中明，程乾华．语文［M］．北京：电子科技大学出版社，2003．
［9］倪文锦．语文（第1册）［M］．北京：高等教育出版社，2001．
［10］成铁运校语文组．实用语文［M］．成都：西南交通大学出版社，2008．
［11］曹洁萍．高职应用语文［M］．北京：高等教育出版社，2016．